全国高等教育自学考试指定教材
护理学专业（专科）

营 养 学

（2008年版）

（附：营养学自学考试大纲）

全国高等教育自学考试指导委员会　组编

主　编　郭红卫
编　者　（按姓氏笔画为序）
　　　　沈新南　郭红卫　郭俊生
主　审　史奎雄
参　审　柳启沛　蔡云清

北京大学医学出版社

YINGYANGXUE

图书在版编目（CIP）数据

营养学/郭红卫主编．—北京：北京大学医学出版社，2007.4（2025.2重印）

全国高等教育自学考试指定教材．护理学专业（专科）

ISBN 978-7-81116-393-3

Ⅰ．营… Ⅱ．郭… Ⅲ．营养学-高等教育-自学考试-教材 Ⅳ．R151

中国版本图书馆 CIP 数据核字（2007）第 185164 号

营养学（2008 年版）

主　　编：郭红卫
出版发行：北京大学医学出版社
地　　址：（100191）北京市海淀区学院路 38 号　北京大学医学部院内
电　　话：发行部 010-82802230；图书邮购 010-82802495
网　　址：http://www.pumpress.com.cn
E-mail：booksale@bjmu.edu.cn
印　　刷：北京信彩瑞禾印刷厂
经　　销：新华书店
责任编辑：简浦　　责任校对：杜悦　　责任印制：罗德刚
开　　本：787 mm×1092 mm　1/16　印张：18.75　字数：462 千字
版　　次：2008 年 1 月第 1 版　2025 年 2 月第 16 次印刷
书　　号：ISBN 978-7-81116-393-3
定　　价：39.00 元

版权所有，违者必究

（凡属质量问题请与本社发行部联系退换）

组编前言

21世纪是一个变幻莫测的世纪，是一个催人奋进的时代。科学技术飞速发展，知识更替日新月异。希望、困惑、机遇、挑战，随时随地都有可能出现在每一个社会成员的生活之中。抓住机遇，寻求发展，迎接挑战，适应变化的制胜法宝就是学习——依靠自己学习，终身学习。

作为我国高等教育组成部分的自学考试，其职责就是在高等教育这个水平上倡导自学、鼓励自学，为每一个自学者铺就成才之路。组织编写供读者学习的教材就是履行这个职责的重要环节。毫无疑问，这种教材应当适合自学者增强创新意识、培养实践能力、形成自学能力，也有利于学习者学以致用，解决实际工作中所遇到的问题。具有如此特点的书，我们虽然沿用了"教材"这个概念，但它与那种仅供教师讲、学生听，教师不讲、学生不懂，以"教"为中心的教科书相比，已经在内容安排、形式体例、行文风格等方面都大不相同了。希望读者对此有所了解，以便从一开始就树立起依靠自己学习的坚定信念，不断探索适合自己的学习方法，充分利用已有的知识基础和实际工作经验，最大限度地发挥自己的潜能，达到学习的目标。

祝每一位读者自学成功。

本教材由全国考委医药学类专业委员会遴选作者、安排编写、组织审稿，保证了医药学类自考教材的质量。

欢迎读者提出意见和建议。

全国高等教育自学考试指导委员会
2007年10月

目 录

营养学

绪论 ··· (1)

第一篇 营养素与能量

第一章 蛋白质 ··· (5)
  第一节 蛋白质和氨基酸的分类 ··· (5)
  第二节 蛋白质的生理功能 ·· (6)
  第三节 蛋白质的体内代谢 ·· (7)
  第四节 蛋白质的膳食参考摄入量 ·· (8)
  第五节 食物蛋白质的营养价值 ··· (9)
  第六节 人体蛋白质营养状况评价 ·· (13)
  第七节 蛋白质的食物来源 ··· (14)

第二章 脂类 ·· (16)
  第一节 脂类和脂肪酸的分类 ·· (16)
  第二节 脂类的生理功能 ·· (19)
  第三节 脂类的代谢 ··· (20)
  第四节 脂类的参考摄入量 ··· (21)
  第五节 脂类的食物来源 ·· (21)
  第六节 脂类的营养评价 ·· (22)

第三章 碳水化合物 ··· (25)
  第一节 碳水化合物的分类 ··· (25)
  第二节 碳水化合物的代谢 ··· (26)
  第三节 碳水化合物的主要生理功能 ·· (27)
  第四节 膳食纤维 ·· (28)
  第五节 碳水化合物的食物来源和膳食参考摄入量 ································· (30)

第四章 能量 ·· (33)
  第一节 能量单位 ·· (33)
  第二节 能量来源及合理分配 ·· (33)
  第三节 能量消耗 ·· (34)

第四节　能量消耗测定 ………………………………………………………………… (35)
　　第五节　膳食参考摄入量与食物来源 …………………………………………………… (37)
第五章　维生素 ……………………………………………………………………………… (39)
　　第一节　维生素的命名与分类 …………………………………………………………… (39)
　　第二节　维生素 A ………………………………………………………………………… (40)
　　第三节　维生素 D ………………………………………………………………………… (42)
　　第四节　维生素 E ………………………………………………………………………… (44)
　　第五节　维生素 B_1 ……………………………………………………………………… (46)
　　第六节　维生素 B_2 ……………………………………………………………………… (48)
　　第七节　烟酸 ……………………………………………………………………………… (49)
　　第八节　维生素 B_6 ……………………………………………………………………… (51)
　　第九节　叶酸 ……………………………………………………………………………… (52)
　　第十节　维生素 B_{12} …………………………………………………………………… (53)
　　第十一节　维生素 C ……………………………………………………………………… (54)
第六章　矿物质 ……………………………………………………………………………… (58)
　　第一节　概述 ……………………………………………………………………………… (58)
　　第二节　钙 ………………………………………………………………………………… (59)
　　第三节　磷 ………………………………………………………………………………… (61)
　　第四节　镁 ………………………………………………………………………………… (61)
　　第五节　钠 ………………………………………………………………………………… (62)
　　第六节　钾 ………………………………………………………………………………… (63)
　　第七节　氯 ………………………………………………………………………………… (64)
　　第八节　锌 ………………………………………………………………………………… (64)
　　第九节　铁 ………………………………………………………………………………… (65)
　　第十节　硒 ………………………………………………………………………………… (68)
　　第十一节　碘 ……………………………………………………………………………… (70)
　　第十二节　铜 ……………………………………………………………………………… (71)
　　第十三节　氟 ……………………………………………………………………………… (72)
　　第十四节　铬 ……………………………………………………………………………… (72)

第二篇　特殊生理条件人群的营养与膳食

第七章　孕妇与乳母的营养 ………………………………………………………………… (75)
　　第一节　孕期营养的生理特点 …………………………………………………………… (75)
　　第二节　孕妇的营养需要 ………………………………………………………………… (76)
　　第三节　孕期营养不良对母体及胎儿的影响 …………………………………………… (78)
　　第四节　孕妇的合理膳食 ………………………………………………………………… (79)
　　第五节　乳母营养和合理膳食 …………………………………………………………… (80)
第八章　婴幼儿营养 ………………………………………………………………………… (84)

  第一节 婴幼儿生长发育特点 ··· (84)
  第二节 婴幼儿的营养需要 ··· (84)
  第三节 母乳喂养 ··· (86)
  第四节 人工喂养与混合喂养 ·· (89)
  第五节 断乳过渡期喂养 ·· (90)
  第六节 幼儿膳食 ··· (92)
  第七节 婴幼儿常见营养缺乏症 ·· (93)
第九章 儿童青少年营养 ··· (95)
  第一节 儿童青少年生长发育特点 ·· (95)
  第二节 儿童的营养与膳食 ··· (95)
  第三节 青少年的营养与膳食 ·· (97)
第十章 老年营养 ·· (100)
  第一节 老年人的生理特点 ··· (100)
  第二节 老年人的营养需要 ··· (101)
  第三节 老年人的合理膳食 ··· (105)

第三篇 食物的营养

第十一章 植物性食物的营养价值 ··· (107)
  第一节 谷类 ··· (107)
  第二节 豆类及其制品 ·· (109)
  第三节 蔬菜类 ··· (111)
  第四节 水果类 ··· (115)
第十二章 动物性食物的营养价值 ··· (119)
  第一节 畜禽肉 ··· (119)
  第二节 蛋类及蛋制品 ·· (121)
  第三节 水产类 ··· (124)
  第四节 乳类及其制品 ·· (126)

第四篇 社会营养

第十三章 合理营养 ·· (131)
  第一节 合理营养和膳食营养素参考摄入量 ··· (131)
  第二节 膳食结构 ··· (136)
  第三节 中国居民膳食结构 ··· (138)
  第四节 中国居民膳食指南 ··· (139)
第十四章 营养健康教育 ··· (143)
第十五章 人体营养状况评价 ·· (147)
  第一节 概述 ··· (147)
  第二节 膳食调查 ··· (147)

第三节　营养生化指标检测 …………………………………………………… (149)
　第四节　临床体征检查 ……………………………………………………… (151)

第五篇　疾病与营养

第十六章　蛋白质-能量营养不良 ……………………………………………… (155)
　第一节　蛋白质-能量营养不良的分类及病因 ……………………………… (155)
　第二节　蛋白质-能量营养不良的临床表现 ………………………………… (156)
　第三节　蛋白质-能量营养不良的治疗和预防 ……………………………… (157)

第十七章　心脑血管疾病 ……………………………………………………… (159)
　第一节　原发性高血压 ……………………………………………………… (159)
　第二节　冠心病 ……………………………………………………………… (163)
　第三节　脑卒中 ……………………………………………………………… (168)

第十八章　糖尿病 ……………………………………………………………… (171)
　第一节　概述 ………………………………………………………………… (171)
　第二节　糖尿病病人的代谢变化 …………………………………………… (172)
　第三节　营养治疗 …………………………………………………………… (173)

第十九章　骨质疏松症 ………………………………………………………… (182)
　第一节　病因 ………………………………………………………………… (182)
　第二节　临床表现 …………………………………………………………… (183)
　第三节　营养治疗 …………………………………………………………… (184)
　第四节　预防 ………………………………………………………………… (185)

第二十章　慢性肝脏疾病 ……………………………………………………… (188)
　第一节　乙型肝炎的营养治疗 ……………………………………………… (188)
　第二节　脂肪肝 ……………………………………………………………… (189)
　第三节　肝硬化 ……………………………………………………………… (190)

第二十一章　肾脏疾病 ………………………………………………………… (195)
　第一节　急性肾小球肾炎 …………………………………………………… (195)
　第二节　慢性肾小球肾炎 …………………………………………………… (197)
　第三节　肾病综合征 ………………………………………………………… (199)
　第四节　急性肾衰竭 ………………………………………………………… (200)
　第五节　慢性肾衰竭 ………………………………………………………… (202)

第二十二章　手术与灼伤 ……………………………………………………… (205)
　第一节　概述 ………………………………………………………………… (205)
　第二节　手术与灼伤病人的代谢变化 ……………………………………… (205)
　第三节　手术与灼伤病人的营养素需要量 ………………………………… (207)
　第四节　营养治疗 …………………………………………………………… (210)

第二十三章　肿瘤 ……………………………………………………………… (213)
　第一节　膳食与肿瘤的关系 ………………………………………………… (213)

第二节　常见恶性肿瘤的膳食防治措施……………………………………(219)
第二十四章　胃肠内及胃肠外营养……………………………………………(222)
　　第一节　胃肠内营养………………………………………………………(222)
　　第二节　胃肠外营养………………………………………………………(226)
第二十五章　营养素和药物的相互作用………………………………………(233)
　　第一节　营养素和其他食物成分对药物的影响…………………………(233)
　　第二节　药物对营养的影响………………………………………………(234)
第二十六章　医院营养管理……………………………………………………(238)
　　第一节　医院营养部门的任务和职责……………………………………(238)
　　第二节　医院膳食种类……………………………………………………(239)
　　第三节　食谱编制…………………………………………………………(243)
　　第四节　医院营养部门的物资与卫生管理………………………………(244)
后记………………………………………………………………………………(249)

附　营养学自学考试大纲

营养学课程自学考试大纲出版前言……………………………………………(253)
目录………………………………………………………………………………(254)
Ⅰ　课程性质与设置目的………………………………………………………(255)
Ⅱ　课程内容与考核目标………………………………………………………(256)
Ⅲ　关于大纲的说明与考核实施要求…………………………………………(284)
附录：试题类型举例……………………………………………………………(286)
后记………………………………………………………………………………(288)

绪　论

营养指机体利用食物中对身体有益的物质，作为构建机体组织器官、满足生理功能和体力活动需要的过程。此过程包括摄取食物、体内消化、吸收、代谢和利用等。食物中对机体有益的物质，在营养学中被称为营养素，例如食物中的蛋白质、脂肪、碳水化合物、维生素、矿物质等。一个人生命的整个过程都离不开营养素。

营养学属于自然科学范畴，是预防医学的组成部分，具有较强的实践性。营养学的历史源远流长，早在两千多年前，我国《黄帝内经·素问》就提出了"五谷为养、五果为助、五畜为益、五菜为充"的膳食模式。此模式同样符合现代营养观念。我国自古就有"医食同源"的思想，滋补膳食历史悠久。自19世纪末叶，现代营养学从欧洲崛起至今的一个多世纪以来，营养学发展突飞猛进；从预防营养缺乏转向预防慢性疾病，其内容已扩展到基础营养学、食物营养学、社会营养学、妇幼及老人营养学、特殊环境营养学、临床营养学、营养流行病学及营养学研究方法诸领域，这些领域彼此之间有相互依赖关系。

基础营养学侧重从生物学和基础医学的角度，揭示营养与机体关系的一般规律。19世纪中叶，人们已认识到蛋白质、脂肪、糖类、矿物质对人体健康的重要性，并将其列为人体需要的营养素。1912年波兰生物化学家Funk博士提出抗脚气病、抗坏血酸、抗癞皮病、抗佝偻病4种维生素假说，与此同时，Hopkin根据其著名的"人工合成饮食"实验提出"动物不能依靠人工合成饮食而生长的原因是因为缺乏一种与脂肪、蛋白质、碳水化合物、矿物质和水分等同的物质"，这一理论推动了维生素的提纯及系列研究。继维生素后的第二个突破是微量元素。20世纪30年代进行了大量的研究，铜、锰、硒、锌、钼等多种微量元素被确认为是人体必需的微量元素。其中硒的营养方面，自从我国首次发现缺硒是克山病的主要致病因素以来，我国在这一领域的研究一直处于国际领先地位。通过对我国不同硒水平地区人群的调查和研究，制定出的各类人群硒的推荐每日膳食供给量（RDA）已为国际上所接受。我国在硒对生物膜的作用、含硒酶及硒蛋白的研究在国际上也有一定地位。在铁和锌的生物利用率及对健康的影响研究，对铜、锰、锌、铁、硒之间的相互影响研究，以及对地方性碘缺乏病和地方性氟中毒的发病机理、病理形态及生化代谢等方面的研究均取得明显的进展。

食物营养学主要研究各类食物的营养价值以及食品的加工、运输、保藏对其营养价值的影响。

社会营养学是以人群为对象，从宏观上研究其合理营养与膳食的有关理论、实践和方法。在第二次世界大战后社会营养学得到了很大发展，其所涉及范围有人群营养调查与监测、营养素供给量的制定、膳食结构调整、营养性疾病的预防、营养健康教育以及营养立法等。

我国的营养调查始于1930～1940年，但规模较小，只局限于部分市民、学生、工人和农民。新中国成立后，1959年进行了大规模的全国性营养调查。在调查中发现了新疆的癞皮病、湖南的脚气病和山东的营养不良性水肿，并进行了有效的防治。以后在1985年和

1992年又进行了两次全国营养调查。这三次调查取得了不同年代的我国居民膳食营养状况的系统资料，掌握了我国各时期的主要营养问题及营养状况变化。我国在1959年、1979—1980年和1991年分别进行了三次全国高血压抽样调查，在1984年和1996年分别开展过两次糖尿病抽样调查。2002年，在卫生部、科技部和国家统计局的领导下，在全国31个省、市、自治区进行的中国居民营养与健康状况调查，是我国第一次将营养与慢性非传染性疾病流行病学调查作为一项综合卫生调查项目。其中有关居民膳食与营养状况的调查结果表明，我国城乡粮食供给充足，居民温饱得到保障。在粮食供应充足的情况下，居民谷类食物的消费量下降，动物性食物消费比例上升，这种趋势在城市中更为明显。膳食结构趋向优化但尚未达到合理化，还存在微量营养素摄入不足的问题。高血压、血脂异常、糖尿病等慢性非传染性疾病患病率以及超重和肥胖率不断上升，而膳食结构与肥胖、高血压、糖尿病和血脂异常的患病危险密切相关。

1939年中华医学会提出了我国第一个RDA，1981年我国营养学会重新制定了RDA，并于1988年进行了修订。中国营养学会在研究了营养学近10年的新进展之后，在1998年成立了"中国居民膳食营养素参考摄入量专家委员会"及秘书组；历时2年的研究后，于2000年颁布了"中国居民膳食营养素参考摄入量"。1989年首次提出"我国的膳食指南"，并于1997年修订并发布了"中国居民膳食指南"，提出了"中国居民平衡膳食宝塔"，近来又在着手新的修订工作。

食物新资源的研究和开发在我国已开展的项目有蛋白质、食用油脂及野生植物资源等，研制出了脱脂鱼蛋白粉、种子蛋白等新产品；发现了猕猴桃、金针菇、枸杞等植物的营养、保健及防病治病方面的功能。保健食品的开发、研制在国内迅速发展，海鱼油降血胆固醇的作用得到公认，菌藻类多糖的免疫调节作用等也在研究之中。我国对强化食品、新资源食品和保健食品都制定了管理办法。

随着疾病谱的改变及医学模式的转变，社区卫生服务日显重要。慢性疾病的发生发展往往与生活习惯有很大关系，其中膳食因素占较大比重。营养工作的社会性和营养健康促进作用不断得到加强。在世界卫生组织（WHO）和联合国粮食及农业组织（FAO）的努力下，各国加强了营养工作的宏观调控，有的国家制定、颁布了有关社会营养的法律法规，有的国家在议会中成立了主管营养工作的委员会，有的国家在政府里成立了主管公共营养的机构。1993年我国国务院颁布了《九十年代中国食物结构改革和发展纲要》，1997年国务院颁布了由卫生部、国家教委、国家科委、民政部、财政部、农业部、国内贸易部、国务院扶贫办、中国轻工总会、全国妇联等联合制定的《中国营养改善行动计划》。

营养对健康的影响贯穿于整个生命过程，而婴幼儿、孕产妇和老人处于与正常成人不同的特殊生理阶段，在营养上有特殊要求。孕妇和乳母的营养状况对于妊娠过程、胎儿及婴儿生长发育起极为重要的作用。我国的妇幼营养研究有孕妇营养与胎儿发育、乳母营养与乳汁质量关系、婴幼儿喂养问题、学龄前和学龄儿童的营养。老年人代谢机能降低，合理营养和膳食是他们保健、防治各种老年性疾病、达到健康长寿的重要条件。衰老的原因及衰老与这些因素关系的研究受到重视。

特殊环境、特种作业人员的营养研究在我国得到重视，发展较快。包括热环境营养、冷环境营养、高原营养、放射营养、运动员营养、潜水员营养、航空航天营养、雷达作业人员营养和煤矿工人营养等。

临床营养学研究营养与疾病的关系，根据疾病的病理和病人的心理、生理特点，将营养知识用于病人的治疗，藉以增强病人的抵抗力，促进康复。如肾脏病病人的营养治疗，胃肠外、胃肠内营养等。

营养不合理对健康的影响可分为两大类，一类是营养素缺乏引起的营养缺乏病，如维生素 A 缺乏可引起眼干燥症、维生素 C 缺乏引起坏血病，硒缺乏与克山病有关；另一类是营养过剩引起的疾病，即"富贵性"疾病，如肥胖症、糖尿病、高血压、高脂血症、冠心病等。目前，我国占死亡原因前四位的疾病为恶性肿瘤、心血管疾病、脑血管疾病及呼吸系统疾病。研究资料表明，饮食营养不平衡是造成慢性疾病的重要因素之一。我国制定的膳食指南等膳食营养指导方针，旨在对这些疾病以及营养缺乏症开展一级预防，同时临床卫生服务也从传统的医疗型转向预防—医疗—康复型。这对临床营养工作者提出了更高的要求。临床营养应在运用全静脉营养与胃肠道营养于临床病人的同时，积极开展对病人的营养评价，在此基础上制定合理的营养方案以全面提高病人的营养水平及机体的免疫力；在临床实践中也应结合病人存在的营养问题给予必要的指导、开展营养宣传教育，让病人了解膳食指南并接受针对个体疾病的膳食指导，防治疾病。

营养流行病学是将流行病学的方法应用于营养与健康研究领域。在营养与肿瘤的研究中，研究人员运用营养流行病学方法后发现，某些营养素的不足或过多与某些肿瘤的发生有关，如膳食纤维和大肠癌的发生，克山病病因等。常用的方法有横断面调查研究、病例对照研究、实验流行病学研究、随机临床实验、分子流行病学研究等。这些方法运用于营养学各领域的研究，推动了个体和群体营养水平的提高。

改革开放以来，我国综合国力大大增强，政府对营养工作大力支持，群众对营养知识的需求和提高自身营养水平的愿望使营养工作者处于前所未有的大好时光；信息革命给营养工作者带来了新的机遇和挑战。进入新世纪的营养学研究必将取得更辉煌的成就，为人类健康作出更大的贡献。

（郭红卫）

第一篇　营养素与能量

第一章　蛋　白　质

蛋白质是生命存在的形式，生命的物质基础。蛋白质分子中含有碳、氢、氧、氮，有的还含有硫和磷。由于碳水化合物和脂肪中仅含碳、氢、氧，不含氮，所以蛋白质是人体氮的唯一来源，碳水化合物和脂肪不能代替它。

第一节　蛋白质和氨基酸的分类

一、蛋白质分类

自然界中的蛋白质以多种形式存在，每一种蛋白质都有独特的化学性质。根据化学结构，蛋白质可以分成简单蛋白质和结合蛋白质两个主要类型。简单蛋白质只含氨基酸及其衍生物，结构比较简单，主要有硬蛋白、白蛋白、球蛋白、谷蛋白、醇溶蛋白等；结合蛋白质则结合了各种非蛋白质物质，结构较为复杂，如色蛋白、核蛋白、糖蛋白、磷蛋白、脂蛋白、卵磷蛋白、金属蛋白、黏蛋白等。

根据蛋白质的营养价值，蛋白质还可分为完全蛋白质、半完全蛋白质和不完全蛋白质三类。① 完全蛋白质：所含必需氨基酸种类齐全、数量充足、比例适当，不但能维持成人的健康，还能促进儿童的生长发育，如乳类中的酪蛋白、乳白蛋白，蛋类中的卵白蛋白、卵磷蛋白，肉类中的白蛋白、肌蛋白，大豆中的大豆蛋白，小麦中的麦谷蛋白，玉米中的谷蛋白；② 半完全蛋白：所含必需氨基酸种类齐全，但有的数量不足，比例不适当，可以维持生命，但不能促进生长发育，如小麦中的麦胶蛋白；③ 不完全蛋白：所含必需氨基酸种类不全，既不能维持生命，也不能促进生长发育，如玉米中的玉米胶蛋白，动物结缔组织和肉皮中的胶质蛋白，豌豆中的豆球蛋白等。

二、氨基酸分类

氨基酸是组成蛋白质的基本单位，在人体和食物中有20余种。氨基酸又分为必需氨基酸和非必需氨基酸。必需氨基酸不能在体内合成或合成量很少，必须由食物蛋白质供给，它们是缬氨酸、亮氨酸、异亮氨酸、苏氨酸、蛋氨酸、苯丙氨酸、色氨酸和赖氨酸8种。后来发现组氨酸为婴儿所必需，因此婴儿的必需氨基酸为9种。非必需氨基酸可在人体内合成或从其他氨基酸转变而来，例如体内的酪氨酸可由苯丙氨酸转变而成，胱氨酸可由蛋氨酸转变而来。

随着营养学和生物学的发展，研究人员发现，有些氨基酸虽然可在人体内合成，但可能受到身体发育不良和疾病等因素的影响，如严重的低体重出生婴儿，应激状态或某些疾病患者易发生缺乏。这些在某些条件下使氨基酸合成受限的氨基酸，称为条件必需氨基酸，如半胱氨酸、脯氨酸、丝氨酸、精氨酸、酪氨酸等。

第二节　蛋白质的生理功能

一、构成和修复组织

蛋白质是机体所有细胞、体液的重要成分，是构成肌肉、内脏、骨骼和内分泌系统的重要成分，是机体生长发育、组织更新的物质基础。

二、构成酶和激素

人体的新陈代谢是通过成千上万种化学反应来实现的，而这些反应都需要酶来催化。酶能在正常体温（37℃）的情况下，广泛参加人体各种各样的生命活动，如肌肉收缩、血液循环、呼吸、消化、神经传导、感觉、能量转化、信息加工、遗传、生长发育以及各种各样的思维活动。如果没有酶，生命活动就无法进行。而这些具有特殊作用的酶本身就是蛋白质。另外，一些调节生理功能的激素，也是以蛋白质为主要成分构成的。

三、构成抗体

为了保护机体免受细菌和病毒的侵害，人血液中有一种叫做抗体的物质可提高机体抵抗力。这种物质也是由蛋白质构成的。

四、调节渗透压

正常人血浆与组织液之间的水不停地交换，却经常保持着平衡，这有赖于血浆中电解质总量和胶体蛋白质的浓度。在组织液与血浆的电解质浓度相等时，两者间水分的分布就取决于血浆中白蛋白的浓度。若膳食中长期缺乏蛋白质，血浆蛋白的含量便降低，血液内的水分便过多地渗入到周围组织，造成营养不良性水肿。

五、供给能量

虽然蛋白质在体内的主要功能并非供给能量，但蛋白质在分解代谢过程中仍可释放能量，所以蛋白质也可以供给部分能量。

由此可见，在人的生命活动过程中蛋白质是无处不存在的，而且具有多种生理功能。缺乏蛋白质，婴幼儿不但生长迟缓，而且智力发育不良；成年人会出现抵抗力降低、创伤、骨折不易愈合、病后康复缓慢，严重缺乏还可出现营养性水肿。

第三节 蛋白质的体内代谢

一、消化与吸收

食物蛋白质的消化始于胃。在胃蛋白酶的作用下，一小部分食物蛋白质被分解成多肽和少量氨基酸。

食物蛋白质的大部分在小肠消化。外源性的膳食蛋白质和内源性的组织蛋白质，在小肠内被分解成寡肽和氨基酸。内源性组织蛋白质主要来自口腔、胃、小肠、肝脏和胰腺分泌物，以及脱落的粘膜细胞，其总量可达被消化蛋白质的50%。

小肠内胰蛋白酶等蛋白酶、内切酶以及小肠刷状缘分泌的氨基肽酶共同作用，把蛋白质分解为游离氨基酸和寡肽（主要是二肽和三肽），并迅速地被小肠粘膜细胞所吸收。近年研究发现，有些寡肽也可被吸收。游离氨基酸被肠粘膜细胞吸收，需要与肠粘膜刷状缘存在的载体结合，这类载体可多达9种，其中主要是分别转运中性、酸性和碱性氨基酸的载体，各种载体的属性与钠有关。载体转运氨基酸是一个耗能的主动转运过程。寡肽的吸收则靠肠粘膜细胞上的二肽或三肽转运体系。此体系转运也是耗能的主动转运过程。由于吸收寡肽的作用在小肠近端较强，因此肽的吸收甚至先于游离氨基酸。不同二肽的吸收具有相互竞争作用。

二、利用及排泄

氨基酸被吸收进入血液循环后，可被体内不同组织细胞迅速地吸收用于各种组织的生长和更新。组织蛋白更新的速率随组织性质不同而异，肠粘膜蛋白更新只需要1~3d，肝脏组织蛋白更新也较快，肌肉组织蛋白更新较慢但数量较大，估计成人每天可达7.5g。

在肝脏未被用于合成组织蛋白的游离氨基酸，经脱氨基作用后，可转化为生糖氨基酸和生酮氨基酸，进而转化成葡萄糖和甘油三酯作为能源被利用。氨基酸脱氨基作用产生的氨，在正常情况下主要在肝脏合成尿素被排出体外。

当膳食蛋白质来源适宜时，机体蛋白质处于动态平衡，此关系可以用摄入氮量与排出氮量的关系，即氮平衡来表示。氮平衡是摄入氮量和排出氮量的差值。用公式表示为：

$$B = I - (U + F + S + M)$$

式中B代表氮平衡状况，I代表食物中氮摄入量，U、F、S、M依次代表尿氮、粪氮、皮肤氮和其他氮排出量。尿氮、粪氮、皮肤氮和其他氮排出量总和为总氮排出量。当B=0时表示总氮平衡，B>0时表示正氮平衡，B<0时表示负氮平衡。

处在生长发育阶段的婴幼儿、儿童、青少年，其机体吸收的蛋白质，相当一部分用于机体的生长发育，合成新组织的蛋白质，处于氮的正平衡。因此，在此阶段供给足量的蛋白质有特别重要的意义。

第四节 蛋白质的膳食参考摄入量

一、必需氨基酸需要量

人体对必需氨基酸的需要量,最早是由 Rose 根据氮平衡实验测得,随后又有许多学者对此进行了研究。1985 年联合国粮食及农业组织/世界卫生组织/联合国大学(FAO/WHO/UNU)联合专家委员会提出了不同年龄组人群对必需氨基酸的需要量(表 1-1)。

表 1-1 必需氨基酸需要量的估计值(mg/kg·d)

必需氨基酸	婴儿	2 岁幼儿	10~12 岁	成人
组氨酸	28	?	8~12	—
异亮氨酸	70	31	30	10
亮氨酸	161	73	45	14
赖氨酸	103	64	60	12
蛋氨酸+胱氨酸	58	27	27	13
苯丙氨酸+酪氨酸	125	69	27	14
苏氨酸	87	37	35	7
色氨酸	17	12.5	4	3.5
缬氨酸	93	38	33	10
合计	742	351.5	261	83.5

年龄对必需氨基酸的需要量有影响,如按公斤体重计算,婴儿时期需要量最多,随着年龄的增长,需要量逐渐减少。

非必需氨基酸的摄入对必需氨基酸的需要量也有影响。例如,胱氨酸在体内可由蛋氨酸转变而成,当膳食中胱氨酸供给充足时,可替代或节省 1/6 蛋氨酸;酪氨酸在体内可由苯丙氨酸转变而成,当膳食中酪氨酸供给充足时,可替代或节省 1/2 苯丙氨酸。因而在估计人体对蛋氨酸的需要量时,蛋氨酸与胱氨酸要一并考虑,在估计人体对苯丙氨酸的需要量时,苯丙氨酸与酪氨酸要一并考虑。

在正常膳食情况下,人体对必需氨基酸的需要量可以得到满足。但如果膳食中粮谷类食物多而动物性食物少,则可能发生赖氨酸、苏氨酸或蛋氨酸的不足,其中尤以赖氨酸的不足较多见。由于这些必需氨基酸的不足,限制了机体对食物蛋白质的利用。故必要时可以采用补充富含赖氨酸的食物或用赖氨酸强化方法来满足对赖氨酸的需要。

二、膳食蛋白质参考摄入量

中国营养学会在 2000 年颁布的蛋白质参考摄入量(RNI)见表 1-2。

表 1-2　中国居民膳食蛋白质参考摄入量（g/d）

年龄（岁）	RNI		年龄（岁）	RNI	
	男	女		男	女
0~	1.5~3 g/kg·d		11~	75	75
0.5~	1.5~3 g/kg·d		14~	85	80
1~	35	35	18~		
2~	40	40	轻体力活动	75	65
3~	45	45	中体力活动	80	70
4~	50	50	重体力活动	90	80
5~	55	55	50~	75	65
6~	55	55	孕妇（早期）		+5
7~	60	60	孕妇（中期）		+15
8~	65	65	孕妇（晚期）		+20
9~	65	65	乳母		+20
10~	70	65			

第五节　食物蛋白质的营养价值

一、营养评价

食物蛋白质营养价值的评价主要从"量"和"质"两个方面看。"质"的评价方法可概括为生物学法和化学分析法。生物学法主要是通过动物或人体试验测定食物蛋白质在体内的消化率和利用率；化学分析法主要是通过对食物中的氨基酸进行分析，并与参考蛋白质相比较进行评价。几种常用方法如下。

（一）含量

一般用凯氏（Kjeldahl）定氮法测出食物含氮量，再乘以折算系数 6.25（食物蛋白质含氮一般以 16% 计），即为蛋白质含量。但是不同蛋白质的含氮量是有差别的，其折算系数不尽相同（表 1-3）。

（二）消化率

消化率指食物蛋白质被人或动物消化的程度。根据是否考虑内源粪代谢氮的因素，消化率可分为表观消化率和真消化率两种。

1. 表观蛋白质（N）消化率的公式表示为：

$$\text{表观蛋白质（N）消化率} = \frac{I-F}{I} \times 100\%$$

式中 I 代表食物氮含量，F 代表从粪中排出的氮量。粪中排出的氮实际上有两个来源，一是来自没有被消化的食物蛋白质，二是来自脱落肠粘膜细胞以及肠道细菌所含的氮。在上述公式中，F所代表的粪中排出的氮，包括上述两种来源的氮。

表1-3 一些食物的蛋白质折算系数

食物名称	折算系数	食物名称	折算系数
全小麦	5.83	芝麻、葵花籽	5.30
小麦胚芽	6.31	大豆	5.71
大米	5.95	花生	5.46
黑麦或裸麦	5.83	棉籽	5.30
大麦和燕麦	5.83	蛋和肉类	6.25
玉米	6.25	奶类	6.38
杏仁	5.18		

注：根据WHO 1973年资料。

2. 真蛋白质（N）消化率的公式表示如下：

$$\text{真蛋白质（N）消化率（\%）} = \frac{I-(F-F_k)}{I} \times 100$$

式中F_k代表粪代谢氮量，即在无蛋白膳食时，脱落的肠粘膜细胞和肠道细菌所含的氮，$F-F_k$表示真正来自没有被消化的食物蛋白质的氮量，整个公式所表示的是真正的食物蛋白质消化率。

在膳食中的膳食纤维含量很少时，可不必计算F_k；当膳食中含有大量膳食纤维时，成年男子的F_k值，可按每天12mg/kg体重计算。

食物蛋白质消化率受到蛋白质性质、膳食纤维、多酚类物质和酶反应等因素影响，大量摄入膳食纤维时，尤其是半纤维素和谷糠，可使食物蛋白质的消化率下降10%。一些常见食物蛋白质的消化率见表1-4。表中的参考蛋白质或称理想蛋白质，是指鸡蛋蛋白质、牛奶蛋白质等营养价值高的优质蛋白质。

（三）利用率

指食物蛋白质被消化吸收后在体内被利用的程度。测定食物蛋白质利用率的方法很多，以下介绍几种常用方法。

1. 生物价（BV）

指食物蛋白质被吸收后储留氮量（被利用的氮）占吸收氮量的百分比，公式为：

$$\text{生物价} = \frac{\text{储留氮量}}{\text{吸收氮量}} \times 100 = \frac{I-(F-F_k)-(U-U_m)}{I-(F-F_k)} \times 100$$

式中I、F、U分别为摄入氮量、粪氮量、尿氮量，F_k为无氮膳食的粪代谢氮量，U_m为无氮膳食的尿内源氮量。

成人全日尿内源氮2～2.5g，粪代谢氮为0.91～0.2g。常见食物蛋白质生物价见表1-5。

表1-4 常见食物蛋白质的消化率

蛋白质来源	真消化率（$\bar{X}\pm SD$）	消化率与参考蛋白质消化率比较
鸡蛋	97±3	100
牛奶	95±3	100
肉、鱼	94±3	100
玉米	85±6	89
稻米	88±4	93
小麦（全）	86±5	90
小麦（精粉）	96±7	101
燕麦	86±7	90
小米	79	83
豌豆	88	93
花生米	95	100
豆粉	86±7	90
豆粉＋玉米	78	82

注：摘自FAO/WHO/UNU 1985年资料。

表1-5 常见食物蛋白质的生物价

蛋白质	生物价	蛋白质	生物价
鸡蛋蛋白质	94	熟大豆	64
鸡蛋清	83	扁豆	72
鸡蛋黄	96	蚕豆	58
脱脂牛奶	85	白面粉	52
鱼	83	小米	57
牛肉	76	玉米	60
猪肉	74	白菜	76
大米	77	红薯	72
小麦	67	马铃薯	67
生大豆	57	花生	59

2. 蛋白质功效比值（PER）

指实验期内，动物平均每摄入1g蛋白质后所增加的体重克数。实验一般选择初断乳的雄性大鼠，用含10%蛋白质饲料喂养28d，每日记录其进食量，每周称量体重，并按下式计算蛋白质功效比值。

$$蛋白质功效比值=\frac{动物体重增加数（g）}{蛋白质摄入数（g）}$$

为了减少各实验室之间的差别,增加各种蛋白质的可比性,常以酪蛋白(标准试剂)为参考蛋白进行对照,设其 PER 为 2.5,校正的 PER＝测出的 PER×$\dfrac{2.5}{\text{同一实验中酪蛋白测出的 PER}}$

(四)氨基酸的组成

通过分析食物蛋白质的氨基酸组成来评价食物蛋白质营养价值。常用指标为氨基酸分(AAS),指待评食物蛋白质第一限制氨基酸含量占参考蛋白质同种氨基酸的百分比,其表示公式为:

$$\text{氨基酸分} = \dfrac{\text{待评食物蛋白质第一限制氨基酸含量（mg/g 蛋白质）}}{\text{参考蛋白质同种氨基酸含量（mg/g 蛋白质）}} \times 100$$

式中参考蛋白质可采用 FAO/WHO 专家委员会(1973)制定的"暂定氨基酸计分模式"(见表 1-6)。

表 1-6　暂定氨基酸计分模式

氨基酸	建议水平	
	每克蛋白质含氨基酸量(mg)	每克氮含氨基酸量(mg)
异亮氨酸	40	250
亮氨酸	70	440
赖氨酸	55	340
蛋氨酸＋胱氨酸	35	220
苯丙氨酸＋酪氨酸	60	380
苏氨酸	40	250
色氨酸	10	60
缬氨酸	50	310
总计	360	2250

注:摘自 FAO/WHO 1973 年资料。

在实际计算某种氨基酸分时,首先将待评食物蛋白中必需氨基酸与参考蛋白质中的必需氨基酸进行比较,比值较低者,为限制氨基酸(LAA),比值最低者,为第一限制氨基酸。由于限制氨基酸的存在,使食物蛋白质的利用受到限制;待评蛋白质的第一限制氨基酸与参考蛋白质中同种必需氨基酸的比值乘以 100,即该种蛋白质的氨基酸分。

例如小麦粉蛋白质必需氨基酸与暂定氨基酸计分模式相比(表 1-7),限制氨基酸为异亮氨酸、赖氨酸、苏氨酸和缬氨酸,其中赖氨酸的比值最低,为第一限制氨基酸,小麦蛋白质的氨基酸分为 46.7。

表 1-7　氨基酸分计算举例

氨基酸	小麦粉（标准粉）(mg/g 粗蛋白)	评分模式 (mg/g 粗蛋白)	AAS
异亮氨酸	37.0	40	92.5
亮氨酸	70.5	70	100.7
赖氨酸 [1]	25.7	55	46.7 [2]
蛋氨酸＋胱氨酸	36.1	35	103.1
苯丙氨酸＋酪氨酸	78.3	60	130.5
苏氨酸	28.3	40	70.8
色氨酸	12.4	10	124.0
缬氨酸	47.2	50	94.4

注：小麦粉蛋白质必需氨基酸组成由《食物成分表》(1991)资料计算，1) 为第一限制氨基酸，2) 为第一限制氨基酸分。

二、蛋白质互补作用

两种或两种以上食物蛋白质同时食用，其中所含有的必需氨基酸取长补短，达到较好的比例，从而提高利用率，这种作用称为蛋白质的互补作用。例如表 1-8 中由玉米、大米、大豆组成的混合物，其蛋白质生物价可提高到 73，与肉类蛋白质的生物价相近。在调配膳食时，为充分发挥蛋白质的互补作用，应遵循三个原则：① 食物的生物学种属越远越好；② 搭配的种类越多越好；③ 食用时间越近越好，最好同时食用。

表 1-8　几种食物混合后蛋白质的生物价

食物名称	蛋白质生物价	混合食物中所占的比例（%）		
		1	2	3
小麦	67	37	—	31
小米	57	32	40	46
大豆	64	16	20	8
豌豆	48	15	—	—
玉米	60	—	40	—
牛肉（干）	76	—	—	15
混合蛋白质生物价	—	74	73	89

第六节　人体蛋白质营养状况评价

一、身体测量

身体测量是鉴定机体蛋白质营养状况的重要手段，评定生长发育状况所采用的身体测量指标主要包括体重、身高、上臂围、上臂肌围、上臂肌面积、胸围以及生长发育指数等。

二、生化检验

主要有血液蛋白质含量测定以及尿液蛋白质代谢产物测定。

(一) 血液蛋白质指标

1. 血清白蛋白 在血液中含量较高，半减期为20d，正常范围35～55g/L；蛋白质缺乏症时其含量明显降低。

2. 血清运铁蛋白 在血液中含量较少，半减期为10d，正常范围2.65～4.30g/L，是较血清白蛋白更敏感的指标。

3. 甲状腺素结合前白蛋白 在血液中含量极少，半减期为2d，正常范围280～350mg/L。

4. 视黄醇结合蛋白 血液中含量极微，半减期0.5d，正常范围26～76mg/L。

5. 血清氨基酸含量 血清中一些氨基酸含量及其相互比例当蛋白质缺乏时会发生变化，可表现为丝氨酸、酪氨酸和天门冬氨酸的含量增高，而异亮氨酸、亮氨酸和缬氨酸的含量降低，二类氨基酸的比值增大。

(二) 尿液指标

1. 尿肌酐 尿液中肌酐是肌肉中肌酸的代谢产物。尿肌酐的数量反映肌肉的数量和活动，间接反映体内肌肉中蛋白质的含量。当蛋白质缺乏时，尿肌酐含量降低。

2. 尿三甲基组氨酸 尿中三甲基组氨酸反映肌肉中肌纤蛋白数量及分解代谢状况。

3. 尿羟脯氨酸 羟脯氨酸是存在于胶原蛋白的特异氨基酸，对儿童来说，尿羟脯氨酸反映体内胶原蛋白的合成及代谢情况。

三、其他

通过膳食调查了解蛋白质摄入水平和机体蛋白质缺乏体征和症状，也可了解机体蛋白质营养状况。一般认为膳食供给量水平在推荐的供给量标准80%以下时，易造成机体蛋白质摄入不足，导致蛋白质营养不良。

第七节 蛋白质的食物来源

蛋白质的食物来源可分为植物性蛋白质和动物性蛋白质两大类。植物性蛋白质中，粮谷类含10%左右，干豆类可达20%～40%，蔬菜所含蛋白质极少。动物性蛋白质在动物性食品中含量较高且质量好，鱼类含量在15%～20%，蛋类和奶类所含蛋白质是蛋白质最佳来源。

为改善膳食蛋白质质量，在膳食中应保证有一定数量的优质蛋白质。一般要求动物性蛋白质和大豆蛋白质应占膳食蛋白质总量的30%～50%。此外，应充分发挥蛋白质的互补作用，以及必要的氨基酸强化来改善膳食蛋白质质量。

复习练习题

（一）单选题（下列每题选项中，只有1个是正确的）
1. 下列氨基酸中，婴儿所必需为
   A. 酪氨酸　　　B. 丝氨酸　　　C. 脯氨酸　　　D. 组氨酸
2. 下列食物蛋白质是完全蛋白的为
   A. 大豆蛋白　　　　　　　　　B. 麦胶蛋白
   C. 豌豆中的豆球蛋白　　　　　D. 玉米胶蛋白
3. 下列食物蛋白质是半完全蛋白的为
   A. 乳白蛋白　　　　　　　　　B. 大豆的大豆蛋白
   C. 麦胶蛋白　　　　　　　　　D. 豌豆中的豆球蛋白
4. 下列食物蛋白质是不完全蛋白的为
   A. 酪蛋白　　　B. 大豆蛋白　　　C. 麦谷蛋白　　　D. 玉米胶蛋白
5. 能调节人体渗透压的营养素有
   A. 维生素 B_1　　　B. 维生素 C　　　C. 蛋白质　　　D. 锰
6. 下列更能发挥蛋白质互补作用的食物搭配为
   A. 小麦、大米、大豆、玉米　　　B. 小麦、大米、大豆、牛肉
   C. 大米、大豆、玉米、豌豆　　　D. 小麦、大米、大豆、豌豆

（二）多选题（下列每题选项中，至少有2个是正确的）
1. 下列可提供人体能量的营养素有
   A. 蛋白质　　B. 必需脂肪酸　　C. 膳食纤维　　D. 钙　　E. 维生素 A
2. 下列可用于人体蛋白质营养状况评价的指标有
   A. 尿羟脯氨酸含量　　　　　　B. 尿三甲基组氨酸含量
   C. 血清运铁蛋白含量　　　　　D. 尿中4-吡哆酸含量
   E. 血甲状腺素结合前白蛋白含量
3. 下列氨基酸中，不是人体必需氨基酸的为
   A. 异亮氨酸　　B. 胱氨酸　　C. 酪氨酸　　D. 苏氨酸　　E. 蛋氨酸
4. 可用来评价食物蛋白质利用率的方法包括
   A. BV　　　B. TD　　　C. AD　　　D. PER　　　E. AAS

答案

（一）单选题：1. D　　2. A　　3. C　　4. D　　5. C　　6. B
（二）多选题：1. AB　　2. ABCE　　3. BC　　4. AD

（郭俊生）

第二章 脂 类

脂类是生物组织中可用非极性溶剂提取的物质。它们作为生命或细胞的组成成分，具有重要的生物学作用。人类膳食中不能完全没有脂类，但摄入过多可能与肥胖、动脉粥样硬化、胆石症以及某些肿瘤发生有关。

第一节 脂类和脂肪酸的分类

一、脂类分类

（一）中性脂肪

即甘油三酯，由三分子脂肪酸和一分子甘油组成。甘油三酯含有碳、氢、氧3种元素。

（二）类脂

类脂的种类较多，主要有① 磷脂：含有磷酸、脂肪酸、甘油和氮的化合物，例如卵磷脂；② 鞘脂：含有磷酸、脂肪酸、胆碱和氨基醇的化合物；③ 糖脂：含有碳水化合物、脂肪酸和氨基醇的化合物；④ 类固醇及固醇：类固醇是含有环戊烷多氢菲环的化合物。类固醇中含自由羟基者，可视为高分子醇，称为固醇。常见的固醇有动物组织中的胆固醇和植物组织中的谷固醇；⑤ 脂蛋白类：脂类与蛋白质的结合物。

类脂是组成细胞膜、大脑和外周神经组织的重要成分，其在体内的含量一般不随人体的营养状况而改变，故又称为固定脂。而中性脂肪主要构成机体的储存脂肪如皮下脂肪等，在机体需要时可被动用，参加脂肪代谢和能量供给。中性脂肪在体内含量随膳食摄入能量和活动消耗能量的不同而变化较大，又称为可变脂或动脂。

二、脂肪酸分类

（一）短链脂肪酸、中链脂肪酸、长链脂肪酸

脂肪酸是构成甘油三酯的基本成分。动、植物中脂肪酸的种类很多，但绝大多数是由4～24个偶数碳原子组成的直链脂肪酸。根据碳原子数的不同，可把脂肪酸分成短链（含4～6个碳原子）、中链（含8～12个碳原子）和长链（含14个或更多的碳原子）脂肪酸。多数食物脂肪以及人体储存脂肪主要由长链脂肪酸组成。与长链脂肪酸不同，中链脂肪酸组成的甘油三酯可不经消化，不需胆汁酸而直接从肠道被吸收进入小肠粘膜细胞，由细胞内的脂酶分解成脂肪酸后通过肝门静脉进入肝脏。因此，中链脂肪酸可作为由于长链脂肪酸消化、吸收和粘膜代谢障碍而造成的脂肪泻患者的能量来源。也有人认为中链脂肪酸不受L-肉碱运载系统的限制，比长链脂肪酸更容易氧化分解产生能量，而不易被体内脂肪细胞储存。天然食物中椰子油含有较多的中链脂肪酸。

（二）饱和脂肪酸、单不饱和脂肪酸、多不饱和脂肪酸

根据碳链上双键的数量，又可把脂肪酸分成饱和脂肪酸（不含双键）、单不饱和脂肪酸（含1个双键）和多不饱和脂肪酸（含2～6个双键）。脂肪酸的不饱和双键可与游离的碘结合，每100g脂肪吸收碘的克数称为碘价（I.V），用此法可测知脂肪的不饱和程度。如椰子油主要含饱和脂肪酸，其碘价仅为8～10，奶油为26～38，牛、羊油为35～45，猪油为50～65。大多数植物油主要含不饱和脂肪酸，花生油的碘价为85～100，豆油130～138，而亚麻仁油高达177～209。

（三）n-3脂肪酸、n-6脂肪酸、n-9脂肪酸

不饱和脂肪酸根据其碳链上双键的位置，还可分成n-3、n-6、n-9（或ω-3、ω-6、ω-9）等系列。直链脂肪酸中距离羧基最远的一个碳原子被称为ω碳原子，从ω碳原子数起，若第三个碳原子上出现第一个双键，这种脂肪酸就称为n-3或ω-3系列；若第六个碳原子上出现第一个双键，则称为n-6或ω-6系列；以此类推，其中n-3与n-6脂肪酸具有重要的营养学意义。

（四）顺式脂肪酸、反式脂肪酸

由于不饱和脂肪酸含有双键，因而存在顺式和反式两种构型。天然动植物中的不饱和脂肪酸大多是顺式构型，但牛奶脂肪中所含反式不饱和脂肪酸占不饱和脂肪酸总量的1/5。在植物油加工过程中，可形成反式脂肪酸，如氢化植物油及人造黄油中所含反式不饱和脂肪酸较多，可占不饱和脂肪酸总量的2/5。新近的研究表明，摄入过多的反式脂肪酸可升高血浆低密度脂蛋白胆固醇（LDL-C）含量，降低血浆高密度脂蛋白胆固醇（HDL-C）含量，有促进动脉粥样硬化的危险性。但反式脂肪酸对于人类的确切影响尚需更多的研究证实。

（五）必需脂肪酸

必需脂肪酸（EFA）是指那些在人体内不能合成，必须由食物供给，而又是正常生长所必需的多不饱和脂肪酸。过去认为必需脂肪酸是含有两个以上双键，顺式构型的n-6系列脂肪酸。亚油酸（$C_{18:2}$ n-6）符合上述结构特点，是公认的必需脂肪酸。随着对n-3系列脂肪酸的深入研究，现在已知α-亚麻酸（$C_{18:3}$ n-3）也是人类必需脂肪酸。

在实际应用中，花生四烯酸（$C_{20:4}$ n-6）、二十碳五烯酸（EPA，$C_{20:5}$ n-3）和二十二碳六烯酸（DHA，$C_{22:6}$ n-3）等都是人体不可缺少的脂肪酸，可避免必需脂肪酸缺乏症，但它们亦可由膳食亚油酸和α-亚麻酸在人体内合成。

为了简化表达脂肪酸的分子结构，通常可用$C_{x:y}$ n-z来表示，其中x代表脂肪酸的碳原子数，y代表双键的数量，z表示双键的位置。例如$C_{18:2}$ n-6表示十八碳二烯酸，距离ω碳原子第六个碳原子上出现第一个双键，这个脂肪酸就是亚油酸。同样，$C_{18:0}$为硬脂酸，$C_{16:0}$为软脂酸（又名棕榈酸），$C_{14:0}$为豆蔻酸，$C_{18:3}$ n-3为α-亚麻酸，$C_{20:4}$ n-6为花生四烯酸。常见脂肪酸见表2-1、表2-2。

表 2-1 常见饱和脂肪酸

结构简式	系统名称	俗名	食物来源
$C_{4:0}$	丁酸	酪酸	黄油
$C_{6:0}$	己酸	羊油酸	黄油
$C_{8:0}$	辛酸	羊脂酸	椰子油
$C_{10:0}$	癸酸	羊蜡酸	椰子油
$C_{12:0}$	十二烷酸	月桂酸	椰子油
$C_{14:0}$	十四烷酸	豆蔻酸	椰子油、黄油
$C_{16:0}$	十六烷酸	棕榈酸	多数油脂
$C_{18:0}$	十八烷酸	硬脂酸	多数油脂
$C_{20:0}$	二十烷酸	花生酸	多数油脂
$C_{22:0}$	二十二酸		猪油、花生油
$C_{24:0}$	二十四酸		花生油

表 2-2 常见不饱和脂肪酸

结构简式		系统名称	俗名	食物来源
$C_{14:1}$	n-5	十四碳烯-9-酸	豆蔻酸	黄油
$C_{16:1}$	n-7	十六碳烯-9-酸	棕榈酸	棕榈油
$C_{16:1}$	n-7	十六碳烯-9-酸	反棕榈酸	氢化植物油
$C_{18:1}$	n-9	十八碳烯-9-酸	油酸	多数油脂
$C_{18:1}$	n-9	十八碳烯-9-酸	反油酸	黄油、牛油
$C_{18:2}$	n-6	十八碳二烯-9,12 酸	亚油酸	植物油
$C_{18:3}$	n-6	十八碳三烯-6,9,12 酸	γ-亚麻酸	月见草油
$C_{18:3}$	n-3	十八碳三烯-9,12,15 酸	α-亚麻酸	亚麻籽油、大豆油、菜子油
$C_{20:1}$	n-11	二十碳烯-9-酸	鳕鱼酸	鱼油
$C_{20:4}$	n-6	二十碳四烯-5,8,11,14 酸	花生四烯酸	植物油
$C_{20:5}$	n-3	二十碳五烯-5,8,11,14,17 酸	EPA	鱼油
$C_{22:1}$	n-9	二十二碳烯-13-酸	芥酸	菜子油
$C_{22:6}$	n-3	二十二碳六烯-4,7,10,13,16,19 酸	DHA	鱼油

第二节 脂类的生理功能

一、甘油三酯的生理功能

1. 供给能量 甘油三酯是人体能量的重要来源，1g 甘油三酯在体内完全氧化所产生的能量约为 37.6kJ（9kcal），比等量碳水化合物和蛋白质产生的能量多出一倍以上。

2. 供给必需脂肪酸 必需脂肪酸是构成机体组织细胞的重要成分，由膳食中甘油三酯提供。

3. 促进脂溶性维生素吸收 膳食脂肪尚可协助脂溶性维生素和类胡萝卜素在胃肠道的吸收。肝胆疾病患者发生脂肪消化吸收功能障碍时，可伴有脂溶性维生素吸收障碍而造成的缺乏症。

4. 增加饱腹感 脂肪在胃中停留时间较长，因此富含脂肪的食物使人具有较强的饱腹感。

5. 增加膳食的美味，促进食欲。

此外，人体内的脂肪组织还具有保护脏器、维持体温以及某些内分泌功能。

二、必需脂肪酸的生理功能

1. 维持线粒体和细胞膜的结构 n-6 必需脂肪酸是组织细胞的组成成分，对线粒体和细胞膜的结构特别重要。膳食中缺乏亚油酸等 n-6 必需脂肪酸可影响细胞膜的功能，如红细胞的脆性增加易于溶血，线粒体也可因渗透性改变而发生肿胀现象。

2. 维持中枢神经功能 n-3 必需脂肪酸对中枢神经系统的作用是 n-6 必需脂肪酸所不能替代的。如给予生长期实验动物 α-亚麻酸（$C_{18:3}$ n-3）含量很低的饲料后，发现动物的视网膜和视觉功能受损。n-3 必需脂肪酸与行为发育、脂类代谢也有一定关系。

3. 合成前列腺素的前体 n-6 和 n-3 多不饱和脂肪酸还是体内合成前列腺素的前体。而前列腺素是一组比较复杂的化合物，广泛存在于各组织中，对机体的正常生理过程和某些疾病状态有多方面的影响。膳食中必需脂肪酸的种类和数量直接影响前列腺素的生物学作用。

三、磷脂的生理功能

1. 维持细胞和细胞器的正常形态和功能 磷脂可与蛋白质结合形成脂蛋白，并以这种形式参与细胞膜、核膜、线粒体膜的构成等，维持细胞和细胞器的正常形态和功能。由于磷脂内的不饱和脂肪酸分子中存在双键，使得生物膜具有良好的流动性与特殊的通透性。这些膜在体内新陈代谢中起着重要作用，如细胞膜只允许细胞与外界发生有选择性的物质交换，摄取营养素，排出废物。酶类可以有规律地排列在膜上，使物质代谢能顺利地进行，保证细胞的正常生理功能。

2. 稳定脂蛋白的作用 磷脂还是血浆脂蛋白的重要组成成分，具有稳定脂蛋白的作用。组织中脂类如脂肪和胆固醇在血液中运输时，需要有足够的磷脂。

四、胆固醇的生理功能

1. 细胞膜和细胞器膜的重要结构成分　胆固醇也是细胞膜和细胞器膜的重要结构成分，它关系到膜的通透性，有助于细胞内物质代谢的酶促反应顺利进行。

2. 合成维生素 D_3 和胆汁酸的原料　胆固醇还是体内合成维生素 D_3 和胆汁酸的原料。胆汁酸的主要功能是乳化脂类，帮助脂类的消化与吸收。

3. 类固醇激素的前体　胆固醇在体内可以转变成各种肾上腺皮质激素，如影响蛋白质、糖和脂类代谢的皮质醇，能促进水和电解质在体内储留的醛固酮。胆固醇还是性激素睾酮、雌二醇的前体。

第三节　脂类的代谢

一、甘油三酯、磷脂和胆固醇的吸收

人类膳食中的脂类主要是甘油三酯，约占95%，类脂的含量较少。甘油三酯和磷脂的消化主要在小肠内进行。胃液中虽有少量脂肪酶，但因胃中酸度太高，不利于脂肪乳化。食糜通过胃肠时可刺激胰液和胆汁的分泌，并进入小肠。胆汁中的胆汁酸是强有力的乳化剂，能使脂肪分散为细小的脂肪微粒，有利于和胰液中的脂肪酶充分接触。胰脂肪酶、磷脂酶等能将甘油三酯和磷脂水解为游离脂肪酸、甘油单酯、溶血磷脂等，这些水解产物进入肠粘膜细胞后，可重新合成与体内脂肪组成成分相近的甘油三酯和磷脂，然后与胆固醇、蛋白质形成乳糜微粒，经肠绒毛的中央乳糜管汇入淋巴管，通过淋巴系统进入血液循环。但奶油和椰子油所含的中、短链脂肪酸经水解进入肠粘膜细胞后不需要再酯化，而可以与白蛋白结合，直接通过门静脉进入肝脏。水解产物甘油因水溶性大，亦通过小肠粘膜经门静脉而吸收入血液。正常人膳食中脂肪的吸收率可达90%以上。

食物中的胆固醇在肠道被吸收，一般情况下胆固醇的吸收率约为30%。随着胆固醇摄入量的增加，其吸收率相对减少，但吸收总量增多。膳食脂肪有促进胆固醇吸收的作用，可能与膳食脂肪使胆汁分泌增加，同时也增加胆固醇在肠道中的可溶解性有关。而食物中的植物固醇如豆固醇、谷固醇以及膳食纤维则减少胆固醇的吸收。

二、甘油三酯、磷脂和胆固醇的代谢

膳食脂类被人体吸收后通过血液循环分布全身。血液中运送胆固醇及甘油三酯的载体是脂蛋白。按其所含蛋白质和脂类的相对比例，可分为乳糜微粒（CM）、极低密度脂蛋白（VLDL）、低密度脂蛋白（LDL）和高密度脂蛋白（HDL）。CM是密度最低、颗粒最大的脂蛋白，来自小肠粘膜细胞，主要运送被吸收的膳食脂类，约含90%甘油三酯。VLDL由肝脏合成，主要运送内源性脂肪，约含65%甘油三酯。糖类是合成这些脂肪的主要原料，故膳食中摄入糖类过多易使VLDL含量增高。LDL是由VLDL转化而来，一般含有65%胆固醇，主要供肝外组织利用，占血浆脂蛋白总量的2/3。因此高胆固醇血症主要使LDL含量升高。HDL由肝脏合成，约含50%蛋白质，密度最高，主要把肝外组织中的游离胆固醇运送至肝脏代谢，故具有清除血中胆固醇的作用。

吸收后的大部分脂肪酸经过一些必要的代谢转变为人体脂肪储存于脂肪组织中。吸收进入体内的甘油则迅速氧化、分解、供能。在脂肪酸的代谢中最具重要性的是亚油酸和α-亚麻酸。它们不仅和其他脂肪酸一样可以再合成组织中的甘油三酯和磷脂或氧化分解供能，而且可在肝脏、肠粘膜、脑和视网膜的内质网中经 $\Delta-6$ 去饱和酶、碳链延长酶和 $\Delta-5$ 去饱和酶等的相继作用后，转变成具有生物活性的花生四烯酸、EPA 和 DHA。花生四烯酸和 EPA 又可经环氧化酶和脂氧合酶的代谢生成一系列生物活性物质如前列腺素、血栓素、前列环素、脂质素、白三烯等。人体还可在肝脏中利用葡萄糖合成少量非必需脂肪酸，但脂肪组织合成脂肪酸的能力很有限，储存脂肪主要还是来源于膳食脂肪。

磷脂经代谢可转变为人体细胞膜结构的成分，也可经磷脂酶水解为甘油、脂肪酸和胆碱。胆碱可被人体再利用或排泄。约 1/2 的胆固醇可转变为胆汁酸，分泌入肠道乳化食物脂类，并经肠肝循环重新吸收利用。肠道中的胆固醇也可经细菌的作用生成粪固醇排泄。少量胆固醇转变为类固醇激素。

第四节　脂类的参考摄入量

膳食中脂肪的适宜摄入量不如蛋白质明确，主要原因是根据目前的资料很难确定人体脂肪的最低需要量。因为能满足人体需要的脂肪量是非常低的，即使为了供给脂溶性维生素、必需脂肪酸以及保证脂溶性维生素的吸收等作用，所需的脂肪亦并不太多，一般成年人每日膳食中有 50g 脂肪即能满足。关于人体必需脂肪酸的需要量，是一个尚在研究中的问题。FAO/WHO 专家报告（1993 年）推荐膳食中亚油酸摄入量应占总能量的 3%～5%。研究表明，当亚油酸摄入量占总能量 2.4% 时，啮齿类动物组织中花生四烯酸含量可达最高值，并可预防婴儿和成人出现 n-6 必需脂肪酸缺乏症。而人体对 n-3 必需脂肪酸的需要量可能是很低的，膳食中α-亚麻酸的摄入量占总能量 0.5%～1% 时，可使组织中 DHA 含量达最高值，并避免出现任何明显的缺乏症。

随着生活水平的不断提高，我国人民膳食中动物性食品的数量不断增多，脂肪摄入量亦随之增加。由于脂肪过高易引起肥胖、高脂血症、冠心病及癌症，甚至影响寿命。因此脂肪摄入量应限制在占总能量的 30% 以下。中国营养学会 2000 年制定的脂肪适宜摄入量（AI）为成人的膳食脂肪占总能量的 20%～30%，胆固醇的摄入量亦不应过高，以平均每日 ≤300mg 为宜。

第五节　脂类的食物来源

膳食中脂肪主要来自植物油、动物油脂和肉类。大豆、花生、核桃、松子、葵花子、杏仁等脂肪含量也很高。动物性食物的脂肪含量因种类、部位不同而异。陆生动物脂肪如猪油、奶油中饱和脂肪酸含量较多，如月桂酸、豆蔻酸、软脂酸（又称棕榈酸）等，它们对人体健康的影响表现在摄入量过高时与高脂血症及某些恶性肿瘤的发生有关。

大多数植物油主要含不饱和脂肪酸，可降低血液胆固醇含量，对预防高脂血症和冠心病有一定的益处。而椰子油则主要含饱和脂肪酸，棕榈油的饱和脂肪酸含量也较高。近年来的研究表明，n-6 多不饱和脂肪酸虽能降低 LDL-胆固醇含量，但同时也能使 HDL-胆固醇含量下降；而单不饱和脂肪酸只降低 LDL-胆固醇，对 HDL-胆固醇无降低作用。橄榄油、茶油中单不饱和脂肪酸含量很高。此外，多不饱和脂肪酸摄入量过多可引起体内脂质过氧化反应增强。

鱼油中含有 EPA 和 DHA，具有降低血液胆固醇和甘油三酯的作用，同时还有抗血小板凝集和扩张血管的作用，因此有利于防治冠心病。而长链饱和脂肪酸能诱发血小板凝集，加速血栓形成。

表 2-3 食物中胆固醇含量（mg/100g）

食物名称	含量	食物名称	含量	食物名称	含量
猪肉（瘦）	77	脱脂奶粉	28	凤尾鱼（罐头）	330
猪肉（肥）	107	全脂奶粉	104	墨鱼	275
猪心	158	鸭蛋	634	小白虾	54
猪肚	159	松花蛋	649	对虾	150
猪肝	368	鸡蛋	680	青虾	158
猪肾	405	鲳鱼	68	虾皮	608
猪脑	3100	大黄鱼	79	小虾米	738
牛肉（瘦）	63	草鱼	81	海参	0
牛肉（肥）	194	鲤鱼	83	海蜇头	5
羊肉（瘦）	65	马哈鱼	86	海蜇皮	16
羊肉（肥）	173	鲫鱼	93	猪油	85
鸭肉	101	带鱼	97	牛油	89
鸡肉	117	梭鱼	128	奶油	168
牛奶	13	鳗鲡	186	黄油	295

胆固醇只存在于动物性食物中，见表 2-3。可见，畜肉中胆固醇含量大致相近，肥肉比瘦肉高，内脏又比肥肉高，脑中含量最高。一般鱼类的胆固醇含量和瘦肉差不多，但少数鱼如凤尾鱼、墨鱼的胆固醇含量不低。而海蜇、海参的胆固醇含量很少。蛋类的胆固醇含量较高，一个鸡蛋约含 300mg 胆固醇。

所有的动植物均含有卵磷脂，但在脑、心、肾、骨髓、肝、卵黄、大豆中含量较丰富。

第六节　脂类的营养评价

一、膳食脂类营养价值的评价

一般认为，膳食脂肪的营养价值可从脂肪的消化率、脂肪中必需脂肪酸含量以及脂肪中脂溶性维生素的含量三个方面进行评价。食物脂肪的消化率与脂肪的熔点有关，碳链较短、双键较多的脂肪熔点较低，消化率较高。植物油熔点较低，其消化率约为91%~98%，略高于动物脂肪。多数植物油中亚油酸含量较高，如棉籽油、大豆油、麦胚油、玉米油、芝麻油、花生油等。鱼油、大豆油和菜子油中n-3脂肪酸含量较高。它们的营养价值均优于陆生动物脂肪。但椰子油的不饱和脂肪酸包括亚油酸含量均低。麦胚油、大豆油等植物油还富含维生素E，海水鱼肝脏脂肪以及奶类和蛋类的脂肪中富含维生素A、D，这些脂溶性维生素含量较高的脂肪营养价值也较高。

另一方面，考虑到饱和脂肪酸、反式脂肪酸和胆固醇摄入过多可能带来的负面影响，在评价膳食脂类营养价值时也应当注意饱和脂肪酸、反式脂肪酸和胆固醇的含量。在一些发达国家，含饱和脂肪酸、反式脂肪酸和胆固醇较多的食物不能进入营养价值较高的健康食品之列。

二、人体脂类营养状况的评价

由于碳水化合物可以取代脂肪提供能量，过量摄入碳水化合物也可转化为体脂造成肥胖，故人体脂类营养状况与膳食脂类的关系不甚密切，其评价远不如蛋白质营养状况的评价明确易行，通常主要是评价人体必需脂肪酸的营养状况。

膳食中亚油酸摄入不足或吸收不良时，吸收进入血液循环的亚油酸含量少而油酸相对较多，由于亚油酸（$C_{18:2}$ n-6）和油酸（$C_{18:1}$ n-9）在去饱和代谢中，竞争Δ-6去饱和酶，其结果是由亚油酸经去饱和酶作用生成的二十碳四烯酸（$C_{20:4}$ n-6）减少，而由油酸经去饱和酶作用后产生的二十碳三烯酸（$C_{20:3}$ n-9）增多，后者没有必需脂肪酸活性。因此可以通过检测血液中二十碳三烯酸与二十碳四烯酸的比值作为人体必需脂肪酸营养状况的评价指标。当比值＞0.2时，可认为必需脂肪酸不足，比值＞0.4时为必需脂肪酸缺乏，并可能出现临床症状。

复习练习题

（一）单选题（下列每题选项中，只有1个是正确的）

1. 下列脂类物质属于类脂，<u>除了</u>
   A. 卵磷脂　　　B. 甘油三酯　　　C. 胆固醇　　　D. 植物固醇
2. 脂肪的能量系数是
   A. 4 kcal　　　B. 9 kJ　　　C. 16.8 kJ　　　D. 37.6 kJ
3. 具有清除血中胆固醇作用的脂蛋白是
   A. 高密度脂蛋白　　　　　　B. 低密度脂蛋白
   C. 极低密度脂蛋白　　　　　D. 乳糜微粒
4. 下列食物中胆固醇含量最高的是
   A. 鱼类　　　B. 肥肉　　　C. 鸡蛋　　　D. 牛奶
5. 假定你每日从膳食中摄入蛋白质80g，脂肪80g，碳水化合物250g，则脂肪占总能量的比例约为
   A. 20%　　　B. 25%　　　C. 30%　　　D. 35%

(二) 多选题（下列每题选项中，至少有 2 个是正确的）

1. 甘油三酯的生理功能是
   A. 促进维生素 A 的吸收　　　　B. 促进维生素 B_1 的吸收
   C. 氧化供能　　　　　　　　　D. 增加饱腹感
   E. 提供必需脂肪酸

2. 下列属于必需脂肪酸的是
   A. 油酸　　B. 亚油酸　　C. 花生四烯酸　　D. α-亚麻酸　　E. DHA

3. 必需脂肪酸的主要功能是
   A. 构成磷脂的重要成分　　　　B. 合成前列腺素的前体
   C. 参与胆固醇代谢　　　　　　D. 供给能量
   E. 形成抗体

4. 以下对动、植物脂类的叙述正确的是
   A. 动物脂肪都主要含饱和脂肪酸
   B. 植物油都主要含不饱和脂肪酸
   C. 二十碳五烯酸和二十二碳六烯酸主要存在于鱼、贝类食物中
   D. 动物脂类不含胆固醇
   E. 植物脂类不含胆固醇

5. 含单不饱和脂肪酸较多的食用油是
   A. 橄榄油　　B. 茶油　　C. 鱼油　　D. 大豆油　　E. 奶油

答案

(一) 单选题：1. B　　2. D　　3. A　　4. C　　5. D
(二) 多选题：1. ACDE　　2. BD　　3. ABC　　4. CE　　5. AB

（沈新南）

第三章　碳水化合物

第一节　碳水化合物的分类

一、碳水化合物的概念

碳水化合物是由碳、氢、氧三种元素组成，每两个氢原子有一个氧原子，这个比数与水相同，故名碳水化合物，简称碳水化物。低分子量的碳水化合物有甜味，所以碳水化合物又称糖。

二、碳水化合物的分类

碳水化合物分为单糖、双糖、寡糖、多糖四类。

(一) 单糖

不能水解成更简单的糖的碳水化合物叫单糖。碳原子数为 3～7 个，按碳原子数目的多少，依次称为丙糖、丁糖、戊糖、己糖、庚糖。其中丙糖和丁糖以中间代谢物的形式存在。自然界存在最多的是戊糖和己糖。

食物中主要的己糖有：① 葡萄糖：是一种醛糖；② 果糖：是一种酮糖；③ 半乳糖：是乳糖的水解产物。另外，食物中有少量的戊糖，如核糖、脱氧核糖、阿拉伯糖和木糖。

(二) 双糖

每分子能水解成两分子单糖的碳水化合物称为双糖。食物中主要的双糖有三种：① 蔗糖：是葡萄糖和果糖的结合物；② 乳糖：是葡萄糖和半乳糖的结合物；③ 麦芽糖：是两分子葡萄糖的结合物，为淀粉的基本单位。

(三) 寡糖

每分子水解成 3～8 个单糖的碳水化合物称为寡糖。其中水解后所有糖分子都为葡萄糖的称为麦芽寡糖，另一类水解时产生不止一种单糖的称为杂寡糖，如大豆中的杂寡糖水解产生棉子糖和水苏糖，人体不易消化，无法利用，但可被大肠中的细菌分解。机体自己合成的杂寡糖有很重要的生物活性。

(四) 多糖

多糖是数量众多的同种单糖或异种单糖，以直链或支链形式缩合而成的。按能否被人体利用而分为两类：

1. 可利用多糖　包括淀粉、糊精和糖原。① 淀粉：食物中绝大部分碳水化合物以淀粉形式存在，其基本构成单位是麦芽糖，在体内最终水解为葡萄糖。淀粉按照葡萄糖分子结合方式的不同，分为直链淀粉和支链淀粉。直链淀粉是由几十到几百个葡萄糖分子残基以 α-1,4 糖苷键相连成一条直链，并卷曲成螺旋状二级结构。直链淀粉可以溶解在热水中，与碘产生蓝色反应。一般天然食品中直链淀粉含量为总淀粉量的 19%～35%。支链淀粉一般由几千个葡萄糖分子残基组成，其中每25～30个葡萄糖残基以α-1，4糖苷键形成许多分支再分支的树冠样的复杂结构。支链淀粉难溶于水，遇碘产生棕色反应。食物中支链淀粉含量较高，一般占65%～81%；② 糊精：淀粉水解产物，由5个以上葡萄糖分子组成；③ 糖原：由数千至数万葡萄糖构成，存在于动物体内，实为动物淀粉，在酶的作用下分解为葡萄糖。

2. 不可利用多糖　葡萄糖分子以β-糖苷键连接，不能被机体消化吸收，又称非淀粉多糖。包括纤维素、半纤维素、果胶等。

单糖、双糖、寡糖和糊精都溶于水，淀粉不溶于水，与水加热后可吸水膨胀，变成糊状。低分子糖具有甜味，如以蔗糖的甜度为100，果糖为172、葡萄糖为74、半乳糖和麦芽糖为32、乳糖为16。

第二节　碳水化合物的代谢

一、碳水化合物的消化吸收

碳水化合物要消化为单糖才能被吸收。碳水化合物的消化从口腔开始。首先食物经牙齿咀嚼，淀粉颗粒可破裂，并与唾液中的α-淀粉酶混合而被水解。胃里没有消化淀粉的酶。唾液淀粉酶的最适pH是6.6～6.8，在食糜被胃酸中和以前，唾液淀粉酶的作用能持续一段时间，使淀粉和低聚糖再消化一部分。

在十二指肠，胰α-淀粉酶使淀粉、糊精水解成麦芽糖。麦芽糖、蔗糖在肠粘膜被刷状缘细胞水解成单糖。肠粘膜表面被覆着绒毛，使肠粘膜面积大为增加，当糊精、三糖或双糖进入粘膜表面，被酶迅速水解为单糖。

消化的最终产物单糖能迅速地被运输蛋白结合。小肠粘膜细胞运载单糖的蛋白又称Na^+依赖载体。它在结合葡萄糖以前，先结合肠腔内的Na^+，然后把糖和Na^+都带入细胞内，释放到胞浆中。与此同时，进入上皮细胞的Na^+促使依赖ATP的Na^+，K^+-ATP酶启动，分解ATP，释出的能量则将Na^+驱出细胞，以恢复细胞内Na^+的浓度，从而使葡萄糖和Na^+的吸收得以不断进行。这种主动转运还可使葡萄糖逆浓度梯度转运。

人体摄入一定量食物后会引起血糖的反应，机体对不同食物可产生不同的血糖应答，称之为食物的血糖生成指数（GI，见第18章）。影响食物GI的因素有很多，比如食物内碳水化合物的含量、化学结构、物理性状，以及蛋白质、脂肪、纤维素含量，是否含有有机酸，还有食物的制作工艺等。高纤维食品一般GI较低。

二、碳水化合物和蛋白质、脂肪代谢的关系

碳水化合物、蛋白质和脂肪为三大产热营养素，它们三者的关系十分密切，碳水化合物的供给影响蛋白质和脂肪的代谢。

餐后血糖升高，胰岛素分泌增加，胰高血糖素分泌减少，使更多的葡萄糖进入肝脏、肌肉和脂肪组织，加速葡萄糖的氧化和肝糖原、肌糖原的合成。肝糖原、肌糖原超过储存量后，肝脏可把葡萄糖经磷酸二羟丙酮还原成甘油-3-磷酸，与乙酰辅酶A合成脂肪酸，再生成甘油，然后以极低密度脂蛋白形式入血运送到脂肪组织储存。过多的碳水化合物也能合

成某些非必需氨基酸。

当膳食中碳水化合物不足时，总能量的供给相应减少。为保证人体所需的能量供给，体内脂肪组织中储存的甘油三酯被动员并加速分解为脂肪酸，以供给能量。在这一代谢过程中，可产生过多的酮体（乙酰乙酸、丙酮和 β-羟基丁酸），酮体不能及时被氧化而在体内聚集，以致产生酮血症和酮尿症。膳食中有足够的碳水化合物供给可防止上述现象的产生，即碳水化合物有抗生酮作用。

体内脂肪分解出的甘油能转变为糖，但在脂肪中占的重量不多，况且脂肪酸只能产能而不能转变为糖。当膳食中碳水化合物不足时，为维持血糖水平，会发生蛋白质经糖异生作用转变为葡萄糖的现象。一般说来，除了亮氨酸和赖氨酸外，其他氨基酸都是能转化成糖的。但从能量的观点看，只有丙氨酸和谷氨酸可以作为葡萄糖的来源。肝脏能将丙氨酸经转氨基作用生成丙酮酸而生成葡萄糖；肾脏把谷氨酸去氨后得 α-酮戊二酸，再和成糖氨基酸起转氨作用而得丙酮酸，再生成葡萄糖；α-酮戊二酸也能经三羧酸循环形成苹果酸，最后形成葡萄糖。当膳食中碳水化合物供给充足时，可防止上述能量供给不足发生的蛋白质转化为葡萄糖的现象；碳水化合物供给充足，体内有足够的 ATP 产生，也有利于氨基酸的主动转运过程，所以碳水化合物对蛋白质具有节约保护作用。

第三节 碳水化合物的主要生理功能

一、碳水化合物的主要生理功能

1. 供给能量 人体能量的来源主要是依赖食物中碳水化合物，每克碳水化合物在体内可以提供 16.8kJ（4.0kcal）能量。

2. 构成细胞和组织的成分 机体每个细胞都有碳水化合物，其含量约为 2%~10%，主要以糖脂、糖蛋白和多糖的形式分布在细胞膜、细胞器膜、细胞质及细胞间质中。糖结合物还广泛存在于各种组织中，如脑和神经组织中含有大量糖脂，主要分布在髓鞘上，骨、软骨、肌腱、韧带、关节、皮肤、血管中有较多蛋白多糖。

（1）作为细胞识别的标志 细胞和细胞是能够相互识别的，如果将不同脏器的细胞放在同一个培养皿内，它们会各自集中在一起；如将一个人的器官移植到另一个人身上去，会受到接受者的白细胞的排斥和破坏。细胞间的识别主要是膜上糖链的不同。

（2）具有抗原作用 有些寡糖具有抗原作用。如决定血型分类的是红细胞膜上糖蛋白和糖脂的寡糖末端的分子，这种糖链由 14 个单糖组成。A 型血中最末端是一个 N-乙酰氨基半乳糖，B 型血中是半乳糖，AB 型血中这两种抗原都有，O 型血中没有这两种单糖分子，其链上只有 13 个单糖分子。肿瘤细胞上也有起抗原作用的糖链，能在人体产生抗体。随着分子生物学和医学的进步，这类抗原抗体的反应，很有可能用于癌症的治疗。

（3）控制细胞膜的通透性 伸出在细胞膜外的糖链和其他极性基团，能控制水分、无机离子和小分子有机物跨膜进入细胞内。

（4）起润滑作用 关节腔内有大量透明质酸，是关节活动的润滑剂；呼吸道的糖蛋白有防止支气管和肺泡上皮干燥，保护呼吸道免受微生物侵入的作用；生殖系统的糖蛋白有润滑和利于精子运动以及保护胚胎的作用。

（5）在细胞间黏着中发挥作用　细胞和细胞可黏着在一起。黏着方式有两种：① 直接粘着：细胞表面有糖苷转移酶和糖脂或糖蛋白，这个酶可将一个细胞膜上的糖加到另一个细胞的糖链或糖蛋白上，使两个细胞粘连在一起；② 通过细胞间基质中的糖蛋白如 CSP 糖蛋白、半乳糖糖蛋白等使两个细胞结合；③ 细胞的接触抑制：正常细胞在培养时，增加到一定密度就不再生长，此种接触抑制作用与细胞表面的糖链有很大关系。

3. 解毒作用　肝中的葡萄糖醛酸能结合一些外来化合物以及细菌产生的毒素等，排出体外。

4. 节约蛋白质作用　如前所述，食物中碳水化合物不足，机体就不得不从蛋白质取得能量。如要最大限度地把氨基酸用于合成蛋白质，在摄取蛋白质的同时一定要有足够的碳水化合物供给。

5. 保证脂肪的充分氧化　机体碳水化合物不足时要动用脂肪来供能，但如果脂肪动用过多，其分解代谢中的中间产物酮体不能被完全氧化，从而引起酸中毒。膳食中足够的碳水化合物可保证这种情况不会发生。

二、具有特殊生理意义的单糖

1. 葡萄糖　人类脑的功能完全依赖于葡萄糖分解过程中产生的能量，而且不论血液中葡萄糖浓度如何，在单位时间内需要恒定量的葡萄糖供给。因此膳食中必须及时供给碳水化合物以分解成葡萄糖，维持正常的血糖浓度。

2. 乳糖　乳糖存在于乳类及其制品中，对婴儿的营养十分重要。乳糖在肠道可以促进双歧乳酸杆菌的生长，有利于杀灭致病菌。母乳中乳糖量较高，因此母乳喂养婴儿较少腹泻。乳糖还可促进膳食钙等矿物质吸收。

3. 其他　有些单糖参与构成重要的生命物质，如核糖核酸（RNA）和脱氧核糖核酸（DNA）中 D-核糖（五碳醛糖），糖蛋白中氨基己糖等。

第四节　膳食纤维

膳食纤维主要包括非淀粉多糖和木质素，存在于植物体内，不能被人体消化吸收。根据其水溶性不同，一般可分为可溶性膳食纤维和不溶性膳食纤维。可溶性膳食纤维包括果胶、树胶、黏质和少量半纤维素，可吸水膨胀，并能被肠道微生物分解；不溶性膳食纤维主要包括纤维素、大部分半纤维素和木质素，不溶于水，也不能被肠道微生物分解。

一、膳食纤维的主要特征和生理功能

1. 主要特征

（1）吸水作用：可溶性膳食纤维有很强的吸水能力或结合水的能力。膳食纤维的吸水能力可明显增加肠道中粪团的体积，增加其在肠道中转运速度，减少其中有害物质接触肠壁的时间。

（2）黏滞作用：一些可溶性膳食纤维具有强黏滞性，包括果胶、树胶、海藻多糖如琼脂和鱼叉菜胶。

（3）结合胆酸作用：纤维素结合胆酸很少，谷糠结合胆酸较多，果胶和树胶结合胆酸属中等程度，木质素结合胆酸最多。

（4）阳离子交换作用：膳食纤维具有阳离子交换作用，可在胃肠道内结合无机盐。膳食纤维具有这种功能是由于糖醛酸的羧基。膳食纤维可结合 K^+、Na^+、Fe^{3+} 等阳离子。

2. 生理功能

（1）利于预防高脂蛋白血症：膳食纤维可结合胆酸，故有降血脂作用。此作用以可溶性纤维较明显，而纤维素无此作用。

（2）预防胆石形成：大部分胆石是由于胆汁内胆固醇过度饱和所致。当胆汁酸与胆固醇失去平衡时，就会析出小的胆固醇结晶而形成胆石。膳食纤维可降低胆汁和血清胆固醇的浓度，从而使胆汁和胆固醇饱和度降低，胆石症患病率也随之减少。

（3）预防结肠癌：肠道厌氧菌大量繁殖会使中性或酸性粪固醇，特别是胆酸、胆固醇及其代谢物降解，产生的代谢产物可能是致癌物。膳食纤维可抑制厌氧菌，促使嗜氧菌的生长，使具有致癌性的代谢物减少。同时膳食纤维还可借吸水的性质，扩大体积、缩短粪便在肠道的时间，而防止致癌物质与易感的肠粘膜之间的长时间接触，减少产生癌变的可能性。

（4）防止能量过剩和肥胖：多纤维膳食可增加胃内容物容积而有饱腹感，从而可减少摄入的食物量和能量，有利于控制体重，防止肥胖。

二、膳食纤维与疾病的关系

1. 糖尿病　膳食纤维可影响血糖水平，减少糖尿病患者对胰岛素的依赖性。糖尿病病人食用果胶、豆胶后，可观察到餐后血糖上升幅度有所降低，经常食用多膳食纤维的人，空腹血糖水平或口服葡萄糖耐量试验曲线都低于少食用膳食纤维者。

2. 缺血性心脏病　膳食纤维少者，能量摄取多，胰岛素分泌增加，动脉容易硬化；胆汁液在粪便中排出少，血胆固醇升高。这些都是缺血性心脏病的发病因素。

3. 憩室病　憩室病常见于乙状结肠。结肠内容物少后，肠腔狭窄，易形成闭合段，从而增加肠内的动力。同时粪便硬和粘，需要更大的压力来排便，这样就易得憩室病。膳食纤维能吸水，增加粪便的体积，使粪便变软，改变肠内压力，从而改变憩室病的症状。

4. 结肠癌　流行病学调查结果表明，结肠癌的发病率与食物中的肉类、脂肪、蛋类和总能量呈正相关，而与谷类和豆类呈负相关。动物试验中，以麦麸代替饲料中蔗糖可降低结肠癌的发病率。一般认为，引起结肠癌的致癌物质存在于粪便中。膳食纤维摄入少，粪便量少，肠内水分少，致癌物的浓度相对较高；粪便在结肠内停留时间较长，细菌产生的致癌物质就多，其与肠粘膜接触时间也就长。而当膳食纤维多时，情况则恰好相反。此外，纤维多能量摄入也相对降低。

5. 便秘和刺激性肠综合征　发达和发展中国家居民的粪量有很大的差别，如英国平均每人每天 100～150g，乌干达农民 470g。用 X 线观察小丸通过胃肠道的时间，英国人是 40～100h，乌干达人为 36h。

刺激性肠综合征的症状有消化不良、食欲减退、胃烧灼感、恶心、腹胀、饱满感、无痛性腹泻、交替性便秘和腹泻、腹痛等。现认为这些症状与膳食纤维缺乏引起肠功能改变有关，增加膳食纤维的摄入往往具有良好的效果。

第五节 碳水化合物的食物来源和膳食参考摄入量

一、碳水化合物的来源

淀粉的来源主要是粮谷类和薯类食物。粮谷类一般含碳水化合物60%~80%,薯类一般含15%~29%,豆类40%~60%。双糖、单糖主要来源于蔗糖、糖果、甜食、糕点、甜味水果、含糖饮料和蜂蜜等。

膳食中碳水化合物供给主要部分应该是淀粉类的复合糖,避免摄入过多的单糖、双糖等简单糖。近年来,对蔗糖、果糖等简单糖与糖尿病、肥胖症以及动脉硬化性心脏病的关系进行了大量研究。许多研究结果表明,过量摄入简单糖可以增加血脂浓度和血糖浓度,因而被认为是糖尿病和动脉硬化性心脏病的危险因素。在食用含淀粉类食物的同时,常伴有蛋白质、矿物质和维生素等营养素的摄入,而摄入单糖、双糖时,不能取得除糖以外的其他营养素。

二、碳水化合物的膳食参考摄入量

根据目前我国膳食碳水化合物实际摄入量,中国营养学会于2000年推荐碳水化合物的适宜摄入量(AI)应占总能量的55%~65%。

三、膳食纤维的来源

植物性食物都含有数量不等的各种膳食纤维。如粮谷豆类的麸皮和糠含有大量纤维素、半纤维素和木质素。燕麦、大麦中含有多量β-糖原。柑橘、苹果、香蕉、柠檬等水果和洋白菜、甜菜、豌豆、蚕豆等蔬菜含有较多的果胶。现将一些常见食物的膳食纤维列于表3-1。

表3-1 常见食物膳食纤维含量

粮谷类(100g)	总膳食纤维(g)	纤维素(g)	木质素(g)	非纤维多糖(g)
糠麸	27.0	6.0	3.0	18.0
小麦	15.0	2.5	2.5	10.0
豆类	7.3	1.4	0.2	5.7
水果蔬菜类(湿重100g)	纤维素(%)	半纤维素(%)	木质素(%)	果胶(%)
菠萝	0.49	0.61	0.05	0.31
柠檬	0.64	0.20	0.22	1.00
橘子	0.35	0.05	0.49	0.19
香蕉	0.32	0.30	0.50	0.78
竹笋	0.78	1.67	0.06	0.07
芋头	0.09	1.10	0.68	0.32
甘蓝	1.05	1.07	0.26	0.25
黄瓜	0.26	0.26	0.06	

除了天然食物所含的膳食纤维外，近年来，有从食物中提取的膳食纤维产品可供食用。

膳食纤维也有不利影响，过多的膳食纤维影响蛋白质等营养素的消化吸收，能与Ca、Fe、Zn等结合，使它们的消化率降低。因此，膳食纤维的摄入应适量。2000年，中国营养学会以"中国居民膳食指南及平衡膳食宝塔"为依据，由指南中提出的各类食物摄入量及其所提供的膳食纤维含量计算出中国居民摄入的膳食纤维量和范围：低能量膳食 [7.5×10^3 kJ（1800kcal）] 为25g/d，中等能量膳食 [1×10^4 kJ（2400kcal）] 为30g/d，高能量膳食 [1.2×10^4 kJ（2800kcal）] 为35g/d。

复习练习题

（一）单选题（下列每题选项中，只有1个是正确的）

1. 下列<u>不</u>是支链淀粉特点的为
    A. 由几千个葡萄糖残基组成　　B. 在食物中含量较高
    C. 呈树冠状结构　　　　　　　D. 与碘产生蓝色反应
2. 人类大脑能量的来源完全依赖于
    A. 蛋白质　　　B. 脂肪　　　C. 维生素　　　D. 葡萄糖
3. 膳食纤维具有下列有利于健康的作用，<u>除了</u>
    A. 促进肠道蠕动
    B. 结合钙、锌、铁等阳离子
    C. 结合胆酸、降低血中的胆固醇含量
    D. 影响肠道菌群
4. 1g碳水化合物在体内可以提供给机体的能量为
    A. 4.0kJ　　　B. 16.8kJ　　　C. 33.4 kJ　　　D. 1.67 kJ
5. 一般认为，我国居民每日膳食能量来源中，来自碳水化合物部分的适宜比例为
    A. 40%~50%　　B. 55%~65%　　C. 60%~70%　　D. 70%~80%

（二）多选题（下列每题选项中，至少有2个是正确的）

1. 不能被人体消化吸收的碳水化合物是
    A. 乳糖　　　B. 木质素　　　C. 糖原　　　D. 水苏糖　　　E. 蔗糖
2. 膳食中淀粉的主要来源是
    A. 粮谷类　　B. 薯类　　　C. 蔬菜　　　D. 肉类　　　E. 水产类
3. 下列糖中，双糖有
    A. 麦芽糖　　B. 低聚果糖　　C. 果糖　　　D. 乳糖　　　E. 蔗糖
4. 下列关于三大营养素相互作用的描述，正确的是
    A. 膳食中充足的碳水化合物可以防止脂肪酸不能彻底氧化而产生酮体
    B. 膳食中供应不足的碳水化合物可以防止脂肪酸不能彻底氧化而产生酮体
    C. 膳食中充足的碳水化合物可以有利于蛋白质在体内的利用
    D. 膳食中供应不足的蛋白质可以防止脂肪酸不能彻底氧化产生酮体
    E. 膳食中供应不足的脂肪可以防止蛋白质不能彻底代谢

5. 下列不溶于水的是
   A. 糊精　　　　　B. 纤维素　　　　C. 淀粉　　　　　D. 果胶　　　　　E. 木质素

答案

（一）单选题：1. D　　　2. D　　　3. B　　　4. B　　　5. B
（二）多选题：1. BD　　　2. AB　　　3. ADE　　　4. AC　　　5. BE

（郭红卫）

第四章 能　　量

人体为了维持生命活动和从事劳动，必须从食物获得能量，以满足机体需要。一般情况下，健康成人从食物摄取的能量与消耗的能量经常保持平衡状态，否则就会导致体重增减。

第一节　能量单位

营养学上所使用的能量单位，多年来一直用卡（cal）或千卡（kcal）。1kcal 指 1000g 水的温度由 15℃上升到 16℃所需要的热量。目前国际和我国通用的能量单位是焦耳（J）。1焦耳指用 1 牛顿力把 1kg 物体移动 1m 所需要的能量。1000J 等于 1"千焦耳"（kJ）；1000kJ 等于 1"兆焦耳"（MJ）。两种能量单位的换算如下：

1kcal=4.184kJ　　　　1kJ=0.239kcal
1000kcal=4.184MJ　　1MJ=239kcal

第二节　能量来源及合理分配

人体所需要的能量来源于食物中碳水化合物、脂肪和蛋白质在体内的氧化。这三种营养素在体内氧化过程中都可以产生能量，故统称为"产能营养素"或"热源质"。

1g 产能营养素在体内氧化产生的能量，称为产能系数，或称生理卡价。据用"弹式热量计"测定，1g 碳水化合物在体外燃烧时平均产生能量 17.15kJ（4.1kcal）；1g 脂肪平均产能 39.54kJ（9.45kcal）；1g 蛋白质平均产能 23.64kJ（5.65kcal）。碳水化合物和脂肪在体内氧化时与体外燃烧时的最终产物均为二氧化碳和水，所产生的能量相同。但蛋白质在体内氧化时的最终产物为二氧化碳、水、尿素、肌酐及其他含氮有机物；而在体外燃烧时的最终产物则为二氧化碳、水、氨和氮等，体内氧化不如体外燃烧完全。若将 1g 蛋白质在体内氧化的最终产物收集起来，继续在体外燃烧，还可产生能量 5.44kJ（1.3kcal）。如果用"弹式热量计"体外燃烧试验推算体内氧化产生的能量应为：1g 碳水化合物：17.15kJ（4.1kcal）；1g 脂肪：39.54kJ（9.45kcal）；1g 蛋白质则为：23.64－5.44=18.2kJ（4.35kcal）。

然而食物中的营养素在消化道内并非 100%吸收。一般混合膳食中碳水化合物的吸收率为 98%、脂肪 95%、蛋白质 92%。所以，三种产热营养素在体内氧化实际产生能量（产能系数）则为：

1g 碳水化合物：17.15kJ×98%=16.81kJ（4.0kcal）
1g 脂肪：39.54kJ×95%=37.56kJ（9.0kcal）
1g 蛋白质：18.2kJ×92%=16.74kJ（4.0kcal）

此外，乙醇在体内氧化也可产生能量，每克可提供 29.29kJ（7kcal）能量。

三种产能营养素在体内氧化都可以产生能量，而且三者在代谢过程中可以互相转化，但却不能完全相互代替，所以在膳食中应当有一个适当的比例分配。根据我国人民的饮食习惯，碳水化合物提供的能量以占总能量的 55%～65%，蛋白质占 10%～15%，脂肪占 20%～30%为宜。

第三节　能量消耗

机体能量消耗主要用于维持基础代谢，体力活动、食物热效应和生长发育四个方面。

一、基础代谢

基础代谢指人体在基础状态下的能量代谢。即排除肌肉活动、环境温度、食物和精神紧张等因素影响条件下的新陈代谢。它应符合以下四个条件：① 进食后 12～14h；② 清醒、静卧 0.5h 以上，全身肌肉松弛；③ 避免精神紧张；④ 室温保持在 20～25℃之间。

基础代谢可用气体代谢法测定，还可根据体表面积按下式计算：

$$基础代谢（kJ）=体表面积（m^2）\times 基础代谢率（kJ/m^2 \cdot h）\times 24h$$

中国人的体表面积曾按 Stevenson 公式计算：

$$体表面积（m^2）=0.0061\times 身高（cm）+0.0128\times 体重（kg）-0.1529$$

根据我国近年研究青年男子体表面积的结果可用下式：

$$体表面积（m^2）=0.00659\times 身高（cm）+0.0126\times 体重（kg）-0.1603$$

基础代谢率可由表 4-1 查得。

表 4-1　我国正常人基础代谢率（BMR）平均值（$kJ/m^2 \cdot h$）

年龄（岁）	11～15	16～17	18～19	20～23	31～40	41～50	>50
男	195.4(46.7)	193.6(46.2)	166.1(39.7)	158.6(37.9)	157.7(37.7)	154.0(36.8)	149.0(35.6)
女	172.4(41.2)	181.6(43.4)	154.0(36.8)	146.4(35.0)	146.9(35.1)	142.3(34.0)	138.5(33.1)

注：括号内单位为 kcal。

基础代谢率受机体的体格大小、年龄、性别和内分泌激素等因素的影响。年龄越小，基础代谢率越高，男性的基础代谢率比女性高，甲状腺素分泌多者比分泌少者高。

二、体力活动

除了基础代谢以外，体力活动是影响人体能量消耗的主要因素。因为生理情况相近的人，基础代谢消耗的能量是相近的，而体力活动情况却相差很大。体力活动所消耗的能量与劳动强度、持续时间以及工作的熟练程度有关。其中劳动强度为主要影响因素。而劳动强度主要涉及劳动时牵动的肌肉多少和负荷的大小。

关于精神活动，一般人在平静思考问题时，对能量代谢影响不大，能量消耗增加不超过4%。但在精神紧张，如烦恼、恐惧或情绪激动时，由于无意识的肌肉紧张以及某些激素分泌增加，可使能量消耗显著增加。

三、食物热效应

食物热效应也称食物特殊动力作用（SDA），指因摄取食物而引起能量消耗额外增加的现象。当进食碳水化合物时，食物热效应所需能量约为其摄入量的6%，进食脂肪约为4%，蛋白质30%；如进食混合膳食，这种多消耗的能量约为原基础代谢的10%。这种因进食而引起的能量消耗额外增加的现象与食物营养成分有关。膳食蛋白质含量高，额外所消耗的能量也高。

关于食物热效应发生的原因，各学者的意见不同。有人认为食物进入消化道后，刺激胃的收缩、肠的蠕动及消化液的分泌都要消耗能量。这种见解未必正确，因为犬啃骨头及人服泻药，胃肠受刺激，但能量代谢并无显著增加。

有研究认为，蛋白质分子所含的氨基酸能刺激组织细胞的代谢，并增加其所含物质的氧化速度，因而发生食物特殊动力作用。在氨基酸中，甘氨酸、丙氨酸、亮氨酸、谷氨酸、酪氨酸及苯丙氨酸的刺激作用最为显著。但对于切除肝脏的犬，则不能发生食物特殊动力作用。对氨基酸的代谢，肝脏的主要作用是脱去氨基合成尿素，故食物的特殊动力作用可能是来自氨基酸的脱氨基及尿素合成过程。碳水化合物在体内如何发生食物热效应，目前尚不了解。

四、生长发育

胎儿、儿童和青少年生长发育时，需要构建新的组织。有人曾经测定，每增加1g新组织，约需20kJ（4.78 kcal）能量。能量摄入必须和生长速度相适应。能量不足，生长便会减慢甚至停止。

第四节 能量消耗测定

能量消耗的测定通常有直接测定法、间接测定法、生活观察法和能量平衡观察法。

一、直接测定法

将人置于密闭的隔热的热量测定室中，测定单位时间内人体所散发的热量。此种方法测定准确，但设备庞大、笨重，使用受到限制。临床上主要使用间接测定法。

二、间接测定法

通常采用气体代谢法。首先收集受试者一定时间内的呼出气，然后分析呼出气中的O_2及CO_2含量，再求出呼吸商（混合呼吸商）；并根据非蛋白呼吸商表查出该呼吸商的氧热价，即某种物质氧化时消耗1L氧所产生的热量，将氧热价乘以耗氧量，便得出该时间内的产热量。应用间接测热法，可测出各种日常生活及各种劳动动作的能量消耗量，编制成能量消耗率表。

三、生活观察法

通过观察记录测定对象的一日生活活动，再经查表（能量消耗率表）计算，得出一日能量消耗量。

可从调查单位内选择身高、体重、活动有代表性的受试者3~5名，专人跟踪，并详细记录24h内从事各种活动所用时间；再将从事同种活动所用时间相加，整理出24h内完成各种活动的所用时间；然后从《能量消耗率》表中查出每种活动的能量消耗率，再乘以完成该项活动所用时间，得出从事该项活动的能量消耗量；将24h内完成各种活动的能量消耗量相加，得出24h能量消耗量，再经体表面校正，加食物热效应的能量消耗量，即得测定对象的能量消耗量。调查时间以3d为宜，最后计算3d能量消耗量的平均数。现举例如表4-2。

表4-2 生活观察法能量消耗量计算表

姓名：×××　　　　　　　　　　　　　　　　　　　　　　职业：大学生
身高：1.73m　　　　　体重：63kg　　　　　体表面积：1.72m²

活动项目	时间（min）	能量消耗率（kcal/m²·min）	能量消耗量（kcal）
穿脱衣服	9	1.64	14.76
大小便	9	0.98	8.82
叠被、擦地板	10	2.09	20.90
跑步	8	5.56	44.48
洗脸	16	1.03	16.48
刮脸	9	1.56	14.04
读外语	38	1.19	45.22
走路	96	1.68	161.28
听课（记笔记）	268	0.96	257.28
站立听讲	75	0.99	74.25
坐着写字	70	1.07	74.90
自习（看书）	120	0.84	100.80
站着谈话	43	1.11	47.73
坐着谈话	49	1.05	51.45
吃饭	45	0.84	37.80
打篮球（练习）	35	3.31	115.85
唱歌（站）	20	2.27	45.40
铺被	5	1.84	9.20
睡眠	515	0.57	293.55
合计			1434.19

体表面积（m²）=0.0061×身长（cm）+0.0128×体重（kg）-0.1529
体表面积换算：1434.19×1.72=2466.81（kcal）
加食物热效应：2466.81×（1+10%）=2713.49（kcal）

四、能量平衡观察法

其原理是健康成人,在普通劳动和生活条件下,按机体需要进食,其体重经常维持在恒定水平。体重恒定为能量平衡。故可用计算每日摄取食物的能量及称量体重的变化,以确定人体能量消耗量。当能量摄取超过消耗时,机体可将多余的能量储存,体重增加,每增加1kg体重,就意味着储存25~33MJ(6000~8000kcal)的能量;如摄入低于消耗时,就将动用储存能量,体重下降,每下降1kg体重,就意味着多消耗25~33MJ(6000~8000kcal)能量。故可根据不同情况,按下式计算能量消耗。

体重不变:能量消耗量(MJ)=能量摄入量(MJ)

体重增加:能量消耗量(MJ)=能量摄入量(MJ)-平均体重增加量(kg)×29MJ/调查日数(d)

体重减少:能量消耗量(MJ)=能量摄入量(MJ)+平均体重减少量(kg)×29MJ/调查日数(d)

摄入食物的能量,可根据膳食调查计算得知,亦可用实验分析测得。体重称量所用体重计,要求感量不得低于50g,测定时间不得少于15d。

第五节 膳食参考摄入量与食物来源

一、膳食参考摄入量

不同人群和不同体力活动强度,能量消耗量是不同的。为此,中国营养学会将成人活动强度分为3级,并提出相应的膳食能量参考摄入量。

1. 轻体力活动 75%时间坐或站立,25%时间站着活动。如办公室工作、修理电器钟表、售货、酒店服务、化学实验操作、讲课等。膳食能量参考摄入量(RNI)为:男性10.03MJ(2400kcal),女性8.80MJ(2100kcal)。

2. 中体力活动 25%时间坐或站立,75%时间特殊职业活动。如学生日常活动、机动车的驾驶、电工安装、车床操作、金工切割等。膳食能量参考摄入量(RNI)为:男性11.29MJ(2700kcal),女性9.62MJ(2300kcal)。

3. 重体力活动 40%时间坐或站立,60%时间特殊职业活动。如非机械化农业劳动、炼钢、舞蹈、体育运动、装卸、采矿等。膳食能量参考摄入量(RNI)为:男性13.38MJ(3200kcal),女性11.30MJ(2700kcal)。

儿童、青少年处于生长发育期,能量摄入量相应增加,为4.40MJ(1050 kcal)~12.00 MJ(2900kcal)。孕妇和乳母能量摄入量也应相应增加,以保证胎儿正常的生长和补偿分泌乳汁所消耗的能量,摄入量增加0.84 MJ(200kcal)~2.09 MJ(500 kcal)。中年以后,基础代谢率降低,体力活动减少,能量摄入量应适当减少,从8.00 MJ(1900 kcal)到13.00 MJ(3100kcal)不等。

二、食物来源

人体所需要能量来自碳水化合物、脂肪和蛋白质。这三种产能的营养素普遍存在于各类食物中。动物性食物中脂肪和蛋白质含量较多。植物性食物的油料作物中脂肪含量丰富，谷类以碳水化合物为主，大豆类中蛋白质和脂肪含量较高。

复习练习题

（一）单选题（下列每题选项中，只有1个是正确的）

1. 100g蛋白质可提供人体的能量为
   A. 400kJ B. 400kcal C. 900kJ D. 900kcal
2. 根据我国居民膳食习惯，膳食中碳水化合物提供的能量应占总能量的比例为
   A. 20%～30% B. 10%～15% C. 55%～65% D. 20%～25%
3. 如进食混合膳食，食物特殊动力作用消耗的能量约占基础代谢的百分比为
   A. 4% B. 6% C. 10% D. 30%
4. 进食碳水化合物时，食物特殊动力作用消耗的能量相当于其本身产能的百分比为
   A. 4% B. 6% C. 10% D. 30%
5. 每增加1g新组织，约需能量为
   A. 10kJ B. 20kJ C. 30kJ D. 40kJ

（二）多选题（下列每题选项中，至少有2个是正确的）

1. 下列影响基础状态下能量代谢的因素有
   A. 体力活动   B. 摄食
   C. 精神紧张   D. 食物热效应
   E. 环境温度
2. 采用生活观察法测定能量消耗时，主要需要的资料为
   A. 受试者呼出气中氧的含量   B. 受试者呼出气中二氧化碳的含量
   C. 一日内各种活动的所用时间 D. 能量消耗率表
   E. 能量摄入量
3. 采用能量平衡观察法测定能量消耗时，需要的资料有
   A. 体重   B. 身高
   C. 一日内各种活动的所用时间 D. 能量消耗率表
   E. 能量摄入量

答案

（一）单选题：1. B 2. C 3. C 4. B 5. B
（二）多选题：1. ABCE 2. CD 3. AE

（郭俊生）

第五章 维生素

维生素是维持人体生命活动所必需的一类有机化合物。它们是天然存在于食物中、人体不能合成、需要量甚微、既不参与机体组成也不提供热能，但在机体的代谢、生长、发育等过程中起重要作用的有机物。

第一节 维生素的命名与分类

一、维生素命名

维生素有三种命名系统，一是按发现历史顺序，以英文字母顺序命名，如维生素 A、B、C、D、E 等。二是按其特有的生理和治疗作用命名，如抗神经炎因子、抗癞皮病因子、抗坏血酸等。三是按其化学结构命名，如硫胺素、核黄素等。目前，三类名称往往混用。

二、维生素的分类

维生素种类很多，各种维生素也各具独特作用。营养学常按其溶解性分为脂溶性与水溶性维生素两大类。脂溶性的有维生素 A、D、E、K；水溶性的有维生素 C 和维生素 B 族，包括 B_1、B_2、B_6、烟酸、叶酸、泛酸等。脂溶性维生素大部分储存在脂肪组织（尤其是定脂）中，通过胆汁缓慢排出体外，故过量摄入，可致中毒。水溶性维生素在体内仅有少量贮存，且易排出体外。因此，必须每天通过饮食供给，当供给不足时，易出现缺乏症。

部分维生素有一种以上的结构类似且生物活性相同的化合物，如维生素 A_1 与维生素 A_2，吡哆醇与吡哆醛及吡哆胺等。

三、维生素缺乏的原因

许多因素可致人体维生素不足或缺乏，常见原因有：① 膳食中供给不足。膳食维生素含量取决于食物中原有的含量以及收获、加工、烹调与贮藏时丢失或破坏的程度。在加工、烹调中添加保护性物质常可减少维生素损失或破坏；② 抗维生素化合物的存在。在天然食物中有一些称为抗维生素的化合物，可使部分维生素的吸收利用降低，如抗生物素蛋白可与生物素紧密结合而使之失活。但这类物质随食物加工、烹调而失去作用；③ 人体吸收利用降低。当消化系统吸收功能障碍，如长期腹泻、消化道或胆道梗阻、胆汁分泌受限、胃酸分泌减少；或膳食成分改变致吸收降低，如膳食中脂肪含量低，可影响脂溶性维生素的吸收；④ 机体对维生素的需要相对增高。如妊娠与授乳期妇女、生长发育期儿童以及特殊生活环境、某些疾病（长期高热、慢性消耗性疾患等）均可使维生素的需要量相对增高。服用异烟肼、青霉素及避孕药等也增加维生素 B_6 的需要量。

维生素缺乏在体内是一个渐进过程，初始贮备量降低，继之出现生化代谢异常、生理功能改变，然后才是组织病理变化，出现临床症状和体征。因此，轻度缺乏常不出现临床症状，但一般常有劳动效率下降、对疾病抵抗力降低等表现，称为亚临床缺乏或不足。当缺乏达一定严重程度时，则出现所缺乏的相应维生素的独特症状和体征。但由于膳食原因、维生素间相互依赖性等，临床所见常系多种维生素混合缺乏的症状与体征。

在我国，典型的维生素缺乏症已不多见，但亚临床缺乏在某些地区、某些人群中仍有发生。由于亚临床缺乏不易发现，且对健康又有影响，故需特别注意。

当维生素摄入过多时，水溶性维生素常以原形从尿中排出体外；但超过非生理量时有不良作用，如维生素的不正常代谢，或干扰其他营养素代谢。脂溶性维生素大量摄入时，可致体内积存过多引起中毒。为此，必须注意某些含维生素丰富的食物的过量摄入，也需更多注意强化食物以及维生素制剂的大量服用。

第二节 维生素A

维生素A（维生素A）又名视黄醇，实际包括所有具有视黄醇生物活性的一类物质，即动物性食物来源的维生素A_1与维生素A_2（脱氢视黄醇或视黄醛，其生物活性为维生素A_1的40%）、植物性食物来源的β-胡萝卜素及其他类胡萝卜素。

一、理化性质

维生素A与胡萝卜素溶于脂肪及大多数有机溶剂中，不溶于水。天然存在于动物性食物中的维生素A酯类多数为棕榈酸酯，是相对稳定的化合物，一般烹调和罐头加工不易破坏。在空气中和日光下，维生素A顺序按酯、醇、醛、酸形式氧化破坏，特别是在高温条件下。当食物中脂肪氧化变质时，其中的维生素A即被破坏。维生素A对碱稳定，酸性环境不稳定，食物中维生素A避光于-20℃以下很稳定。

在同样条件下，植物性食物中的胡萝卜素较易破坏。当食物中有维生素E与维生素C或其他抗氧化物质存在时，均有助于保护维生素A与胡萝卜素的稳定性。

二、生理功能

1. 维持正常视觉功能　视网膜上有两种细胞，即杆状细胞和锥状细胞。这两种细胞中都存在着对光敏感的色素，而这些色素的形成和生理功能均有赖于适量维生素A。其中的杆状细胞主要与暗视觉有关。它含有一种视紫红质，是由视蛋白和11-顺式视黄醛组成的复合蛋白质。当视网膜接受光线时，视紫红质发生一系列变化，11-顺式视黄醛转变成为全反式视黄醛，同时释放出视蛋白，此反应的刺激通过神经纤维传到大脑，形成视觉。被消耗的视紫红质需补充。当视网膜处有足量维生素A储存，即可合成11-顺式视黄醛，并与视蛋白结合形成视紫红质，从而恢复对光的敏感性。

2. 影响糖蛋白合成　维生素A与膜的糖蛋白合成有关，缺乏维生素A的动物的某些组织如小肠、角膜、气管上皮、组织等的特殊糖蛋白减少，给予维生素A或维生素A酸可以促进其合成。免疫球蛋白也是糖蛋白，维生素A的营养状况影响免疫功能可能与此有关。

3. 维持上皮细胞的生长　维生素A在维持上皮正常形成、发育以及维持上皮组织的健全中起重要作用。

4. 有助于骨骼正常生长　维生素A为骨骼正常生长所需，并有助于细胞的增殖和生长。

5. 防癌　近年来的研究证明，维生素 A 及其衍生物有防癌作用。

三、吸收与代谢

膳食中维生素 A 大多与长链脂肪酸形成酯。摄入的维生素 A 和胡萝卜素在小肠中与胆盐和脂肪消化产物一起被乳化后，由肠粘膜吸收。小肠中胆汁是乳化的必要条件。足够量的脂肪促进维生素 A 的吸收，抗氧化剂如维生素 E 和卵磷脂有利于维生素 A 吸收，而矿物油的服用，肠道寄生虫均不利于其吸收。维生素 A 吸收率明显高于胡萝卜素，且后者吸收率与其摄入量呈相反关系。

维生素 A 大多数从淋巴管经胸导管进入肝脏，并在此酯化。体内 90% 维生素 A 储存于肝脏；其余 9% 储存于肾、肺、肾上腺、眼色素上皮、皮下脂肪，肾脏中储存量约为肝脏的 1%；血中维生素 A 含量约为体内总量的 1%。

影响维生素 A 储存的因素有：① 摄入量；② 膳食成分；③ 机体生理状况。高蛋白膳食、锌营养状况良好可增加维生素 A 的利用。妊娠时贮存量增加。贮存量也随年龄递增，但老年期相反，贮存量下降。

四、缺乏症

1. 暗适应能力下降、夜盲及眼干燥症　维生素 A 缺乏的早期症状为暗适应能力的下降，严重者可致夜盲，即在暗光下无法看清物体。由于角膜、结膜上皮组织、泪腺等退行性病变，致角膜干燥、发炎、软化、溃疡、角质化等一系列变化，在球结膜出现泡状银灰色斑点（Bitot 斑）。角膜损伤严重常可导致不可逆转的失明。

2. 粘膜、上皮变化　上皮组织分化不良，皮肤特别是臂、腿、肩、下腹部皮肤粗糙、干燥、鳞化等角化变化。口腔、消化道、呼吸道和泌尿生殖道的粘膜失去滋润、柔软性，使细菌易于侵入，儿童易导致支气管肺炎等严重疾病。泌尿系统上皮损伤脱落，形成肾结石等。

3. 生长发育受阻　影响儿童骨骼发育，齿龈增生与角化，影响牙釉质细胞发育，使牙齿停止生长。

4. 其他　味觉、嗅觉减弱，食欲下降。

五、营养状况评价

1. 血浆维生素 A 水平　血浆维生素 A 含量为 $0.35\sim0.70\mu mol/L$ 是摄入不足的界限。但当 $>0.70\mu mol/L$ 时，仍有一些个体有不足表现。由于肝贮水平在各个体间有很大差异，故当血浆维生素 A 含量极低时，可确定为维生素 A 营养状况欠佳；含量在正常范围内，尚不能肯定为维生素 A 营养状况良好。

2. 血浆视黄醇结合蛋白（RBP）　近来研究发现，血浆中 RBP 含量与血浆维生素 A 水平有呈正相关趋势，可反映人体维生素 A 的营养水平。

3. 暗适应能力　国内多采用暗适应恢复时间，即双眼从光亮的环境突然进入黑暗处后，于暗中观察到极微弱的光源的时间。维生素 A 缺乏时，暗适应时间延长。国内已有数种暗适应仪，可用于大规模现场营养调查，但需注意排除视神经萎缩、色素性网膜炎、近视性视网膜脉络膜炎、血糖过低及睡眠不足等与维生素 A 无关的因素引起的暗适应能力降低。

4. 眼结膜印迹细胞学法　当机体维生素 A 缺乏时，眼结膜的杯状细胞消失，上皮细胞角化且变大。方法是：将醋酸纤维薄膜贴于受检者的眼结膜上，取样后染色、镜检。此法适用于评价儿童和青少年维生素 A 的营养状况。

六、膳食参考摄入量与食物来源

2000 年中国营养学会制定的维生素 A 的 RNI，成年男性为 800μg（RE）/d，女性为 700μg（RE）/d；维生素 A 的 UL，成年人为 3000μg（RE）/d，孕妇为 2400μg（RE）/d，儿童为 2000μg（RE）/d。

β-胡萝卜素和各种类胡萝卜素存在于植物性食物中，如绿叶菜类、棕黄色菜类及水果类。含量较丰富的有菠菜、豌豆苗、红心甜薯、胡萝卜、青椒、南瓜等。维生素 A 多数以酯的形式存在于动物肝脏、奶、奶制品（未脱脂）及禽蛋等中。

胡萝卜素在体内转化为维生素 A 的值，应按 FAO/WHO 联合专家委员会提出的数值计算：

1IU 维生素 A＝ 0.3μg 视黄醇当量（RE）
1μg β-胡萝卜素＝0.167μg 视黄醇当量（RE）
1μg 类胡萝卜素＝0.084μg 视黄醇当量（RE）

膳食中总视黄醇当量（μg）＝维生素 A（IU）×0.3＋β-胡萝卜素（μg）×0.167＋其他维生素 A 原类胡萝卜素（μg）×0.084

七、过多症

机体摄入大量维生素 A 时，由于排出率不高，因此常可在体内蓄积而引起中毒，主要表现：① 由于破骨细胞活性增强，导致骨质脱钙、骨脆性增加、生长受阻、长骨变粗及骨关节疼痛；② 皮肤干燥、发痒、鳞皮、皮疹、脱皮、脱发、指（趾）甲易脆；③ 易激动、疲乏、头痛、恶心、呕吐、肌肉无力、坐立不安；④ 食欲降低、腹痛、腹泻、肝脾肿大、黄疸；⑤ 血液中血红蛋白和钾减少、凝血时间延长、易出血。

由于各人对维生素 A 的吸收、利用、排泄和储存的能力不一，导致中毒的剂量也有个体差异。一般婴幼儿口服维生素 A＞90000μgRE 可致急性中毒。孕妇在妊娠早期每日大剂量摄入，娩出畸形儿的相对危险度为 25.6。除哺乳类和鱼类肝脏外，一般由食物中摄入的维生素 A 量不会引起中毒。

饮食物中大量的类胡萝卜素，可造成皮肤变黄，但未见其他危害性。

第三节　维生素 D

维生素 D（维生素 D）的基本结构是环戊烷多氢菲，可由维生素 D 原经紫外线激活形成。动物皮下的 7-脱氢胆固醇及酵母细胞中麦角固醇都是维生素 D 原，经紫外线激活分别转化形成维生素 D_3 和维生素 D_2，哺乳动物对二者利用无区别。

一、理化性质

维生素 D 溶于脂肪与脂溶剂，对热、碱较稳定。如 130℃加热 90 分钟，仍能保持其活性。光及酸促进其异构化。维生素 D 在油溶液中稳定,加抗氧化剂后更好。过量辐射线照射后,维生素 D 可形成少量具毒性的化合物,且无抗佝偻病活性。

二、生理功能

1. 维持血清钙磷浓度的稳定　维生素 D 在体内与甲状旁腺共同作用,维持血钙水平。机体血钙低时,维生素 D 通过促进肾小管再吸收,促进骨钙动员和促进钙结合蛋白合成,以增加食物钙吸收,从而提高血钙水平。机体血钙高时,维生素 D 促进甲状旁腺产生降钙素,阻止骨钙动员,增加钙磷从尿中排出,从而降低血钙。

2. 维持正常骨骼　维生素 D 对骨骼形成极为重要,使骨和软骨正常生长。

三、吸收与代谢

人类从两个途径获得维生素 D,即经口从食物摄入与皮肤内由维生素 D 原形成。

1. 消化道吸收　经口摄入的维生素 D 在小肠,主要在空肠、回肠与脂肪一起被吸收。吸收的维生素 D 或与乳糜微粒结合,或被维生素 D 结合蛋白(DBP)转送至肝。

2. 维生素 D 的皮肤内形成　人体的表皮与真皮内含有一定量的 7-脱氢胆固醇,当阳光或紫外线照射时,由于光化学反应而形成前维生素 D_3,约再需 3 天时间转化为维生素 D_3。高强度紫外线照射 15 分钟,每克皮肤可形成 12.8IU 维生素 D_3。血浆中 DBP 将形成的维生素 D_3,从皮肤输送至肝为机体利用。此转化过程较缓慢,所形成的维生素 D_3 不易达到中毒剂量。

以上两途径进入肝脏的维生素 D,绝大部分在肝细胞内质网上,在维生素 D_3-25-羟化酶的作用下形成 25-(OH)维生素 D_3,并与 α-球蛋白(维生素 D 运输蛋白)结合运至肾,在肾线粒体 25-(OH)D_3-1α-羟化酶和 25-(OH)D_3-24R-羟化酶催化下,分别羟化为 1α,25-(OH)$_2$ 维生素 D_3 和 24R,25-(OH)$_2D_3$。1α,25-(OH)$_2$ 维生素 D_3 是维生素 D 的主要活性形式。血钙偏低、甲状旁腺素(PTH)、降钙素、催乳激素都可使其合成增多。

维生素 D 主要贮存在脂肪组织与骨骼肌中,肝、大脑、肺、脾、骨和皮肤也有少量存在。维生素 D 分解代谢主要在肝脏中进行,代谢物随胆汁从粪便排泄,少量由尿排出。

四、缺乏症

膳食中缺乏维生素 D 或人体日光照射不足是维生素 D 缺乏症的主要两大原因。日光照射与地理条件、季节和大气环境有密切关系。热带、亚热带常年日光充足,一般不易发生维生素 D 缺乏,而温带、寒带日照较少,特别在多雨、多雾地区则不然。此外户外活动时间长短、衣着状况均是影响因素。因此维生素 D 缺乏常发生在光照不足、小儿喂养不当(特别是人工喂养者)、出生后生长较快的早产儿及多胎儿中。当然,膳食其他成分,如无机盐(磷、镁)、维生素 A、C 等也与维生素 D 缺乏有关。某些疾病,特别是肠道吸收障碍,影响维生素 D 与钙吸收,亦是维生素 D 缺乏的常见原因之一。

维生素 D 缺乏引起钙、磷吸收减少,血钙水平下降,骨骼无机化受阻,致骨质软化、变形,在婴幼儿期发生佝偻病,成年人发生骨软化症。

1. 佝偻病　机体缺乏维生素 D 时,骨骼不能正常钙化,因此变软,易弯曲、畸形,同时影响神经、肌肉、造血、免疫等器官组织的功能。一般 6 个月以下的婴儿多见急性佝偻病,骨质以软化为主;较大儿童多见亚急性佝偻病,骨质以增生为主。

2. 骨软化症　发生于成人，特别是妊娠、授乳的妇女和老年人。主要表现为骨软化，易折断。初期，腰背部、腿部不定位的时好时坏的疼痛，但常在活动时加剧。严重时，骨骼脱钙、骨质疏松，有自发性、多发性骨折。

五、营养状况评价

血 $25-(OH)D_3$ 或 $1\alpha,25-(OH)_2D_3$ 水平作为评价机体维生素 D 营养状况的良好指标。$25-(OH)D_3$ 是维生素 D_3 在血液中主要存在形式，血浆 $25-(OH)D_3$ 的正常值范围为 $20\sim150$ nmol/L；血清 $1\alpha,25-(OH)_2D_3$ 的正常值为 $38\sim144$ pmol/L。

此外血清钙磷乘积、血清碱性磷酸酶活性也被用于测定佝偻病。但由于其结果受众多因素影响，并不被看做是维生素 D 营养状况判定的指标。

六、膳食参考摄入量与食物来源

维生素 D 的最低需要量尚难肯定，因皮肤形成维生素 D_3 的量变化较大。维生素 D 需要量还与钙磷摄入量有关，当钙磷量合适时，每日摄入维生素 D 100IU（$2.5\mu g$）即可预防佝偻病与促进生长。成人每日获得 $300\sim400$ IU 维生素 D 即可满足生理需要，摄入量达 800IU 并无更明显的预防佝偻病的作用，>1800IU 可能还有危害作用。

中国营养学会 2000 年颁布的维生素 D 的 RNI 为：10 岁以下 $10\mu g/d$，$11\sim49$ 岁为 $5\mu g/d$，50 岁以上及中、晚期孕妇为 $10\mu g/d$；我国建议儿童和成人维生素 D 的 UL 为 $20\mu g/d$。

维生素 D 的数量可用 IU 或 μg 表示，它们的换算关系为：1IU 维生素 $D_3 = 0.025\mu g$ 维生素 D_3。

天然食物中维生素 D 含量均较低，含脂肪高的海鱼、动物肝、蛋黄、奶油相对较多；瘦肉、奶含量较少，故许多国家在鲜奶和婴儿配方食品中强化维生素 D。鱼肝油中维生素 D 含量极高，虽非日常饮食部分，但供婴幼儿补充维生素 D 使用，对防治佝偻病有很重要意义。适当日光浴对婴幼儿、特殊的地下工作人员非常必要。

七、过多症

人体对维生素 D 耐受性各人不同，维生素 D 过量（>2000IU/d）可导致钙吸收增加。血钙过多，钙可在软组织（包括心脏、血管、肺和肾小管）内沉积。轻度中毒症状为食欲减退、过度口渴、恶心、呕吐、烦躁、便秘或便秘与腹泻交替出现。妊娠期过多摄取维生素 D，可引起新生儿出生体重低，严重者并有智力发育不良及骨硬化。

第四节　维生素 E

一、理化性质

维生素 E（维生素 E）又名生育酚，自然界共有 8 种化合物，即 α、β、γ 与 δ-生育酚和 α、β、γ 与 δ-生育三烯酚。其中以 α-生育酚（α-TE）的生物活性最高。维生素 E 溶于酒精与脂溶剂，不溶于水，对氧敏感，易于氧化破坏，特别是在光照及热、碱和铁或铜等微量元素存在情况下，可加速其氧化。在酸性或无氧条件下较稳定。酯化维生素 E 较游离维生素E稳定。食物在一般烹调时，维生素E丢失不多，但在高温中加热，常使其活性降低。

二、生理功能

1. 抗氧化作用　维生素E是一种很强的抗氧化剂，在体内保护细胞免受自由基损害。维生素E与超氧化物歧化酶、谷胱甘肽过氧化酶一起构成体内抗氧化系统，保护细胞膜（包括细胞器膜）上多烯脂肪酸免受自由基攻击，维持膜的完整性。维生素E作为抗氧化剂、也防止维生素A、维生素C和ATP的氧化，保证它们在体内的功能。

人类低维生素E膳食，可致红细胞数量减少和红细胞生存时间缩短。血浆维生素E$<$11.6μmol/L，红细胞氧化溶解增加，寿命缩短。常见早产儿血浆低维生素E水平而发生溶血性贫血。

2. 调节体内某些物质的合成　维生素E通过嘧啶碱基参与DNA生物合成过程，与辅酶Q（在动物体内还对维生素C）的合成有关。

3. 其他　维生素E抑制含硒蛋白、含铁蛋白（非血红蛋白）等的氧化。保护脱氢酶中的巯基不被氧化，或不与重金属离子发生化学反应而失去作用。动物实验发现维生素E与精子生成、生殖能力有关，但未见维生素E与性激素分泌有关系。

三、吸收与代谢

维生素E吸收与肠道脂肪有关，影响脂肪吸收的因素也影响维生素E吸收。吸收后的维生素E由脂蛋白（大部分为低密度脂蛋白）运输。脂肪组织、肝及肌肉为维生素E在体内的最大储存库。此外，肾上腺、脑垂体、睾丸及血小板中浓度也相对较高。血浆中维生素E的浓度随脂类含量变化，但血小板中的含量随摄入量而改变，与脂肪水平无关。骨骼肌、心肌内的维生素E易被动用，而脂肪组织中的维生素E消耗较慢，细胞膜上维生素E则不易变动。

四、缺乏症

维生素E缺乏症较少发生于人类，因为① 维生素E广泛存在于食物中；② 维生素E几乎贮存于体内各器官组织中；③ 维生素E在体内贮留时间较长，很不容易排出。

由于胎盘转运维生素E效率较低，新生儿，特别是早产儿血浆维生素E水平较低。因此，细胞膜上多不饱和脂肪酸常易遭氧化与过氧化损伤，致新生儿发生溶血性贫血。

多不饱和脂肪酸摄入过多，脂肪吸收不良（口炎性腹泻、胰腺病变等）病人，也可发生维生素E缺乏。表现为血液与组织中维生素E降低，红细胞脆性增加，尿中肌酸排出增加。当服用维生素E后，上述症状均可显著减轻。

五、营养状况评价

1. 血浆维生素E含量　能直接反映体内维生素E储存是否充足。在正常情况下，成人$>$11.6μmol/L为正常，低于此值为营养状况不良。血浆维生素E含量与总脂类相关，故现在多以每克血浆脂类中维生素E含量计算。

2. 红细胞溶血试验　用过氧化氢与红细胞作用，观察其溶血程度。正常情况下，红细胞溶血率$<$10%。

六、膳食参考摄入量与食物来源

维生素 E 需要量随膳食其他成分如多不饱和脂肪酸、口服避孕药、阿司匹林、饮用酒精饮料等而增加。我国居民维生素 E 的 AI，14 岁以上为 14 mgα-TE/d，孕妇为 15.5 mgα-TE/d。

维生素 E 主要存在于各种油料种子及植物油中。谷类、坚果类、绿叶菜、肉奶蛋及鱼肝油中也含有。

七、过多症

大剂量维生素 E 可引起短期的胃肠道不适。但据观察，每日摄入 200~600mg 未显毒性作用。婴幼儿大量摄入维生素 E 常可使坏死性小肠结肠炎发生率明显增加。

第五节 维生素 B_1

一、理化性质

维生素 B_1 又名硫胺素、抗神经炎因子、抗脚气病因子。维生素 B_1 溶于水，在酸性液中稳定，中性特别是碱性环境中易被氧化而失去活性。一般烹调温度下损失不多，但在碱性条件下不耐高温。二氧化硫、亚硫酸盐等在中性介质中能加速维生素 B_1 分解破坏，故含维生素 B_1 多的食物不宜使用二氧化硫、亚硫酸盐等化学物质，以防维生素 B_1 破坏。

二、生理功能

1. 是物质代谢和能量代谢中关键性的物质基础　在体内维生素 B_1 作为羧化酶、转羟乙醛酶的辅酶参与糖代谢中两个主要反应：① α-酮酸氧化脱羧作用，即丙酮酸转为乙酰 CoA 与 α-酮戊二酸转为琥珀酸 CoA；② 戊糖磷酸途径的转酮基酶反应。

2. 为支链氨基酸（亮氨酸、异亮氨酸和缬氨酸）代谢所必需　这些氨基酸脱氨形成酮酸后，需要维生素 B_1 参与其脱羧作用。

3. 其他　对神经生理活动有调节作用，与心脏活动、食欲维持、胃肠道正常蠕动及消化液分泌有关。

三、吸收与代谢

维生素 B_1 在小肠中被吸收。吸收后的维生素 B_1 在小肠粘膜和肝进行磷酸化，形成硫胺素磷酸盐。一般体内维生素 B_1 中约 80% 为 TPP（二磷酸硫胺素）、10% 为 TTP（三磷酸硫胺素），其余为 TMP（单磷酸硫胺素）或游离维生素 B_1。成人体内约有 25~30mg 维生素 B_1，广泛分布于各种组织，以心脏、肝脏、肾脏和脑中含量最高，但体内总量的 50% 存在于肌肉中。体内维生素 B_1 每天转换量约为 1mg。维生素 B_1 摄入不足，在 2~3 周内尚难于观察到缺乏症状。

维生素 B_1 在肝脏进行代谢，先分解为嘧啶与噻唑部分，然后再进一步代谢。但从尿中排出的多为游离维生素 B_1。通常汗液中排出量极少，但高温环境中，汗液中维生素 B_1 量可达 90~150μg/L，故应注意补充。

四、缺乏症

维生素 B_1 缺乏常由于摄入不足、需要量增高和吸收利用障碍造成；肝损害、酗酒也可引起；长期透析的肾病者、完全胃肠外营养的病人以及长期慢性发热病人都可发生。

维生素 B_1 缺乏初期的轻度症状有疲乏、淡漠、食欲差、恶心、忧郁、急躁、沮丧、腿麻木和心电图异常。症状性质和程度与缺乏程度、急慢性等有关。一般将其分成几类：

1. 干性脚气病 以多发性神经炎症状为主，出现上行性周围神经炎，表现为指趾麻木、肌肉酸痛、压痛，尤以腓肠肌为甚，膝反射在发病初期亢进，后期减弱甚或消失。向上发展累及腿伸屈肌、手臂肌群而出现垂足、垂腕症状。胃肠神经受累使胃肠蠕动减弱、便秘、消化液分泌减少，致食欲降低、消化不良。

2. 湿性脚气病 以水肿和心脏症状为主。由于心血管系统障碍，出现水肿，右心室扩大、心悸、气促、心动过速，处理不及时，常致心力衰竭。

3. 婴儿脚气病 多发生于 2～5 月龄的婴儿，且多是维生素 B_1 缺乏的乳母所喂养的乳儿，其发病突然，病情急。初期食欲不振、呕吐、兴奋，心跳快，呼吸急促和困难。严重时身体可出现青紫、水肿、心脏扩大、心力衰竭、强直性痉挛，常在症状出现 1～2 天突然死亡。

五、营养状况评价

1. 红细胞转酮酶活力与 TPP 效应 血中维生素 B_1 大多存在于红细胞内，部分以转酮醇酶的辅酶形式存在，故测定该酶活力可以评价体内维生素 B_1 的营养状况。当维生素 B_1 缺乏时，可利用的 TPP 量少，酶绝对活性低，TPP 效应增加。维生素 B_1 不足，TPP 效应在 16% 以上，>25% 为缺乏，<15% 为正常。

2. 尿液中维生素 B_1 排出量 ① 负荷试验：经口给予一定量维生素 B_1（成人为 5mg），收集 4 小时内尿液，分析其中维生素 B_1 总量。病人若吸收不良，可改用皮下注射 1mg 维生素 B_1，同样测其 4 小时尿液维生素 B_1 总量。缺乏者维生素 B_1 排出量均<100μg，100～200μg 为不足，>200μg 为正常，>400μg 为充裕；② 24 小时尿液中维生素 B_1 排出量：40～100μg 为正常。但收集 24 小时尿常有困难；③ 任意一次尿液中维生素 B_1 排出量对肌酐比值：建议的评价标准是：当体内维生素 B_1 不足、低、适宜、高时，尿液中相当于 1g 肌酐的维生素 B_1 排出量（μg）分别为<27、27～65、66～129 和>130。

六、膳食参考摄入量与食物来源

我国维生素 B_1 的 RNI，成年男性为 1.4mg/d，女性为 1.3 mg/d；UL 为 50 mg/d。

维生素 B_1 广泛存在于天然食物中，含量较丰富的有：动物内脏（肝、心及肾）、肉类、豆类、花生及未精细加工的粮谷类。粮谷类是我国人民的主食，也是维生素 B_1 的主要来源。但过分去除麸皮与糠，维生素 B_1 损失很多。烹调加碱可使维生素 B_1 损失增大。此外，某些食物中有抗维生素 B_1 因子，使维生素 B_1 结构改变，活力降低，如淡水鱼及贝类含有的硫胺素酶，但此酶经烹调加热可被破坏。

第六节 维生素 B_2

一、理化性质

维生素 B_2（维生素 B_2）又名核黄素，溶于水，但水溶性较差；在 27.5℃时，每 100ml 水溶解 12mg；酸性溶液中稳定，碱性中较不稳定。游离维生素 B_2 对光敏感，特别是在紫外光照射下，引起不可逆的分解。食物中维生素 B_2 大多数与磷酸和蛋白质结合为复合化合物，即黄素蛋白，在加工与烹调过程中，一般损失较少。据测定，肉类损失率为 15%～20%，蔬菜类为 20%左右。

二、生理功能

1. 体内黄素酶的辅酶　黄素单核苷酸（FMN）和黄素腺嘌呤二核苷酸（FAD）是黄素酶如葡萄糖氧化酶、氨基酸氧化酶、黄嘌呤氧化酶、琥珀酸脱氢酶、谷胱甘肽还原酶等的辅基。重要功能为电子传递，在细胞代谢呼吸链反应中起控制作用，直接参与氧化还原反应；在氨基酸、脂肪酸和碳水化合物代谢中，逐步释放能量供细胞应用。

2. 铁的代谢　与体内铁的吸收、储存与动员有关，在防治缺铁性贫血中有重要作用。

3. 激活色氨酸　参与色氨酸形成尼克酸的过程。

三、吸收与代谢

食物中维生素 B_2 复合物在消化道内经蛋白酶、焦磷酸酶水解为游离维生素 B_2，在小肠上部被吸收，吸收量与其在肠腔中浓度成比例。维生素 B_2 在大肠内也可被吸收。

吸收的维生素 B_2 在肠壁，部分在肝脏、血液中磷酸化，形成黄素单核苷酸（FMN）和黄素腺嘌呤二核苷酸（FAD）。维生素 B_2 在体内大多数以辅酶形式贮存于血、组织及体液中。体内组织贮存维生素 B_2 的能力很有限，当人体摄入大量维生素 B_2 时，肝、肾中维生素 B_2 量常明显增加，并有一定量维生素 B_2 以游离形式从尿中排泄。影响维生素 B_2 排泄的因素很多，当蛋白质的摄入量减少时，维生素 B_2 的排出量会增高；长期服用维生素 B_2 也使其排出量增加。此外，哺乳动物还通过乳汁排出维生素 B_2，从汗液中排出的维生素 B_2 约为摄入量的 3%。

四、缺乏症

1. 眼　眼球结膜充血，角膜周围血管增生，角膜与结膜相连处有时生水泡。严重时角膜下部有溃疡以及睑缘炎、羞光、视物模糊、流泪等。已发现老年白内障与维生素 B_2 缺乏有关。有些暗适应能力下降与维生素 B_2 不足也有关，当给予维生素 A 无效时，给予维生素 B_2 有效。

2. 口腔　①口角炎：口角湿白、裂隙、疼痛、溃疡；②唇炎：唇肿胀、裂隙、溃疡以及色素沉着；③舌炎：舌疼痛、肿胀、红斑及舌乳头萎缩。典型者全舌呈紫红色或红紫相间，出现中央红斑，边缘界线清楚的如地图样变化（地图舌）。

3. 皮肤　在皮脂分泌旺盛部位，如鼻唇沟、下颌、眉间、眼外眦、耳后、乳房下、腋下、腹股沟等处常见有脂溢性皮炎，患处皮肤皮脂增多，轻度红斑，有脂状黄色鳞片。男性阴囊部位常有渗液、糜烂、脱屑、结痂、皲裂、皮肤变厚等变化。这些变化也偶见于女性阴唇。由于维生素 B_2 缺乏常主要表现为口腔与生殖器官炎症变化，故有"口腔-生殖综合征"之称。

4. 贫血　维生素 B_2 缺乏常干扰铁在体内的吸收、贮存及动员，严重时可造成缺铁性贫血。

5. 其他　维生素 B_2 缺乏还影响生长发育，妊娠期缺乏维生素 B_2 可致胎儿骨骼畸形。

维生素 B_2 缺乏常与其他维生素缺乏同时出现，故必须详加鉴别。

五、营养状况评价

1. 红细胞内谷胱甘肽还原酶活力系数（EGR AC）　测定红细胞加与不加 FAD 时谷胱甘肽还原酶，以酶的活性系数（AC 值）评价体内维生素 B_2 营养状况。AC 值>1.2 为维生素 B_2 不足。现多用全血中谷胱甘肽还原酶活性系数（BGRAC）来评价。

2. 尿液中维生素 B_2 排出量　① 24 小时中维生素 B_2 排出量：24 小时排出量在 $200\mu g$ 以上为正常；② 负荷试验：给予维生素 B_2 5mg，收集随后的 4 小时尿液，测定维生素 B_2 排出量，$<400\mu g$ 为缺乏，$400\sim799\mu g$ 为不足，$800\sim1300\mu g$ 为正常，$>1300\mu g$ 为充裕；③ 任意一次尿液中维生素 B_2 与尿肌酐比值评价：尿中相当于 1g 肌酐的维生素 B_2 排出量（μg）为 <27、$28\sim79$、$80\sim269$ 和 >270 时可分别判定为维生素 B_2 不足、低、适宜和充裕。

六、膳食参考摄入量与食物来源

维生素 B_2 需要量与热能、蛋白质摄入量以及生理状态有关。我国居民维生素 B_2 的 RNI，成年男性为 1.4mg/d，成年女性为 1.3 mg/d，孕妇、乳母为 1.7 mg/d。

维生素 B_2 广泛存在于植物与动物中，动物性食品中含量较植物性高，肝、肾、心脏、乳及蛋类中含量尤为丰富，大豆和各种绿叶菜也含有一定数量。但从人体需要考虑，维生素 B_2 在膳食中不如其他营养素丰富。

第七节　烟　　酸

一、理化性质

烟酸亦名尼克酸、抗癞皮病因子。体内具有生理活性的形式为烟酰胺。烟酸溶于水及酒精。烟酰胺比烟酸更易溶解，且能溶于醚中，性质稳定；在酸、碱、光、氧或加热条件下不易破坏；在高压下，120℃ 20 分钟也不破坏。一般加工、烹调损失极小，但会随水流失。

二、生理功能

烟酸为辅酶Ⅰ与辅酶Ⅱ的组成成分，在碳水化合物、脂肪和蛋白质的能量释放中起重要作用，是氧化还原反应的递氢者，是氢的供体或受体。它们参与细胞内呼吸，将糖酵解产物氢逐步转给黄素单核苷酸和细胞色素，最后递给氧形成水。

在维生素 B_6、泛酸和生物素存在时，烟酸参与脂肪、蛋白质和 DNA 合成。此外，烟酸在固醇类化合物的合成中起重要作用，可降低体内胆固醇水平。

三、吸收与代谢

烟酸在小肠吸收，经门静脉入肝，在肝脏内转化为辅酶Ⅰ（NAD）与辅酶Ⅱ（NADP）。在肝内未经代谢转化的烟酸或烟酰胺随血流入其他组织，再形成含烟酸辅酶；肾脏也可直接将烟酰胺转变为NAD而进入体内。

烟酸主要以辅酶的形式广泛分布在体内各组织中，其中肝脏浓度最高，但体内总储存量极少。过量的烟酸大部分甲基化为N-甲基烟酰胺和N-甲基吡啶从尿中排出。此外，还随乳汁分泌并从汗液中排出。

四、缺乏症

烟酸缺乏症即癞皮病。前期症状如疲劳、乏力、工作能力减退、记忆力差以及经常失眠。典型症状是皮肤炎、腹泻和痴呆，即所谓"三D"症状。皮炎多呈对称性，分布于身体暴露和易受摩擦部位，初始如同日晒过度引起的灼伤：红肿、水泡及溃疡等，随后皮肤病变部位转为红棕色，表皮粗糙、脱屑、过度角化、色素沉着。胃肠道症状主要为食欲丧失、消化能力减弱、恶心、呕吐、腹痛以及腹泻或便秘，或二者交替。口舌部症状有口腔炎症与杨梅舌（舌色洋红如杨梅状，伴疼痛、水肿）。精神神经症状有急躁、忧虑、抑郁、记忆力丧失、情绪变化无常、失眠或嗜睡、昏睡、木僵以致发展为痴呆症。

烟酸缺乏常与维生素B_1、维生素B_2及其他营养素缺乏同时存在，故常伴有其他营养素缺乏症状。

五、营养状况评价

常测定尿中烟酸代谢物：① 2-吡啶酮/N'-MN 的比值：测定 2-甲基吡啶酮-5-羟酰胺（2-吡啶酮）和 N'-甲基烟酰胺（N'-MN）的量，2-吡啶酮/N'-MN 的比值在 1.3～4.0 为正常，<1.3 为潜在缺乏；② 负荷试验：口服 50mg 烟酰胺，4h 尿中排出量<2.5mg 为不足；③ 任意一次尿中 N'-MN 与肌酐比值：体内烟酸不足、低、适宜及高时，每克肌酐的尿 N'-MN 排出量（mg）分别为<0.5、0.5～1.59、1.6～4.2 和>4.3。

六、膳食参考摄入量与食物来源

烟酸供给量应考虑热能消耗和蛋白质摄入量，热能消耗增加时，烟酸摄入量应增加；蛋白质因其中所含的色氨酸在体内转化为烟酸，故蛋白质摄入增加时，烟酸摄入可相应减少。烟酸的摄入量和需要量用烟酸当量（NE）表示，我国居民烟酸的RNI，成年男性为 14 mg NE/d，成年女性为 13 mg NE/d；UL 为 35 mg NE/d。

烟酸及其衍生物存在于动、植物食物中，动物性食物中以烟酰胺为主，烟酸则主要存在于植物性食物中，两者活性相同。肝、肾、畜肉、鱼及花生中含量最为丰富，奶、蛋中含量虽不高，但所含色氨酸在体内可转化为烟酸。粮谷类中烟酸含量也较丰富，但加工程度使其变化很大。玉米中烟酸含量较大米高，但主要为结合型，不能被吸收利用，烹调时如用碱（小苏打等）处理，可使大量游离烟酸从结合型中释放出来被机体利用。

人体所需烟酸中一部分可由色氨酸转化而来，平均 60mg 色氨酸可转化为 1mg 烟酸，故膳食中烟酸当量（mg）=烟酸（mg）+1/60 色氨酸（mg）。

第八节 维生素 B_6

一、理化性质

维生素 B_6（维生素 B_6）包括三种天然存在的，性质相近的，均具维生素 B_6 活性的化合物：吡哆醇（主要存在于植物中）、吡哆醛和吡哆胺（主要存在于动物性食品中）。维生素 B_6 易溶于水，在空气中稳定，在酸中稳定性大，但易被碱破坏，在中性环境中易被光破坏。吡哆醛与吡哆胺较不耐热、吡哆醇耐热，后者在食品加工和贮存中稳定性较好。

二、生理功能

维生素 B_6 在体内起重要作用的是吡哆醛的磷酸化形式 PLP，它参与酶系代谢。已知有 60 多种酶需要维生素 B_6。

1. 氨基酸代谢　① 转氨基作用：氨基酸如丙氨酸、天门冬酰胺、精氨酸、半胱氨酸、异亮氨酸、赖氨酸等的转氨基作用均需维生素 B_6 参与；② 脱羧基作用：酪氨酸、组氨酸、多巴等脱羧基作用，特别是色氨酸的脱羧基。当缺乏维生素 B_6 时，可使尿中黄尿酸、犬尿酸、3-羟基犬尿酸及喹啉酸排出增多。中枢神经系统中谷氨酸转化为 γ-氨基丁酸，半胱氨酸转化为牛磺酸也都需要维生素 B_6 参与。

2. 糖原与脂肪酸代谢　作为磷酸化酶的一个基本成分，催化肌肉与肝中糖原转化，还参与亚油酸合成花生四烯酸和胆固醇的合成与转运。

3. 其他　脑和其他组织中的能量转化、核酸代谢、内分泌腺功能、辅酶 A 的生物合成以及草酸盐转化为甘氨酸等过程也都需要维生素 B_6。

三、吸收与代谢

维生素 B_6 在小肠上部被吸收，并迅速通过门静脉进入体内大部分组织中，其中肝脏中含量较高，肌肉次之。过多的维生素 B_6 被氧化为吡哆酸排出体外。此外，尿中也直接排出维生素 B_6 原形。由于肠道微生物也能合成维生素 B_6，故粪便中排出的维生素 B_6 并不能说明摄入维生素 B_6 的丢失量。乳母可通过乳腺分泌维生素 B_6。

四、营养状况评价

1. 血液磷酸吡哆醛（PLP）　在正常情况下，血清含量为 $14.6 \sim 72.9 \text{nmol/L}$（$3.6 \sim 18 \text{ng/ml}$），长期摄入不足，血中含量下降。

2. 色氨酸负荷试验　被检查者口服色氨酸负荷剂量（0.1g/kg 体重）后，24h 尿中黄尿酸排出量 $<65 \mu \text{mol}$ 表示机体维生素 B_6 营养状况正常。

3. 尿中 4-吡哆酸含量　尿中 4-吡哆酸含量可反应维生素 B_6 的近期摄入量。曾有人建议以大于 $3 \mu \text{mol/d}$ 作为营养适宜状态的指标。

4. 红细胞转氨酶活力　在依赖维生素 B_6 的转氨酶中，天门冬氨酸转氨酶、丙氨酸转氨酶活力常在维生素 B_6 缺乏时降低，故常被作为评价指标，但因影响因素较多，尚需谨慎对待测定结果。

五、膳食参考摄入量与食物来源

我国居民维生素 B_6 的 AI，成人为 1.2 mg/d，50 岁以上为 1.5 mg/d，成年人 UL 为 100 mg/d。

维生素 B_6 普遍存在于动、植物性食物中，但一般含量不高。含量较高的有豆类、畜禽类、肝脏、鱼类等。

第九节 叶 酸

一、理化性质

叶酸（FA）又称蝶酰谷氨酸，由蝶啶、对氨基苯甲酸和谷氨酸三种成分组成。天然存在的叶酸大都具有多个谷氨酸，生物活性形式为四氢叶酸（THFA）。

叶酸不溶于冷水，但其钠盐易溶解于水，不溶于酒精、乙醚及其他有机溶剂。叶酸在水中易被光破坏；在酸性溶液中不稳定，pH<4 时可破坏；对热也不稳定，但在中性或碱性溶液中加热至 100℃时也未被破坏。

二、生理功能

叶酸分子上的 N-5 及 N-10 可携带一碳基团，一碳基团包括甲酰基、亚胺甲基及甲基等，在嘌呤、胸腺嘧啶核苷酸的合成、丝氨酸与甘氨酸的相互转变、高半胱氨酸合成蛋氨酸，以及某些甲基化反应中起重要作用。通过这些代谢转变以合成许多重要物质，特别是RNA、DNA 以及蛋白质。

三、吸收与代谢

食物中叶酸要被还原为 THFA 时才被小肠吸收。在血及组织液中主要为 N5-甲基THFA，细胞内多以谷氨酸形式存在。葡萄糖与抗坏血酸可促进其吸收。据估计，膳食中叶酸的吸收率约为 70%。体内叶酸含量为 5~10mg，其中约有一半在肝脏。通过尿、胆汁排出体外。

四、缺乏症

叶酸缺乏原因很多，诸如摄入不足、吸收不良、机体需要量增加和丢失过多等。孕妇、老人、酗酒者、服用药物（如避孕药、抗肿瘤药物）者，都是叶酸缺乏的高危人群。

1. 影响核酸代谢　叶酸缺乏影响核酸代谢，尤其是胸腺嘧啶核苷酸的合成，以致红细胞成熟受阻，同时还可影响粒细胞、巨核细胞及其他细胞如胃肠道粘膜细胞等。临床上表现为巨幼红细胞性贫血、舌炎及胃肠功能紊乱。

2. 引起胎儿神经管畸形　孕妇在孕早期缺乏叶酸是引起胎儿神经管畸形（NTD）的主要原因。在胚胎发育的第 3~4 周，由于叶酸缺乏引起神经管未能闭合，表现为脊柱裂、脑膨出和无脑畸形等。除 NTD 外，叶酸缺乏还可引起胎儿唇裂、肢体缺陷等。

3. 引起高同型半胱氨酸血症　同型半胱氨酸向蛋氨酸转化过程中需要 5-甲基 THFA

提供甲基。叶酸缺乏时，5-甲基THFA形成不足，使同型半胱氨酸向蛋氨酸转化障碍，导致同型半胱氨酸在血中堆积。高浓度的同型半胱氨酸会对血管内皮细胞有作用，而且还会激活血小板的黏附和聚集，因而被认为是心、脑以及外周血管动脉粥样硬化、动、静脉血栓形成和心血管疾病的危险因素。

五、营养状况评价

1. 血清或红细胞中叶酸水平　当人体叶酸营养不良时，血清叶酸水平下降。每 ml 血清含量<3ng（6.8nmol/L）为缺乏，正常值为5～16 ng/ml（11.3～36.3nmol/L）。红细胞叶酸含量与肝脏叶酸水平相关，<140 ng/ml（318nmol/L）表明缺乏。

2. 血液检查　当叶酸缺乏时，可见血液内出现卵圆形红细胞以及巨多节核中性粒细胞等。

3. 血浆同型半胱氨酸含量　当受试者维生素 B_6 和 B_{12} 的营养状况适宜时，血浆同型半胱氨酸含量可作为反应叶酸营养状况的敏感和特异指标。一般以≥16μmol/L 为正常。

六、膳食参考摄入量与食物来源

我国居民叶酸的 RNI 成人为 400μg/d，UL 为 1000μg/d。

叶酸广泛存在于动、植物性食品中，含量丰富的食物有肝、肾、蛋、绿叶菜、酵母、牛肉、菜花，土豆含量也高。

第十节　维生素 B_{12}

一、理化性质

维生素 B_{12}（维生素 B_{12}）是维生素中分子最大、结构最复杂的一种。因分子中含有钴元素，又名钴胺素。维生素 B_{12} 易溶于水和乙醇，在强酸、强碱和光照下不稳定，易受重金属、强氧化剂或还原剂作用而破坏。对热稳定，在短时间、高压、120℃加热的情况下可不受影响。

二、生理功能和缺乏症

维生素 B_{12} 在体内核黄素、尼克酸与镁等参与下，转化成具有活性的辅酶形式，即甲基钴胺素和5-脱氧腺苷钴胺素，主要作用有：

1. 与四氢叶酸协同参与甲基转移作用　如在蛋氨酸循环中作为蛋氨酸合成酶的辅酶，将5-甲基四氢叶酸上的甲基转移给同型半胱氨酸，使蛋氨酸再生，以利其充分发挥甲基供体作用，并提高叶酸的利用率。维生素 B_{12} 缺乏时，使叶酸陷于甲基叶酸的形式，而使其活性形式5,10-亚甲基四氢叶酸缺乏，后者是DNA合成必需的，所以维生素 B_{12} 缺乏可发生巨幼红细胞性贫血。

2. 作为甲基丙二酸单酰 CoA 变位酶的辅酶　使甲基丙二酸转换为琥珀酸单酰 CoA。此反应与神经髓鞘物质代谢密切相关，故维生素 B_{12} 缺乏可表现出神经系统症状。

三、吸收与代谢

食物中维生素 B_{12} 在胃酸及消化酶作用下释放，并与胃粘膜细胞分子的内因子（IF，一种糖蛋白）结合形成维生素 B_{12} 内因子二聚复合物，其含 2 分子 IF 和 2 分子维生素 B_{12}，运至回肠被吸收。在肠壁细胞中钙的参与下，维生素 B_{12} 从二聚物中游离出，进入门静脉，与血浆中一种蛋白质结合并进入肝脏。正常情况下的吸收率约为 30%～70%，其中简单扩散仅 1%～3%。因此，当胃功能异常时，可由于缺乏内因子而使维生素 B_{12} 几乎不能被吸收。维生素 B_{12} 的吸收随年龄的增加而逐渐降低。铁和维生素 B_6 缺乏也可降低其吸收率。

正常人体内肝脏维生素 B_{12} 含量约为体内总储存量的 80%，其余存于肌肉、皮肤和骨组织，少量存于肺、肾、脾。维生素 B_{12} 主要从尿中排出，也有部分从胆汁排出，但通过肝肠循环时大部分被回肠再吸收。在肠道吸收功能障碍或食物中维生素 B_{12} 缺乏的情况下，肝中的储存量也可维持 3～5 年的需要。

四、营养状况评价

1. 实验室评价方法　实验室评价方法包括维生素 B_{12} 含量测定、血象检查以及氰钴胺素吸收试验等。血象检查可见红细胞较正常大，染色较深，白细胞中度减少，血小板减少等。

2. 体格检查　可见巨细胞性贫血的症状和神经系统损害症状。常见有虚弱、全身乏力、厌食、背痛、胸腹部束带感觉、四肢麻木、感觉异常、刺痛、下肢强直、行走困难甚至瘫痪。

五、膳食参考摄入量与食物来源

我国居民维生素 B_{12} 的 AI，成人为 $2.4\mu g/d$。

维生素 B_{12} 主要来源于肉、贝、鱼、禽和蛋类。肝脏中含量丰富，乳类含量较低，植物类几乎不含维生素 B_{12}。但是自然界的维生素 B_{12} 均由微生物产生，所以发酵豆制品中维生素 B_{12} 含量颇高。

第十一节　维生素 C

一、理化性质

维生素 C（维生素 C）又名抗坏血酸，自然界存在 L 型、D 型两种，D 型无生物活性。维生素 C 溶于水，稍溶于丙酮与低级醇类；结晶维生素 C 稳定，水溶液极易氧化；遇空气、热、光、碱性物质，特别是有氧化酶及痕迹铜、铁等重金属离子存在，可促进其氧化破坏进程。食物中维生素 C 有还原型与脱氢型之分，二者可通过氧化还原互变，同具生物活性。当脱氢型维生素 C 继续被氧化或加水分解变成二酮古洛糖酸或其他氧化产物时，则丧失其活性。

二、生理功能

1. 还原作用　维生素 C 在体内的氧化还原作用与巯基（-SH）、双硫键（-s-s-）系统相联系，由于维生素 C 具有还原作用，使 -s-s- 还原为 -SH，从而提高体内 -SH 水平。已知 -SH 在体内与其他抗氧化剂如谷胱甘肽一起清除自由基，阻止脂类过氧化以及某些化学物质的危害作用。

2. 胶原合成　维生素C可使脯氨酸羟化酶和赖氨酸羟化酶复合体中的铁为2价形式而保持酶的活性，并使脯氨酸与赖氨酸转化为羟脯氨酸与羟赖氨酸，后两者是胶原蛋白的重要成分。当维生素C不足时，将影响胶原合成，造成创伤愈合延缓、微血管壁脆弱及不同程度出血。

3. 降低胆固醇　维生素C还可在体内将胆固醇转变为能溶于水的硫酸盐而增加排泄；维生素C也参与肝中胆固醇的羟化作用，以形成胆酸，从而降低血胆固醇含量。

4. 促进神经递质和去甲肾上腺素合成　维生素C作为肽基-甘氨酸-α-酰胺化加单氧酶的辅酶催化酰胺化和随后的激素和神经递质的活化；维生素C也作为多巴胺β-羟化酶的辅酶羟化多巴胺形成去甲肾上腺素。

三、消化与代谢

从食物中进入人体的维生素C在小肠内被吸收，吸收率与其摄入量有关。摄入30～60mg时，吸收率为100%；摄入量为90mg时，吸收率为80%；摄入量增至1500、3000和12000mg时，吸收率分别下降为49%、36%和16%。未被吸收的维生素C继续进入肠道下段，剂量过大可致高渗作用，引起腹泻。

吸收入体内的维生素C很快就被分布于各个组织器官，其中以肾上腺、脑、胰、脾、唾液腺及睾丸最高。维生素C主要经泌尿道排出，尿中排出量常受摄入量、体内贮存量以及肾功能的制约。当大量维生素C摄入，而体内维生素C代谢池饱和时，尿中排泄量与摄入量呈正相关。当血液中浓度低时，肾小管中细胞主动地再吸收维生素C，以减少维生素C从尿中排出。反之，血中浓度增高，如>1.4mg/dl，由于肾小管细胞的吸收达到了它的极限而不再吸收，尿中排出量急剧增加。维生素C的分解产物草酸及少量代谢物也由尿中排出。

四、缺乏症

维生素C缺乏症称为坏血病。坏血病的早期症状是倦怠、疲乏、急躁、呼吸急促、牙龈疼痛出血、伤口愈合不良、关节肌肉短暂性疼痛、易骨折等。典型症状是牙龈肿胀、出血、溃烂、牙齿松动、毛细血管脆性增加。严重者可导致皮下、肌肉和关节出血及血肿形成，出现贫血、肌肉纤维衰退（包括心肌）、心脏衰竭、严重内出血，而有致猝死的危险。

五、营养状况评价

1. 血中维生素C水平　当体内维生素C达饱和程度时，血浆维生素C含量在56.8～79.5μmol/L（1.0～1.4mg/dl）。但血浆维生素C水平只代表近期摄入状况，不表示体内贮备水平。能反映组织中贮备水平的较好指标为白细胞中维生素C含量，当含量<2μg/10^8个白细胞为不足。

2. 尿中排出量　① 负荷试验：用一定负荷剂量（成人量500mg）维生素C口服，收集口服后4小时内尿液，测定尿中维生素C总量，>10mg为正常，<3mg为缺乏；② 用24小时尿中维生素C排出量和任意一次尿维生素C排出量对肌酐比值的指标进行评价。

六、膳食参考摄入量与食物来源

我国居民维生素C RNI，成人为100 mg/d，UL成人为1000 mg/d。

维生素C主要食物来源为新鲜蔬菜与水果，如青菜、韭菜、塌棵菜、菠菜、柿子椒等深色蔬菜和花菜，以及柑橘、红果、柚子等水果维生素C含量均较高。野生的苋菜、刺梨、沙棘、猕猴桃、酸枣等含量尤其丰富。

复习练习题

（一）单选题（下列每题选项中，只有1个是正确的）

1. 维生素的特点之一是
   A. 能提供能量　　　　　　B. 能参与人体组织的构成
   C. 一般不能在人体内储存　　D. 一般不能在人体内合成
2. 脂溶性维生素和水溶性维生素的不同之处为
   A. 脂溶性维生素不能在体内储存
   B. 脂溶性维生素的营养状况可用负荷试验评价
   C. 水溶性维生素摄入不足时较快出现缺乏症状
   D. 水溶性维生素摄入过多时可在体内蓄积而发生中毒
3. 人体内的维生素A主要储存于
   A. 肾脏　　　B. 肝脏　　　C. 脂肪组织　　　D. 血液中
4. 维生素E的主要食物来源是
   A. 鱼类　　　B. 植物油　　C. 肉类　　　　　D. 水果
5. 人能通过膳食和皮肤两种途径获得的维生素是
   A. 烟酸　　　B. 维生素C　　C. 维生素D　　　D. 维生素E

（二）多选题（下列每题选项中，至少有2个是正确的）

1. 维生素A缺乏出现的症状有
   A. 干眼病　　　　　　B. 毛囊角化过度症
   C. 暗适应能力下降　　D. 支气管肺炎
   E. 牙龈出血
2. 下列食物中维生素B_1含量较高的是
   A. 谷类　　　B. 蔬菜　　　C. 鱼类　　　D. 水果　　　E. 猪内脏
3. 下述营养缺乏症与缺乏的营养素相符合的对子为
   A. 眼干燥症－维生素B_2　　B. 脚气病－硫胺素
   C. 口角炎－维生素B_6　　　D. 癞皮病－尼克酸
   E. 伤口愈合迟缓-维生素C
4. 下列维生素缺乏与巨幼红细胞贫血有关的是
   A. 维生素B_1　B. 维生素B_6　C. 维生素B_{12}　D. 维生素C　E. 叶酸
5. 评价人体维生素B_2营养状况的常用指标是
   A. 尿负荷试验　　　　　B. 血清硫胺素含量
   C. 血清核黄素含量　　　D. 红细胞转酮醇酶活性系数
   E. 红细胞谷胱甘肽还原酶活性系数

答案

（一）单选题：1. D　　2. C　　3. B　　4. B　　5. C
（二）多选题：1. ABCD　2. AE　　3. BDE　　4. CE　　5. AE

（郭红卫）

第六章 矿物质

第一节 概述

一、常量元素与微量元素

人体是由多种元素组成的。除碳、氢、氧、氮构成蛋白质、脂类、碳水化合物等有机物及水外,其余元素统称为矿物质。其中含量大于0.01%的称为常量元素,有钙、镁、钾、钠、磷、硫、氯7种,含量小于0.01%的称为微量元素。1995年国际粮农组织/世界卫生组织/国际原子能机构(FAO/WHO/IAEA)专家会议提出,铁、锌、碘、硒、氟、铜、钼、锰、铬、钴10种元素为目前已知的人类必需微量元素;硅、硼、钒、镍为可能必需微量元素;而铅、镉、汞、砷、铝、锂、锡、锂为具有潜在毒性,但低剂量可能具有功能作用的微量元素。

二、矿物质的生理功能

矿物质是构成机体组织和维持正常生理功能所必需的,但不能提供能量。其生理功能归纳起来有以下几点:

1. 构成机体组织　如钙、磷、镁是骨骼和牙齿的重要材料,磷、硫是构成体内某些蛋白质的成分。
2. 维持体内渗透压　如钠、钾、氯等与蛋白质共同维持各种组织的渗透压,在体液移动和潴留过程中起重要作用。
3. 维持机体的酸碱平衡　硫、磷、氯等酸性离子与钙、镁、钾、钠等碱性离子的适当配合,以及重碳酸盐和蛋白质的缓冲作用,调节着体内的酸碱平衡。
4. 维持神经和肌肉的兴奋性以及细胞膜的通透性　各种无机离子,特别是保持一定比例的钾、钠、钙、镁离子的适当配合,是维持神经、肌肉具有一定兴奋性和细胞膜具有一定通透性的必要条件。
5. 构成体内生理活性物质　如血红蛋白和细胞色素酶系统中的铁、甲状腺素中的碘、单胺氧化酶中的铜以及谷胱甘肽过氧化物酶中的硒等。
6. 构成酶系统的活化剂　如氯离子对唾液淀粉酶,盐酸对胃蛋白酶,镁离子对氧化磷酸化酶类等。

由于人体的新陈代谢,每天都有一定数量的矿物质通过各种途径如泌尿道、肠道、汗腺、皮肤、脱落细胞以及头发、指甲等排出体外,因而必须通过膳食予以补充。从人体对矿物质的吸收率、需要量以及矿物质在食物中的分布考虑,比较容易缺乏的元素有钙、铁、锌、碘、硒等。

第二节 钙

钙是人体内含量最多的一种矿物质，约占体重的2%。其中99%集中在骨骼和牙齿中，主要以羟磷灰石结晶 $3Ca_3(PO_4)_2 \cdot Ca(OH)_2$ 形式存在。在婴幼儿骨骼中还有部分是无定形的磷酸钙，以后随着年龄增长而逐渐减少。其余1%中一半与柠檬酸螯合或与蛋白质结合，另一半则以离子状态存在于软组织、细胞外液和血液中，称为混溶钙池。骨骼钙与混溶钙池之间维持着动态平衡。离子钙具有重要的生理活性，而与血浆蛋白结合的钙则可作为离子钙的贮备形式。

一、生理功能

钙在人体内有多种生理功能：

1. 构成骨骼和牙齿。
2. 维持神经、肌肉的正常活动。钙与钾、钠、镁等离子共同维持着神经、肌肉兴奋性的传导，肌肉的收缩以及心脏的正常搏动。钙离子能降低神经肌肉的兴奋性，若血清钙下降，则使神经肌肉的兴奋性增高，可发生抽搐。
3. 促进某些酶的活性。体内一些酶系统如三磷酸腺苷酶、琥珀酸脱氢酶、脂肪酶、蛋白质分解酶等需要钙激活。
4. 参与血凝过程。

二、吸收与代谢

钙主要在酸性较高的小肠上段，特别是十二指肠内被吸收。维生素D是促进钙吸收的主要因素。某些氨基酸如赖氨酸、色氨酸、精氨酸等可与钙形成可溶性钙盐，乳糖可与钙螯合成低分子可溶性物质，均有利于钙的吸收。人体对钙的需要量大时，钙的吸收率也较高，如婴儿钙的吸收率超过50%，儿童约为40%，成年人仅20%左右，但在妊娠和哺乳期钙的吸收率又增高。

另一方面，谷物中的植酸和某些蔬菜如菠菜、苋菜、竹笋中的草酸可在肠腔内与钙结合成不溶解的钙盐；脂肪过多或脂肪消化不良时未被吸收的脂肪酸与钙结合形成脂肪酸钙；膳食纤维中的糖醛酸残基与钙结合，均影响钙的吸收。抗酸药、肝素等也不利于钙的吸收。磷酸盐对钙吸收的影响尚无一致意见，许多研究表明，大量磷酸盐对成人体内钙平衡并无影响。

骨骼中的钙可在破骨细胞作用下不断释放进入混溶钙池，同时混溶钙池中的钙也可不断沉积于成骨细胞中，如此使骨骼不断代谢和更新。幼儿的骨骼约每1~2年更新一次，以后随年龄增长更新速度减慢；成年人每10~12年更新一次，平均每日约700mg。40~50岁以后，骨吸收活动大于生成，骨中钙的含量逐渐下降，一般女性早于男性。代谢后的钙主要通过泌尿道、肠道、汗腺排出。正常膳食时，钙从尿中排出量约为摄入量的20%。膳食中蛋白质摄入量过高，可增加肾小球滤过率，降低肾小管对钙的重吸收，使尿钙排出增多。研究发现，如蛋白质摄入量由每日47g增加至142g时，24h尿钙由184mg增至394mg。对泌尿道结石患者而言，减少蛋白质摄入量有时比减少钙摄入量更能降低尿钙的排出。此外哺乳期妇女每日可通过乳汁排出100~300mg钙，高温作业者每日可从汗中排出数百毫克钙。

已知有三种激素类物质对维持体内钙的平衡有重要意义。维生素D经肝、肾的羟化作用生成1,25-$(OH)_2$-D_3，可促进钙的吸收，提高血钙水平，有利于成骨作用。甲状旁腺素可作用于破骨细胞，并促进肾小管对钙的再吸收，使血钙上升。降钙素加强成骨细胞的活性，使血钙降低。此外，钙调素还可调节细胞内钙离子水平，维持其正常生理作用。

三、缺乏症

婴幼儿缺钙可影响骨骼和牙齿的发育，表现为佝偻病。成年人缺钙可发生骨质软化症，多见于生育次数多，授乳时间长的妇女。老年人缺钙易患骨质疏松症。

四、参考摄入量

我国居民每日膳食中钙的适宜摄入量（AI）为：成人800mg，50岁以上1000mg，孕妇（4~6个月）1000mg，孕妇（7~9个月）1200mg，乳母1200mg，初生~6个月婴儿400mg，6个月~4岁以内600mg，4~10岁800mg，11~17岁1000mg。

五、食物来源

食物中钙的最好来源是奶和奶制品，不但含量丰富，而且吸收率高。豆类、绿色蔬菜、各种瓜子也是钙的较好来源。少数食物如虾皮、海带、发菜、芝麻酱等含钙量特别高。常见食物的钙含量见表6-1。

表6-1 常见食物中的钙含量 (mg/100g)

名称	含量	名称	含量	名称	含量
人奶	34	大豆	367	猪肉（瘦）	11
牛奶	120	豆腐丝	284	牛肉（瘦）	6
奶酪	590	豆腐	240~277	羊肉（瘦）	15
干酪	900	青豆	240	鸡肉（瘦）	11
蛋黄	134	黑豆	250	虾皮	2000
标准粉	24	豇豆	100	大黄鱼	60
标准米	10	豌豆	84	带鱼	61
小白菜	93~163	蚕豆	93	梅子鱼	60
大白菜	61	腐竹	280	凤鲚	1060
油菜	140	花生仁	67	鲫鱼	48
韭菜	105	杏仁（生）	140	青鱼	29
发菜	767	西瓜子（炒）	237	鳝丝	49
银耳	380	南瓜子（炒）	235	海虾	183
木耳	357	榛子仁（炒）	316	海蟹	208
海带（干）	1177	核桃仁	119	螺蛳	1288
紫菜	343	黑芝麻	2013		

第三节 磷

人体磷的含量约为体重的1%，成人体内含磷400~800g，其中85%存在于骨骼和牙齿中，15%分布在软组织及体液中。

一、生理功能

1. 构成骨骼、牙齿和软组织成分　骨骼和牙齿中的羟磷灰石是由钙和磷共同构成的，钙磷比例约为2∶1。磷也是软组织结构的重要成分，如RNA、DNA、细胞膜及某些结构蛋白质均含有磷，这一点与钙不同。

2. 参与能量的储存和释放　磷以磷酸的形式参与构成三磷酸腺苷（ATP）、磷酸肌酸（CP）等储能、供能物质，在能量的产生、转移、释放过程中起重要作用。

3. 参与酶的组成　体内许多酶系统的辅酶如二磷酸硫胺素（TPP）、磷酸吡哆醛、黄素腺嘌呤二核苷酸（FAD）、尼克酰胺腺嘌呤二核苷酸（NAD）等都需磷参与。

4. 参与物质代谢　碳水化合物和脂肪的代谢，需先经磷酸化成为含磷中间产物（如葡萄糖转变为葡萄糖-6-磷酸）后才能继续进行反应。

5. 调节酸碱平衡　磷酸盐可组成缓冲系统，并通过从尿中排出不同形式和数量的磷酸盐，参与维持体液的酸碱平衡。

二、吸收和代谢

食物中的磷主要与蛋白质、脂肪结合，形成核蛋白、磷蛋白和磷脂等，也有其他形式的有机磷和无机磷。磷的吸收与钙相似，也需要维生素D。谷类所含植酸磷较难被吸收利用。食物中钙、镁、铁和铝过多时可与磷酸形成难溶性磷酸盐而影响磷的吸收。摄入混合膳食时，约60%~70%的磷可被小肠吸收。一般年龄愈小，磷的吸收率愈高。婴儿对牛奶中磷的吸收率为65%~75%，对母乳中的吸收率>85%。磷主要通过肾脏排泄。甲状旁腺素、甲状腺素、降钙素均能降低肾小管对磷的重吸收，使尿磷排出增加。而维生素D则增加肾小管对磷的重吸收，从而调节血磷浓度。

三、参考摄入量与食物来源

磷在食物中分布很广。瘦肉、蛋、鱼、鱼子、干酪、蛤蜊、动物的肝和肾中磷的含量都很高。海带、芝麻酱、花生、干豆类、坚果、粗粮含磷也很高。但粮谷中的磷多为植酸磷，吸收和利用率较低。由于磷的食物来源广泛，一般膳食中不易缺乏。我国成人每日膳食中磷的适宜摄入量（AI）为700mg。儿童、孕妇、乳母钙磷比例保持1∶1，成人钙磷比例保持在1∶1.2~1∶1.5为宜。

第四节 镁

成人体内约含镁20~30g，是必需常量元素中含量最少的。60%以上的镁集中在骨骼和牙齿中；25%分布在肌肉组织中，主要与蛋白质形成络合物。

一、生理功能

镁与钙、磷一起参与骨骼和牙齿的组成。但三者在骨骼中的代谢关系至今仍不十分清楚。镁与钙似乎既协同又拮抗。当体内镁不足时，在不稳定的骨矿物质界面上就不能进行正常的钙、镁异离子交换，这被认为是引起低钙血症的原因之一。但镁摄入过多时，又可阻碍骨骼的正常钙化。镁在细胞内主要浓集于线粒体中，对氧化磷酸化、糖酵解、脂肪酸的β-氧化等多种代谢有关的酶系统的生物活性有重要影响。细胞外液中的镁虽然只占体内镁总量的1%，却与钙、钾、钠离子共同维持着神经、肌肉的兴奋性。镁还是维持心肌的正常结构和功能以及心脏正常节律所必需的。临床上，镁盐对缺血性心脏病有一定疗效。

二、吸收与代谢

镁主要在小肠被吸收入血。膳食中镁含量高时吸收率约为40%，而膳食中镁含量低时吸收率可达70%以上。膳食成分也影响镁的吸收，如乳糖和某些氨基酸有利于镁的吸收，而较多的草酸、植酸和钙盐则可妨碍镁的吸收。

镁主要由尿液中排出，肾脏对体内镁含量有调节作用。肠道和汗液也排出少量的镁。

三、缺乏症

食物中镁的分布较广，一般膳食不致引起缺乏。但长期慢性腹泻引起镁大量排出时可出现血清镁含量下降和镁缺乏症状，如抑郁、不安、厌食、眩晕、肌肉无力等。血清镁浓度降低可导致神经、肌肉兴奋性异常、心律不齐等，幼儿还可发生惊厥。

四、参考摄入量

我国居民每日膳食中镁的适宜摄入量（AI）为：成人350mg，孕妇、乳母400mg，婴儿30～70mg，1～3岁儿童100mg，4～6岁150mg，7～10岁250mg，11岁以上同成年人。美国科学院营养与食品委员会1997年提出，51岁以上人群每日镁的参考摄入量为男性420mg，女性320mg。患有急、慢性肾脏病，肠功能紊乱，长期服用泻药、利尿剂或避孕药以及甲状旁腺手术后的病人，宜适当增加镁的摄入量。

五、食物来源

镁主要来源于植物性食物，玉米、小麦、小米、大米、干豆、坚果、绿叶蔬菜中含量都较丰富。动物性食物一般含镁较少。精制食品和油脂含镁最少。

第五节 钠

人体每kg体重含钠58mmol，体重60kg的成年人体内含钠约3480mmol，相当于203g氯化钠，其中70%在骨骼和细胞外液。正常人血浆中钠的浓度为135～142mmol/L。

一、生理功能

钠是细胞外液中主要的正离子，在维持渗透压、调节酸碱平衡、保持体内水平衡等方面起重要作用。细胞内外钠、钾、钙、镁等离子的适当浓度是维持神经、肌肉正常功能的必要条件，钠主要能加强神经、肌肉的兴奋性。缺钠可出现食欲不振、恶心、头痛、眩晕、心率加快、血压降低、肌肉无力或痉挛，严重缺钠可导致休克和呼吸衰竭。

二、吸收和代谢

钠随食物进入胃肠道后，在小肠上部几乎完全被吸收，随血循环进入到汗液和消化液中。进入到胃肠道的钠大部分被重新吸收，而汗液中的钠则排出体外。钠主要从肾脏排出，如成人在凉爽的环境中，每日尿液中排出的钠约为100～140mmol。肾脏可通过肾上腺皮质激素调节钠的代谢，如醛固酮减少时，肾小管对钠的重吸收减少，可使尿中钠的排出量增加，血钠降低。而饮食中无钠时，每日尿中钠的排出量可减少到10mmol。

三、参考摄入量

人体对钠的需要量很低，我国成人每日膳食中钠的适宜摄入量（AI）为2200mg。WHO建议的食盐摄入量上限为6g/d。一项国际性盐与高血压关系研究（Intersalt）的结果表明，全世界人群食盐的实际摄入量为6～15g/d（100～240mmol/d）。而中国目前每人每日膳食中食盐摄入量为10～15g，远远超出了人的生理需要。钠摄入过多可使部分人的血压升高，因此应提倡减少饮食中食盐的摄入量。一般成人食盐摄入量宜<10g/d，最好是6g/d。高血压、冠心病、肾病、肝硬化等患者更需限制钠盐摄入量。

四、食物来源

钠主要来自食盐（氯化钠），如烹调用盐、酱油（含20％食盐）、盐腌食品等。天然食物如绿叶蔬菜、鱼类等也含少量钠。

第六节　钾

成人体内约含钾140～150g，大部分在细胞内液中。血清钾的正常浓度是3.5～5mmol/L。

一、生理功能

钾是细胞内液中主要的正离子，与细胞外液中的钠离子等共同维持和调节渗透压。钾作为体内主要的碱性物质，对组织细胞中的酸碱平衡起着重要作用。钾与钠、钙、镁协同，维持神经、肌肉的正常功能。钾与钙、镁的平衡，对维持心肌的兴奋性、传导性和自律性有重要影响。钾还参与体内氨基酸、葡萄糖、氧化磷酸化等多种代谢。

二、吸收和代谢

饮食中的钾进入小肠后大部分通过扩散作用被吸收，小部分通过主动耗能过程吸收。钾由血液和淋巴液转运，部分钾与蛋白质或糖原结合而进入细胞内。当机体需要能量时，糖原和蛋白质分解，钾可从细胞内释出。

大多数钾经肾脏排泄，仅有少量由肠道和皮肤排出。肾脏对体内钾的调节作用不如对钠强，即使在不摄入钾的情况下，也有一定量的钾从尿中排出。胃液、胰液、胆汁和肠液中都含钾，故慢性腹泻可能造成钾的大量丢失。

三、参考摄入量

我国成人每日膳食中钾的适宜摄入量（AI）为2000mg。美国一般膳食中钾摄入量约为50～80mmol/d，相当于氯化钾3.7～5.9g。

四、食物来源

膳食中钾主要来源于植物性食物，蔬菜、水果、豆类等食物中钾含量都很丰富，一般不致缺乏。

第七节　氯

一、生理功能

氯是细胞外液中主要的负离子，与钠同样具有调节渗透压和酸碱平衡的作用。氯离子还是胃酸的主要成分，并在唾液中能激活唾液淀粉酶。

二、吸收和代谢

膳食中的氯和钠一样，在小肠上部几乎完全被吸收，并经肾脏和皮肤排出。体内氯和钠的含量主要由肾脏调节，包括肾素－血管紧张素－醛固酮系统等。血中氯离子浓度一般随钠离子浓度而变化。如果出汗不太多，也没有腹泻，则摄入氯的98%以上从尿液中排出。

三、食物来源

氯主要是通过食盐（氯化钠）被摄入。除食盐、酱油、盐腌食品外，鱼类、肉类和植物性食品中也含氯。一般膳食中不会缺乏。

第八节　锌

成人体内含锌约2～2.5g，主要分布于肌肉、骨骼和皮肤。眼组织的视网膜、脉络膜，前列腺以及精液中锌浓度较高。血液中的锌75%～85%存在于红细胞中，3%在白细胞中，12%～22%在血浆中。红细胞锌主要以碳酸酐酶和其他含锌金属酶类形式存在，血浆锌30%～40%与α-巨球蛋白结合，60%～70%与白蛋白结合。游离锌含量很低。

一、生理功能

1. 参与酶的组成　锌是很多金属酶的组成成分或酶的激活剂，如碱性磷酸酶、碳酸酐酶、乙醇脱氢酶、乳酸脱氢酶、谷氨酸脱氢酶、胸腺嘧啶核苷激酶、羧肽酶等，已知的含锌酶约有200多种。这些酶对维持人体的正常代谢有重要作用。

2. 促进生长发育和组织再生　研究表明，锌是RNA聚合酶和DNA聚合酶呈现活性所必需的，与 DNA、RNA 和蛋白质的生物合成有关。因此人体的生长发育、伤口的愈合都需要锌的参与。

3. 其他功能　锌能维持正常味觉，促进食欲；还可影响体内维生素 A 的代谢，如肝脏储存的维生素 A 的释放，视黄醛的形成和构型转化；以及参与机体的免疫功能等。

二、吸收与代谢

食物中约 30% 的锌在小肠内吸收，一部分通过肠粘膜后与血浆白蛋白结合，随血流分布于各组织器官，另一部分则储存在粘膜细胞中。肠粘膜细胞含锌量有调节锌吸收的作用。

膳食因素可影响锌的吸收。植酸、膳食纤维以及过多的铜、镉、钙和亚铁离子可妨碍锌的吸收，而维生素 D、柠檬酸盐等则有利于锌的吸收。锌主要从肠道排出，尿中锌的排出量约每日 300～700μg，汗液量排出锌约 500μg。

三、缺乏症

人体缺锌时可出现生长发育迟缓，食欲不振，味觉减退或有异食癖，性成熟推迟，第二性征发育不全，性机能低下，创伤不易愈合，免疫功能降低，易于感染等。孕妇缺锌还可导致胎儿畸形。此外，肠原性肢端皮炎，一种发生于婴儿的遗传性疾病，与锌吸收和代谢异常引起的缺锌有关。

四、需要量与参考摄入量

人体代谢研究表明，成年人每日需 12.5mg 锌。同位素研究发现，每日锌的更新量为 3～4mg。混合膳食中平均锌吸收率若按 25% 计算，则成人每日锌参考摄入量为 15mg。我国制定的每日锌的推荐摄入量（RNI）为成年男性 15mg，成年女性 11.5mg，孕妇 16.5mg，乳母 21.5mg，14 岁以上青少年男性 19mg，女性 15.5mg。

五、食物来源

动物性食物是锌的主要来源。牛、猪、羊肉中锌含量为 20～60mg/kg，蛋类为 13～25mg/kg，牛奶及奶制品为 3～15mg/kg，鱼及其他海产品约为 15mg/kg，牡蛎含锌量最高可达 1000mg/kg 以上。豆类与谷类中约为 15～20mg/kg，蔬菜、水果中锌含量很低，一般在 10mg/kg 以下。此外，食物经过精制，锌的含量大为减少，如小麦磨成精白粉，去除胚芽和麦麸，锌含量约减少了 4/5（由 35mg/kg 减少到 7.8mg/kg）。

第九节　铁

铁是人体内含量最多的一种必需微量元素，总量约为 4～5 克。其中 60%～75% 存在于血红蛋白中，3%～5% 在肌红蛋白中，1% 在各种含铁酶类中，以上均为功能性铁。此外还有储存铁，以铁蛋白和含铁血黄素的形式存在于肝、脾和骨髓中，约占铁总量的 25%～30%。

一、生理功能

铁是组成血红蛋白的原料,也是肌红蛋白、细胞色素酶、过氧化酶、过氧化氢酶的组成成分,在体内氧和二氧化碳的转运、交换以及组织呼吸、生物氧化过程中起着重要作用。

二、吸收与代谢

食物中的铁有血红素铁和非血红素铁两种类型。非血红素铁主要以 Fe(OH)$_3$ 络合物的形式存在于食物中,与其结合的有机分子有蛋白质、氨基酸和其他有机酸等。此型铁必须先与有机部分分离,并还原成为亚铁离子后才能被吸收。

膳食中存在的磷酸盐、植酸、草酸、鞣酸等可与非血红素铁形成不溶性的铁盐而阻止铁的吸收。此为谷类和某些蔬菜中铁吸收率低,浓茶可减少膳食中非血红素铁吸收的主要原因。蛋类中因存在一种磷酸糖蛋白——卵黄高磷蛋白的干扰,铁吸收率也仅 3%。碱或碱性药物可使非血红素铁形成难溶的氢氧化铁,阻碍铁的吸收。萎缩性胃炎以及胃大部分切除时,胃酸分泌减少也影响铁的吸收。

维生素 C 可将三价铁还原为亚铁离子,并可与其形成可溶性螯合物,故有利于非血红素铁的吸收。有研究表明,当铁与维生素 C 重量比为 1:5 至 1:10 时,铁吸收率可提高 3~6 倍。半胱氨酸也有类似作用。肉、鱼、禽类中含有肉类因子可促进植物性食品中铁的吸收,但肉类因子的化学本质目前尚不清楚。近年的研究发现,核黄素对铁的吸收、转运与储存也具有一定作用。当核黄素缺乏时,铁的吸收、转运以及肝、脾储铁均受阻。

血红素铁是血红蛋白及肌红蛋白中与卟啉结合的铁,可以卟啉铁的形式直接被肠粘膜上皮细胞吸收,在细胞内分离出铁并与脱铁蛋白结合。此型铁既不受植酸等抑制因素的影响,也不受维生素 C 等促进因素的影响,但胃粘膜分泌的内因子可促进其吸收。

血红素铁和非血红素铁的吸收均受小肠粘膜细胞的调节。被吸收入肠粘膜的铁与脱铁蛋白结合,形成铁蛋白储存在粘膜细胞中。当机体需要铁时,铁从铁蛋白中释出,随血循环运往需铁组织。失去铁的脱铁蛋白又与新吸收的铁结合。当粘膜细胞中铁蛋白量逐渐达到饱和时,机体对铁的吸收量也逐渐减少。因此,当体内铁的需要量增大时,吸收也增加,反之则减少。

成年人能吸收的铁相当于机体的丢失量。铁的丢失主要通过肠粘膜及皮肤脱落的细胞,其次是随汗和尿排出。其丢失量与体表面积成正比。体内衰老的红细胞破坏每日可释放 20~25mg 铁,绝大部分在代谢过程中反复被利用或储存。因而一般情况下铁的绝对丢失量很少。成年男子每日铁的丢失量约 1mg,女子约 1.4mg。但妊娠期平均每日可吸收 4mg 铁。

三、缺乏症

膳食中铁长期不足可导致缺铁和缺铁性贫血,多见于婴幼儿、孕妇和乳母。临床表现为食欲减退、烦躁、乏力、面色苍白、心悸、头晕、眼花、指甲脆薄、反甲、免疫功能下降。儿童还可出现虚胖,肝、脾轻度肿大,精神不能集中而影响学习等。

四、营养状况评价

机体缺铁可分三个阶段:① 铁减少期(ID):此时储存铁耗竭,血清铁蛋白浓度下降;

② 红细胞生成缺铁期（IDE）：此时不仅血清铁蛋白下降，血清铁也下降，同时红细胞游离原卟啉（FEP）上升；③ 缺铁性贫血期（IDA）：除上述指标变化外，红细胞压积和血红蛋白下降。在评价人体铁营养状况时，仅检测血红蛋白及红细胞压积不能早期发现铁缺乏，故可同时选用上述几项指标。见表6-2。

表6-2 人体铁营养状况评价

检测指标	正常	ID	IDE	IDA
血清铁蛋白（μg/L）	60	<12	<12	<12
运铁蛋白饱和度	0.35	0.35	<0.16	<0.16
血清铁（μmol/L）	20	20	<10	<7
红细胞游离原卟啉（μmol/L RBC）	0.54	0.54	>1.8	>1.8
血红蛋白（g/L）				
成年女性	≥120	≥120	≥120	<120
成年男性	≥130	≥130	≥130	<130
7～14岁	≥120	≥120	≥120	<120
<7岁	≥110	≥110	≥110	<110
孕妇	≥110	≥110	≥110	<110

五、需要量与参考摄入量

成人铁的需要量按平均每日失铁量计算。妇女尚需加上月经失血损失的铁量。婴儿和儿童可根据平均体重增长来估算生长所需的额外铁量。铁的参考摄入量不仅包括生长所需的铁和补偿丢失的铁，还应考虑不同食物中铁的吸收率。多数动物性食品中的铁吸收率较高，如鱼为11%，血红蛋白为25%，动物肌肉、肝脏为22%，但蛋类为3%。植物性食品中铁吸收率较低，如大米为1%，玉米、黑豆为3%，生菜为4%，大豆为7%。故联合国粮农组织（FAO）和世界卫生组织（WHO）提出以膳食中动物性食品占总能量的比例来制定铁的参考摄入量，见表6-3。

我国每日膳食中铁的适宜摄入量（AI）为：1～10岁 12mg；11～13岁男性16mg，女性18mg；14～17岁男性20mg，女性25mg；成年男性15mg，女性20mg。孕妇（4～6个月）25mg，孕妇（7～9个月）35mg，乳母25mg。

在缺氧、受辐射、手术、创伤、失血、贫血、溶血以及口服避孕药、抗酸药时，铁的摄入量要相应增加。

六、食物来源

膳食中铁的良好来源为动物肝脏、全血、肉鱼禽类。其次是绿色蔬菜和豆类。少数食物如黑木耳、海带、芝麻酱等含铁较丰富。常见食物中铁的含量见表6-4。

表 6-3　FAO/WHO 专家组推荐的每日铁摄入量

	每日需要吸收的铁 (mg)	每日铁摄入量 (mg)		
		动物性食品占总能量<10%	动物性食品占总能量10%~25%	动物性食品占总能量>25%
婴儿 0~4 月	0.5	*	*	*
5~12 月	1.0	10	7	5
儿童 1~12 岁	1.0	10	7	5
男 13~16 岁	1.8	18	12	9
女 13~16 岁	2.4	24	18	12
月经期女子**	2.8	28	19	14
成年男子	0.9	9	6	5

注："*"表示母乳喂养是适宜的，"**"表示无月经妇女摄入量同成年男子。

表 6-4　常见食物中的铁含量 (mg/100g)

名称	含量	名称	含量	名称	含量
稻米	2.4	黑木耳	185.0	带鱼	1.1
标准粉	4.2	银耳	30.4	芹菜（茎）	8.5
富强粉	2.6	猪肉（瘦）	2.4	小油菜	7.0
小米	4.7	猪肝	25.0	大白菜	4.4
玉米	1.6	猪血	15.0	菠菜	2.5
大豆	11.0	牛肝	9.0	干红枣	1.6
豇豆	7.6	羊肝	6.6	葡萄干	3.8
红小豆	5.2	鸡肝	8.2	核桃仁	3.5
绿豆	3.2	鸡蛋	2.7	西瓜子（炒）	8.3
豆腐干	7.9	蛋黄	7.0	南瓜子（炒）	6.7
酱豆腐	12.0	虾子	69.8	杏仁	3.9
芝麻酱	58.0	海带	150.0	桂圆	44.0

第十节　硒

人体内硒总量约为 13mg，指甲、肝、肾、牙釉质中含量较高。血硒和发硒常可反映体内硒的营养状况。

一、生理功能

1. 抗氧化作用　硒是谷胱甘肽过氧化物酶 (GSH-Px) 的重要组成成分，每 molGSH-

Px 含有 4 克原子硒。GSH-Px 能催化还原型谷胱甘肽（GSH）和过氧化物的氧化还原反应，使有害的过氧化物还原为无害的羟基化合物，从而保护细胞和组织免受损害。GSH-Px 与维生素 E 抗氧化的机制不同，二者可以互相补充，具有协同作用。

2. 维护心肌结构和功能　动物实验发现硒对心肌纤维、小动脉及微血管的结构及功能有重要作用。中国学者发现缺硒是克山病的一个重要致病因素，而克山病的主要特征是心肌损害。

3. 对有毒金属的解毒作用　硒与金属有较强的亲和力，能与体内重金属如铅、镉、汞等结合成金属-硒蛋白复合物而起解毒作用，并促进重金属的排出。

4. 其他　硒参与辅酶 Q 的合成；可增加血中抗体含量，起免疫佐剂作用；对某些化学致癌物有阻断作用。白内障患者补充硒后，视觉功能有改善。

二、吸收与代谢

硒主要在十二指肠被吸收，无机硒和有机硒的吸收率都在 50% 以上。人体似乎不是通过控制吸收，而是通过调节硒的排出量来维持体内硒含量的稳定。

吸收后的硒与血浆白蛋白结合，转运至各器官和组织。代谢后的硒大部分通过尿液排出，约为摄入量的 20%～50%，少量由肠道和汗中排出。当硒摄入量较高时，还可从肺部排出具有挥发性的三甲基硒化合物。

三、缺乏与过多

1935 年在我国黑龙江省克山县首先发现的以心肌损害为特征的克山病已被证实与硒缺乏有关。2～6 岁儿童和育龄妇女为易感人群。临床上可见心脏扩大，心功能不全和各种类型的心律失常。生化检查可见血浆硒含量和红细胞 GSH-Px 活力下降。服用亚硒酸钠对减少克山病的发病有明显的效果。

硒摄入过多可致中毒。我国湖北的恩施县、陕西的紫阳县由于水土中硒含量过高，造成粮食、蔬菜中硒含量过高，以致发生地方性硒中毒。主要表现为头发变干、变脆、断裂，眉毛、胡须、腋毛、阴毛脱落，肢端麻木，抽搐，甚至偏瘫。

四、参考摄入量

我国居民每日硒的推荐摄入量（RNI）为：成人 50μg，1～3 岁 20μg，4～6 岁 40μg，7～10 岁 35μg，11～13 岁 45μg，14 岁以上与成人相同。成年人硒的可耐受最高摄入量（UL）为每日 400μg。

五、食物来源

食物中硒的含量因地区而异。海产品、动物肝、肾、肉类为硒的良好来源，谷类含硒量随各地区土壤含硒量而异。蔬菜、水果中含量较低。精制食品的含硒量减少。此外，硒可挥发，烹调加热会造成一定的损失。

第十一节 碘

成人体内约含碘 20~50mg,其中 50% 分布在肌肉,20% 在甲状腺,10% 在皮肤,6% 在骨骼中,其余存在于其他内分泌腺及中枢神经系统。血液中的碘主要为蛋白结合碘 (PBI),含量约为 40~80μg/L。

一、生理功能

碘在体内主要参与甲状腺素的合成。甲状腺素的生理功能是维持和调节机体的代谢,促进生长发育。它能促进生物氧化,协调氧化磷酸化过程,调节能量的转化。对蛋白质、碳水化合物、脂肪的代谢以及水盐代谢都有重要影响。

二、吸收与代谢

饮食中的碘多为无机碘化物,在胃肠道可被迅速吸收,随血流送至全身组织。甲状腺摄碘能力最强,甲状腺碘含量为血浆的 25 倍以上,可用以合成甲状腺素(T4)和三碘甲状腺原氨酸(T3),并与甲状腺球蛋白结合而储存。

甲状腺素分解代谢后,部分碘被重新利用,其余主要经肾脏排出体外。

三、缺乏与过多

饮食中长期摄入不足或生理需要量增加,可引起碘缺乏。缺碘使甲状腺素分泌不足,生物氧化过程受抑制,基础代谢率降低。并可引起甲状腺代偿性增生、肥大,出现甲状腺肿,多见于青春期、妊娠期和哺乳期。胎儿期和新生儿期缺碘还可引起克汀病,又称呆小症。患儿表现为生长停滞、发育不全、智力低下、聋哑,形似侏儒。

碘缺乏常具有地区性特点,内陆山区的土壤和水中含碘较少,食物碘的含量不高。有些食物还含有致甲状腺肿物质,可影响碘的吸收和利用。如洋白菜、菜花、苤蓝、萝卜、木薯等。长期食用这些食物,可增加缺碘地区甲状腺肿的发生率。

缺碘地区可采用碘化食盐的方法预防缺乏病,即在食盐中加入碘化物或碘酸盐,加入量以 10 万份食盐加入 1 份碘化钾较为适宜。也可采用碘化油,即将含碘 30%~35% 的碘化油用食用油稀释至 6 万~30 万倍供食用。对高发病区,应优先供应海鱼、海带等富含碘的食物。

长期大量摄入含碘高的食物,以及摄入过量的碘剂,可致高碘性甲状腺肿。一般认为每日碘摄入量大于 2000μg 是有害的。

四、参考摄入量与食物来源

我国居民每日膳食中碘的推荐摄入量(RNI)为成人 150μg,孕妇、乳母 200μg。美国科学院提出碘摄入量的安全范围为每人每日 50~1000μg。海产食物如海带、紫菜、发菜、淡菜、海参、干贝、海鱼、海虾、蚶等含碘丰富。

第十二节 铜

成人体内含铜总量约为 100～150mg，分布于各种组织器官。其中以肝和脑中含量最高，肾和心次之，在骨骼和肌肉中也有一定含量。肝和脾是铜的储存器官。胎儿肝中铜含量最高，出生后随年龄的增长而降低，儿童肝中铜含量约为成年人的 3 倍。

一、生理功能

铜在人体内主要以含铜金属酶的形式发挥作用。如细胞色素氧化酶、超氧化物歧化酶（SOD）、铜蓝蛋白、赖氨酰氧化酶、酪氨酸酶、多巴-β-羟化酶等。

1. 促进铁的吸收和转运　铜蓝蛋白可催化 Fe^{2+} 氧化为 Fe^{3+}，从而有利于肠粘膜细胞中储存铁的转运和食物铁的吸收。铜蓝蛋白还可能与细胞色素氧化酶一起促进血红蛋白的合成。膳食中缺铜时，铁的吸收转运和储存常减少，血红蛋白合成量下降。

2. 清除氧自由基　铜是 SOD 的成分，红细胞、脑和肝脏中的 SOD 能催化超氧离子成为氧和过氧化氢，从而保护细胞免受毒性很强的超氧离子的侵害。

3. 促进胶原蛋白形成　含铜的赖氨酰氧化酶所催化的胶原肽链上赖氨酸残基的氧化脱氨反应是胶原发生交联所必需的。缺铜时胶原蛋白和弹性蛋白的交联难以形成，影响胶原结构，导致骨骼脆性增加，血管损伤，皮肤弹性减弱。

4. 其他　缺铜动物可出现共济失调，可能与多巴-β-羟化酶活性下降有关。酪氨酸酶能催化酪氨酸转化为黑色素，缺铜时皮肤、毛发颜色变浅。此外，铜还与胆固醇及葡萄糖的代谢有关。

二、吸收和代谢

铜在胃和小肠上部吸收，吸收率约为 30%。食物中的锌影响铜的吸收，锌铜之间的拮抗作用可能是由于竞争肠粘膜细胞中相同的载体蛋白所致。被吸收后的铜 95% 形成铜蓝蛋白，5% 与白蛋白结合，在血液中转运。代谢后的铜 80% 经胆汁，16% 经肠粘膜排至肠道，4% 从尿液排出。遗传性缺陷如 Menke 综合征和肝豆状核变性（Wilson 氏病）属铜代谢障碍。前者补铜有良好疗效，后者由于铜吸收异常增加，必须减少铜的摄入量并增强铜的排泄。

三、缺乏症

长期缺铜可发生低色素小细胞性贫血，嗜中性白细胞减少，高胆固醇血症等；曾见于营养不良的婴幼儿和接受肠外营养的病人。铜缺乏症用铜剂治疗有效。

四、参考摄入量

人体代谢实验表明，铜摄入量为 1.24mg/d 时可达平衡状态。故一般认为成人每日铜摄入量应为 2～3mg。我国居民铜的适宜摄入量（AI）为成人 2.0mg，儿童 6 个月以内 0.4mg，6 个月～1 岁 0.6mg，1～3 岁 0.8mg，4～6 岁 1.0mg，7～10 岁 1.2mg，11～13 岁 1.8mg，14 岁以上同成年人。

五、食物来源

铜存在于各种天然食物中，人体一般不易缺乏。含铜较多的食物有牡蛎、动物肝、肾、猪肉、干豆类、龙虾、蟹肉、核桃、葡萄干等。牛奶中铜含量远低于人奶。

第十三节　氟

氟是骨骼和牙齿中的成分，人体随着年龄的增长，不断吸收和储存氟。此外，骨中氟含量还可因食物和饮水中氟含量不同而有较大差异。

一、生理功能

氟对骨组织和牙齿珐琅质的构成有重要作用。氟可部分取代羟磷灰石晶体中的羟基，形成溶解度更低、晶体颗粒较大和更加稳定的化合物氟磷灰石；可使牙齿光滑、坚硬、耐酸、耐磨，因而有防龋齿作用。

二、吸收与代谢

氟在胃肠道容易被吸收，食物中氟的吸收率为50%~80%，饮水中的可溶性氟几乎完全被吸收。高脂肪膳食有利于氟的吸收，而钙、镁、铝等可与氟结合成难溶性物质，因而阻碍其吸收。氟主要通过肾脏排出，约占排出总量的80%，肠道排出量约占6%~11%。

三、缺乏与过多

人体缺氟可增加龋齿的发病率，还可能与骨质疏松有关。适量的氟可减少尿钙排出，增加骨密度，有利于预防老年性骨质疏松症。

长期摄入过量氟可致氟中毒。如骨中氟含量达到0.6%时，骨骼表面可呈现白垩样粗糙和变形，并造成韧带钙化，称为氟骨症。过量氟也可使牙釉发生异常，如牙质变脆，牙表面粗糙，出现棕黄色或褐色斑块，称为氟斑牙。

四、参考摄入量和食物来源

人体氟主要来源于饮水，饮水中氟的适宜量为1mg/L。食物如海产品中也含氟，茶叶中含氟较多。我国成人每日氟的适宜摄入量（AI）为1.5mg，可耐受最高摄入量（UL）为3.0mg。

第十四节　铬

铬广泛存在于人体各组织中，但含量甚微。成年人体内含铬总量约为6mg，且随年龄的增长铬含量逐渐降低。

一、生理功能

铬是体内葡萄糖耐量因子（GTF）的重要组成成分。GTF是由三价铬、烟酸、谷氨酸、甘氨酸和含硫氨基酸组成的活性化合物，它能增强胰岛素的生物学作用，可通过活化葡萄糖磷酸变位酶而加快体内葡萄糖的利用，并能促使葡萄糖转化为脂肪。一些临床研究表明，补充铬或 GTF 能改善非胰岛素依赖型糖尿病患者的葡萄糖耐量，降低血糖，增强周围组织对胰岛素的敏感性。

铬还影响脂类代谢，抑制胆固醇的生物合成，降低血清总胆固醇和甘油三酯含量以及升高高密度脂蛋白胆固醇含量。老年人缺铬时易患糖尿病和动脉粥样硬化。

铬在核蛋白中含量较高。研究发现它能促进 RNA 的合成。铬还影响氨基酸在体内的转运。铬摄入不足时，实验动物可出现生长迟缓。

二、吸收与代谢

肠道对三价铬的吸收率较低，约为 1%～2%，而食物中以 GTF 形式存在的活性铬其吸收率可提高至 10%～25%。膳食因素可影响铬的吸收。研究表明，维生素 C 能促进铬在人体内的吸收。给实验大鼠口服草酸盐或阿司匹林可增加其铬的吸收。但膳食中的植酸和过多的锌则减少铬的吸收。

吸收后的铬主要储存在人的肝、脾、软组织和骨骼中，但即使在这些组织中铬的含量也仅为 10ppb 左右。铬代谢后主要通过肾脏排出，少量随胆汁从肠道排出体外，皮肤、汗腺也可有少量排泄。成年人每日补充 200μg 铬时，其尿中排出率约为 0.4%，占吸收总量的 20%～40%。膳食中蔗糖、果糖等简单糖较多时可增加尿铬的排出量，糖尿病患者尿铬排出率也较正常人高。

血清铬、尿铬和发铬可反映体内铬的营养状况，但由于含量低，测定的技术要求较高。

三、参考摄入量

美国营养标准推荐委员会 1989 年建议，铬的安全和适宜摄入量成人为每日 50～200μg。我国 2000 年制定的成人每日铬的适宜摄入量（AI）为 50μg，可耐受最高摄入量（UL）为 500μg。

四、食物来源

铬的主要食物来源为粗粮、肉类和豆类。某些食物如黑胡椒、可可粉、深色巧克力等含有较多的铬，但因平时食用量较少而意义不大。奶类、蔬菜、水果中铬的含量较少。食物中铬的生物利用率也应考虑，如啤酒酵母和畜肝中的铬以 GTF 等活性形式存在，能比其他食物中的铬更多地被人体吸收和利用。此外，食品加工也会影响铬的含量，如粮食和食糖经过精制后，其中铬的含量大大降低。

复习练习题

（一）单选题（下列每题选项中，只有 1 个是正确的）

1. 下列元素中属于微量元素的是
    A. 钙、铁、锌　　　B. 硒、铬、氟　　　C. 钾、铜、锌　　　D. 碘、磷、铁

2. 影响钙吸收的植酸主要存在于下列哪一种食品中
   A. 谷类　　　　B. 蔬菜水果类　　C. 肉类　　　　D. 奶类
3. 钙的最好食物来源是
   A. 肉类　　　　B. 奶类　　　　C. 谷类　　　　D. 蔬菜类
4. 含铁较丰富吸收率又高的食物是
   A. 肉类　　　　B. 奶类　　　　C. 蛋类　　　　D. 豆类
5. 发生克山病的重要原因是膳食中缺乏
   A. 锌　　　　　B. 碘　　　　　C. 硒　　　　　D. 铜

(二) 多选题（下列每题选项中，至少有 2 个是正确的）
1. 影响蔬菜中钙吸收的物质是
   A. 植酸　　　B. 草酸　　　C. 皂苷　　　D. 膳食纤维　　E. 维生素 D
2. 下列是功能铁形式的有
   A. 血红素酶　B. 血红蛋白　C. 肌红蛋白　D. 铁蛋白　　　E. 含铁血黄素
3. 下列能促进铁吸收的食物成分是
   A. 植酸　　　B. 多酚　　　C. 草酸　　　D. 维生素 C　　E. 肉类因子
4. 人体缺碘可引起
   A. 甲状腺肿　B. 佝偻病　　C. 脚气病　　D. 克汀病　　　E. 侏儒症
5. 锌的生理功能是
   A. 促进生长发育　　　　　　　　B. 参与酶的组成
   C. 参与体内维生素 A 的代谢　　D. 参与体内氧和二氧化碳的转运
   E. 维持正常味觉

答案

(一) 单选题：1. B　　2. A　　3. B　　4. A　　5. C
(二) 多选题：1. BD　2. ABC　3. DE　4. AD　5. ABCE

(沈新南)

第二篇 特殊生理条件人群的营养与膳食

第七章 孕妇与乳母的营养

妇女怀孕以后，体内的生理代谢过程会发生一系列的改变，以适应胎儿生长发育的需要。孕妇还需为分娩和泌乳储存营养物质。孕期营养不良将直接影响孕妇的健康和胎儿的正常发育，而乳母的营养状况还将通过乳汁质和量的变化影响婴儿的生长。因此，有必要对孕妇与乳母的营养和膳食作适当调整，以利于母婴健康。

第一节 孕期营养的生理特点

孕期的营养素需要量不完全是母亲孕前的营养需要加上胎儿的生长发育所需。因为在胚胎发育的同时，母体的组成和代谢也发生了一系列适应性变化。

一、激素与代谢

受精卵在子宫着床后，孕妇的绒毛膜促性腺激素分泌增多，黄体产生的孕酮刺激子宫内膜促使胎盘形成，胎盘随后生成大量雌激素和孕酮，刺激子宫和乳腺发育。随着胎盘的生长，绒毛膜促乳腺生长激素分泌增多，促进乳腺生长。同时，孕妇的甲状腺功能增强，基础代谢水平升高。这些激素水平的改变导致孕妇的合成代谢增高，需要消耗更多的能量和营养素。

二、消化系统

孕酮水平的升高可引起消化道平滑肌松弛，肠蠕动减少，消化液分泌降低，故孕期容易发生恶心、呕吐、消化不良和便秘等妊娠反应。但孕妇对钙、铁、维生素 B_{12}、叶酸等营养素的吸收率增加，尤其是在妊娠的后 20 周；除体内需要量增加的因素外，也可能与食物在肠道内停留的时间增加有关。

三、肾功能

胎儿的代谢产物需经母体排出，故孕期肾功能出现明显的生理性调节，表现为肾小球滤过水平增高，排出尿素、尿酸、肌酐的功能明显增强。同时，与孕前相比，尿中葡萄糖排出量可增加 10 倍以上，叶酸排出量可增加约 1 倍，其他水溶性维生素排出量也增加，氨基酸排出量平均每日约 2g。但尿钙排出量较孕前减少。

四、血容量与血液成分

孕妇的血容量自孕中期起明显增加,至孕晚期其血容量可比孕前增加约 40%。其中血浆容量增加 50%,而红细胞只增加 20%;虽然血红蛋白(Hb)总量增加,但由于血液相对稀释,血液中血红蛋白的含量反而下降,呈现生理性贫血。孕 20~30 周,血浆容量上升的速率明显高于红细胞上升的速率,故此时的孕期生理性贫血现象最为明显。世界卫生组织(WHO)建议,孕早期、孕晚期贫血的界定标准为 Hb≤110g/L,孕中期为 Hb≤105g/L。

孕妇血浆白蛋白含量下降,在孕晚期白蛋白和球蛋白的比值有时可出现倒置现象。血中甘油三酯和胆固醇含量上升,脂溶性维生素尤其是维生素 E 含量也较高,可上升约 50%,而水溶性维生素如维生素 C、叶酸、维生素 B_6、维生素 B_{12} 等含量常较低。这些变化难以用血容量增加来解释,而可能与有利于营养素在胎盘的转运有关。

五、体重增长

健康孕妇如不限制饮食,孕期平均增重约 12kg,其中胎儿 3.4kg,胎盘及羊水约 1.5kg,子宫和乳房增加约 1.4kg,血液增加 1.2kg,细胞外液增加 1.5kg,脂肪组织增加约 3kg。体重增长的速度随孕期的进展而不同,孕期一般划分为三期,即孕早期(1~12 周)、孕中期(13~27 周)和孕晚期(28~40 周)。孕早期的体重增加不到 2kg,以后基本呈直线上升趋势。因此大量的合成代谢主要发生在孕中、晚期。

第二节 孕妇的营养需要

一、能量

孕妇除了维持自身所需能量外,还要负担胎儿的生长发育以及胎盘和母体组织增长所需要的能量。合成这些组织所需能量再加上膳食能量转化为体内可利用能量时的能量消耗估计约为 335MJ(80 000kcal),平均每日约需增加 300kcal。但大多数孕妇由于活动量的减少而实际上并不需要增加这么多的能量摄入。

孕早期基础代谢并无明显增高,直至孕晚期基础代谢约增高 20%。因此孕早期的能量摄入量与非孕妇女相同。2000 年中国营养学会制定的孕妇能量推荐摄入量(RNI)为孕中、晚期在非孕妇女能量 RNI 的基础上每日增加 0.83MJ(200kcal)。

由于个体差异以及活动量的不同,一个固定的能量摄入量难以应用于每位孕妇。一般可用定期测量体重的方法来判断能量摄入是否适宜。自孕中期开始,孕前体重正常的妇女(身体质量指数 BMI 为 19.8~26.0)以每周增重 0.4kg 为宜;孕前体重低者(BMI<19.8),也就是孕前比较消瘦者以每周增重 0.5kg 为宜;而孕前超重或肥胖者(BMI>26.0)则以每周增重 0.3kg 为宜。研究表明,孕期增重相同时瘦母亲所生婴儿的体重往往低于胖母亲所生婴儿,故瘦母亲孕期增重宜高于胖母亲,目的是尽量使出生婴儿处于正常的体重范围内,因为出生体重过低或过高均不利于婴儿的健康。

二、蛋白质

整个孕期约需储留910g蛋白质，其中胎儿约需440g，胎盘约需100g，子宫和乳房发育约需230g，孕妇血液量增加约需140g。妊娠各期蛋白质的储留不是均衡的，孕10、20、30、40周时的蛋白质储留量分别约为35、210、532、910g。可见，随着妊娠的进展，蛋白质储留速度不断增快，前10周的蛋白质储留量不到总量的5%，而后20周蛋白质储留量占75%以上。因此，中国营养学会推荐的孕妇蛋白质RNI为在非孕妇女蛋白质RNI基础上孕早、中、晚期每日分别增加5、15、20g。此外，孕妇膳食中优质蛋白质宜占蛋白质总量的1/2以上。

三、脂肪

妊娠过程中孕妇平均储存2~4kg脂肪，胎儿储存的脂肪可为其体重的5%~15%。脂类是胎儿神经系统的重要组成部分，构成其固体物质的1/2以上。在脑细胞增殖、生长过程中需要一定量的必需脂肪酸，脑和视网膜中主要的多不饱和脂肪酸是花生四烯酸和廿二碳六烯酸，它们可由膳食中亚油酸和α-亚麻酸转化而来。此外，人体脑细胞髓鞘化过程自胎儿期开始，直到出生后一年左右完成。在髓鞘化过程中，饱和脂肪酸和多不饱和脂肪酸对髓鞘和细胞膜的形成都有重要作用。

孕妇膳食中应有适量脂肪，包括饱和脂肪酸、n-3和n-6多不饱和脂肪酸以保证胎儿和自身的需要。但孕妇血脂较平时升高，脂肪摄入量不宜过多。一般认为脂肪提供的能量以占总能量的20%~30%较为适宜。

四、钙、铁、锌、碘

胎儿约需储留30g钙，以满足骨骼和牙齿生长发育的需要。孕早期胎儿储钙较少，平均每日仅为7mg。孕中期开始增加至每日约110mg，孕晚期钙储留量大大增加，平均每日可储留350mg。除胎儿需要外，母体也需储留部分钙以备哺乳期使用。我国孕妇缺钙的现象比较普遍，常在孕5个月左右开始发生小腿抽搐，可能与血钙降低有关。孕妇钙摄入不足时，可加速母体骨骼中钙盐的溶出。近年的研究还发现，孕妇血钙含量与婴儿出生体重呈正相关。中国营养学会推荐的孕妇膳食中钙的适宜摄入量（AI）为：孕中期每日1000mg，孕晚期每日1200mg。因此，孕妇膳食中应增加含钙丰富的食物，膳食中摄入不足时亦可适当补充一些钙制剂。

孕期约需铁1000mg，其中胎儿需要约300mg，用于胎盘约50mg，孕妇血液量增加约需450mg，分娩时失血约200mg。由于孕早期的妊娠反应影响进食，孕20周起血容量迅速增加，如果膳食中铁摄入不足，就容易引起缺铁性贫血。据美国疾病控制中心（CDC）对低收入孕妇的调查显示，孕早、中、晚期缺铁性贫血的患病率分别为10%、14%、33%。一些研究认为，孕早期缺铁与早产及低出生体重有关。孕期缺铁还会影响新生儿肝脏的储铁量，致使婴儿出生后较早出现缺铁或缺铁性贫血。由于我国膳食中相当一部分铁来源于蔬菜、豆类、蛋类等非血红素铁食物，铁的生物利用率较低，故孕妇应注意补充一定量瘦肉、肝脏等血红素铁食物。尤其是在妊娠最后20周，通过食物或铁剂补铁更为重要，此时肠道对铁的吸收率可增加2倍以上。中国营养学会推荐的孕妇铁AI为孕早期每日15mg，孕中期每日 25mg，孕晚期每日 35mg。

锌与妊娠的关系是近年来人们关心的问题。大量的动物实验结果显示，母体补充锌能促进胎儿生长发育和预防先天畸形。流行病学调查表明，胎儿畸形发生率的增加与妊娠期锌营养不良及血清锌浓度降低有关。从怀孕初期开始，胎儿锌的需要量逐渐增加，至足月时胎儿体内储锌约 60mg。孕妇血清锌含量降低并随着妊娠的继续而进行性下降，可能与妊娠期血容量生理性增多，血清白蛋白减少或白蛋白与锌的亲和力减弱以及膳食中锌摄入不足有关。

锌缺乏还影响维生素 A 的转运以及外周组织中视黄醇的氧化。妊娠期机体处于锌缺乏的临界状态时，体内维生素 A 代谢可能发生改变。有人发现血清锌与补充铁剂的量呈反比，大量补充铁剂可能影响小肠对锌的吸收，孕妇在补充铁剂时应予以注意。中国营养学会推荐的孕妇膳食中锌的 RNI 为孕早期每日 11.5mg，孕中、晚期每日 16.5mg。

孕妇对碘的需要量增加，缺碘地区孕妇甲状腺肿的发病率增高。孕妇缺碘还可导致胎儿甲状腺功能低下，影响大脑的正常发育和成熟，婴儿出生后易患克汀病，智力低下，生长迟缓，聋哑等。WHO 估计全世界约有 2000 万人患有因母亲孕期碘缺乏而导致的大脑损害。因此，孕妇应增加膳食中碘的摄入量。中国营养学会推荐的孕妇碘 RNI 为每日 200μg，比孕前增加 50μg。

五、维生素

孕妇缺乏维生素 A 与胎儿宫内发育迟缓、低出生体重及早产有关。但孕早期增加维生素 A 摄入时应注意不要过量，因为大剂量维生素 A 可能导致自发性流产和胎儿先天畸形。相同剂量的 β-胡萝卜素却无此不良作用，而 β-胡萝卜素在人体内可转化成维生素 A。故中国营养学会及 WHO 均建议孕妇通过摄取富含类胡萝卜素的食物来补充维生素 A。维生素 D 缺乏与孕妇骨质软化症及新生儿低钙血症和手足搐搦有关。

孕早期因妊娠反应和代谢改变，应供给充足的水溶性维生素。补充维生素 B_1、B_2、B_6 和维生素 C，有助于减轻呕吐和味觉异常。孕妇叶酸摄入量不足和新生儿神经管畸形的关系近年来受到广泛关注。在受孕前和孕早期补充叶酸 400μg/d 可有效地预防大多数神经管畸形的发生及复发，但其机理尚不清楚。

中国营养学会推荐的孕妇每日维生素参考摄入量为：硫胺素 1.5mg，核黄素 1.7mg，维生素 B_6 1.9mg，维生素 B_{12} 2.6μg，叶酸 600μg DFE，烟酸 15mg；孕中、晚期维生素 A 900μg 视黄醇当量，维生素 D 10μg，维生素 C 130mg。除维生素 E、胆碱、生物素外，孕妇的维生素摄入量均应高于非孕妇女。由于天然食物中叶酸的生物利用率仅为 50%，而叶酸补充剂与膳食混合时其生物利用率为 85%，故美国食品与营养委员会（FNB）1998 年提出叶酸摄入量应以膳食叶酸当量（DFE）表示。

第三节　孕期营养不良对母体及胎儿的影响

一、孕妇营养缺乏症

孕期营养素需要量大大增加，若孕妇膳食中营养素摄入不足，就容易出现营养缺乏症。常见的有：① 营养性贫血：据我国各地一些调查，孕妇贫血患病率约为 20%~50%。主要是由于膳食铁的吸收利用率低或摄入不足,不能满足母体和胎儿对铁的需求而发生的缺铁性贫血,也有一些孕妇由于缺乏叶酸和维生素 B_{12} 而发生巨幼红细胞性贫血;② 骨质软化症:因缺钙或维生素 D 而引起,为了满足胎儿快速生长的需要而动用母体的骨骼钙所致;③ 营养不良性水肿:由于蛋白质严重缺乏而引起,主要发生在贫困地区。

二、胎儿宫内发育迟缓

孕期营养不良是造成胎儿宫内发育迟缓(IUGR)的重要原因。如孕妇膳食中能量、蛋白质摄入不足,孕期增重小于 12kg 等。孕前体重过低,比如小于 40kg,也与 IUGR 有关。发展中国家的低出生体重儿大多是足月小样儿,主要原因是 IUGR。这些婴儿的患病率常高于正常婴儿,而且生长发育迟缓,神经系统疾患较多,智力较低,先天畸形发生率也数倍于正常婴儿。

三、先天畸形

与先天畸形有关的营养因素有:① 孕妇营养素缺乏或过多,如锌、叶酸缺乏,维生素 A 过多。叶酸缺乏主要和神经管畸形有关,而维生素 A 过多可致中枢神经系统畸形、心血管畸形和面部异常;② 孕早期血糖升高,例如患糖尿病的孕妇,若血糖控制不好,其胎儿发生先天畸形的危险性上升 4~10 倍;③ 孕妇酗酒,可增加胎儿酒精综合征的危险性。

四、低出生体重儿

指新生儿出生体重<2500g。低出生体重的影响因素较多,与营养有关的主要有:孕期增重低,孕前体重低,孕妇血浆总蛋白和白蛋白低,孕妇维生素 A、叶酸缺乏,孕妇贫血,孕妇大量饮酒。此外,早产即孕未满 37 周分娩,也是低出生体重的原因之一。发达国家约有 2/3 低出生体重儿是因为早产。低出生体重儿的患病率和死亡率都较高,且有研究表明其与成年后高血压、糖耐量异常发生率增高有关。

五、巨大儿

指新生儿出生体重>4000g。近年来随着生活水平的提高,我国一些大中城市巨大儿发生率也逐渐上升,有些地区已达 8% 左右。巨大儿与孕妇营养的关系尚在研究之中,但已发现妊娠后期血糖升高可引起巨大儿。可能因为孕妇血糖升高可使胎儿血糖升高并刺激胰岛素的分泌,而胎儿的高胰岛素水平具有生长因子样的作用。此外,孕妇盲目进食或进补,造成某些营养素摄入过多,孕期增重过多,也可导致胎儿生长过度。巨大儿不仅给分娩带来困难,还容易在出生后发生营养缺乏症。

第四节 孕妇的合理膳食

一、孕早期膳食

此期正处于胚胎细胞的分化增殖和主要器官形成的重要阶段。虽然胚胎生长发育相对缓慢,平均每日增重仅 1g,孕妇营养素需要量与孕前大致相同,但大部分孕妇可出现不同程度的早期妊娠反应，往往使孕妇改变饮食习惯，影响营养素的摄入。

孕早期主要应合理调配膳食，防止强烈妊娠反应引起母体严重营养缺乏，从而导致胎儿发育不良。对有轻度孕吐者，要鼓励进食。饮食以清淡易消化为宜，避免油腻食物，可采用少食多餐的方法。尽量选择含优质蛋白质的食物如奶类、蛋类、鱼类和禽类。也可适量使用一些强化食品以增加营养素的摄入。补充足量的B族维生素有时可改善食欲。每日至少摄入40g蛋白质、150g碳水化合物，相当于粮食200g加鸡蛋2只与瘦肉50g，才能维持孕妇的最低需要。碳水化合物摄入太少可因脂肪利用过多而造成孕妇血中酮体蓄积。有研究认为，胎儿若利用羊水中的酮体可能对大脑发育有不良影响。蔬菜、水果是成碱性食物，应多食用。在食物的烹调上可以多用酸味或凉拌菜，以引起孕妇的食欲。

二、孕中期膳食

此期胎儿生长速度加快，胎儿体重可达1000g左右，骨骼、牙齿、五官和四肢都已开始成形，大脑进一步发育。而此时孕妇食欲大都好转，因此食物的品种和数量都应增加，以保证摄入足够的能量和营养素。每日的膳食组成可包括粮谷类400～500g；大豆或豆制品（折算成干豆重）50g；肉、禽、蛋、鱼100～150g，可交替选用；经常摄入动物肝脏和动物血，每周1～2次，每次50～100g；蔬菜、水果500g，其中深色蔬菜最好占一半以上；牛奶或豆浆220ml；植物油20g左右等。粮谷类食品除大米、面粉外，还要选择一些杂粮如小米、玉米、麦片等，因为杂粮中B族维生素及膳食纤维含量较丰富。此外可经常食用虾皮、海带、紫菜等含钙量丰富的食品。

三、孕晚期膳食

妊娠最后三个月胎儿生长最快，其体重增长约占整个孕期的一半。而且胎儿体内还需储存一定量的钙、铁和脂肪等营养物质。为了满足这些需要，孕晚期的膳食要增加优质蛋白、钙、铁的摄入量，每日的膳食组成中粮谷类仍为400～500g；肉、禽、蛋、鱼增至150～200g；每周2次食用动物肝脏或动物血，也可按WHO的建议，补充硫酸亚铁每日300mg，分3次口服；有条件者，牛乳或豆浆增至440ml，其他与孕中期相同。由于胎儿较大，子宫体积增大，孕妇常感胃部不适或饱胀感，此时可少食多餐。有水肿的孕妇要控制食盐摄入量。

另外，孕妇最好不要饮酒。因为有研究表明，孕妇每周饮酒折合酒精超过26g，就有娩出胎儿酒精综合征婴儿的危险性。胎儿酒精综合征可表现为出生前和出生后的生长迟缓，以及中枢神经系统缺陷、面部异常等出生缺陷的发病率升高。孕妇大量饮用咖啡和浓茶，若每日摄入的咖啡因超过300mg，将可导致新生儿出生体重低。通常一杯煮制咖啡含咖啡因125mg，一杯速溶咖啡90mg，一杯茶70mg，一杯可乐型饮料50mg。

第五节　乳母营养和合理膳食

乳母的营养状况直接影响乳汁的质与量。在提倡母乳喂养的同时，还必须重视乳母的合理营养，才有利于婴儿的健康成长。

一、膳食中能量和营养素与母乳中营养成分及泌乳量的关系

1. 能量　每1000ml乳汁约含能量2930kJ（700kcal），乳母膳食能量转化为乳汁中能量的转换效率为80%，故合成1000ml乳汁实际需要能量3660kJ（875kcal）。乳母在妊娠期间积累的储存脂肪可以提供每日约837kJ（200kcal）的能量，其余的能量需要由膳食来补充。2000年中国DRIs中乳母能量的推荐摄入量（RNI）为在非孕妇女基础上每日增加2090kJ（500kcal）。

2. 蛋白质　母乳中蛋白质含量平均为12g/L，以每日泌乳量850ml计算，乳汁中含蛋白质10g。膳食蛋白质转变为乳汁蛋白质时其转换率为70%，若膳食蛋白质的生物学价值不高，则转换率可能更低。乳母膳食中蛋白质的质和量不足时，乳汁分泌量将大为减少，并动用乳母组织蛋白以维持乳汁中蛋白质含量的恒定。另外，乳汁中氨基酸成分也受影响，如乳母膳食中缺少优质蛋白，乳汁中赖氨酸和蛋氨酸含量可下降。中国营养学会推荐的乳母蛋白质RNI为在非孕妇女基础上每日增加20g。并应尽量选用优质蛋白质。

3. 脂肪　在乳母能量平衡时，乳汁中脂肪酸的组成与膳食脂肪酸相似，如主要由碳水化合物供给能量时，乳汁中的脂肪酸以月桂酸和豆蔻酸为主，而膳食中富含多不饱和脂肪酸时，乳汁中多不饱和脂肪酸含量亦增高。当乳母能量摄入不足时，机体可动用体内的脂肪储备，此时乳汁中脂肪成分与体内储备脂肪的组成相似。由于婴儿中枢神经发育及脂溶性维生素吸收等的需要，乳母膳食中必须有适量脂肪。

4. 钙及其他矿物质　除微量元素碘、硒、锌外，母乳中的多种矿物质如钙、磷、镁、钾、钠等的含量几乎不受乳母膳食的影响。比如钙，无论乳母膳食中钙的摄入量是否充足，乳汁中钙含量却总是基本稳定的。正常母乳中钙含量约为34mg/100ml，乳母平均每天通过乳汁分泌而损失的钙约为300mg。如果乳母膳食中钙摄入不足，即动用母体骨骼组织中的钙储备以维持乳汁中钙含量的稳定。母体虽通过增强肠道吸收，减少尿钙排出等方式竭力保持体内钙的稳定，但仍常因缺钙而出现骨质软化症。据研究，当乳汁分泌量达到高峰时，母体钙代谢多为负平衡，必须供给充足的钙及维生素D才能维持钙平衡。

由于铁和铜不能通过乳腺进入乳汁，故母乳中铁和铜的含量极少。幸运的是妊娠期间胎儿肝脏中已有一定量的铁储备，可供婴儿前6个月使用。但乳母膳食中仍应增加富含铁的食物，以满足母亲自身的需要。

乳汁中碘和锌的含量受乳母膳食的影响，且与婴儿神经系统的生长发育及免疫功能关系较为密切。2000年中国居民DRIs中乳母矿物质的每日推荐摄入量（RNIs）或适宜摄入量（AIs）分别为：钙1200mg，铁25mg，锌21.5mg，硒65mg，碘200μg，均高于一般妇女。

5. 维生素　脂溶性维生素中维生素A能部分通过乳腺，乳母膳食中维生素A含量丰富时，乳汁中维生素A含量也较高。但膳食中维生素A转移到乳汁中的数量有一定限度，超过这一限度则乳汁中的维生素A含量不再按比例增加。维生素D几乎完全不能通过乳腺，故母乳中维生素D含量很低，婴儿必须多晒太阳或补充鱼肝油等维生素D制剂。维生素E具有促进乳汁分泌的作用。

水溶性维生素大多数能通过乳腺进入乳汁，乳母膳食中维生素B_1含量较高时，则乳汁中含量也丰富，维生素B_1还能促进乳汁分泌。乳母缺乏维生素B_1时婴儿也易患脚气病。膳食中的维生素B_1转化为乳汁中维生素B_1的转化率仅为50%，故乳母维生素B_1的需要量较

高。维生素 B_2、烟酸和维生素 C 也能顺利通过乳腺进入乳汁。牧区乳母很少吃新鲜蔬菜水果，婴儿可因此而发生维生素 C 缺乏症。但当乳汁中水溶性维生素含量达到一定程度时，乳腺似可控制其继续通过，因此水溶性维生素在乳汁中的含量不会继续升高。2000 年中国居民 DRIs 中乳母维生素的每日推荐摄入量（RNIs）或适宜摄入量（AIs）为：维生素 A 1200μg 视黄醇当量，维生素 D10μg，维生素 E14mg，维生素 B_1 1.8mg，维生素 B_2 1.7mg，维生素 B_6 1.9mg，维生素 B_{12} 2.8μg，叶酸 500μg DFE，烟酸 18mg，维生素 C130mg。

6. 水分　乳母摄入的水量与乳汁分泌量有密切关系，水分不足将直接影响乳汁的分泌量。通常成人平均每日饮水量约为 1.2L，全天食物中含水量约为 1L，体内营养素代谢所产生的内生水约 0.3L，而全天排出的水量为 2.5L。乳母平均每日泌乳量为 0.8L，故每日应从食物及饮水中比一般成人多摄入约 1L 水。

二、乳母的合理膳食

乳母膳食的配制应做到食物种类多样，数量足够，并具有较高的营养价值。对于富含蛋白质和钙质的食物更应注意选用，并调配成平衡膳食。

配制时应以乳母营养素参考摄入量标准为指导，能量要充足，蛋白质、脂肪、碳水化合物的供热比应分别为 13%～15%、20%～30%、55%～60%。动物性食品与豆制品可提供优质蛋白质，牛乳富含钙，新鲜蔬菜和水果中有多种维生素、矿物质和膳食纤维，海产品如海带、紫菜、虾米等富含钙和碘，这些都是乳母所需要的营养食品。乳母每日的膳食组成一般包括：粮谷类 450～500g，蛋类 100～150g，大豆或豆制品（折算成干豆重）50g，鱼、肉、禽类 150～200g，牛乳 220～440ml，蔬菜 500g（绿叶蔬菜占 1/2 以上），水果 100～200g，食糖 20g 左右，烹调油 20～30g。调味品适量。食盐应适当限制。

烹调方法应多用炖、煮、熬，少用油炸。如鸡、鸭、肉、鱼类以炖或熬为最好，食用时要同时喝汤，这样既可增加营养，还可促进乳汁分泌。每日正常三餐之外，可适当加餐 2～3 次，以利于机体对营养素的吸收利用。由于乳汁分泌与乳母的饮水量有关，餐间还要多饮水。辛辣、酒等刺激性强的食品则应避免。

哺乳期催乳一般可食用鸡、猪肉、排骨和鱼类煮的汤，其中有脂肪及含氮浸出物，又含优质蛋白质。较经济的食物可用豆浆、豆腐汤、虾皮菜汤、煮麸皮水等。有人认为大豆或花生加各种肉类煮成汤，椰子加鱼尾煮汤，枸杞、当归、首乌等与猪蹄或肉、鸡等煮汤，鲜鲤鱼与大米煮粥，清炖鲫鱼，花生与大米煮粥，花生煨猪肚，黄花菜煨猪蹄或鸡等也有一定的催乳作用。

复习练习题

（一）单选题（下列每题选项中，只有 1 个是正确的）

1. 孕期生理性贫血现象较为明显的阶段是
   A. 孕 10 周以前　　　B. 孕 10～20 周　　　C. 孕 20～30 周　　　D. 孕 35 周以后
2. 孕前超重或肥胖者自孕中期起，每周适宜的体重增量为
   A. 0.5 kg　　　　　　B. 0.4 kg　　　　　　C. 0.3 kg　　　　　　D. 0.2 kg

3. 孕妇缺碘可导致胎儿
   A. 自发性流产　　　　　　　B. 大脑发育受损
   C. 四肢畸形　　　　　　　　D. 甲状腺功能亢进
4. 为了有效预防新生儿神经管畸形，孕妇补充叶酸的时间应为
   A. 孕早期及受孕前　　　　　B. 孕中期
   C. 孕晚期　　　　　　　　　D. 整个怀孕期
5. 乳母能量需要量_____孕妇。
   A. 小于　　　B. 大于　　　C. 等于　　　D. 无法确定

(二) 多选题（下列每题选项中，至少有2个是正确的）
1. 孕期营养生理特点是
   A. 合成代谢增强　　　　　　B. 基础代谢增高
   C. 消化液分泌增加　　　　　D. 肠蠕动加快
   E. 对钙的吸收率上升
2. 在孕早期摄入不足与胎儿先天畸形有关的营养素有
   A. 钙　　　B. 锌　　　C. 维生素A　　　D. 维生素E　　　E. 叶酸
3. 孕期缺铁可能导致
   A. 孕妇贫血　　　　　　　　B. 新生儿肝脏储铁减少
   C. 婴儿克汀病　　　　　　　D. 新生儿先天畸形
   E. 新生儿低出生体重
4. 具有促进乳汁分泌作用的维生素是
   A. 维生素A　　B. 维生素E　　C. 核黄素　　D. 硫胺素　　E. 叶酸
5. 母乳中含量与乳母营养有关的微量元素有
   A. 铜　　　B. 锌　　　C. 硒　　　D. 碘　　　E. 铁

答案

(一) 单选题：1. C　　2. C　　3. B　　4. A　　5. B
(二) 多选题：1. ABE　　2. BE　　3. ABE　　4. BD　　5. BCD

(沈新南)

第八章 婴幼儿营养

第一节 婴幼儿生长发育特点

从出生到一周岁的婴儿期是人体生长发育最为迅速的时期,表现为体重从出生时的平均3kg增至1岁时的9kg以上,身高从50cm增至75cm,头围从34cm增至46cm,上臂围从11cm增至16cm等。1～3岁的幼儿体重每年增加约2～3kg,身高第二年增加11～13cm,第三年增加8～9cm,已能独立行走,活动量大大增加,语言和智能发育亦加快,旺盛的生长发育要求比成年人或大龄儿童摄入相对更多的能量和营养素。

另一方面,婴幼儿的消化系统、神经系统和肾脏等尚未发育完善,对食物的消化吸收能力和对代谢产物的排泄能力较低。如婴儿的胃容量仅30～50ml,胃酸和消化酶较少,消化功能较弱;乳牙4～6个月才开始萌出,咀嚼食物的能力较差;吞咽尚不协调;对母乳以外的食物不易耐受;容易发生呕吐、腹泻而导致营养素丢失。至幼儿期胃容量逐渐加大到300～500ml,消化功能也逐渐增强。因此,膳食组成、烹调方法及餐次等应顾及其生理特点。

婴幼儿营养不良时,不仅正常的生长发育受到影响,而且抵抗力差,容易感染疾病。大脑细胞的增殖从出生前的孕晚期已开始,直至出生后1年;而脑细胞的增大和大脑的发育可一直持续到2岁。此阶段营养素供给不足,尤其是蛋白质,还可影响智力的发育。

第二节 婴幼儿的营养需要

一、能量

婴幼儿的合成代谢旺盛,能量的需要量相对较高。婴儿期的基础代谢所需能量约占总能量的60%,以后随着年龄增长逐渐减少。婴儿期的食物热效应约占总能量的7%～8%,而较大儿童为5%左右。1岁以内婴儿活动较少,故用于肌肉活动等的能量需要量相对较低,每日每kg体重约为63kJ(15kcal),而12岁儿童可达126kJ(30kcal)。此外,食物进入消化道以后,部分未被消化吸收的脂肪和蛋白质直接从肠道排出,称为排泄能量,约为摄入总能量的10%。综合各项需要,婴幼儿每日能量推荐摄入量见表8-1。能量摄入长期不足,可使生长迟缓或停滞,而过多超过其需要则可导致肥胖。通常按婴幼儿的生长发育状况可判断能量摄入量是否适宜。

表 8-1 中国婴幼儿能量和蛋白质 RNI 建议值（中国营养学会，2000）

年龄（岁）	能量 RNI (kcal/kg·d)		蛋白质 RNI (g/d)
	男	女	
0～	95.0	95.0	1.5～3 g/(kg·d)
1～	91.4	97.1	35
2～	93.1	99.2	40
3～	94.0	100.1	45
4～	89.7	96.9	50
5～6	84.3	91.4	55

二、蛋白质

蛋白质是组织细胞的基本组成成分，婴幼儿期约有一半左右的膳食蛋白质被用于满足生长的需要。对婴幼儿而言，年龄越小，生长越快，蛋白质的需要量相对越高。母乳蛋白质中必需氨基酸的数量及比例符合婴儿的需要，吸收率和生物学价值也较高，母乳喂养的婴儿每日蛋白质摄入量估计值为 1.5g/kg。牛乳蛋白质的生物学价值不如母乳，而豆类、米面等植物性食物中的蛋白质生物学价值又低于牛乳，故人工喂养及混合喂养婴儿的蛋白质摄入量应增至每日 2～3g/kg。由于婴儿的肾脏及消化器官尚未发育完全，蛋白质摄入量高于每日 3g/kg 是不必要的，甚至是有负面影响的。中国营养学会 2000 年制定的婴幼儿蛋白质 RNI 见表 8-1。在喂养大于 6 个月的婴幼儿时尤其应注意食物蛋白质的质量，如在米、面等食物中适当加入奶类、蛋类或豆类可通过混合食物的蛋白质互补作用提高蛋白质的营养价值。

三、脂肪

脂肪是婴幼儿能量和必需脂肪酸的来源，也是脂溶性维生素的载体。6 个月以内婴儿每日摄入脂肪所含能量应占总能量的 45%～50%，6～12 个月占 35%～40%，以后逐渐降低至 30%～35%。多不饱和脂肪酸对神经组织的发育及视觉功能非常重要，母乳中多不饱和脂肪酸含量约为总脂肪的 8%，而牛乳中仅为 2%，故婴儿在断奶后应通过适当的辅助食品摄入与母乳中含量相当的必需脂肪酸及多不饱和脂肪酸，直至 2 岁为止。

四、碳水化合物

婴幼儿的乳糖酶活性比成年人高，有利于对奶类所含乳糖的消化吸收。婴儿 2～3 个月时由于缺乏淀粉酶，对淀粉类食品还不能消化，故米、面等淀粉类食品应在 3～4 个月后开始添加。碳水化合物主要提供能量，有助于婴幼儿的生长发育，但碳水化合物摄入过多而蛋白质不足时，婴儿体重虽增长迅速，外表肥胖，但肌肉松弛，机体的抵抗力差，易受感染。此外，婴幼儿食物中碳水化合物含量过多，在肠道内发酵过强，还可刺激肠蠕动而引起腹泻。

五、维生素和矿物质

维生素 A 摄入不足会影响婴幼儿体重的增长。维生素 D 对生长期儿童也极为重要，摄入量应为成人的 2 倍。由于奶类维生素 D 含量不高，婴幼儿可适当补充鱼肝油等维生素 A、D 制剂，但应注意防止摄入过量。由于胎盘转运维生素 E 的效率低下，新生儿尤其是早产儿，血浆维生素 E 水平常较低，红细胞膜上的多不饱和脂肪酸易遭受过氧化损伤而发生溶血性贫血。故早产儿和低出生体重儿应适当补充维生素 E。母乳中维生素 E 的含量较高，约为牛奶的 5 倍。

钙、铁、锌、碘是婴幼儿较容易缺乏的元素，不仅影响婴幼儿的体格发育，还可影响婴幼儿的行为及智能发育。此外，有关婴幼儿限制钠摄入可降低成年后高血压发病率的观点近年来也受到关注。

第三节 母乳喂养

母乳是婴儿最理想的天然食物。母乳喂养是人类哺育下一代的最佳方式，它不仅能全面提供 4～6 个月以内婴儿需要的各种营养物质，而且可增强婴儿对疾病的抵抗力，也有利于促进母亲的产后康复。因此，联合国世界卫生组织大力提倡母乳喂养，要求 4 个月以内婴儿的母乳喂养率要达到 80% 以上。

一、母乳喂养的优点

母乳喂养对于母亲和婴儿的有利作用是多方面的。

（一）营养成分最适合婴儿的需要

牛乳是营养价值较高，也是替代母乳最常用的婴儿食物。但比较母乳和牛乳的营养成分，仍可发现二者有不少差异，见表 8-2。

1. 母乳蛋白质中乳清蛋白约占 60%，而酪蛋白较少，在婴儿胃中形成的凝乳细小柔软，易于消化吸收。母乳蛋白质的必需氨基酸构成比牛乳更适合婴儿的利用。牛乳蛋白质含量虽高，约为母乳的 3 倍，但酪蛋白含量较多，在体内的消化吸收不如母乳。过高的蛋白质含量还可能增加婴儿肾脏的负担，故牛乳用于新生儿的人工喂养时需加以稀释。

2. 母乳中脂肪含量与牛乳相似，但其中多不饱和脂肪酸尤其是亚油酸含量较丰富，此外还有较多的卵磷脂，鞘磷脂以及牛磺酸等，有利于婴儿大脑的发育。母乳中含有乳脂酶，能帮助脂肪的消化。

3. 母乳中乳糖含量高于牛乳。乳糖是乳中唯一的碳水化合物，除能供给能量外，部分乳糖可在小肠中被乳酸杆菌等有益菌群利用，并生成乳酸，从而抑制肠道腐败菌的生长。肠道内的乳糖还有利于钙的吸收。

4. 母乳中维生素 A、E、C 的含量均高于牛乳，而牛乳所含维生素 C 不仅比母乳少，且可因为加热消毒而被破坏。母乳中的维生素含量易受乳母膳食的影响，营养充足、膳食平衡的乳母其乳汁多能满足婴儿对某些维生素的营养需要。母乳和牛乳中维生素 D 含量都很少，但母乳喂养的婴儿若能经常晒太阳亦很少发生佝偻病。

5. 母乳含钙量虽不多，但钙和磷的比例适当，有利于婴儿的吸收，且能满足其需要。

母乳和牛乳中铁含量都很低，但母乳中的铁约50%可被吸收，而牛乳中的铁只有约10%左右被吸收。

表8-2 人乳和牛乳中能量和营养素含量

营养成分	单位	人乳	人初乳	牛乳
水	g/100g	88	87	88
蛋白质	g/100g	0.9	2.7	3.2
酪蛋白	g/100g	0.4	1.2	2.7
乳白蛋白	g/100g	0.4		0.4
乳球蛋白	g/100g	0.2	1.5	0.2
脂肪	g/100g	3.8	2.9	3.8
其中多不饱和脂肪酸	%	8.0	7.0	2.0
乳糖	g/100g	7.0	5.3	4.8
矿物质	g/100g	0.2	0.5	0.8
钙	mg/100g	34	20	117
磷	mg/100g	15	15	92
钠	mg/100g	15	135	58
钾	mg/100g	55	275	138
镁	mg/100g	4	4	12
铜	mg/100g	0.04	0.06	0.03
铁	mg/100g	0.05	0.01	0.05
锌	mg/100g	0.4	0.6	0.4
碘	mg/100g	0.003	0.012	0.005
维生素A	mg/100ml	0.053		0.034
维生素B_1	mg/100ml	0.016		0.044
维生素B_2	mg/100ml	0.036		0.175
烟酸	mg/100ml	0.147		0.094
叶酸	mg/100ml	0.052		0.055
维生素C	mg/100ml	4.3		1.1
维生素D	mg/100ml	0.00006		0.00004
维生素E	mg/100ml	0.2		0.04
维生素K	mg/100ml	0.0015		0.006
能量	kJ（kcal）	290（70）		290（70）

（二）含有多种免疫因子，有助于增强婴儿的抗感染能力

有许多证据表明母乳喂养具有抗感染的作用，人工喂养及混合喂养的婴儿因肠道和呼吸道感染而死亡的危险性数倍于母乳喂养的婴儿。母乳中已检出许多免疫活性成分，它们在婴儿胃肠道内相对稳定而且能抵抗消化作用，因此能在婴儿自身的免疫系统尚未成熟期间发挥抗感染作用。母乳中免疫物质主要有：

1. 特异性免疫因子

（1）免疫球蛋白：存在于母乳中的免疫球蛋白有 IgA、IgG、IgM、IgD。其中 IgA 占免疫球蛋白总量的 90％，而在人血清中 IgA 只占 15％。母乳中的 IgA 多为与糖蛋白成分结合而成的分泌型 IgA，在母乳喂养婴儿的整个消化道都存在这种分泌型 IgA，它能够干扰病毒因子或微生物毒素的黏附部位。乳腺分泌型 IgA 的产生受到母亲呼吸系统及肠道特异性病原菌的刺激，因而能为婴儿提供特异性抗感染保护。

（2）淋巴细胞：包括 T 淋巴细胞和 B 淋巴细胞。

2. 非特异性免疫因子

（1）人乳溶菌酶：一种由上皮细胞、中性白细胞和单核巨噬细胞合成的抗菌酶。溶菌酶可通过水解细胞壁成分中残基间的相互连接而使易感菌溶解，因而能为发育期婴儿提供抗肠道及呼吸道病原菌感染的保护。母乳中溶菌酶的含量比牛乳中高 300 倍以上。

（2）乳铁蛋白：乳铁蛋白是存在于母乳中的一种乳清蛋白，能帮助婴儿抗御那些在繁殖中需要游离铁离子的病原微生物。乳铁蛋白能与三价铁离子结合，可通过与大肠杆菌、白色念珠菌等微生物竞争铁离子而抑制它们的生长繁殖。

（3）双歧因子：双歧因子是一种含氮多糖，存在于母乳中，能促进乳酸杆菌的繁殖，但在牛乳中却没有检出。母乳喂养的婴儿结肠中存在的主要细菌是乳酸杆菌，乳酸杆菌产生的大量乳酸能增加胃肠道的酸性，而大肠杆菌等肠道细菌在酸性环境中生长受到抑制。

除此之外，母乳中还含有寡糖及其糖结合物、补体 C_3、巨噬细胞等其他一些非特异性免疫因子。

母乳中多种免疫因子构成了一种复杂的适宜于在婴儿胃肠道发挥作用的防御系统，在母乳对婴儿的抗感染保护中起重要作用。

（三）含有生长因子等生物活性物质，调节和促进婴儿各器官的生长发育

母乳尤其是初乳中含有表皮生长因子（EGF），胰岛素样生长因子Ⅰ（IGF-Ⅰ）、胰岛素样生长因子Ⅱ（IGF-Ⅱ）、转化生长因子（TGF-β1、TGF-β2）、神经生长因子（NGF）等生物活性物质，具有调节和促进婴儿中枢神经系统及其他组织生长和分化等作用。

（四）不容易发生过敏

由于牛乳所含蛋白质与人体蛋白质有一定的差异，当其通过婴儿形态和功能尚不完善的肠粘膜被吸收后，可作为过敏原而引起过敏反应，表现为肠道持续少量出血或婴儿湿疹等，尤其是用未经充分加热的牛乳喂养的婴儿。而母乳喂养则极少发生过敏反应。

（五）有利于母亲的产后康复

由于哺乳过程中婴儿不断吸吮乳房，能反射性地刺激母亲分泌催产素而引起子宫收缩，有助于产后复原。同时乳汁的生成和分泌需消耗大量能量，从而促使孕期贮存于母亲体内的脂肪被动用和消耗，有利于乳母的体重尽快恢复正常。

（六）方便、经济

母乳本身几乎无菌且温度适宜，随时可直接喂哺，不易发生污染，因而十分方便。母乳自然产生，无需购买，对于经济条件较差，婴儿食品缺乏的地区或家庭意义更大。

二、母乳喂养的方法

母乳喂养的方法十分重要，方法不当，常成为母乳喂养不能继续进行的原因。婴儿开始吸母乳（即开奶）的时间越早越好。目前都主张新生儿娩出后 10 分钟内，甚至未断脐带之前就可在产房把婴儿抱至母亲怀中进行第一次吸吮。新生儿的吸吮能力是与生俱来的，足月正常新生儿及早吸吮的目的是让他尽早适应母亲乳头，并通过频繁的吸吮，反射性地促进母亲分泌催乳素，使乳汁迅速增多。离开产房后最好母婴同室，使母亲便于按需喂哺婴儿。婴儿睡醒啼哭时就可哺乳，开始 1~2 小时哺乳一次，1~2 天内母乳量逐渐增加，婴儿吃饱后睡眠时间随之加长，可 2~3 小时喂哺一次。

哺乳时母亲应有正确的姿势。母亲可取坐位，哺乳一侧脚稍垫高，将婴儿抱在怀中，婴儿头靠母前臂，侧向母胸，母以对侧手指从下面托起乳房，将乳头及部分乳晕送入婴儿口腔内，此时婴儿开始吸吮，并吞咽乳汁。待一侧乳房吸空后再换另一侧乳房喂哺。每次喂奶应轮流从一侧开始，使每侧乳房都有机会吸空，以促进泌乳。哺乳完毕婴儿不再吸吮并安静入睡时，可将乳头从其口腔中轻轻拉出，用细软湿毛巾擦净，再将婴儿轻轻抱直，头靠一侧母肩，背向外，轻拍婴儿背部，使哺乳时吞入的空气排出，以防躺平后发生溢奶。哺乳中应随时注意婴儿吸吮及吞咽情况，倾听咽乳声。如乳汁喷射过急，可用手指稍压乳晕，使之放慢，以免婴儿发生呛咳。

产后 1~2 天因乳汁分泌少，有些母亲担心婴儿吃不饱，影响体重增长而用奶瓶喂给糖水或牛乳以补充母乳不足。这种做法并不妥当，这样会使婴儿不易适应母亲乳头，这是母乳喂养失败的常见原因。同时新生儿吃饱牛乳后对母乳的吸吮强度也会大大降低，不利于母乳量的增加。至于婴儿体重在最初 1~2 天内因吃不饱而增加不快，待母乳增多后即能迅速增长。

第四节　人工喂养与混合喂养

一、人工喂养的原则和方法

由于各种原因不能用母乳喂养婴儿，而完全采用牛乳、羊乳、马乳等动物乳及其制品，或非乳类代乳品喂养婴儿时称人工喂养。需要进行人工喂养的常见原因有：① 母亲患有较为严重的心、肾、肝、内分泌疾病、恶性肿瘤、活动性结核病、精神病等。② 母亲因营养不良、极度劳累或悲伤、服用某些激素类药物、哺乳方法不当等原因使乳汁分泌太少。③ 新生儿或婴儿经筛查发现患有苯丙酮尿症、半乳糖血症等遗传代谢性疾病，不适宜喂母乳和其他乳品，必须采用特殊制备的乳制品或非乳类代乳品。

人工喂养时应尽量采用牛乳、鲜羊乳、乳粉或配方乳等乳制品，因为乳类的营养价值高于豆类、谷类代乳品。

（一）牛乳

牛乳的蛋白质和矿物质含量比母乳高 2～3 倍，而乳糖含量仅为母乳的 60%，故使用时需要用水稀释，并加入一定量的糖，使其成分接近母乳，以帮助蛋白质的消化并减轻肾脏负担。一般新生儿可用 2 份鲜牛乳加 1 份水稀释（2:1）。2 周后改为 3:1，再逐渐增至 4:1，1～2 个月后可采用不稀释的全乳。加糖稀释后喂哺前应煮沸，以消毒并使乳中的蛋白质变性而易于消化。每日人工喂养的次数、间隔时间和每次喂哺量的个体差异较大。

无新鲜牛乳时，也可用全脂乳粉加水冲调后喂养婴儿。但不宜长期用脱脂牛乳、脱脂乳粉及炼乳喂养正常婴儿，因为脱脂牛乳脂肪含量在 1% 以下，能量不足。而甜炼乳含蔗糖 40% 左右，稀释后糖含量仍很高而蛋白质含量相对过低，易引起蛋白质营养不良。

（二）婴儿配方乳粉

以前又称母乳化乳粉，即调整牛乳中营养成分使之接近母乳后制成的乳粉。调配的方法是在牛乳中加入乳清蛋白及乳糖，降低酪蛋白的含量；去除牛乳中的脂肪，加入植物油使顺式亚油酸和 α-亚麻酸的比例和含量接近母乳；调整钙磷比例至 1.3～1.5:1 并降低矿物质总量；增加维生素 A、维生素 D 和适量的其他维生素并添加婴儿需要的牛磺酸和 L-肉碱等物质使各种成分尽量接近母乳。婴儿配方乳比牛乳或全脂乳粉更容易消化吸收，故比较适合缺乏母乳的幼小婴儿。但配方乳缺乏母乳中所特有的免疫因子及其他生物活性物质，故仍不能取代母乳。此外，配方乳粉因复杂的加工过程使其价格较昂贵。采用婴儿配方乳粉时可按产品说明书进行调制和喂哺。

（三）豆制代乳品

黄豆加水磨成的豆浆含有丰富的大豆蛋白、B 族维生素和钙，在乳制品缺乏的地区可作为 3 个月后婴儿的代乳品。家庭自制豆浆可选用优质大豆 500g 洗净，加水 4000ml 浸泡，磨细后去渣留汁，可得生豆浆 3000ml。每 1000ml 中加食盐 1g，乳酸钙 2g，淀粉 30g，蔗糖 60g，煮沸煮透后，即成豆浆。豆浆不易保存，应现做现食。对牛乳蛋白过敏或乳糖不耐受的婴儿亦可使用以大豆蛋白为蛋白质来源的豆制代乳粉或豆浆。

二、混合喂养的原则和方法

由于母乳不足或母亲因工作或其他原因不能按时给婴儿哺乳时，采用牛乳或其他代乳品作为补充或部分替代称混合喂养。混合喂养用以补充或替代母乳的食品与人工喂养时相同，6 个月前以乳类为主，保证优质蛋白质的供给，6 个月后除乳类外可补充豆类和谷类辅食。喂养的方法、次数和时间随乳母的具体情况而定。6 个月内婴儿尽量采用补授法，即先哺母乳，将乳房内乳汁吸空，不足时再喂其他食品，以促进乳汁的分泌，防止母乳量的进一步减少。如母亲因故不能按时哺乳，可用其他乳类或米、面替代一次母乳，称代授法。乳母应将多余的乳汁及时挤出并保存在清洁的容器中，待煮沸消毒后仍可喂哺婴儿。但每日母乳喂哺的次数最好不少于 3 次，若长期只哺乳 1～2 次，泌乳量常会很快减少。

第五节 断乳过渡期喂养

母乳喂养的婴儿随着月龄的增大，逐渐添加其他食物，减少哺乳量及喂哺次数，直至完全停止母乳喂养而过渡到幼儿膳食的过程称为断乳过渡期。断乳过渡期婴儿所添加的食物可统称为辅助食品，也称为断乳期食品。它们是在营养上，感官上以及构成上适宜于婴儿的补充母乳的食物，是从单纯的母乳到普通家庭食物之间的过渡食品。联合国儿童基金会不提倡使用"断奶食品"，是为了提示添加辅助食品不意味着替代母乳或不用母乳、牛乳喂养。

一、辅助食品添加的时间

虽然母乳是婴儿最佳的天然食物，但随着婴儿的生长发育，活动量日益增多，消化器官也日臻完善，乳牙逐个萌出，胃容量和对食物的消化吸收能力大大提高，此时单纯的母乳喂养已不能满足婴儿对能量和各种营养素的需求，而必须添加适当的辅食。婴儿辅食添加的时间应在4～6月龄开始，至8～12月龄完全取代母乳较为适宜。因为4个月前增加辅食对婴儿生长并无益处，相反还容易增加胃肠道感染及食物过敏的危险性。但也不宜迟于6个月之后，以免婴儿营养不良。添加辅食并不需要终止哺乳，母乳喂养时间至少应持续6个月，然后开始减少哺乳次数，逐渐过渡至8～12个月时完全断乳。

二、辅助食品添加的种类及添加的方法

婴儿胃肠功能不够完善，对新添加食品的适应能力较弱，易发生消化吸收功能紊乱，故增加辅助食品应循序渐进，不能操之过急。从食物的品种上，婴儿首先添加的辅助食品通常是谷类及其制品，然后是蛋黄、鱼类、细嫩的蔬菜等，再后是肉类、全蛋、豆类等，最后过渡到较易消化的普通家庭食品。从食物的感官性状上，辅食的添加应从稀到稠，从细到粗。如谷类辅食可先从米汤、薄米糊到厚米糊，从薄粥到厚粥再到软饭。蔬菜可先喂菜汤，后改为细菜泥，粗菜泥，再喂碎菜和煮烂的蔬菜。从食物的数量上，应从少到多，如蛋黄可先试喂1/4个，3～5天后增至1/2个，1～2月后再增至1个。添加辅食时还需注意，增加从未吃过的新食物必须先试一种，使习惯后再试另外一种。一般每种食物约需经1周左右才能适应，有时还要更长一些。如吃后无厌食、呕吐、腹泻等症状，可再试另外一种，不能同时添加几种新食物。此外，婴儿对食物的适应能力和爱好具有较大的个体差异，辅助食品开始添加的月份和数量增加的快慢均应根据具体情况灵活掌握。给1～3个月婴儿添加的果汁、菜水、鱼肝油等不是真正意义上的辅助食品，它们的作用主要是补充母乳或牛乳中维生素D的不足，以及人工喂养时维生素C的损失。

婴儿辅助食品一般可分为4类，即补充主食的淀粉类食物，补充蛋白质的动物性食物和豆类，补充维生素和矿物质的蔬菜水果以及补充能量的植物油和食糖。

（一）淀粉类食物

婴儿在4个月后随着唾液腺的生长发育及肠内淀粉酶活力的增强而可以接受淀粉类食物。通常首先添加大米粉，因为大米蛋白不容易引起食物过敏，其蛋白质利用率也优于面粉。此外，由于乳类缺铁，4个月起婴儿需要补充铁质，大米粉可作为铁的载体。强化铁的米粉有助于预防缺铁性贫血，又可与水调制成不同比例的糊状，可适应不同月龄婴儿的食用。6个月后婴儿乳牙萌出，可喂食米粥、烂面，7个月起可给饼干或略烤黄的馒头或面包干，每次一片咬食，以训练咀嚼能力，助长出牙。

（二）蛋白质类辅食

随着乳类的减少，必须给予其他优质蛋白质。蛋类是首选的补充蛋白质的辅食，但蛋白容易引起小月龄婴儿食物过敏，故一般先加蛋黄。蛋黄除可提供优质蛋白质外，又富含铁和

维生素 A、D、B₂，这些都是 4~5 个月婴儿十分需要的营养素。可取鸡蛋洗净煮沸 10 分钟，取出蛋黄研成细末，食用时加水调成泥状喂食，或加入米糊、烂面等食用。稍大些的婴儿也可做成蛋花汤或蒸蛋食用。鱼和禽肝都富含优质蛋白质和铁，又较容易消化，可从 5~6 个月起添加。方法是将鱼或禽肝蒸熟，去刺，研成泥，加少量盐或酱油喂食或加入粥、面中喂食。7~8 个月婴儿可添加肉类辅食，将猪、牛、羊、禽肉制成肉末加入粥、烂面喂食，开始每日半汤匙，以后可增至 1~2 汤匙。动物肝脏是含铁最丰富的食物，但猪肝的颗粒较粗。可取洗净的猪肝以快刀切成断面，并用刀刮下断面肝浆，置沸水中煮熟，以匙压成泥，混入粥、面中喂食。大豆及其制品富含优质蛋白质和钙，4~5 个月婴儿即可添加豆浆和嫩豆腐。此外，牛乳也是很好的蛋白质类辅食。

（三）维生素、矿物质类辅食

主要是新鲜蔬菜和水果，它们含有丰富的 β-胡萝卜素、维生素 C、多种矿物质以及膳食纤维。4 月龄婴儿即可由菜水、果汁逐渐向菜泥、果泥过渡。取青菜、苋菜、胡萝卜、土豆等洗净切碎，在沸水中煮 3~5 分钟取出，用匙捣烂成细泥状。初食每日 1/2 汤匙，渐增至每日 1~2 汤匙，可单独喂食也可混入粥、面中同食。果泥的制作可将香蕉剥皮用匙压成泥，也可将苹果对切开，用匙在剖面来回刮取苹果肉成泥状。初食 1/2 汤匙，逐渐增至一只苹果。蔬菜和水果的营养成分不完全相同，不能互相替代。6~7 个月后可以食用切细的蔬菜，婴儿食后若大便中出现菜叶残渣属正常现象，可继续喂食。

（四）能量类辅食

主要是植物油和糖，用来补充能量。如食量过小的婴儿，可在粥、面、菜泥中拌入熟的植物油如豆油、花生油、芝麻油等，或用油炒蔬菜。初食每次加 1g，习惯后可增至每日 5~10g。在牛乳、豆浆中加入蔗糖，也可增加能量的摄入。

第六节 幼儿膳食

幼儿期仍属生长发育迅速增长阶段。根据营养调查，幼儿的能量、蛋白质、钙、维生素 A、核黄素和维生素 C 的摄入量常偏低，缺铁性贫血、佝偻病、核黄素缺乏症及低体重、低身高等也较常见。因此在幼儿的膳食组成及烹调加工方法上应作适当调整和改进。

1. 幼儿每日膳食中应有一定量的牛奶、瘦肉、禽类、鱼类、大豆及豆制品等蛋白质营养价值高的食物。优质蛋白质应占膳食中蛋白质总量的 1/2 以上。

2. 为解决矿物质和维生素的不足，应特别强调食物品种的多样性。尤其是多进食黄绿色蔬菜和新鲜水果，以增加 β-胡萝卜素（在体内可转化为维生素 A）、维生素 C 等营养素。各种水果和蔬菜的营养成分也有所不同，幼儿不宜经常以水果代替蔬菜。如水果中除柑橘类、柠檬、鲜枣等维生素 C 的含量较丰富，其他常见水果如苹果、梨、西瓜、香蕉、葡萄等维生素 C 含量较少。

3. 高糖和油脂多的食物不宜多吃。巧克力、糖果、含糖饮料、冰淇淋等摄入过多常是幼儿食欲下降的一个重要原因，特别在餐前要禁食。食糖过多还易引起龋齿。

4. 注意烹调方法。既要保持营养成分不被破坏，又要膳食的色、香、味、形多样化，以增进幼儿食欲。要避免油炸、油腻过重、质硬或刺激性强的食物。

5. 饮食要定时，不挑食、不偏食，培养儿童良好的饮食习惯。并多鼓励儿童进食各种不同的食物。

第七节 婴幼儿常见营养缺乏症

一、佝偻病

佝偻病发生在骨骼处于生长期的幼儿，以 3 个月至 18 个月婴幼儿最为多见。其主要原因是缺乏维生素 D 而引起钙磷代谢失调和骨骼钙化不全。佝偻病常严重影响儿童的正常生长发育。由于母乳和牛乳中维生素 D 含量都很低，为了预防佝偻病，新生婴儿自 2 周起可补充维生素 D，每日 10μg（400IU），一般可添加鱼肝油，自 1 滴逐渐增加至 6 滴。此外，适当晒太阳可增加皮肤合成的维生素 D，一般每日晒 1 小时可达到预防效果。

二、缺铁性贫血

乳类是贫铁食品，虽然母乳中铁的吸收率可达 50% 而牛乳中为 10%，但无论母乳或牛乳中铁的含量均不高，仅约 1mg/L 或更低，故婴儿出生后主要靠胎儿期体内贮存的铁满足需要。一般足月儿至 4~6 个月，早产和低出生体重儿至 2~3 个月时，体内贮存铁已基本用完，此后必须从膳食中摄入足够的铁，否则就可能发生缺铁性贫血。婴幼儿贫血多见于出生 5 个月后，发病高峰在 6 个月至 18 个月。为了预防缺铁性贫血，婴幼儿从 4 个月起即应补充含铁食物如蛋黄、肝泥、肉末等，同时应增加果汁、水果、蔬菜汁、蔬菜泥等富含维生素 C 的食物以促进铁的吸收。

三、其他营养缺乏症

幼儿缺锌可导致生长发育迟缓、食欲不振、味觉减退以及异食癖等症。锌缺乏可能与幼儿偏食、挑食而造成富含锌的动物性食物摄入不足有关。乳母维生素 B_1 摄入不足时，常可使乳汁中维生素 B_1 含量下降，严重时婴儿可因缺乏维生素 B_1 而患婴儿脚气病，表现为心力衰竭或抽搐、昏迷症状，易误诊为脑炎或脑膜炎。若给予静脉注射葡萄糖可加重维生素 B_1 的缺乏，常导致死亡。此外，幼儿蛋白质摄入不足时可导致蛋白质-能量营养不良（PEM），但目前在我国较少见。

复习练习题

（一）单选题（下列每题选项中，只有 1 个是正确的）
1. 婴儿出生时体内的储存铁一般可满足_____的需要
   A. 1 个月　　　　B. 2~3 个月　　　　C. 4~6 个月　　　　D. 8~12 个月
2. 婴幼儿缺铁性贫血的发病高峰在
   A. 0~6 个月　　　B. 6~18 个月　　　　C. 1~3 岁　　　　　D. 3~5 岁
3. 脂肪是婴幼儿能量的重要来源，6 个月以内婴儿每日摄入的脂肪约占总能量的
   A. 10%~20%　　　B. 20%~30%　　　　C. 30%~40%　　　　D. 45%~50%

4. 人工喂养可采用下列食物，除了
   A. 牛奶　　　　B. 豆浆　　　　C. 甜炼乳　　　　D. 配方奶粉
5. 婴儿开始添加辅食的时间应为出生后
   A. 2～3个月　　B. 3～5个月　　C. 4～6个月　　D. 5～7个月

（二）多选题（下列每题选项中，至少有2个是正确的）
1. 母乳喂养的优点有
   A. 乳清蛋白含量较多而酪蛋白较少　　　　B. 具有抗感染的保护作用
   C. 母乳含铁较丰富　　　　　　　　　　　D. 不容易引起过敏
   E. 母乳中维生素D含量高
2. 母乳与牛乳相比较，不同处为
   A. 母乳中蛋白质含量较高　　　　B. 母乳中必需脂肪酸含量较高
   C. 母乳中钙含量较高　　　　　　D. 母乳中乳糖含量较高
   E. 母乳中维生素C含量较高
3. 母乳中含有多种免疫因子，其中能为婴儿提供特异性抗感染保护的是
   A. 乳铁蛋白　　B. 溶菌酶　　C. 分泌型IgA　　D. 双歧因子　　E. 淋巴细胞
4. 婴幼儿常见的营养缺乏症是
   A. 侏儒症　　B. 癞皮症　　C. 坏血病　　D. 缺铁性贫血　　E. 佝偻病
5. 开始给婴儿添加辅助食品时通常首先添加大米粉，这是因为
   A. 4～6个月婴儿体内淀粉酶活力增强而可以接受淀粉类食物
   B. 大米蛋白不容易引起过敏
   C. 大米粉可作为铁的载体
   D. 大米蛋白质营养价值高
   E. 大米粉含铁丰富

答案

（一）单选题：1. C　　2. B　　3. D　　4. C　　5. C
（二）多选题：1. ABD　　2. BDE　　3. CE　　4. DE　　5. ABC

（沈新南）

第九章 儿童青少年营养

第一节 儿童青少年生长发育特点

儿童青少年是人的一生中身心发展的重要时期，为了满足营养需要，合理安排好膳食，必须充分考虑儿童青少年生理上的特点。

一、儿童青少年正处于生长发育阶段，除维持新陈代谢外，尚需满足组织生长发育的需要，故单位体重的营养素和能量需要量一般均高于成年人。

二、不同年龄生长发育的速度不同。如3～6岁儿童每年身高增长5～7cm，体重增加1.5～2kg；而青春期（女孩约11～17岁，男孩约13～18岁）生长发育进入人生第二个高峰期，体重每年增加4～5kg，个别可达到8～10kg。据估计，约50%的人体体重和15%的身高是在青春期获得的。营养供给要与不同时期的生长发育速度相适应。

三、儿童青少年个体间的发育速度差别较大。生长的速度、进入青春期的早晚及持续时间都有很大的个体差异。性别的差异也很突出，女性因性成熟和生长加速都在男性之前，青春期时体重身高常超过同龄男孩；待男孩进入青春期后，其体重身高又可再次超过女孩。另外，男性肌肉发育和骨骼发育均较女性显著，肌力较大，持续时间较长。女性脂肪组织的积累则大于男性，还因月经失血增加了铁的损失。因此在营养上也不宜按年龄一视同仁，而应根据具体情况做必要的调整。

此外，儿童的胃肠道对粗糙食物尚不太适应，肝脏储存糖原的能力不及成年人，对外界有害因素的抵抗力较弱，这些情况也是需要注意的。

第二节 儿童的营养与膳食

一、儿童的营养需要

（一）能量

儿童时期生长发育旺盛，基础代谢率高，又活泼好动，故需要的能量较多。中国3～13岁儿童每日能量RNI见表9-1。可见，随着年龄的增大，其单位体重所需能量相对要少些。这些数值表示的是一个总体状况。由于个体差异的缘故，对于个别儿童而言可能有较大出入。通常可以体重的正常增长作为衡量个体儿童能量摄入量是否适宜的依据。另一方面，也应防止脂肪和碳水化合物摄入过多而导致儿童肥胖。一些研究发现，儿童期的肥胖可以持续到成年。如学龄前肥胖儿童成为成年肥胖者的危险性是同龄不肥胖儿童的2.0～2.6倍，学龄肥胖儿童成为成年肥胖者的危险性是同龄不肥胖儿童的3.9～6.5倍。故儿童的能量摄入量也不宜高于其能量消耗量。

（二）蛋白质

儿童蛋白质的需要量随生长发育尤其是肌肉发育的程度而增多，3～5岁儿童每日蛋白质推荐摄入量（RNI）为45～55g，6～7岁55～60g，8～10岁为65～70g。11～13岁儿童每日摄入的蛋白质总量超过其母亲而与其父亲相同（轻体力活动）。我国3～13岁儿童的蛋白质摄入量以占总能量的13%～15%较为适宜，还要注意选择优质蛋白质和摄入足够的能量以保证蛋白质能在体内被有效利用。

（三）矿物质

由于骨骼和循环血量的快速增长，儿童对矿物质尤其是钙、磷、铁的需要量甚大，其他如碘、锌、铜等微量元素也必须足量摄入。根据我国营养学会推荐的矿物质参考摄入量，4岁以上儿童钙的适宜摄入量（AI）为每日800mg，与成年人相同；11～13岁儿童钙的AI为每日1000mg，高于成年人。11～13岁儿童铁的AI与成年人相近。由于我国居民膳食中钙质主要来自蔬菜和豆类制品，而且其中血红素铁也较少，应特别提倡儿童多饮用牛奶和奶制品，摄入肝脏、瘦肉或含铁的强化食品来满足其对钙和铁的生理需要。

碘的需要量虽少，但对儿童的生长发育具有非常重要的作用。缺碘可影响儿童的体格及智力发育。目前，我国绝大多数地区已供给含碘食盐以预防碘缺乏症。

（四）维生素

维生素A和D与生长发育关系密切，儿童维生素A的RNI为4～6岁每日500μg视黄醇当量，7～10岁每日600μg视黄醇当量，11～13岁每日700μg视黄醇当量。而11岁以下儿童维生素D的RNI均为每日10μg，是成人的2倍，以帮助钙吸收和骨骼发育。水溶性维生素如抗坏血酸、硫胺素、核黄素和烟酸与体内多种代谢相关，也必须充分供给。

表9-1 3～13岁儿童每日能量RNI（中国营养学会，2000）

年龄（岁）	体重（kg）		能量 [kcal（MJ）]	
	男	女	男	女
3～	14.0	13.4	1350 (5.7)	1300 (5.4)
4～	15.6	15.2	1450 (6.1)	1400 (5.9)
5～	17.4	16.8	1600 (6.7)	1500 (6.3)
6～	19.8	19.1	1700 (7.1)	1600 (6.7)
7～	22.0	21.0	1800 (7.5)	1700 (7.1)
8～	23.8	23.2	1900 (8.0)	1800 (7.5)
9～	26.4	25.8	2000 (8.4)	1900 (8.0)
10～	28.8	28.8	2100 (8.8)	2000 (8.4)
11～13	32.1	32.7	2400 (10.0)	2200 (9.2)

二、儿童的合理膳食

儿童的膳食组成应多样化，以保证供给均衡的营养。

（一）学龄前儿童的膳食

3~6岁儿童的膳食应注意食物品种的选择和变换，如荤菜素菜的合理搭配，粗粮细粮的交替使用。食物的软硬应适中，温度要适宜，色香味形要能引起儿童的兴趣，以促进食欲，并与其消化能力相适应。每日的膳食组成为：米饭或面食125~250g，瘦肉、虾、带鱼、猪肝等100g，鸡蛋1个，大豆或豆制品（折算成干豆重）10~20g，蔬菜100~200g，水果1~2只，牛奶或豆浆250g。上述食物可分成早、中、晚三餐和下午一次点心。另外还应注意培养儿童良好的饮食习惯，如不挑食、不偏食、不暴食暴饮，定时、定量进食，细嚼慢咽，不乱吃零食等。

（二）学龄儿童的膳食

6~12岁儿童正值小学阶段，游戏和活动减少，学业负担加重。尤其因早晨时间紧张而导致早餐营养不足，常在上午第二节课后就出现饥饿感，以致思想不能集中而影响学习。长此以往还会影响小学生的生长发育。因此必须重视学龄儿童的早餐营养，尽可能吃饱吃好。早晨刚起床食欲一般不高，可采用干稀搭配的方式，如面包或蛋糕或包子加牛奶或豆浆或稀饭，再吃1个鸡蛋、一些肉松或午餐肉、素鸡等以补充蛋白质。早餐的能量摄入量宜为全天能量摄入量的25%~30%，以满足整个上午学习所需能量。若早餐不能达到营养要求，也可在上午第二节课后增加一次点心，即课间餐。课间餐的目的是补充早餐能量和营养素的不足，这对于不吃早餐或早餐吃得少的小学生尤为重要。通常课间餐可由一个小面包或糕点或包子加一杯牛奶组成，这样既可补充水分，又可供给能量、优质蛋白和钙质。当然，如果早餐的营养能够满足需要，就不必再课间加餐了。

午餐和晚餐的能量摄入量宜各占总能量的35%。学校或家庭如能提供符合儿童营养需要而又清洁卫生的午餐，对提高孩子的身体素质有极大的作用。晚餐一般最为丰盛，但也不宜吃得过饱和过于油腻，以免影响睡眠。6~9岁儿童每日的膳食组成为：粮谷类350g，鱼肉禽类100~125g，蛋类50g，大豆或豆制品（折算成干豆重）20~30g，蔬菜300g，水果50~100g，植物油10~15g，食糖15g，牛奶或豆浆250g。10~12岁儿童每日的膳食组成为：粮谷类400g，鱼肉禽类125~150g，蛋类50~75g，大豆或豆制品（折算成干豆重）30~40g，蔬菜400g，水果50~100g，植物油10~15g，食糖15g，牛奶或豆浆250g。

第三节　青少年的营养与膳食

一般认为13岁至18岁为青少年，这个阶段正值青春期，是人的一生中体格和智力发育最重要的时期，思维最活跃，记忆力最强。而其生长速度、性发育、学习能力和工作效率都与营养状况密切相关。此外，青春期男女性的发育过程并不完全相同，因此在营养素需要量上也有所不同。

一、青少年的营养需要

（一）能量

青春期生长发育极为迅速，表现为身高、体重猛增。而此时食欲也多旺盛，基本与生长速度相适应。14~17岁男性的能量RNI为每日2900kcal，而女性则为2400kcal，均分别超过从事中等体力活动的男、女性成年人。男性青少年的肌肉和骨骼的发育均较女性显著，因而能量摄入量应高于女性。能量长期摄入不足可出现疲劳、消瘦和抵抗力下降，以致影响体力活动和学习能力。但能量摄入过多，也可造成青少年肥胖。

（二）蛋白质

青少年肌肉组织发育迅速，学习任务又很繁重，需要摄入充足的蛋白质。男性青少年蛋白质 RNI 为每日 75~85g，女性为 75~80g。蛋白质摄入不足时将导致发育迟缓，并降低人体对疾病的抵抗能力。

（三）矿物质

13~17 岁少年的骨骼生长达到高峰，故钙的需要量也高，AI 不分性别为每日 1000mg。由于血量的增加，青少年铁的适宜摄入量男性为每日 16~20mg，而女性因月经失血为每日 18~25mg，均高于成年人。青春期甲状腺功能加强，若碘供给不足容易出现甲状腺肿。14 岁以上青少年碘的 RNI 为每日 150μg，高于儿童，与成年人相同。

（四）维生素

青少年的能量代谢旺盛，对维生素的需要量也增加，尤其是 B 族维生素如硫胺素、核黄素、烟酸、叶酸、维生素 B_6 和 B_{12} 等。

二、青少年的合理膳食

青少年的能量消耗大，蛋白质需求高。膳食安排应坚持以谷类为主，每餐可摄入 150~200g 粮食，以保证能量主要由碳水化合物提供，避免脂肪摄入过多。同时可搭配些大豆或豆制品以发挥蛋白质互补作用。动物性食品如肉类含血红素铁和较多的锌，海产品含丰富的碘，蛋类含丰富的维生素 A 和 B 族维生素，奶类含丰富的钙；此外动物性食品还富含优质蛋白质，故可轮流选食，使 40%~50% 的蛋白质来源于动物性食品或大豆蛋白。蔬菜、水果富含钾、钙、镁等矿物质，维生素 C 及膳食纤维，应多食用。青少年每日的膳食组成为：粮食 400~600g，鱼肉禽类 150~175g，蛋类 50~75g，大豆或豆制品（折算成干豆重）50g，蔬菜 300~500g，水果 50~100g，牛乳或豆浆 250g，食糖 10g，烹调油 10~20g。

复习练习题

（一）单选题（下列每题选项中，只有 1 个是正确的）

1. 下列有关儿童青少年营养需要的叙述中错误的是
   A. 儿童蛋白质的摄入量以占总能量的 13%~15% 为宜
   B. 4 岁儿童每日钙的摄入量和成年人相同
   C. 10 岁以下儿童维生素 D 摄入量和成年人相同
   D. 青少年钙的摄入量高于成年人

2. 女性青少年的需要量高于男性青少年的微量元素是
   A. 铁　　　　B. 碘　　　　C. 锌　　　　D. 硒

3. 13~17 岁少年的骨骼生长达到高峰，钙的适宜摄入量不分性别为每日
   A. 800mg　　B. 1000mg　　C. 1200mg　　D. 2000mg

(二) 多选题（下列每题选项中，至少有 2 个是正确的）
1. 儿童青少年的生理特点有
   A. 个体间发育速度差别较大
   B. 性别间发育速度差异较小
   C. 肝脏储存糖原的能力较低
   D. 胃肠道对粗糙食物尚不太适应
   E. 营养素和能量需要量相对较高
2. 青少年的能量消耗大，蛋白质需求高，膳食安排宜
   A. 坚持谷类为主
   B. 增加奶类
   C. 增加植物油
   D. 多吃猪肉
   E. 增加水产品

答案

（一）单选题：1. C　　2. A　　3. B
（二）多选题：1. ACDE　　2. ABE

（沈新南）

第十章 老年营养

成年人随着年龄的增长，机体的功能和代谢会逐渐出现一些衰退现象。衰老是生物个体不可避免的自然发展规律，也是一个渐进的过程。老年期的划分是人为的，而且不尽一致。如美国等发达国家把65岁以上称为老年，目前65岁以上人口已占美国总人口的13%。而按联合国世界卫生组织的规定，60岁以上为老年。中国和许多发展中国家也以60岁以上为老年。据2002年的统计，中国老年人已占总人口的10%以上。

第一节 老年人的生理特点

一、基础代谢的改变

由于内分泌和代谢方面的变化，老年人体内肌肉组织及其他代谢较活跃的组织逐渐减少，而脂肪组织相应增加，致使整个代谢过程减慢。表现为随着年龄的增加，基础代谢率逐渐下降。一般认为老年人的基础代谢率比青壮年时期降低约10%～15%。

二、器官功能的衰退

（一）运动系统

老年人机体的化学组成发生变化，实质细胞明显减少，肌肉的收缩能力下降，结缔组织也出现退行性改变。表现为肌力减退，负荷能力下降，肌张力增高，如手指微颤、运动协调性差，部分老人还可出现步行障碍。此外，老年人骨骼密度逐渐下降，骨质疏松发生率增高，易于造成骨折，女性比男性更为明显，发生年龄也较早。

（二）心血管系统

已有研究证实心肌细胞中的脂褐质从45岁开始逐渐增多，老年人心肌中脂褐质积聚明显高于年轻人。同时，由于脂质代谢的改变，肺功能减退所致氧分压的降低以及动脉化学组成的改变等因素使老年人易患动脉粥样硬化，造成外周血管阻力增加，微循环血流量下降，引起组织细胞缺血缺氧、功能减退和结构性损伤。心肌收缩力逐渐减弱，若以20～30岁时的心输出量为100%，则60～70岁时的心输出量为65%，而90岁时仅为50%。血流总循环时间也延长，如60～70岁和70～80岁时的血流总循环时间分别为20～30岁时的122%和137%。

（三）神经系统

大脑由约150亿个脑细胞构成。自性成熟开始，脑细胞的数量逐渐减少。至60岁以后约可减少10%～25%。脑血流量也减少，神经传导速度约可下降10%。有学者认为是由于特定部位的神经元或突触的选择性损失所致，也有学者认为是脑细胞缺氧，脑神经介质合成能力减退所致。因此老年人的记忆力及思维能力下降，动作的协调性变弱，容易疲劳，情绪不稳定，自我控制能力下降，易失眠或睡眠质量差。

（四）泌尿系统

肾实质细胞从 30 岁起每 10 年下降约 10%。自 20 岁至 90 岁，肾血流量下降约 53%。由于肾血流量减少，肾功能明显衰退，肾小球滤过率降低，肾小管的重吸收及分泌功能也减弱。

（五）消化系统

牙齿松动、脱落和牙周病使老年人的咀嚼能力下降。味蕾减少，味觉和嗅觉减退可影响食欲，或不自觉地摄盐较多。老年人胃肠粘膜萎缩变薄，血管减少，蠕动和输送食物的能力减弱，消化液分泌减少，酶活性降低，影响了粘膜细胞对食物中营养成分的吸收。结肠张力降低，肠蠕动减慢，容易发生老年性便秘。

肝实质细胞减少，肝重逐年下降。以肝重占体重的百分比计，中年时期约为 2.5%，而老年期下降至 1.6%。肝血流量也随年龄增高而下降，从而影响肝脏的代谢功能。此外，老年人胆囊粘膜萎缩，肌层肥厚，纤维弹力减退、弛缓，易发生胆囊炎症和胆道结石。

（六）免疫系统

老年人免疫功能减退，外周血中 T 淋巴细胞减少，对疾病的抵抗力下降。某些免疫功能的变化与营养不良引起的免疫功能减退相类似，但老年人免疫功能减退是否主要由营养不良引起尚不能确定。有研究显示，改善老年人的膳食和营养对增强其免疫功能有一定意义。

第二节 老年人的营养需要

一、能量和体重

老年人基础代谢率降低，工作又减少，还容易患一些慢性疾病，如高血压、冠心病、关节炎、骨质疏松等，使老年人的日常活动量大为减少，其能量消耗也随之降低。因此老年人的能量摄入量应相应减少，通常 60～70 岁老人的能量摄入量应较青年时期减少 20%，70 岁以上老人减少约 30%，每日能量摄入量约在 1700～2200kcal 之间较为适宜，见表 10-1。研究表明，限制能量摄入可延长实验动物的寿命。尽管这一现象尚未在人类中得到证实，但老年人还是应该适度限制膳食的摄入量，不要吃得太饱，更不能暴饮暴食。首先应该限制能量密度高的食物品种如食糖、高脂肪食物和酒类的摄入，因为它们每单位体积或重量中含有较多的能量，而营养素的含量却相对不足。

老年人的活动量和体内代谢的个体差异较大。就个人而言，应按自己的具体情况决定能量的摄入量。由于能量摄入过多时将转化为脂肪的形式在体内储存，一般可以体重的变化作为衡量个体能量摄入量是否适宜的依据。老年人的理想体重可用下列公式计算：

$$\text{老年男性的理想体重（kg）} = \text{身高（cm）} - 105$$
$$\text{老年女性的理想体重（kg）} = \text{身高（cm）} - 100$$

若实测体重在理想体重±10%以内为正常，±10%以上、±20%以内为超重或低体重，±20%以上为肥胖或消瘦。

近年来，体质指数（BMI）已成为评价人体营养状况的常用指标。可按个人的身高和体重计算出相应的体质指数：

体质指数＝体重（kg）/身高^2（m）

按 WHO 建议，标准 BMI<18.5 为慢性能量缺乏；18.5～24.9 为正常；≥25 为超重，≥30 为肥胖。按中国标准 BMI≥24 为超重，≥28 为肥胖。如体重超重应适当减少能量摄入量，而体重过低时可适当增加能量摄入量。

表 10-1 老年期每日膳食中能量和蛋白质推荐摄入量（RNI）

年龄（岁）	劳动强度	能量 [kcal（MJ）]		蛋白质（g）	
		男	女	男	女
60					
	轻体力活动	1900（7.9）	1800（7.5）	75	65
	中等体力活动	2200（9.2）	2000（8.4）	83	75
70					
	轻体力活动	1900（7.9）	1700（7.1）	75	65
	中等体力活动	2100（8.8）	1900（7.9）	79	75
80 以上		1900（7.9）	1700（7.1）	75	65

注：摘自《中国居民膳食营养素参考摄入量》，中国营养学会 2000 年。

二、适合老年代谢特点的营养素需要

（一）蛋白质

在机体衰老过程中，蛋白质的代谢也会发生变化，老年人血液中氨基酸含量低于青年人，蛋白质的生物合成逐渐减缓。故老年性贫血较常见的原因除缺铁之外，可能还有某些氨基酸的缺乏，以致影响血红蛋白的合成量。血中蛋氨酸含量的降低还可影响机体的解毒功能及甲基化过程。考虑到老年人蛋白质分解代谢大于合成代谢，而对膳食蛋白质的吸收利用能力又不如中青年人，容易出现负氮平衡，故老年人的蛋白质摄入量似应较高。

另一方面，蛋白质摄入量过高会增加肝脏和肾脏的负担，也不利于老年人的健康。所以老年人的蛋白质摄入量应与青年人相似，即每人每日 1～1.2g/kg 体重，或膳食蛋白质能量占总能量的 12%～15%，而蛋白质的质量要高一些，即提高含优质蛋白质的食物如奶类、鱼类、瘦肉、鸡肉以及大豆及其制品等在膳食中的比例，一般优质蛋白质应占膳食蛋白质总量的 50%，以提高蛋白质的吸收利用率。此外，如老年人限制能量摄入时，不宜相应减少蛋白质的摄入量，蛋白质供热比可取较高值。

（二）脂类

膳食中一定量的脂肪可供给必需脂肪酸，促进脂溶性维生素如维生素 A、D、β-胡萝卜素和维生素 E 的吸收，又能改善食物的感官性状，增加美味，并延迟胃的排空，增加饱腹感。然而老年人摄入过多脂肪与心脑血管疾病以及某些肿瘤如结肠癌、乳腺癌、前列腺癌、胰腺癌等的高发有关。成年人随着年龄的增加，体内脂肪含量逐渐增多，血中胆固醇含量呈上升趋势。而高脂肪膳食，尤其是富含饱和脂肪酸的动物性脂肪，可增加血中胆固醇含量，容易造成动脉粥样硬化。富含ω-6不饱和脂肪酸的植物油虽有助于降低血清胆固醇含量，但动物实验已证实，摄入过多的ω-6不饱和脂肪酸比等量饱和脂肪酸诱发动物肿瘤的作用更强，可能与其更易于被氧化而生成脂质过氧化物有关。鱼油含有的ω-3不饱和脂肪酸如EPA和DHA，却有一定的抗肿瘤作用，还能降低高脂血症，抗血小板凝集，防止血栓形成，从而有利于防止动脉粥样硬化。

胆固醇常与脂肪一起存在于动物性食物中。动物脑、鱼子、蛋黄、动物肝、肾，某些贝类和软体动物中胆固醇含量较高，老年人不宜多食，以免引起高胆固醇血症。而瘦肉和大多数鱼中胆固醇含量中等，平均每100克食物中约含80～100mg。牛奶200毫升约含胆固醇30毫克，可以适量食用。鸡蛋每只约含胆固醇300毫克，平均每周可以进食5只。

综上所述，老年人不宜摄入过多的膳食脂类，包括饱和脂肪酸、不饱和脂肪酸和胆固醇。脂肪摄入量以占总能量的20%～30%为宜，其中饱和脂肪酸、单不饱和脂肪酸和多不饱和脂肪酸为1:1:1，胆固醇摄入量小于300mg/d。已患有高胆固醇血症及冠心病者胆固醇摄入量宜小于200 mg/d。此外，老年人还可多吃些洋葱、大蒜、香菇、木耳、大豆、茶等有助于降血脂、抗血凝的食物。

（三）碳水化合物

碳水化合物为老年人能量的重要来源，摄入量以占总能量的55%～65%为宜。过去一直认为老年人所需碳水化合物应尽可能来自淀粉，其优点主要是在消化道内分解缓慢，一般不致引起血糖的急剧升高。但近年来的研究却发现，淀粉和蔗糖等简单糖类所引起的血糖反应并没有实质性差别，而与碳水化合物同时摄入的蛋白质、脂肪、膳食纤维等食物成分却可明显影响葡萄糖的吸收速度。老年人的糖耐量较差，对血糖的调节能力较弱，因此不宜一次进食过多的碳水化合物，最好均匀分配至各餐次，每餐都有一定量的蛋白质和脂肪等，以免血糖过高。

为了防止便秘，老年人膳食中还应有一定量的不能被人体吸收利用的膳食纤维如果胶、纤维素、半纤维素、木质素等，以促进肠道的蠕动。膳食纤维还有预防高脂血症、糖尿病、胆石症及结肠癌、乳腺癌的作用。富含膳食纤维的食物有蔬菜、瓜果、粗粮和豆类。

（四）维生素

足量的维生素对增强机体抵抗力，改善机体代谢和防止衰老具有一定意义。人体衰老的一些表现常与某些维生素缺乏症状相似，如上皮组织干燥、增生、过度角化，肌肉萎缩，消化功能减退，神经功能紊乱等。老年人由于饮食量减少，某些维生素的摄入量也减少，容易造成维生素不足的状态。

维生素A对老年人的视力和上皮组织的抵抗力有重要作用。维生素A和β-胡萝卜素摄入量不足，血清中含量低与某些肿瘤如肺癌等的发病率较高有关。胡萝卜素还具有良好的抗氧化作用。维生素D需经肝脏和肾脏代谢活化成为1,25(OH)$_2$-D$_3$才能发挥其生理作用。而老年人肝、肾功能减退，影响维生素D的羟化，致使胃肠道对钙磷的吸收减少，容易出现骨质疏松。故中国营养学会2000年制定的老年人维生素D的RNI为每日10μg（400IU），是中青年人的2倍。美国科学院营养与食品委员会1997年修改的维生素D供给量为：51～70岁每日400IU，70岁以上每日600IU。此外，老年人应多在户外活动，以增加皮肤中7-脱氢胆固醇经紫外线作用转化为维生素D的数量，有利于钙的吸收和代谢。

维生素E是重要的脂溶性抗氧化剂，不仅能防止食物中不饱和脂肪酸的氧化变质，而且能在体内保护细胞膜上的不饱和脂肪酸免受氧化损伤,稳定细胞膜结构,防止过氧化物的生成。大剂量时还可抑制血液中氧化型低密度脂蛋白的形成。老年人摄入充足的维生素E有助于预防动脉粥样硬化和减少衰老组织中特有的脂褐质,改善皮肤的弹性,推迟性腺的萎缩,从而延缓衰老。中国老年人维生素E的AI为每日14mg。

维生素C是水溶性抗氧化剂,亦能抑制脂质过氧化,保护生物膜结构。维生素C还能在体内外阻断致癌物亚硝胺的合成,对预防消化道肿瘤有积极作用。大剂量维生素C有助于改善脂质代谢,降低血中胆固醇含量,维护血管壁的完整性,缓解动脉粥样硬化。维生素C还能增强机体的免疫力。

B族维生素主要参与体内物质代谢和能量代谢。维生素B_1还可促进食欲及维护周围神经的正常功能。维生素B_2与蛋白质代谢密切相关,高蛋白饮食时需增加维生素B_2的摄入量。叶酸和维生素B_{12}不仅促进红细胞的生成,有利于预防老年性贫血,而且与维生素B_6一起参与同型半胱氨酸的代谢。而同型半胱氨酸代谢受阻造成体内含量过高时,易诱发动脉粥样硬化。

因此,老年人应注意多摄入维生素含量丰富的食品,必要时也可适当补充一些维生素制剂。

(五) 矿物质

1. 钙　老年人肠道对钙的吸收率低于中青年人,而且对钙的利用和储存能力也差,容易出现负钙平衡。故老年人腰腿疼痛,骨质疏松等症多见。美国科学院营养与食品委员会1997年修订的钙供给量为51岁以上人群每日1200毫克,比1989年提高了50%,并首次提出钙的最大耐受量为每日2500毫克,摄入量高于此水平可能导致肾结石等不良作用。新标准是根据对老年人的研究数据制定的,而以前是根据青年人如大学生等的研究数据制定的。中国营养学会2000年制定的钙的AI为50岁以上人群每日1000毫克,高于青年人的每日800毫克;UL为每日2000毫克。钙的吸收率也是备受关注的问题,一般认为奶类中钙的吸收率较高。

2. 铁　老年人造血机能衰退,对铁的吸收能力下降,贫血较为多见。由于中国居民膳食中铁的生物利用率较低,故老年人应摄入一定量吸收率高的血红素铁如瘦肉、鱼等,同时还可补充优质蛋白,以促进血红蛋白的合成。维生素C能促进非血红素铁的吸收,维生素B_2与体内储存铁的利用有关,皆有助于老年人的铁营养。

3. 锌、硒、碘、铬　锌有助于改善老年人的味觉及免疫功能的低下。硒能抗脂质过氧化,并对某些肿瘤有抑制作用,缺硒时还会引起心肌损害。碘用于合成甲状腺素。铬有利于调节血糖和脂类代谢,也是老年人容易缺乏的微量元素。

三、营养因素对机体衰老的影响

关于人体衰老的机制有多种学说。一种学说认为,机体代谢机能失调是引起衰老的原因。某些营养素的缺乏或过多都可造成体内代谢过程紊乱,加速机体的衰老。而合理营养和平衡膳食有助于防止或改善代谢失调,延缓衰老。

另一种学说认为,生物体内的自由基反应所引起的细胞和组织功能损害是造成衰老的原因。自由基可引起细胞生物膜的氧化和破坏,并使蛋白质和核酸变性,还可导致结缔组织中胶原蛋白发生交联,使胶原纤维失去膨胀能力而出现皮肤皱纹。人体内能有效清除各种自由基的抗氧化防御系统主要有抗氧化剂和抗氧化酶两大类，这些物质都与饮食和营养有关。如维生素E、C、胡萝卜素、辅酶Q、生物类黄酮、半胱氨酸、谷胱甘肽、硒等抗氧化剂都可直接从食物获得。而超氧化物歧化酶（SOD）、谷胱甘肽过氧化物酶等抗氧化酶类分别含有铜、锰或硒，谷胱甘肽还原酶的辅酶是维生素B_2转化而成的。膳食中这些微量营养素的含量可影响抗氧化酶类的活性。可见，食物中与抗氧化有关的成分对防止自由基反应而造成的组织损伤和衰老有重要意义。

第三节 老年人的合理膳食

老年人合理膳食的营养要求是：能量不高（1700～2200kcal/d）；蛋白质质量好，数量足够而不过多；饱和脂肪酸少；维生素和矿物质（包括微量元素）充足而平衡。

老年人合理膳食的食物组成是：一定量的粮谷类食物，提供碳水化合物及能量；大量的蔬菜水果，提供部分维生素、膳食纤维、钾、镁等矿物质、生物类黄酮；多量的牛奶、鱼类、豆制品，提供优质蛋白、钙、ω-3脂肪酸等；适量的瘦肉、禽类，提供优质蛋白、铁、硫胺素等；少量的蛋、肝，提供多种维生素、优质蛋白、铁等。还可常用一些菌藻类食物。

老年人合理膳食的烹调要求是：清淡少盐（<10g/d），柔软易消化，色、香、味、形能引起食欲。多用炖、煮、炒的方法，少用油煎、油炸、烟熏、火烤的方法。

老年人合理的膳食制度是：定时定量，少食多餐，有适宜的进食环境，避免饮食过饱。

此外，老年人不宜多饮酒。可偶尔饮适量葡萄酒或啤酒，但应忌烈性酒，并避免每日饮酒或临睡前饮酒。

（一）单选题（下列每题选项中，只有1个是正确的）

1. 60～70岁老年人的能量摄入量应比青年人减少的量为
   A. 5%　　　　　B. 10%　　　　　C. 15%　　　　　D. 20%
2. 下列关于体质指数（BMI）的计算公式中正确的是
   A. 体质指数＝体重（kg）/身高^2（m）　　B. 体质指数＝体重^2（kg）/身高（m）
   C. 体质指数＝体重（kg）/身高^2（cm）　　D. 体质指数＝体重^2（kg）/身高（cm）
3. 为避免引起高胆固醇血症，老年人不宜多食用
   A. 鸡肉　　　　B. 牛奶　　　　　C. 海鱼　　　　　D. 蛋黄
4. 中国50岁以上人群钙的适宜摄入量为每日
   A. 800mg　　　B. 1000mg　　　C. 1200mg　　　D. 2000mg
5. 老年人摄入量应为青年人2倍的维生素是
   A. 叶酸　　　　B. 维生素E　　　C. 维生素D　　　D. 维生素C

（二）多选题（下列每题选项中，至少有2个是正确的）

1. 老年人的生理特点是
   A. 基础代谢率下降　　　　　　　　B. 肾功能衰退
   C. 骨密度逐渐下降　　　　　　　　D. 肠道吸收能力下降

E. 体脂含量下降
2. 有关老年人蛋白质营养的叙述，正确的是
   A. 老年人对蛋白质的吸收利用能力低于青年人，故应增加蛋白质的摄入量
   B. 老年人摄入蛋白质过多会增加肝、肾负担，故应减少蛋白质摄入量
   C. 老年人蛋白质摄入量应与青年人相似
   D. 老年人膳食中优质蛋白质应占总量的50%左右
   E. 当老年人限制能量摄入时，应同比例减少蛋白质摄入量
3. 与老年性贫血有关的因素为
   A. 某些氨基酸的缺乏而影响血红蛋白的合成
   B. 维生素 B_{12} 和叶酸缺乏
   C. 造血机能衰退
   D. 对铁的吸收能力下降
   E. 基础代谢率下降
4. 老年人同型半胱氨酸代谢受阻而诱发动脉粥样硬化的原因之一是缺乏
   A. 维生素 D   B. 维生素 C   C. 维生素 B_6 D. 维生素 B_{12} E. 叶酸
5. 下列营养成分中具有抗氧化作用的是
   A. 钙   B. 类胡萝卜素   C. 维生素 E   D. 维生素 C   E. 硒

答案

（一）单选题：1. D   2. A   3. D   4. B   5. C
（二）多选题：1. ABCD   2. CD   3. ABCD   4. CDE   5. BCDE

（沈新南）

第三篇　食物的营养

第十一章　植物性食物的营养价值

植物性食物主要包括谷类、豆类及其制品、蔬菜、水果和菌藻类等，是人类获取营养素的主要来源。因品种、生长地区、环境与条件等不同，每类食物各具特色。了解它们各自的营养价值，就可从中合理选择，合理利用，组成平衡膳食。

第一节　谷　类

谷类属于单子叶植物纲禾本科植物，种类很多，主要有稻谷、小麦、玉米、高粱、粟、大麦、燕麦、荞麦等。

一、谷类籽粒的结构与营养素分布

谷类种子除形态大小不一样外，其基本结构是相似的，都是由谷皮、糊粉层、胚乳和谷胚四部分组成。

1. 谷皮：为谷粒的最外层，主要由纤维素、半纤维素等组成，含有一定量的蛋白质、脂肪和维生素，含较高的灰分。

2. 糊粉层：位于谷皮与胚乳之间，由厚壁细胞组成，纤维素含量较多，并含有较高的蛋白质、脂肪、维生素和矿物质，营养价值较高。如谷类加工碾磨过细，可使大部分营养素损失掉。

3. 胚乳：是谷类的主要部分，含有大量的淀粉和较多的蛋白质、少量的脂肪和矿物质。

4. 谷胚：位于谷粒的一端，富含蛋白质、脂肪、矿物质、B族维生素和维生素E。谷胚在谷类加工时容易损失。

二、谷类的主要营养成分及组成特点

（一）蛋白质

谷类蛋白质主要由谷蛋白、白蛋白、醇溶蛋白和球蛋白组成。谷类因品种和种植地点不同，蛋白质含量也不同，多数谷类蛋白质含量一般为7%～12%。其中稻谷中的蛋白质含量低于小麦粉，小麦胚粉含量最高，每100g可达36.4g，莜麦面的含量也较高。

谷类蛋白质氨基酸组成中赖氨酸含量相对较低，因此谷类蛋白质生物学价值不及动物性蛋白质。谷类蛋白质的生物学价值：大米77、小麦67、大麦64、小米57、玉米60、高

粱 56。

(二) 脂类

谷类脂肪含量多数约 0.4%～7.2%，以小麦胚粉中最高，其次为莜麦面、玉米和小米，小麦粉较低，稻米类最低。

谷类脂肪组成主要为不饱和脂肪酸，质量较好。从玉米和小麦胚芽中提取的胚芽油，80%为不饱和脂肪酸，其中亚油酸为 60%，具有降低血清胆固醇，防止动脉粥样硬化的作用。

(三) 碳水化合物

谷类碳水化合物含量最为丰富，主要集中在胚乳的淀粉细胞中，多数含量在 70% 以上。稻米中的含量较高，小麦粉中的含量次之，玉米中含量较低；在稻米中，籼米中的含量较高，粳米中较低。

碳水化合物存在的主要形式为淀粉，以支链淀粉为主。目前可以通过基因工程改变谷类淀粉的结构，培育含直链淀粉高的品种，如含量高达 70% 的玉米。

(四) 维生素

谷类中的维生素主要以 B 族维生素为主，如维生素 B_1、维生素 B_2、烟酸、泛酸、吡哆醇等。其中维生素 B_1 和烟酸含量较多，是我国居民膳食维生素 B_1 和烟酸的主要来源；维生素 B_2 含量普遍较低，在黄色玉米和小米中还含有较多的胡萝卜素，在小麦胚粉中含有丰富的维生素 E。

谷类维生素主要分布在糊粉层和谷胚中，因此，谷类加工越细，上述维生素损失就越多。玉米含烟酸较多，但主要为结合型，不易被人体吸收利用，故以玉米为主食的地区居民容易发生烟酸缺乏病（癞皮病）。

(五) 矿物质

谷类含矿物质约 1.5%～3%，包括钙、磷、钾、钠、镁及一些微量元素。其中小麦胚粉中除铁含量较低外，其他矿物质含量普遍较高；在莜麦粉、荞麦、高粱、小米和大麦中铁的含量较为丰富；在大麦中，锌和硒的含量较高；在荞麦中含有较多的铬。谷类矿物质和维生素一样，也是主要分布在谷皮和糊粉层中。

三、谷类的合理利用

(一) 合理加工

谷类加工有利于食用和消化吸收，但由于蛋白质、脂类、矿物质和维生素主要存在于谷粒表层和谷胚中，因此加工精度越高，营养素损失就越多。影响最大的是维生素和矿物质。加工精度和营养素存留量见表 11-1。

为了保持良好的感官性状和利于消化吸收，又要最大限度地保留各种营养素，1950 年我国将稻米和小麦的加工精度规定为"九二米"和"八一粉"；1953 年又将精度降低为"九五米"、"八五粉"。与精白米和精白面比较，它们保留了较多的维生素、纤维素和矿物质，在预防营养缺乏病方面起到良好的效果。但近年来，人民生活水平不断提高，对精白米和精白面的需求日益增长。为保障人民的健康，应采取营养强化措施，改良加工方法，提倡粗细粮混食以克服精白米、面营养的缺陷。

表 11-1　不同出粉率面粉营养素含量变化（每 100g）

营养素	出粉率（%）					
	50	72	75	80	85	95～100
蛋白质（g）	10.0	11.0	11.2	11.4	11.6	12.0
铁（mg）	0.90	1.00	1.10	1.80	2.20	2.70
钙（mg）	15.0	18.0	22.0	27.0	50	—
硫胺素（mg）	0.08	0.11	0.15	0.26	0.31	0.40
核黄素（mg）	0.03	0.035	0.04	0.05	0.07	0.12
烟酸（mg）	0.70	0.72	0.77	1.20	1.6	6.0
泛酸（mg）	0.40	0.60	0.75	0.90	1.10	1.5
抗坏血酸（mg）	0.10	0.15	0.20	0.25	0.30	0.5

（二）合理烹调

烹调过程可使一些营养素损失，如大米淘洗过程中，维生素 B_1 可损失 30%～60%，维生素 B_2 和烟酸可损失 20%～25%，矿物质损失 70%。淘洗次数越多、浸泡时间越长、水温越高，损失越多。米、面在蒸煮过程中，B 族维生素有不同程度的损失。烹调方法不当时，如加碱蒸煮、油炸等，则损失更为严重。因此稻米以少搓少洗为好，面粉蒸煮加碱要适量，且要少炸少烤。

（三）合理贮存

谷类在一定条件下可以贮存很长时间而质量不会发生变化。但当环境条件发生改变，如水分含量高、环境湿度大、温度较高时，谷粒内酶的活性增大，呼吸作用加强，使谷粒发热，促进霉菌生长，导致蛋白质、脂肪分解产物积聚，酸度升高，最后霉烂变质，失去食用价值。故粮谷类食品应保持在避光、通风、阴凉和干燥的环境中贮存。

第二节　豆类及其制品

豆类可分为大豆类和除此之外的其他豆类。大豆类按种皮的颜色可分为黄、青、黑、褐和双色大豆 5 种。其他豆类包括蚕豆、豌豆、绿豆、小豆等。豆制品是以豆类为原料制作的半成品食物，如豆浆、豆腐、豆腐干、千张等。

豆类作物对复杂气候条件适应性很强，不仅可以单独种植，还可以与谷类作物间作；其固氮作用在农业上具有维持土壤肥力的价值；其具有高蛋白特点，是具有粮食、蔬菜、饲料、肥料等多种用途的作物，自古以来就在农业和食物构成中占有重要地位。

一、豆类及其制品的主要营养成分及组成特点

（一）蛋白质

豆类是蛋白质含量较高的食品，为 20%～36%；其中大豆类最高，在 30% 以上；其他豆类为 20%～25%；豆制品蛋白质含量差别较大，高者可达 16%～20%，如素鸡、豆腐干；

低者只有2%左右，如豆浆、豆腐脑。

豆类蛋白质由球蛋白、清蛋白、谷蛋白及醇溶蛋白组成，其中球蛋白含量最高。蛋白质中含有人体需要的全部氨基酸，属完全蛋白，赖氨酸含量较多，但蛋氨酸含量较少。

（二）脂类

豆类脂肪含量以大豆类最高，在15%以上；其他豆类较低，在1%左右；豆制品脂肪含量差别较大，豆腐、豆腐干等较高，豆浆、烤麸等较低。

脂肪组成以不饱和脂肪酸居多，其中油酸占32%～36%，亚油酸占51.7%～57.0%，亚麻酸占2%～10%，此外尚有1.64%左右的磷脂。由于大豆富含不饱和脂肪酸，所以是高血压、动脉粥样硬化等疾病患者的理想食物。

（三）碳水化合物

豆类中的碳水化合物含量以其他豆类为最高，多数含量在55%以上，其中绿豆、豌豆、赤小豆等含量在65%左右；大豆类含量中等，在34%左右；豆制品含量普遍较低，高者为10%左右，如豆腐干等，低者在5%以下，豆浆中仅含1%。

大豆类碳水化合物组成比较复杂，多为纤维素和可溶性糖，其中黄豆中含量较高，为15.5%。其他豆类碳水化合物主要以淀粉形式存在，含有少量的糖类，如赤小豆，故食有甜味。豆制品膳食纤维含量较少，多数不到1%。

（四）维生素

豆类含有胡萝卜素、维生素B_1、维生素B_2、烟酸、维生素E等，其含量相对于谷类而言，胡萝卜素含量和维生素E较高，但维生素B_1的含量较低，烟酸含量差别不大。

在种皮颜色较深的豆类中，胡萝卜素的含量较高，如青豆中胡萝卜素的含量可达790μg/100g。干豆类几乎不含抗坏血酸，但经发芽做成豆芽后，其含量明显提高，如黄豆芽，每100g含有8mg维生素C。

（五）矿物质

豆类矿物质包括钾、钠、钙、镁、铁、锌、硒等。大豆中的矿物质含量略高于其他豆类，在4%左右，其他豆类在2%～3%，豆制品多数在2%以下。与谷类比较，钙、钾、钠等的含量较高，但微量元素含量略低于谷类。大豆类中铁的含量较为丰富，每100g可达7～8mg，而谷类中多在3mg左右。

二、豆类及其制品的合理利用

不同加工和烹调方法，对大豆蛋白质的消化率有明显的影响。整粒熟大豆的蛋白质消化率仅为65.3%，但加工成豆浆可达84.9%，豆腐可提高到92%～96%。大豆中含有抗胰蛋白酶的因子，它能抑制胰蛋白酶的消化作用，经过加热煮熟后，这种因子即被破坏，消化率随之提高，所以大豆及其制品须经充分加热煮熟后再食用。

豆类蛋白质含有较多的赖氨酸，与谷类食物混合食用，可较好地发挥蛋白质的互补作用，提高谷类食物蛋白质的利用率，因此豆类食物宜与谷类食物搭配食用。

豆类中膳食纤维含量较高，特别是豆皮，因此国外有人将豆皮经过处理后磨成粉，作为高纤维用于烘焙食品。据报道，食用含纤维的豆类食品可以明显降低血清胆固醇，对冠心病、糖尿病及肠癌也有一定的预防及治疗作用。提取的豆类纤维加到缺少纤维的食品中，不仅改善食品的松软性，还有保健作用。

第三节 蔬 菜 类

蔬菜按其结构及可食部分不同，可分为叶菜类、根茎类、瓜茄类、鲜豆类和菌藻类，所含的营养成分因其种类不同而差异较大。

蔬菜是维生素和矿物质的主要来源。此外还含有较多的纤维素、果胶和有机酸，能刺激胃肠蠕动和消化液的分泌，因此它们还能促进人们的食欲和帮助消化。蔬菜在体内的最终代谢产物呈碱性，故称"碱性食品"，对维持体内的酸碱平衡起重要作用。

一、蔬菜的主要营养成分及组成特点

（一）叶菜类

主要包括白菜、菠菜、油菜、韭菜、苋菜等。蛋白质含量较低，一般为1%～2%，脂肪含量不足1%，碳水化合物含量为2%～4%，膳食纤维约1.5%。

叶菜类是胡萝卜素、维生素B_2、维生素C和矿物质及膳食纤维的良好来源。绿叶蔬菜和橙色蔬菜维生素含量较为丰富，特别是胡萝卜素的含量较高（表11-2），维生素B_2含量虽不很丰富，但在我国人民膳食中仍是维生素B_2的主要来源。国内一些营养调查报告表明，维生素B_2缺乏症的发生，往往同食用绿叶蔬菜不足有关。维生素C的含量多在35mg/100g左右，其中菜花、西兰花、芥蓝等含量较高，每100g在50mg以上；维生素B_1、烟酸和维生素E的含量普遍较谷类和豆类低，与其水分含量高有关。矿物质的含量在1%左右，种类较多，包括钾、钠、钙、镁、铁、锌、硒、铜、锰等，是膳食矿物质的主要来源。

（二）根茎类

主要包括萝卜、胡萝卜、藕、山药、芋头、马铃薯、甘薯、葱、蒜、竹笋等。根茎类蛋白质含量为1%～2%，脂肪含量不足0.5%，碳水化合物含量相差较大，低者3%左右，高者可达20%以上。膳食纤维的含量较叶菜类低，约1%。维生素和矿物质含量见表11-3。胡萝卜中含胡萝卜素最高，每100g中可达4130μg。硒的含量以大蒜、芋头、洋葱、马铃薯等中最高。

（三）瓜茄类

包括冬瓜、南瓜、丝瓜、黄瓜、茄子、番茄、辣椒等。瓜茄类因水分含量高，营养素含量相对较低。蛋白质含量为0.4%～1.3%，脂肪微量，碳水化合物0.5%～9.0%，膳食纤维含量1%左右。胡萝卜素含量以南瓜、番茄和辣椒中最高，维生素C含量以辣椒、苦瓜中较高（表11-4）。番茄中的维生素C含量虽然不很高，但受有机酸保护，损失很少，且食入量较多，是人体维生素C的良好来源。辣椒中还含有丰富的硒、铁和锌，是一种营养价值较高的食物。

表 11-2 常见叶菜类维生素和矿物质含量比较（每 100g）

食物名称	胡萝卜素 (μg)	维生素 B_1 (mg)	维生素 B_2 (mg)	烟酸 (mg)	维生素 C (mg)	维生素 E 总 (mg)	钙 (mg)	钾 (mg)	铁 (mg)	锌 (mg)	硒 (μg)
大白菜（均值）	120	0.04	0.05	0.60	31.00	0.76	69	130	0.5	0.21	0.33
小白菜	1680	0.02	0.09	0.70	28.00	0.70	90	178	1.9	0.51	1.17
乌菜（塌棵菜）	1010	0.06	0.11	1.10	45.00	1.16	186	154	3	0.7	0.5
油菜	620	0.04	0.11	0.70	36.00	0.88	108	210	1.2	0.33	0.79
甘蓝（卷心菜）	70	0.03	0.03	0.40	40.00	0.50	49	124	0.6	0.25	0.96
菜花（花椰菜）	30	0.03	0.08	0.60	61.00	0.43	23	200	1.1	0.38	0.73
西兰花（绿菜花）	7210	0.09	0.13	0.90	51.00	0.91	67	17	1	0.78	0.7
芥菜（雪菜）	310	0.03	0.11	0.50	31.00	0.74	230	281	3.2	0.7	0.7
芥蓝	3450	0.02	0.09	1.00	76.00	0.96	66	311	2.9	0.85	0.97
菠菜（赤根菜）	2920	0.04	0.11	0.60	32.00	1.74	48	154	0.8	0.46	0.47
芹菜	60	0.01	0.08	0.40	12.00	2.21	34	170	0.9	0.27	1.15
生菜（叶用莴苣）	1790	0.03	0.06	0.40	13.00	1.02	101	272	2.9	0.45	0.53
苋菜（绿）	2110	0.03	0.12	0.80	47.00	0.36	187	207	5.4	0.8	0.52
茼蒿	1510	0.04	0.09	0.60	18.00	0.92	73	220	2.5	0.35	0.6
荠菜	2590	0.04	0.15	0.60	43.00	1.01	294	280	5.4	0.68	0.51
莴笋叶（莴苣叶）	880	0.06	0.10	0.40	13.00	0.58	99	243	2.3	0.39	1.2
雍菜（空心菜）	1520	0.03	0.08	0.80	25.00	1.09	301	610	8.1	3.99	4.22
金针菜（黄花菜）	2920	0.04	0.11	0.60	32.00	1.74	42	247	1.6	0.43	1.38
韭菜	1410	0.02	0.09	0.80	24.00	0.96					

表 11-3 常见根茎类维生素和矿物质含量比较（每 100g）

食物名称	胡萝卜素 (μg)	维生素 B₁ (mg)	维生素 B₂ (mg)	烟酸 (mg)	维生素 C (mg)	维生素 E 总 (mg)	钙 (mg)	钾 (mg)	铁 (mg)	锌 (mg)	硒 (μg)
白萝卜	20	0.02	0.03	0.30	21.0	0.92	36	173	0.50	0.30	0.61
红萝卜	0	0.05	0.02	0.10	3.0	1.20	11	110	2.80	0.69	0.00
胡萝卜	4130	0.04	0.03	0.60	13.0	0.41	32	190	1.00	0.23	0.63
毛笋	0	0.04	0.05	0.30	9.0	0.15	16	318	0.90	0.47	0.38
百合	0	0.02	0.04	0.70	18.0	0.00	11	510	1.00	0.50	0.20
藕	20	0.09	0.03	0.30	44.0	0.73	39	243	1.40	0.23	0.39
山药	20	0.05	0.02	0.30	5.0	0.24	16	213	0.30	0.27	0.55
芋头	160	0.06	0.05	0.70	6.0	0.45	36	378	1.00	0.49	1.45
姜	170	0.02	0.04	0.80	4.0	0.00	27	295	1.40	0.34	0.56
马铃薯	30	0.08	0.04	1.10	27.0	0.34	8	342	0.80	0.37	0.78
甘薯	220	0.07	0.04	0.60	24.0	0.43	24	174	0.80	0.22	0.63
木薯	0	0.21	0.09	1.20	35.0	0.00	88	764	2.50	0.00	0.00
大蒜	30	0.04	0.06	0.60	7.0	1.07	39	302	1.20	0.88	3.09
大葱	60	0.03	0.05	0.30	17.0	0.30	29	144	0.70	0.40	0.67
洋葱	20	0.03	0.03	0.30	8.0	0.14	24	147	0.60	0.23	0.92

表 11-4 常见瓜茄类维生素和矿物质含量比较（每 100g）

食物名称	胡萝卜素 (μg)	维生素 B₁ (mg)	维生素 B₂ (mg)	烟酸 (mg)	维生素 C (mg)	维生素 E 总 (mg)	钙 (mg)	钾 (mg)	铁 (mg)	锌 (mg)	硒 (μg)
茄子（均值）	50	0.02	0.04	0.6	5.0	1.13	24	142	0.5	0.23	0.48
番茄	550	0.03	0.03	0.6	19.0	0.57	10	163	0.4	0.13	0.15
辣椒（红，小）	1390	0.03	0.06	0.8	144.0	0.44	37	222	1.4	0.3	1.9
甜椒	340	0.03	0.03	0.9	72.0	0.59	14	142	0.8	0.19	0.38
冬瓜	80	0.01	0.01	0.3	18.0	0.08	19	78	0.2	0.07	0.22
方瓜	140	0.01	0.01	0.6	2.0	0.37	40	4	0.2	0.97	0.31
黄瓜	90	0.02	0.03	0.2	9.0	0.49	24	102	0.5	0.18	0.38
金瓜	60	0.02	0.02	0.6	2.0	0.43	17	152	0.9	0.17	0.28
苦瓜（凉瓜）	100	0.03	0.03	0.4	56.0	0.85	14	256	0.7	0.36	0.36
南瓜	890	0.03	0.04	0.4	8.0	0.36	16	145	0.4	0.14	0.46
丝瓜	90	0.02	0.04	0.4	5.0	0.22	14	115	0.4	0.21	0.86
西葫芦	30	0.01	0.03	0.2	6.0	0.34	15	92	0.3	0.12	0.28

（四）鲜豆类

包括毛豆、豇豆、四季豆、扁豆、豌豆等，与其他蔬菜相比，其营养素含量相对较高。蛋白质含量为2%～14%，平均4%左右，其中毛豆和上海出产的发芽豆可达12%以上；脂肪含量不高，除毛豆外，均在0.5%以下；碳水化合物为4%左右；膳食纤维为1%～3%。胡萝卜素含量普遍较高，每100g中的含量大多在200μg左右，其中以甘肃出产的龙豆和广东出产的玉豆较高，达500μg/100g以上。此外，还含有丰富的钾、钙、铁、锌、硒等。铁的含量以发芽豆、刀豆、蚕豆、毛豆较高，每100g中含量在3mg以上。锌的含量以蚕豆、豌豆和芸豆较高，每100g中含量均超过1mg。硒的含量以玉豆、龙豆、毛豆、豆角和蚕豆较高，每100g中的含量在2μg以上。核黄素含量与绿叶蔬菜相似。

（五）菌藻类

菌藻类食物包括食用菌和藻类食物。食用菌是指供人类食用的真菌，有500多个品种，常见的有蘑菇、香菇、银耳、木耳等品种。藻类是无胚，自养，以孢子进行繁殖的低等植物，供人类食用的有海带、紫菜、发菜等。

菌藻类食物富含蛋白质、膳食纤维、碳水化合物、维生素和微量元素。蛋白质含量以发菜、香菇和蘑菇最为丰富，在20%以上。蛋白质氨基酸组成比较均衡，必需氨基酸含量占蛋白质总量的60%以上。脂肪含量低，约1.0%左右。碳水化合物含量差别较大，干品在50%以上，如蘑菇、香菇、银耳、木耳等，鲜品较低，如金针菇、海带等，不足7%。胡萝卜素含量差别较大，在紫菜和蘑菇中含量丰富，其他菌藻中较低。维生素B_1和维生素B_2含量也比较高。微量元素含量丰富，尤其是铁、锌和硒，其含量约是其他食物的数倍甚至10余倍。在海产植物中，如海带、紫菜等中还含丰富的碘，每100g海带（干）中碘含量可达36mg。

表11-5 常见菌藻类维生素和矿物质含量比较（每100g）

食物名称	胡萝卜素 (μg)	维生素B_1 (mg)	维生素B_2 (mg)	尼克酸 (mg)	维生素C (mg)	维生素E 总 (mg)	钙 (mg)	钾 (mg)	铁 (mg)	锌 (mg)	硒 (μg)
草菇	0.0	0.08	0.34	8.0	0	0.4	17	179	1.3	0.60	0.02
地衣（水浸）	220.0	0.02	0.28	0.5	0	2.24	14	102	21.1	5.00	9.54
冬菇（干）	30.0	0.17	1.4	24.4	5	3.47	55	1155	10.5	4.20	7.45
金针菇	30.0	0.15	0.19	4.1	2	1.14	0	195	1.4	0.39	0.28
蘑菇（干）	1640.0	0.10	1.10	30.7	5	6.18	127	1225	51.3	6.29	39.18
黑木耳	100.0	0.17	0.44	2.5		11.34	247	757	97.4	3.18	3.72
香菇（干）	20.0	0.19	1.26	20.5	5	0.66	83	464	10.5	8.57	6.42
银耳	50.0	0.05	0.25	5.3	0	1.26	36	1588	4.1	3.03	2.95
发菜（干）	0.0	0.15	0.54	0.9	6	0.07	1048	217	85.2	1.68	5.23
海带	0.0	0.02	0.15	1.3		1.85	46	246	0.9	0.16	9.54
紫菜（干）	1370.0	0.27	1.02	7.3	2	1.82	264	1796	54.9	2.47	7.22

二、蔬菜的合理利用

（一）合理选择

蔬菜含丰富的维生素，除维生素 C 外，一般叶部含量比根茎部高，嫩叶比枯叶高，深色的菜叶比浅色的高。因此在选择时，应注意选择新鲜、色泽深的蔬菜。

（二）合理加工与烹调

蔬菜所含的维生素和矿物质易溶于水，所以宜先洗后切，以减少蔬菜与水和空气的接触面积，避免损失。洗好的蔬菜放置时间不宜过长，以避免维生素被氧化破坏，尤其要避免将切碎的蔬菜长时间地浸泡在水中。烹调时要尽可能做到急火快炒。有实验表明，蔬菜煮3min，其中维生素C损失5%，煮10min达30%。为了减少损失，烹调时加少量淀粉，可有效防止抗坏血酸的破坏。

（三）菌藻类食物的合理利用

菌藻类食物除了提供丰富的营养素外，还具有明显的保健作用。研究发现，蘑菇、香菇和银耳中含有的多糖物质，具有提高人体免疫功能和抗肿瘤作用。香菇中所含的香菇嘌呤，可抑制体内胆固醇形成和吸收，促进胆固醇分解和排泄，有降血脂作用。黑木耳能抗血小板聚集，减少血液凝块，防止血栓形成，有助于防治动脉粥样硬化。海带因含有大量的碘，临床上常用来治疗缺碘性甲状腺肿。海带中的褐藻酸钠盐，有预防白血病和骨癌作用。

此外，在食用菌藻类食物时，还应注意食品卫生，防止食物中毒。例如：银耳易被酵米面黄杆菌污染，食入被污染的银耳，可发生食物中毒。食用海带时，应注意用水洗泡，因海带中含砷较高，每公斤可达 35~50mg，大大超过国家食品卫生标准（0.5mg/kg）。

第四节 水 果 类

水果类可分为鲜果、干果和坚果。水果与蔬菜一样，主要提供维生素和矿物质。水果也属成碱性食品。

一、水果的主要营养成分

（一）鲜果及干果类

鲜果种类很多，主要有苹果、橘子、桃、梨、杏、葡萄、香蕉和菠萝等。新鲜水果的水分含量较高，营养素含量相对较低。蛋白质、脂肪含量一般均不超过1%，碳水化合物含量差异较大，低者为5%，高者可达30%。硫胺素和核黄素含量不高；胡萝卜素和抗坏血酸含量因品种不同而异，其中含胡萝卜素最高的水果为柑、橘、杏和鲜枣，含抗坏血酸丰富的水果为鲜枣、草莓、橙、柑、柿等。矿物质含量除个别水果外，相差不大，其中枣中铁的含量丰富，白果中硒的含量较高（表11-6）。

干果是新鲜水果经过加工晒干制成，如葡萄干、杏干、蜜枣和柿饼等。由于加工的影响，维生素损失较多，尤其是维生素C。但干果便于储运，并别具风味，有一定的食用价值。

水果中的碳水化合物主要以双糖或单糖形式存在，所以食之甘甜。矿物质含量除个别水果外，相差不大。

表 11-6 常见鲜果和干果维生素和矿物质含量比较（每 100g）

食物名称	胡萝卜素（μg）	维生素 B₁（mg）	维生素 B₂（mg）	烟酸（mg）	维生素 C（mg）	维生素 E 总（mg）	钙（mg）	钾（mg）	钠（mg）	镁（mg）	铁（mg）
苹果（均值）	20	0.06	0.02	0.20	4.00	2.12	4.0	119.0	1.6	4.0	0.60
梨（均值）	33	0.03	0.06	0.30	6.00	1.34	9.0	92.0	2.1	8.0	0.50
桃（均值）	20	0.01	0.03	0.70	7.00	1.54	6.0	20.0	166.1	7.0	0.80
李子	150	0.03	0.02	0.40	5.00	0.74	8.0	144.0	3.8	10.0	0.60
杏	450	0.02	0.03	0.60	4.00	0.95	14.0	226.0	2.3	11.0	0.60
枣（鲜）	240	0.06	0.09	0.90	243.00	0.78	22.0	375.0	1.2	25.0	1.20
酸枣	0	0.01	0.02	0.90	900.00	0.00	435.0	84.0	3.8	96.0	6.60
葡萄（均值）	50	0.04	0.02	0.20	25.00	0.70	5.0	104.0	1.3	8.0	0.40
柿	120	0.02	0.02	0.30	30.00	1.12	9.0	151.0	0.8	19.0	0.20
沙棘	3840	0.05	0.21	0.40	204.00	0.01	104.0	359.0	28.0	33.0	8.80
中华猕猴桃	130	0.05	0.02	0.30	62.00	2.43	27.0	144.0	10.0	12.0	1.20
草莓	30	0.02	0.03	0.30	47.00	0.71	18.0	131.0	4.2	12.0	1.80
橙	160	0.05	0.04	0.30	33.00	0.56	20.0	159.0	1.2	14.0	0.40
柑橘（均值）	890	0.08	0.04	0.40	28.00	0.92	35.0	154.0	1.4	11.0	0.20
桂圆	20	0.01	0.14	1.30	43.00	0.00	6.0	248.0	3.9	10.0	0.20
荔枝	10	0.10	0.04	1.10	41.00	0.00	2.0	151.0	1.7	12.0	0.40
香蕉	60	0.02	0.04	0.70	8.00	0.24	7.0	256.0	0.8	43.0	0.40
西瓜（均值）	450	0.02	0.03	0.20	6.00	0.10	8.0	87.0	3.2	8.0	0.30
杏干	610	0.00	0.01	1.20	0.00	0.00	147.0	783.0	40.4	55.0	0.30
桂圆（干）	0	0.00	0.39	1.30	12.00	0.00	38.0	1348.0	3.3	81.0	0.70
枣（干）	10	0.04	0.16	0.90	14.00	3.04	64.0	524.0	6.2	36.0	2.30
柿饼	290	0.01	0.00	0.50	0.00	0.63	54.0	339.0	6.4	21.0	2.70
葡萄干	0	0.09	0.00	0.00	5.00	0.00	52.0	995.0	19.1	45.0	9.10

（二）坚果

坚果是以种仁为食用部分，因外覆木质或革质硬壳，故称坚果。按照脂肪含量的不同，坚果可以分为油脂类坚果和淀粉类坚果，前者富含油脂，包括核桃、榛子、杏仁、松子、香榧、腰果、花生、葵花籽、西瓜籽、南瓜籽等；后者淀粉含量高而脂肪很少，包括栗子、银杏、莲子、芡实等。

大多数坚果可以不经烹调直接食用，但花生、瓜子等一般经炒熟后食用。坚果仁经常作为日常零食食用，也是制造糖果和糕点的原料，还用于各种烹调食品的加香。

坚果蛋白质含量多在 12%～22% 之间，其中有些蛋白质含量更高，如西瓜子和南瓜子中的蛋白质含量达30%以上；脂肪含量较高，多在40%左右，其中松子、杏仁、榛子、葵花子等达50%以上。坚果类中的脂肪多为不饱和脂肪酸，富含必需脂肪酸，是优质的植物性脂肪。碳水化合物的含量较少，多在15%以下，但栗子、腰果、莲子中的含量较高，在40%以上。坚果类是维生素E和B族维生素的良好来源，包括维生素B_1、维生素B_2、烟酸和叶酸。黑芝麻中维生素E含量可多达50.4mg/100g，在栗子和莲子中含有少量维生素C（表3-22）。坚果富含钾、镁、磷、钙、铁、锌、硒、铜等矿物质，铁的含量以黑芝麻为最高，硒的含量以腰果为最多，在榛子中含有丰富的锰，坚果中锌的含量普遍较高（表3-23）。

(三) 野果

野果在我国蕴藏十分丰富，这类资源亟待开发利用。野果含有丰富的抗坏血酸、有机酸和生物类黄酮，下面简单介绍几种重要野果：

1. 沙棘 又名醋柳。果实含脂肪6.8%，种子含脂肪12%，含有较多的抗坏血酸（每100g含1000~2000mg）、胡萝卜素和维生素E等。

2. 金樱子 又名野蔷薇果。盛产于山区，每100g含抗坏血酸1500~3700mg。

3. 猕猴桃 每100g含抗坏血酸700~1300mg，最高可达2000mg；并含有生物类黄酮和其他未知的还原物质。

4. 刺梨 盛产于西南诸省。每100g含抗坏血酸2585mg，比柑橘高50~100倍。含生物类黄酮丰富（6000~12000mg/100g）。

5. 番石榴 每100g含抗坏血酸358mg，并含有胡萝卜素（0.05mg/100g）和核黄素（0.44mg/100g）。

二、水果的合理利用

水果除含有丰富的维生素和矿物质外，还含有大量的非营养物质，可以防病治病，也可致病。食用时应予注意。如梨有清热降火、润肺去燥等功能，对于肺结核、急性或慢性气管炎和上呼吸道感染患者出现的咽干喉疼，痰多而稠等有辅助疗效，但产妇、胃寒及脾虚泄泻者不宜食用。又如红枣，可增加机体抵抗力，对体虚乏力，贫血者适用，但龋齿疼痛、下腹胀满、大便秘结者不宜食用。在杏仁中含有杏仁苷、柿子中含有柿胶酚，食用不当可引起溶血性贫血、消化性贫血、消化不良、柿结石等疾病。

鲜果类水分含量高，易于腐烂，宜冷藏。坚果水分含量低而较耐储藏，但坚果所含油的不饱和程度高，易被氧化或滋生霉菌而变质，应当保存于干燥阴凉处，并尽量隔绝空气。

复习练习题

(一) 单选题（下列每题选项中，只有1个是正确的）

1. 谷粒中营养素含量较为丰富的部分为
   A. 谷胚　　　B. 谷皮　　　C. 胚乳　　　D. 糊粉层

2. 谷类蛋白质组成中，含量最少的氨基酸为
   A. 色氨酸　　B. 蛋氨酸　　C. 赖氨酸　　D. 苏氨酸

3. 谷类中含量最多的营养素为
   A. 蛋白质　　B. 脂肪　　C. 碳水化合物　　D. 矿物质
4. 下列铬含量较多的食物为
   A. 小麦　　B. 大米　　C. 莜麦　　D. 荞麦
5. 大豆蛋白质组成中，含量较少的氨基酸是
   A. 异亮氨酸　　B. 蛋氨酸　　C. 赖氨酸　　D. 苏氨酸

（二）多选题（下列每题选项中，至少有2个是正确的）
1. 下列食物中维生素和矿物质保留较多的为
   A. 精白粉　　B. 标准粉　　C. 精白米　　D. 标准米　　E. 糙米
2. 叶菜类中含量丰富的营养素为
   A. 蛋白质　　B. 脂肪　　C. 维生素　　D. 矿物质　　E. 碳水化合物
3. 鲜果提供的主要营养素是
   A. 膳食纤维　　B. 蛋白质　　C. 脂肪　　D. 维生素　　E. 矿物质
4. 下列属于成碱性食品的食物为
   A. 蔬菜　　B. 豆类　　C. 水果　　D. 肉类　　E. 蛋类
5. 下列属于食用菌类的食物为
   A. 银耳　　B. 发菜　　C. 金针菇　　D. 紫菜　　E. 香菇

答案

1. 单选题：1. A　　2. C　　3. C　　4. D　　5. B
2. 多选题：1. BDE　　2. CD　　3. ADE　　4. AC　　5. ACE

（郭俊生）

第十二章 动物性食物的营养价值

动物性食物包括畜禽肉、禽蛋类、水产类和奶类。动物性食物是人体优质蛋白质、脂类、脂溶性维生素、B族维生素和矿物质的主要来源。

第一节 畜 禽 肉

畜禽肉包括畜肉和禽肉，前者指猪、牛、羊等的肌肉、内脏及其制品，后者包括鸡、鸭、鹅等的肌肉及其制品。畜禽肉的营养价值较高，饱腹作用强，可加工烹制成各种美味佳肴，是一种食用价值很高的食品。

一、畜禽肉的主要营养成分及组成特点

（一）蛋白质

畜禽肉中的蛋白质含量一般为10%～20%，因动物的种类、年龄、肥瘦程度以及部位而异。在畜肉中，猪肉的蛋白质含量平均在13.2%左右；牛肉、羊肉、兔肉、马肉、鹿肉和骆驼肉可达20%左右；狗肉约17%。在禽肉中，鸡肉、鹌鹑肉的蛋白质含量较高，约20%；鸭肉约16%；鹅肉约18%。

动物不同部位的肉，因肥瘦程度不同，其蛋白质含量差异较大。例如：猪里脊肉蛋白质含量约为20%，后臀尖约为15%，肋条肉约为10%，奶脯仅为8%；牛里脊肉的蛋白质含量为22%左右，后腿肉约为20%，腩肋肉约为18%，前腿肉约为16%；羊前腿肉的蛋白质含量约为20%，后腿肉约为18%，里脊和胸腩肉约为17%；鸡胸肉的蛋白质含量约为20%，鸡翅约为17%。

一般来说，心、肝、肾等内脏器官的蛋白质含量较高，而脂肪含量较少。不同内脏的蛋白质含量也存在差异。家畜不同的内脏中，肝脏含蛋白质较高，为18%～20%，心、肾14%～17%；禽类的内脏中，肫的蛋白质含量较高，为18%～20%，肝和心含蛋白质13%～17%。

畜禽的皮肤和筋腱主要由结缔组织构成。结缔组织的蛋白质含量为35%～40%，而其中绝大部分为胶原蛋白和弹性蛋白。例如：猪皮含蛋白质28%～30%，其中85%是胶原蛋白。由于胶原蛋白和弹性蛋白缺乏色氨酸和蛋氨酸等，为不完全蛋白质，因此以猪皮和筋腱为主要原料的食品（如：膨化猪皮、猪皮冻、蹄筋等）的营养价值较低，需要和其他食品配合，补充必需的氨基酸。

畜禽血液中的蛋白质含量分别为：猪血约12%、牛血约13%、羊血约7%、鸡血约8%、鸭血约8%。畜血血浆蛋白质含有人体所需的必需氨基酸，营养价值高，其赖氨酸和色氨酸含量高于面粉，可以作为蛋白强化剂添加在各种食品和餐菜中。

（二）脂类

脂肪含量因动物的品种、年龄、肥瘦程度、部位等不同有较大差异，低者为2%，高者

可达89％以上。在畜肉中，猪肉的脂肪含量最高，羊肉次之，牛肉最低，兔肉为2.2％。在禽肉中，火鸡和鹌鹑的脂肪含量较低，在3％左右；鸡和鸽子在9％～14％之间；鸭和鹅达20％左右。

畜禽内脏脂肪的含量在2％～11％之间，脑最高，在10％左右；猪肾、鸭肝、羊心和猪心居中，在5％～8％；其他在4％以下。

畜肉脂肪组成以饱和脂肪酸（SFA）为主，主要由硬脂酸、软脂酸和油酸等组成，熔点较高。禽肉脂肪含有较多的亚油酸，熔点低，易于消化吸收。胆固醇含量在瘦肉中较低，每100g含70mg左右，肥肉比瘦肉高90％左右，内脏中更高，一般约为瘦肉的3～5倍，脑中胆固醇含量最高，每100g可达2000mg以上（表12-1）。

表12-1 常见畜禽肉及内脏胆固醇含量比较（mg/100g）

食物名称	胆固醇	食物名称	胆固醇	食物名称	胆固醇	食物名称	胆固醇
鹌鹑	157	猪肉（瘦）	81	猪脑	2571	羊肾	289
猪肉（肥）	109	猪肉（肥瘦）	80	牛脑	2447	猪肝	288
鸡（均值）	106	鹅	74	鸡肝	356	鹅肝	285
鸽	99	狗肉	62	羊肝	349	猪心	151
鸭（均值）	94	羊肉（瘦）	60	鸭肝	341	牛心	115
羊肉（肥瘦）	92	兔肉	59	牛肝	297	羊心	104
牛肉（肥瘦）	84	牛肉（瘦）	58	牛肾	295	猪肾	—

动物脂肪所含有的必需脂肪酸明显低于植物油脂，因此其营养价值低于植物油脂。在动物脂肪中，禽类脂肪所含必需脂肪酸的量高于家畜脂肪；家畜脂肪中，猪脂肪的必需脂肪酸含量又高于牛、羊等反刍动物的脂肪。总的来说，禽类脂肪的营养价值高于畜类脂肪。

（三）碳水化合物

碳水化合物含量为0％～9％，多数在1.5％，主要以糖原的形式存在于肌肉和肝脏中。动物在被宰前过度疲劳，糖原含量下降；被宰后放置时间过长，也可因酶的作用，使糖原含量降低，乳酸相应增高，pH值下降。

（四）维生素

畜禽肉可提供多种维生素，主要以B族维生素和维生素A为主。内脏含量比肌肉中多，其中肝脏特别富含维生素A和维生素B_2，维生素A的含量以牛肝和羊肝为最高，维生素B_2含量则以猪肝最丰富（表12-2）。在禽肉中还含有较多的维生素E。

（五）矿物质

矿物质的含量一般为0.8％～1.2％，瘦肉中的含量高于肥肉，内脏高于瘦肉。铁的含量以猪肝和鸭肝最丰富，为23mg/100g左右。畜禽肉中的铁主要以血红素形式存在，消化吸收率很高。在内脏中还含有丰富的锌和硒，牛肾和猪肾的硒含量是其他一般食品的数十倍。此外，畜禽肉还含有较多的磷、硫、钾、钠、铜等。钙的含量虽然不高，但吸收利用率很高。

表 12-2　常见畜禽内脏维生素含量比较（每 100g）

食物名称	维生素 A (μgRE)	维生素 B_1 (mg)	维生素 B_2 (mg)	烟酸 (mg)	维生素 C (mg)	维生素 E 总 (mg)
猪肝	4972	0.21	2.08	15.00	20.00	0.86
猪脑	0	0.11	0.19	2.80	0.00	0.96
猪肾	46	0.29	0.69	6.00	7.00	0.33
猪心	13	0.19	0.48	6.80	4.00	0.74
牛肝	20220	0.16	1.30	11.90	9.00	0.13
牛脑	0	0.15	0.25	4.00	0.00	0.00
牛肾	88	0.24	0.85	7.70	0.00	0.19
牛心	17	0.26	0.39	6.80	5.00	0.19
羊肝	20972	0.21	1.75	22.10	0.00	29.93
羊肾	126	0.35	2.01	8.40	0.00	0.13
羊心	16	0.28	0.40	5.60	0.00	1.75
鸡肝	10414	0.33	1.10	11.90	0.00	1.88
鸭肝	1040	0.26	1.05	6.90	18.00	1.41
鹅肝	6100	0.27	0.25	0.00	0.00	0.29

二、畜禽肉的合理利用

畜禽肉蛋白质营养价值较高，含有较多的赖氨酸，宜与谷类食物搭配食用，以发挥蛋白质的互补作用。为了充分发挥畜禽肉的营养作用，还应注意将畜禽肉分散到每餐膳食中，不应集中食用。

畜肉的脂肪和胆固醇含量较高，脂肪主要由饱和脂肪酸组成，食用过多易引起肥胖和高脂血症等，因此膳食中的比例不宜过多。但是禽肉的脂肪含不饱和脂肪酸较多，故老年人及心血管疾病患者宜选用禽肉。禽肉内脏含有较多的维生素、铁、锌、硒、钙，特别是肝脏，维生素 B_2 和维生素 A 的含量丰富，因此宜经常食用。

第二节　蛋类及蛋制品

蛋类包括鸡蛋、鸭蛋、鹅蛋、鹌鹑蛋、鸽蛋及其加工制成的咸蛋、松花蛋等。蛋类的营养素含量不仅丰富，而且质量也很好，是一类营养价值较高的食品。

一、蛋的结构

蛋类的结构基本相似，主要由蛋壳、蛋清（蛋白）和蛋黄三部分组成。蛋壳最外面有一层水溶性胶状黏蛋白，对防止微生物进入蛋内和蛋内水分及二氧化碳过度向外蒸发起保护作用。当蛋生下来时，这层膜即附着在蛋壳的表面，使其外观无光泽，呈霜状。根据此特征，可鉴别蛋的新鲜程度。如蛋外表面呈霜状，无光泽而清洁，表明蛋是新鲜的；如无霜状物，且油光发亮不清洁，说明蛋已不新鲜。蛋清主要是卵白蛋白，遇热、碱、醇类发生凝固；遇氯化物或某些化学物质，浓厚的蛋白则水解为水样的稀薄物。根据这种性质，蛋可加工成松花蛋和咸蛋。蛋黄呈球形，由两根系带固定在蛋的中心。随着保管时间的延长和外界温度升高，系带逐渐变细，最后消失；蛋黄随系带变化，逐渐上浮贴壳，由此也可鉴别蛋的新鲜程度。

二、蛋类的主要营养成分及组成特点

蛋的微量营养成分受到品种、饲料、季节等多方面因素的影响，但蛋中宏量营养素含量总体上基本稳定，各种蛋的营养成分有共同之处。

（一）蛋白质

蛋白质含量一般在10%以上。全鸡蛋蛋白质的含量为12%左右，蛋清中略低，蛋黄中较高。

蛋白质氨基酸的组成与人体需要最接近，因此生物价也最高，达94，是其他食物蛋白质的1.4倍左右。蛋白质中赖氨酸和蛋氨酸含量较高，和谷类及豆类食物混合食用，可弥补其赖氨酸或蛋氨酸的不足。蛋类蛋白质中还富含半胱氨酸，加热过度使半胱氨酸部分分解产生硫化氢，与蛋黄中的铁结合形成黑色的硫化铁。煮蛋中蛋黄表面的青黑色和鹌鹑蛋罐头的黑色物质来源于此。

鲜鸡蛋蛋白的加热凝固温度为62~64℃，蛋黄为68~72℃。降低含水量、添加蔗糖均可使鸡蛋蛋白质凝固温度提高，pH下降；添加钠盐或钙盐则可降低鸡蛋蛋白质的凝固温度。生蛋清中因含有抗蛋白酶活性的卵巨球蛋白、卵类黏蛋白和卵抑制剂，使其消化吸收率仅为50%左右。烹调后可使各种抗营养因素完全失活，消化率达96%。

（二）脂类

蛋清中含脂肪极少，98%的脂肪存在于蛋黄中。蛋黄中的脂肪几乎全部以和蛋白质结合的良好乳化形式存在，因而消化吸收率高。

鸡蛋黄中脂肪含量约28%~33%，其中中性脂肪含量约占62%~65%，磷脂占30%~33%，固醇占4%~5%，还有微量脑苷脂类。蛋黄中性脂肪的脂肪酸中，以单不饱和脂肪酸油酸含量最为丰富，约占50%左右，亚油酸约占10%，其余主要是硬脂酸、棕榈酸和棕榈油酸，以及微量的花生四烯酸。

胆固醇含量极高，主要集中在蛋黄，其中鹅蛋黄含量最高，每100g达1696mg；其次是鸭蛋黄，鸡蛋黄略低，但每100g也达1510mg；全蛋含量为500~700mg/100g，其中鹌鹑蛋最低；蛋清中不含胆固醇（表12-3）。

（三）碳水化合物

碳水化合物含量较低，为1%~3%，蛋黄略高于蛋清。碳水化合物分为两种状态存在，一部分与蛋白质相结合而存在，含量为0.5%左右；另一部分游离存在，含量约0.4%。后者中98%为葡萄糖，其余为微量的果糖、甘露糖、阿拉伯糖、木糖和核糖。

（四）维生素

蛋中维生素含量十分丰富，且品种较全，包括所有的B族维生素、维生素A、维生素D、维生素E、维生素K和微量的维生素C。其中绝大部分的维生素A、维生素D、维生素E和大部分维生素B_1都存在于蛋黄中。

蛋中的维生素含量受到品种、季节和饲料的影响。散养禽类摄入含类胡萝卜素的青饲料较多,因而蛋黄颜色较深;集中饲养的鸡饲料中含有丰富的维生素 A,但因为缺乏青叶类饲料,故蛋黄颜色较浅,但其维生素 A 含量通常高于散养鸡。

表 12-3 禽蛋类胆固醇含量比较 (mg/100g)

食物名称	胆固醇	食物名称	胆固醇
鹅蛋黄	1696	鸡蛋(白皮)	585
鸭蛋黄	1576	鸡蛋(红皮)	585
鸡蛋黄	1510	鸭蛋	565
鹅蛋	704	鹌鹑蛋	515
咸鸭蛋	647	鸡蛋白	0
松花蛋(鸭蛋)	608	鸭蛋白	0
松花蛋(鸡蛋)	595	鹅蛋白	0

(五) 矿物质

蛋中的矿物质主要存在于蛋黄部分,蛋清部分含量较低。蛋黄中含矿物质为 1.0%~1.5%,其中钙、磷、铁、锌、硒等含量丰富。

蛋中铁含量较高,但由于与蛋黄中的卵黄高磷蛋白结合而对铁的吸收具有干扰作用,因此蛋黄中铁的生物利用率较低,仅为 3% 左右。

蛋中的矿物质含量受饲料因素影响较大。饲料中锌和硒的含量极显著地影响蛋中硒的沉积,锌和碘也对硒的沉积产生显著影响。饲料中硒含量上升,则蛋黄中硒含量增加,添加有机硒更容易在蛋黄中积累。添加碘不仅能提高硒的吸收和转化,还能使蛋中碘含量上升。通过添加硒和碘的方法可生产富硒鸡蛋和富碘鸭蛋。通过调整饲料成分,目前市场上已有富硒蛋、富碘蛋、高锌蛋、高钙蛋等特种鸡蛋或鸭蛋销售。

三、蛋类的合理利用

煎鸡蛋的维生素 B_1、维生素 B_2 损失率分别为 15% 和 20%,而叶酸损失率最大,可达 65%。煮鸡蛋几乎不引起维生素的损失。

在生鸡蛋蛋清中,含有抗生物素蛋白和抗胰蛋白酶。抗生物素蛋白能与生物素在肠道内结合,影响生物素的吸收,食用者可引起食欲不振、全身无力、毛发脱落、皮肤发黄、肌肉疼痛等生物素缺乏的症状;抗胰蛋白酶能抑制胰蛋白酶的活力,妨碍蛋白质消化吸收,故不可生食蛋清。烹调加热可破坏这两种物质,消除它们的不良影响。但是蛋不宜过度加热,否则会使蛋白质过分凝固,甚至变硬变韧,形成硬块,反而影响食欲及消化吸收。

蛋黄中的胆固醇含量很高,大量食用能引起高脂血症,是动脉粥样硬化、冠心病等疾病的危险因素。但蛋黄中还含有大量的卵磷脂,对心血管疾病有防治作用。因此,吃鸡蛋要适量。据研究,每人每日吃 1~2 个鸡蛋,对血清胆固醇水平既无明显影响,又可发挥禽蛋其他营养成分的功用。

第三节 水产类

水产动物种类繁多，全世界仅鱼类就有 2.5～3.0 万种，海产鱼类超过 1.6 万种。具有食用价值的主要有鱼类、鲸类、甲壳类、软体类和海龟类。水产类是蛋白质、无机盐和维生素的良好来源。

一、鱼类

（一）鱼类主要营养成分及组成特点

1. **蛋白质** 鱼类蛋白质含量为 15%～22%，平均 18% 左右，其中鲨鱼、青鱼等含量较高，在 20% 以上。蛋白质主要分布于肌浆和肌基质。肌浆主要含肌凝蛋白、肌溶蛋白、可溶性肌纤维蛋白、肌结合蛋白和球蛋白；肌基质主要包括结缔组织和软骨组织，含有胶原蛋白和弹性蛋白。鱼类蛋白质的氨基酸组成较平衡，与人体需要接近，利用率较高，生物价可达 85%～90%，其中多数鱼类缬氨酸含量偏低。

除了蛋白质外，鱼还含有较多的其他含氮化合物，主要有游离氨基酸、肽、胺类、胍、季铵类化合物、嘌呤类和脲等。

2. **脂类** 脂肪含量约为 1%～10%，平均 5% 左右，呈不均匀分布，主要存在于皮下和脏器周围，肌肉组织中含量甚少。不同鱼种含脂肪量有较大差异，如鳕鱼含脂肪在 1% 以下，而河鳗脂肪含量高达 10.8%。

鱼类脂肪多由不饱和脂肪酸组成，一般占 60% 以上，熔点较低，通常呈液态，消化率为 95% 左右。不饱和脂肪酸的碳链较长，其碳原子数多在 14～22 个之间，不饱和双键有 1～6 个，多为 n-3 系列，主要是二十碳五烯酸（EPA）和二十二碳六烯酸（DHA）。

EPA 与 DHA 的研究起源于 20 世纪 70 年代流行病学调查。调查中发现，爱斯基摩人通过吃生鱼摄食大量 EPA 与 DHA，其心血管发病率远低于丹麦人。研究还发现，EPA 具有抑制血小板形成作用；EPA 与 DHA 不仅可以降低 LDL、升高 HDL，还具有抗癌作用。EPA 和 DHA 在鱼体内的合成很少，主要是由海水中的浮游生物和海藻类合成的，经过食物链进入鱼体内，并以三酰甘油（TG）的形式贮存。二者低温下呈液体状态，因此，海水鱼中含量较高。与不饱和脂肪酸的高含量相反，抗氧化物质维生素 E 的含量很低，因此鱼油在贮藏过程中易于氧化。一些鱼油中 n-多不饱和脂肪酸（n-PUFA）含量见表 12-4。

3. **碳水化合物** 碳水化合物的含量较低，约 1.5% 左右。有些鱼不含碳水化合物，如鲷鱼、鲢鱼、银鱼等。碳水化合物的主要存在形式为糖原。除了糖原之外，鱼体内还含有黏多糖类。这些黏多糖类按有无硫酸基分为硫酸化多糖和非硫酸化多糖，前者如硫酸软骨素、硫酸乙酰肝素、硫酸角质素；后者如透明质酸、软骨素等。

4. **维生素** 鱼肉含有一定数量的维生素 A 和维生素 D，维生素 B_2、烟酸等的含量也较高，而维生素 C 含量则很低。一些生鱼制品中含有硫胺素酶和催化维生素 B_1 降解的蛋白质，因此大量食用生鱼可能造成维生素 B_1 的缺乏。鱼油和鱼肝油是维生素 A 和维生素 D 的重要来源。

5. **矿物质** 鱼类矿物质含量为 1%～2%，其中硒和锌的含量丰富，此外，钙、钠、氯、钾、镁等含量也较多。海产鱼类富含碘，有的海产鱼每公斤含碘 500～1000μg，而淡水鱼每公斤含碘仅为 50～400μg。

表 12-4 鱼油中 n3-PUFA 含量 (g/100g)

鱼种	EPA	DHA
鲐鱼	0.65	1.10
鲑鱼（大西洋）	0.18	0.61
鲑鱼（红）	1.30	1.70
鳟鱼	0.22	0.62
金枪鱼	0.63	1.70
鳕鱼	0.08	0.15
鲽鱼	0.11	0.11
鲈鱼	0.17	0.47
黑线鳕	0.05	0.10
舌鳎	0.09	0.09

（二）鱼类的合理利用

1. 防止腐败变质 鱼类因水分和蛋白质含量高，结缔组织少，较畜禽肉更易腐败变质，特别是青皮红肉鱼，如鲐鱼、金枪鱼；由于其组氨酸含量高，一旦变质，可产生大量组胺，能引起人体组胺中毒。鱼类的多不饱和脂肪酸含量较高，所含的不饱和双键极易氧化破坏，能产生脂质过氧化物，对人体有害。因此打捞的鱼类需及时保存或加工处理，防止腐败变质。保存处理一般采用低温或食盐来抑制组织蛋白酶的作用和微生物的生长繁殖。低温处理有冷却和冻结两种方式。冷却是用冰冷却鱼体使温度降到-1℃左右，一般可保存5~15d。冻结是使鱼体在-25~-40℃的环境中冷冻，此时各组织酶和微生物均处于休眠状态，保藏期可达半年以上。以食盐保藏的海鱼，用盐量不应低于15％。

2. 防止食物中毒 有些鱼含有极强的毒素，如河豚鱼，虽其肉质细嫩，味道鲜美，但其卵、卵巢、肝脏和血液中含有极毒的河豚毒素，若加工处理方法不当，可引起食者急性中毒而死亡。故无经验的人，千万不要"拼死吃河豚"。

二、软体动物类

软体动物按其形态不同，可以分为双壳类软体动物和无壳类软体动物两大类。双壳类软体动物包括蛤类、牡蛎、贻贝、扇贝等；无壳类软体动物包括章鱼、乌贼等。

软体动物蛋白质含量多数在15％左右，其中螺蛳、河蚬、蛏子等较低，为7％左右；河蟹、对虾、章鱼等较高，在17％以上。蛋白质中含有全部必需的氨基酸，其中酪氨酸和色氨酸的含量比牛肉和鱼肉高。在贝类肉质中还含有丰富的牛磺酸，其含量普遍高于鱼类，尤以海螺、毛蚶和杂色蛤为最高，每100g新鲜可食部分中含有500~900mg。

脂肪和碳水化合物含量较低。脂肪含量平均1％左右，其中蟹、河虾等较高，在2％左右。碳水化合物平均3.5％左右，其中海蜇、鲍鱼、牡蛎、螺蛳等较高，在6％~7％。

维生素含量与鱼类相似，有些含有较多的维生素A、烟酸和维生素E。在河蟹和河蚌中含有较多的维生素A，在泥蚶、扇贝和贻贝中含有较多的维生素E。

矿物质含量多在 1.0%～1.5%，其中钙、钾、钠、铁、锌、硒、铜等含量丰富。钙的含量多在 150mg/100g 以上，其中河虾高达 325mg/100g；钾的含量多在 200mg/100g 左右，在墨鱼中可达 400mg/100g。微量元素以硒的含量最为丰富，如海虾、海蟹、牡蛎、贻贝、海参等中，每 100g 的含量都超过 $50\mu g$，在牡蛎中高达 $86.64\mu g$。铁的含量以鲍鱼、河蚌、田螺为最高，可达 19mg/100g 以上。在河蚌中还含有丰富的锰，高达 59.61mg/100g。

水产动物的肉质一般都非常鲜美，这与其中所含的一些呈味物质有关。鱼类和甲壳类的呈味物质主要是游离的氨基酸、核苷酸等；软体类动物中的一部分如乌贼类的呈味物质也是氨基酸，尤其是含量丰富的甘氨酸。贝类的主要呈味成分为琥珀酸及其钠盐。此外，一些氨基酸如谷氨酸、甘氨酸、精氨酸、牛磺酸，以及 AMP、Na^+、K^+、Cl^- 等也为其呈味成分。

第四节 乳类及其制品

经常食用的乳类是牛奶和羊奶。乳类经浓缩、发酵等工艺可制成奶制品，如奶粉、酸奶、炼乳等。乳类及其制品具有很高的营养价值，不仅是婴儿的主要食物，也是老弱病患者的营养食品。

一、乳类及其制品的营养成分及组成特点

（一）乳类

乳类的水分含量为 86%～90%，因此它的营养素含量与其他食物比较时相对较低。

1. 蛋白质　牛乳中的蛋白质含量比较恒定，约在 3.0% 左右；羊奶中的蛋白质含量为 1.5%，低于牛乳；人乳中蛋白质含量为 1.3%，低于牛乳和羊乳。

传统上将牛乳蛋白质划分为酪蛋白和乳清蛋白两类。酪蛋白约占牛乳蛋白质的 80%，乳清蛋白约 20%。酪蛋白含有大量的磷酸基，能与 Ca^{2+} 发生相互作用，利于钙的吸收利用。乳清蛋白是指乳清中的蛋白质，其中主要包括 β-乳球蛋白和 α-乳白蛋白。此外还有少量血清蛋白、免疫球蛋白等。牛奶的乳清蛋白中，α-乳清蛋白约占 19.7%，β-乳清蛋白占 43.6%，血清蛋白占 4.7%。

乳类蛋白质为优质蛋白质，生物价为 85，容易被人体消化吸收。

2. 脂类　牛乳含脂肪 2.8%～4.0%。乳中磷脂含量约为 20～50mg/100ml，胆固醇含量约为 13mg/100ml。随饲料的不同、季节的变化，乳中脂类成分略有变化。

乳脂肪主要以脂肪球的形式存在，其直径在 1～$10\mu m$ 之间。脂肪球表面有一层脂蛋白膜，主要成分为磷脂和糖蛋白，使乳脂肪以微细的脂肪球状态分散在乳汁中。乳中脂肪是脂溶性维生素的载体，对乳的风味和口感也起着重要的作用。乳脂肪的香气成分包括各种挥发性烷酸、烯酸、酮酸、羟酸、内酯、烷醛、烷醇、酮类等。

3. 碳水化合物　乳类碳水化合物的含量为 3.4%～7.4%，人乳含量最高。羊乳居中，牛乳最少。

碳水化合物存在的主要形式为乳糖。由于乳糖可促进钙等矿物质的吸收，并且为婴儿肠道内双歧杆菌的生长所必需，对于幼儿的生长发育具有特殊的意义。但对于部分不经常饮奶的成年人来说，体内乳糖酶活性过低，大量食用乳制品可能引起乳糖不耐受的发生。用固定化乳糖酶将乳糖水解为半乳糖和葡萄糖可以解决乳糖不耐受问题，同时可提高产品的甜度。

4. 维生素　牛乳中含有几乎所有种类的维生素，包括维生素 A、维生素 D、维生素 E、维生素 K、各种 B 族维生素和微量的维生素 C，只是这些维生素的含量差异较大。总的来说，牛奶是 B 族维生素的良好来源，特别是维生素 B_2。

乳中的 B 族维生素主要是由胃中的微生物所产生，其含量受饲料影响较小，但叶酸含量受到季节影响，维生素 B_{12} 含量受到饲料中钴含量的影响。维生素 D 含量与牛的光照时间有关，而维生素 A 和胡萝卜素的含量则与乳牛的饲料密切相关。放牧乳牛所产奶的维生素含量通常高于舍饲乳牛。

由于羊的饲料中青草比例较大，故而羊奶中的维生素 A 含量高于牛奶。羊奶中多数 B 族维生素含量比较丰富，但其中叶酸及维生素 B_{12} 含量低。如果作为婴幼儿的主食，容易造成生长迟缓及贫血，所以不适合作为 1 岁以下婴幼儿的主食。

5. 矿物质　牛乳中的矿物质主要包括钠、钾、钙、镁、氯、磷、硫、铜、铁等，大部分与有机酸结合形成盐类，少部分与蛋白质结合或吸附在脂肪球膜上。其中成碱性元素略多，因而牛乳为弱的成碱性食品。乳中的矿物质含量因品种、饲料、泌乳期等因素而有所差异，初乳中含量最高，常乳中含量略有下降。发酵乳中钙含量高并具有较高的生物利用率，为膳食中最好的天然钙来源。牛乳中钠、钾和氯离子基本上完全存在于溶液中，而钙和磷分布在溶液和胶体两相中。

(二) 乳制品

乳制品主要包括炼乳、奶粉、酸奶等。因加工工艺不同，乳制品营养成分有很大差异。

1. 炼乳　炼乳为浓缩奶的一种，分为淡炼乳和甜炼乳。新鲜奶经低温真空条件下浓缩，除去约 2/3 的水分，再经灭菌而成，称淡炼乳。因受加工的影响，维生素遭受一定的破坏，因此常用维生素加以强化。按适当的比例冲稀后，营养价值基本与鲜奶相同。淡炼乳在胃酸作用下，可形成凝块，便于消化吸收，适合婴儿和对鲜奶过敏者食用。

甜炼乳是在鲜奶中加约 15% 的蔗糖后按上述工艺制成。其中糖含量可达 45% 左右，利用其渗透压的作用抑制微生物的繁殖。因糖分过高，需经大量水冲淡，营养成分相对下降，不宜婴儿食用。

2. 奶粉　奶粉是经脱水干燥制成的粉。根据食用目的，可制成全脂奶粉、脱脂奶粉、调制奶粉等。

全脂奶粉是将鲜奶浓缩除去 70%~80% 水分后，经喷雾干燥制成。喷雾干燥法所制奶粉颗粒小，溶解度高，无异味，营养成分损失少，营养价值较高。一般全脂奶粉的营养成分约为鲜奶的 8 倍左右。

脱脂奶粉是将鲜奶脱去脂肪，再经上述方法制成的奶粉。此种奶粉含脂肪仅为 1.3%，脱脂过程使脂溶性维生素损失较多，其他营养成分变化不大。脱脂奶粉一般供腹泻婴儿及需要少油膳食的患者食用。

调制奶粉又称"母乳化奶粉"，是以牛奶为基础，参照人乳组成的模式和特点，进行调整和改善，使其更适合婴儿的生理特点和需要。调制奶粉主要是减少了牛乳粉中的酪蛋白、TG、钙、磷和钠的含量，添加了乳清蛋白、亚油酸和乳糖，并强化了维生素 A、维生素 D、维生素 B_1、维生素 B_2、维生素 C、叶酸和微量元素铁、铜、锌、锰等。

3. 酸奶　酸奶是在消毒鲜奶中接种乳酸杆菌并使其在控制条件下生长繁殖而制成。牛奶经乳酸菌发酵后，游离的氨基酸和肽增加，因此更易消化吸收。乳糖减少，使乳糖酶活性低的成人易于接受。维生素 A、维生素 B_1、维生素 B_2 等的含量与鲜奶含量相似，但叶酸含量却增加了 1 倍，胆碱也明显增加。此外，酸奶的酸度增加，有利于维生素的保护。乳酸菌进入肠道可抑制一些腐败菌的生长，调整肠道菌相，防止腐败胺类对人体的不良作用。

4. 干酪　也称奶酪，为一种营养价值很高的发酵乳制品，是在原料乳中加入适量的乳酸菌发酵剂或凝乳酶，使蛋白质发生凝固，并加盐、压榨排除乳清之后的产品。

干酪中的蛋白质大部分为酪蛋白，但也有一部分白蛋白和球蛋白被机械地包含于酪蛋白凝块之中。此外，经过发酵作用，奶酪中还含有肽类、氨基酸和非蛋白氮成分。除少数品种之外，大多数品种的蛋白质中包裹的脂肪成分占干酪固形物的 45% 以上，而脂肪在发酵中的分解产物使干酪具有特殊的风味。奶酪制作过程中大部分乳糖随乳清流失，少量乳糖在发酵中起促进乳酸发酵的作用，对抑制杂菌的繁殖有意义。

奶酪中含有原料中的各种维生素，其中脂溶性维生素大多保留在蛋白质凝块当中，而水溶性的维生素部分损失，但含量仍不低于原料牛奶。原料乳中微量的维生素 C 几乎全部损失。干酪的外皮部分 B 族维生素含量高于中心部分。

硬质干酪是钙的极佳来源，软干酪含钙较低。镁在奶酪制作过程中也得到浓缩，硬质干酪中约为原料乳含量的 5 倍。钠的含量因品种不同而异，农家干酪因不添加盐，钠含量仅为 0.1%；而法国羊奶干酪中的盐含量可达 4.5%～5.0%。

5. 乳饮料　包括乳饮料、乳酸饮料、乳酸菌饮料等，严格来说不属于乳制品范畴，其主要原料为水和牛乳。

乳饮料、乳酸饮料和乳酸菌饮料均为蛋白质含量≥1.0% 的含乳饮料。其中配料为水、糖或甜味剂、果汁、有机酸、香精等。乳酸饮料中不含活乳酸菌，但添加有乳酸使其具有一定酸味；乳酸菌饮料中应含有活乳酸菌，为发酵乳加水和其他成分配制而成。

二、乳类及其制品的合理利用

鲜奶水分含量高，营养素种类齐全，十分有利于微生物生长繁殖，因此须经严格消毒灭菌后方可食用。消毒方法常用煮沸法和巴氏消毒法。煮沸法是将奶直接煮沸，设备要求简单，可达消毒目的，但对奶的理化性质影响较大，营养成分有一定损失，多在家庭使用。大规模生产时采用巴氏消毒法。巴氏消毒常用两种方法，即低温长时消毒法和高温短时消毒法，前者将牛奶在 63℃下加热 30min；后者在 90℃下加热 1s。正确地进行巴氏消毒对奶的组成和性质均无明显影响，但对热不稳定的维生素如维生素 C 损失约 20%～25%。

此外，奶应避光保存，以保护其中的维生素。研究发现，鲜牛奶经日光照射 1min 后，B 族维生素很快消失，维生素 C 也所剩无几。即使在微弱的阳光下，经 6h 照射后，B 族维生素也仅剩一半，而在避光器皿中保存的牛奶不仅维生素没有消失，还能保持牛奶特有的鲜味。

复习练习题

(一) 单选题（下列每题选项中，只有 1 个是正确的）

1. 下列乳制品更适合正常婴儿食用的品种为
 A. 全脂奶粉　　　B. 脱脂奶粉　　　C. 调制奶粉　　　D. 酸奶

2. 下列食物中胆固醇含量最高的为

A. 鸭蛋清　　　　B. 鸡蛋清　　　　C. 鸡蛋黄　　　　D. 鹅蛋
3. 喝生蛋清主要影响吸收的哪种维生素是
　　A. 烟酸　　　　　B. 硫胺素　　　　C. 生物素　　　　D. 维生素 E
4. 下列食物中的铁吸收率最低的是
　　A. 鸡蛋黄　　　　B. 猪肝　　　　　C. 牛肉　　　　　D. 猪肾
5. 牛乳中的碳水化合物主要为
　　A. 果糖　　　　　B. 葡萄糖　　　　C. 乳糖　　　　　D. 麦芽糖

（二）多选题（下列每题选项中，至少有 2 个是正确的）
1. 下列食物中维生素 A 含量较高的为
　　A. 猪肝　　　　B. 牛肾　　　　C. 猪肾　　　　D. 羊心　　　　E. 羊肝
2. 所含碳水化合物主要以糖原的形式存在的食物是
　　A. 猪肉　　　　B. 禽肉　　　　C. 黄豆　　　　D. 水果　　　　E. 鸡蛋
3. 蛋清与蛋黄中含量差别最小的营养素为
　　A. 蛋白质　　　B. 脂肪　　　　C. 维生素 A　　D. 碳水化合物　E. 维生素 D
4. 鱼类与畜禽肉比较，含量差异较大的营养素是
　　A. 不饱和脂肪酸 B. 蛋白质　　　C. 硫胺素　　　D. 碳水化合物　E. 钙
5. 鸡蛋蛋白质中，可弥补谷类蛋白质不足的氨基酸是
　　A. 赖氨酸　　　B. 蛋氨酸　　　C. 色氨酸　　　D. 苏氨酸　　　E. 苯丙氨酸

答案

（一）单选题：1. C　　2. C　　3. C　　4. A　　5. C
（二）多选题：1. AE　　2. AB　　3. AD　　4. ACE　　5. AB

（郭俊生）

第四篇 社会营养

第十三章 合理营养

第一节 合理营养和膳食营养素参考摄入量

一、合理营养

人类为了维持正常的生理功能,满足机体的正常生长发育、新陈代谢和工作、劳动的需要,必须每日从食物摄入营养素。而合理营养是指通过合理的膳食和科学的烹调加工,向机体提供足够数量的热能和各种营养素,并且在各种营养素间建立起一种生理上的平衡。合理营养是健康的基础。达到合理营养的唯一途径是平衡膳食。

膳食不平衡包括营养缺乏与营养过剩。后者与慢性非传染性疾病密切相关,尤其是脂肪摄入过多,体力活动过少的人患上述各种慢性病的机会最多。膳食总能量摄入、脂肪供能比、食盐摄入量和少体力活动与肥胖、高血压、糖尿病和血脂异常呈正相关,碳水化合物和谷类食物摄入量与这些疾病呈负相关。随着谷类食物消费量增高,各种相关慢性病的风险呈下降趋势。高盐饮食与高血压的患病风险密切相关。饮酒与高血压和血脂异常的患病危险密切相关。而膳食中某些营养素的缺乏,尤其是儿童铁缺乏、维生素 A 缺乏等关系到儿童的生存、智能和体能发育。

二、膳食营养素参考摄入量

膳食营养素参考摄入量 (DRIs) 是由各国当局或营养权威团体根据营养科学的发展,结合各自具体情况提出的对社会各人群一日膳食中应含有的热能和各种营养素种类、数量的建议。我国现行的 DRIs 是中国营养学会于 2000 年制定的。

DRIs 包括四个营养水平指标:① 估计平均需要量 (EAR):系指可满足生命某一阶段和性别人群 50% 个体的营养需要量,可用于制订营养素参考摄入量 (RNI),评价或计划人群的摄入量;② 营养素参考摄入量 (RNI);③ 适宜摄入量 (AI):是基于对健康人所进行的观察或实验研究而得出的具体预防某种慢性病的摄入水平;④ 可耐受最高摄入量 (UL):指在生命某一阶段和性别人群,几乎对所有个体健康都无任何副作用和危险的每日最高营养素摄入量。

制定膳食营养素参考摄入量时既要保证人体热能和各种营养素的生理需要量,又要保持它们之间的平衡。我国膳食营养素参考摄入量见表 13-1～13-6。

虽然 DRIs 是以每天为基础表述的，但实际上它们只代表一个时期的平均摄入量。平均时间的长短根据营养素、人体储存量的多少和营养转换率来决定。因此，并不一定需要每天的膳食都要求所有的营养素达到 DRIs 的量。大多数营养素的摄入量可以三天平均，有的如维生素 A、维生素 B_{12} 则可以几个月平均。所以在评价营养状况时不能单以膳食调查结果与 DRIs 比较下结论。

表 13-1 能量和蛋白质的 RNIs 及脂肪供能比

年龄（岁）	能量[1]				蛋白质		脂肪占能量百分比
	RNI/MJ		RNI/kcal		RNI/g		
	男	女	男	女	男	女	
0～	0.4 MJ/kg		95 kcal/kg[2]		1.5～3g/(kg·d)		45～50
0.5～							35～40
1～	4.60	4.40	1100	1050	35	35	
2～	5.02	4.81	1200	1150	40	40	30～35
3～	5.64	5.43	1350	1300	45	45	
4～	6.06	5.83	1450	1400	50	50	
5～	6.70	6.27	1600	1500	55	55	
6～	7.10	6.67	1700	1600	55	55	
7～	7.53	7.10	1800	1700	60	60	25～30
8～	7.94	7.53	1900	1800	65	65	
9～	8.36	7.94	2000	1900	65	65	
10～	8.80	8.36	2100	2000	70	65	
11～	10.04	9.20	2400	2200	75	75	
14～	12.00	9.62	2900	2400	85	80	25～30
18～							20～30
体力活动水平							
轻	10.03	8.80	2400	2100	75	65	
中	11.29	9.62	2700	2300	80	70	
重	13.38	11.30	3200	2700	90	80	
孕妇	+0.84		+200		+5, +15, +20		
乳母	+2.09		+500		+20		
50～							20～30

续表

年龄（岁）	能量[1] RNI/MJ		RNI/kcal		蛋白质 RNI/g		脂肪占能量百分比
	男	女	男	女	男	女	
体力活动水平							
轻	9.62	8.00	2300	1900			
中	10.87	8.36	2600	2000			
重	13.00	9.20	3100	2200			
60～					75	65	20～30
体力活动水平							
轻	7.94	7.53	1900	1800			
中	9.20	8.36	2200	2000			
70～					75	65	20～30
体力活动水平							
轻	7.94	7.10	1900	1700			
中	8.80	8.00	2100	1900			
80～	7.74	7.10	1900	1700	75	65	20～30

注：1) 各年龄组的能量 RNI 与其 EAR 相同。2) 为 AI，非母乳喂养应增加 20%。凡表中数字缺如之处均表示未制定该参考值。

表 13-2 常量和微量元素的 RNIs 或 AIs

年龄（岁）	钙 AI (mg)	磷 AI (mg)	钾 AI (mg)	钠 AI (mg)	镁 AI (mg)	铁 AI (mg)	碘 RNI (μg)	锌 RNI (mg)	硒 RNI (μg)	铜 AI (mg)	氟 AI (mg)	铬 AI (mg)	锰 AI (mg)	钼 AI (mg)
0～	300	150	500	200	30	0.3	50	1.5	15(AI)	0.4	0.1	10		
0.5～	400	300	700	500	70	10	50	8.0	20(AI)	0.6	0.4	15		
1～	600	450	1000	650	100	12	50	9.0	20	0.8	0.6	20		15
4～	800	500	1500	900	150	12	90	12.0	25	1.0	0.8	30		20
7～	800	700	1500	1000	250	12	90	13.5	35	1.2	1.0	30		30
						男 女		男 女						
11～	1000	1000	1500	1200	350	16 18	120	18.0 15.0	45	1.8	1.2	40		50
14～	1000	1000	2000	1800	350	20 25	150	19.0 15.5	50	2.0	1.4	40		50
18～	800	700	2000	2200	350	15 20	150	15.0 11.5	50	2.0	1.5	50	3.5	60
50～	1000	700	2000	2200	350	15	150	11.5	50	2.0	1.5	50	3.5	60
孕妇														
早期	800	700	2500	2200	400	15	200	11.5	50					

续表

年龄(岁)	钙 AI (mg)	磷 AI (mg)	钾 AI (mg)	钠 AI (mg)	镁 AI (mg)	铁 AI (mg)	碘 RNI (μg)	锌 RNI (mg)	硒 RNI (μg)	铜 AI (mg)	氟 AI (mg)	铬 AI (mg)	锰 AI (mg)	钼 AI (mg)
中期	1000	700	2500	2200	400	25	200	16.5	50					
晚期	1200	700	2500	2200	400	35	200	16.5	50					
乳母	1200	700	2500	2200	400	25	200	21.5	65					

注：凡表中数字缺如之处均表示未制定该参考值。

表 13-3 脂溶性和水溶性维生素的 RNIs 或 AIs

年龄(岁)	V_A RNI (μgRE)	V_D RNI (μg)	VE AI (mgα-TE[1])	VB_1 RNI (mg)	VB_2 RNI (mg)	VB_6 AI (mg)	VB_{12} AI (μg)	VC RNI (mg)	泛酸 AI (mg)	叶酸 RNI (μgDFE)	烟酸 RNI (mgNE)	胆碱 AI (mg)	生物素 AI (μg)
0~		10	3	0.2(AI)	0.4(AI)	0.1	0.4	40	1.7	65(AI)	2(AI)	100	5
0.5~	400(AI)	10	3	0.3(AI)	0.5(AI)	0.3	0.5	50	1.8	80(AI)	3(AI)	150	6
1~	400(AI)	10	4	0.6	0.6	0.5	0.9	60	2.0	150	6	200	8
4~	500	10	5	0.7	0.7	0.6	1.2	70	3.0	200	7	250	12
7~	600	10	7	0.9	1.0	0.7	1.2	80	4.0	200	9	300	16
11~	700	5	10	1.2	1.2	0.9	1.8	90	5.0	300	12	350	20
				男 女	男 女						男 女		
14~	700	5	14	1.5 1.2	1.5 1.2	1.1	2.4	100	5.0	400	15 12	450	25
18~	800 700	5	14	1.4 1.3	1.4 1.2	1.2	2.4	100	5.0	400	14 13	500	30
50~	800 700	10	14	1.3	1.4	1.5	2.4	100	5.0	400	13	500	30
孕妇													
早期	800	5	14	1.5	1.7	1.9	2.6	100	6.0	600	15	500	30
中期	900	10	14	1.5	1.7	1.9	2.6	130	6.0	600	15	500	30
晚期	900	10	14	1.5	1.7	1.9	2.6	130	6.0	600	15	500	30
乳母	1200	10	14	1.8	1.7	1.9	2.8	130	7.0	500	18	500	35

注：1) α-TE 为 α-生育酚当量。凡表中数字缺如之处均表示未制定该参考值。

表 13-4　某些微量营养素的 ULs（1）

年龄（岁）	钙(mg)	磷(mg)	镁(mg)	铁(mg)	碘(μg)	锌(mg) 男	锌(mg) 女	硒(μg)	铜(mg)	氟(mg)	铬(μg)	锰(mg)	钼(μg)
0～				10				55		0.4			
0.5～				30		13	13	80		0.8			
1～	2000	3000	200	30		23	23	120	1.5	1.2	200		80
4～	2000	3000	300	30		23	23	180	2.0	1.6	300		110
7～	2000	3000	500	30	800	28	28	240	3.5	2.0	300		160
11～	2000	3500	700	50	800	37	34	300	5.0	2.4	400		280
14～	2000	3500	700	50	800	42	35	360	7.0	2.8	400		280
18～	2000	3500	700	50	1000	45	37	400	8.0	3.0	500	10	350
50～	2000	3500	700	50	1000	37	37	400	8.0	3.0	500	10	350
孕妇	2000	3000	700	60	1000	35	35	400					
乳母	2000	3500	700	50	1000	35	35	400					

注：60 岁以上磷的 UL 为 3000mg。凡表中数字缺如之处均表示未制定该参考值。

表 13-5　某些微量营养素的 ULs（2）

年龄（岁）	维生素 A (μgRE)	维生素 D (μg)	维生素 B_1 (mg)	维生素 C (mg)	叶酸 (μgDFE[1])	烟酸 (mgNE[2])	胆碱 (mg)
0～				400			600
0.5～				500			800
1～			50	600	300	10	1000
4～	2000	20	50	700	400	15	1500
7～	2000	20	50	800	400	20	2000
11～	2000	20	50	900	600	30	2500
14～	2000	20	50	1000	800	30	3000
18～	3000	20	50	1000	1000	35	3500
50～	3000	20	50	1000	1000	35	3500
孕妇	2400	20		1000	1000		3500
乳母		20		1000	1000		3500

注：1）DFE 为膳食叶酸当量。2）NE 为烟酸当量。凡表中数字缺如之处均表示未制定该参考值。

表 13-6 蛋白质及某些微量营养素的 EARs

年龄（岁）	蛋白质 (g/kg)	锌 (mg)		硒 (μg)	维生素 A (μgRE[1])	维生素 D (μg)	维生素 B_1 (mg)		维生素 B_2 (mg)		维生素 C (mg)	叶酸 (μgDFE)
		男	女				男	女	男	女		
0～	2.25～1.25	1.5			375	8.8[2]						
0.5～	1.25～1.15	6.7			400	13.8[2]						
1～		7.4		17	300		0.4		0.5		13	320
4～		8.7		20			0.5		0.6		22	320
7～		9.7		26	700		0.5		0.8		39	320
11～		13.1	10.8	36	700		0.7		1.0			
14～		13.9	11.2	40			1.0	0.9	1.3	1.0	13	320
18～	0.92	13.2	8.3	41			1.4	1.3	1.2	1.0	75	320
50～	0.92										75	320
孕妇								1.3		1.45	66	520
早期		8.3		50								
中期		+5		50								
晚期		+5		50								
乳母	+0.18	+10		65				1.3		1.4	96	450

注：1) RE 为视黄醇当量。2) 0～2.9 南方地区为 8.8μg，北方地区为 13.8μg。凡表中数字缺如之处均表示未制定该参考值。

第二节 膳食结构

一、概念和意义

膳食结构是指人们摄入的主要食物的种类和数量的组成。它是膳食质量与营养水平的物质基础，也是衡量一个国家和地区农业水平和国民经济发展程度的重要标志。

生产、经济、文化和科学发展水平不同的社会，其人群膳食结构各有不同，这主要取决于人体对营养素的生理需求和生产供应条件决定的提供食物资源的可能性。正确引导和调整膳食结构在于恰当地把上述需求和可能结合起来。合理的膳食结构，对个人和家庭来说关系到防病，促进健康和安排生活的问题；对国家和地区则是牵涉到农牧渔业和食品工业等发展的战略问题。

二、当今世界的膳食结构类型

膳食结构的类型还没有一个公认的分类方法。以膳食中动、植物性食物所占的比例，以及能量、蛋白质和碳水化合物的摄入量作为划分膳食结构的标准，可将世界不同地区的膳食结构分为以下四种类型。

(一)动、植物食物平衡的膳食结构

该类型以日本为代表。其膳食构成是植物和动物食品并重,膳食结构比较合理。其膳食中植物性食物占较大比重,但动物性食品仍有适当数量;每年的人均谷类消费量约为94kg,动物性食物约为63kg,其中海产品所占比例达50%,动物性蛋白质占总蛋白质的42.8%。膳食中动物性食物与植物性食物比例比较适当,能量和脂肪的摄入量低于以动物性食物为主的欧美发达国家。每天能量摄入保持在8.4 MJ(2000kcal)左右。宏量营养素供能比例为:碳水化合物57.7%,脂肪26.3%,蛋白质16.0%。该类型的膳食能量既能够满足人体需要,又不至于过剩;蛋白质、脂肪和碳水化合物的供能比例合理;来自于植物性食物的膳食纤维和来自于动物性食物的营养素如铁、钙等均比较充足,同时动物脂肪又不高,有利于避免营养缺乏病和营养过剩性疾病,促进健康。此类膳食结构已经成为世界各国调整膳食结构的参考。

(二)以植物性食物为主的膳食结构

大多数发展中国家属此类型,即以植物性食品为主、动物性食品为辅的膳食类型。谷类食物的人均年消费量约为200kg,动物性食物约为10~20kg;其膳食的能量供给每天约8.4~9.6MJ(2000~2300kcal),其中植物性食物提供的能量占总能量近90%,蛋白质仅50g左右;动物性蛋白质一般占蛋白质总量的10%~20%,低者不足10%;脂肪每天仅30~40g。该类型的膳食能量基本可满足人体需要,但蛋白质、脂肪摄入量均低,来自于动物性食物的营养素如铁、钙、维生素A摄入也不足。这类膳食的结果是容易出现蛋白质、热能营养不良,以致体质低下,健康状况不良,劳动能力降低等。但从另一方面看,以植物性食物为主的膳食结构,膳食纤维充足,动物性脂肪较低,有利于冠心病和高脂血症的预防。

(三)以动物性食物为主的膳食结构

这是多数欧美发达国家的典型膳食结构。其膳食构成以动物性食物为主。每人每天平均获得能量高达13.80~14.60MJ(3300~3500kcal)、蛋白质100g以上、脂肪130~150g,属于高热能、高脂肪、高蛋白的营养过剩类型,以提供高能量、高脂肪、高蛋白质、低纤维为主要特点。粮谷类食物消费量小,其人均年消费量约为60~75kg;动物性食物及食糖的消费量大,人均每年消费肉类100kg左右,奶和奶制品100~150kg,蛋类15kg、食糖40~60kg。这种膳食造成的后果是肥胖症、高血压、冠心病、糖尿病等高发。因此,这些国家的政府和营养机构提出调整膳食结构的要求:增加谷类食物摄入量;减少脂肪的摄入量,其热能降至总热能30%以下;同时减少饱和脂肪酸并增加不饱和脂肪酸的摄入量;胆固醇摄入量每日小于300mg。

(四)地中海膳食结构

意大利、希腊可作为这种膳食结构的代表。这种膳食结构的主要特点是:膳食富含植物性食物,包括水果、蔬菜、谷类、豆类、果仁等;食物的加工程度低,新鲜度较高。该地区居民以食用当季、当地产的食物为主;橄榄油是主要的食用油;脂肪提供能量占膳食总能量的25%~35%,饱和脂肪酸所占比例较低,为7%~8%;每天食用适量奶酪和酸奶;每周食用适量鱼、禽,少量蛋;以新鲜水果作为典型的每日餐后食品;甜食每周只食用几次;每月食用几次红肉(猪、牛和羊肉及其产品);大部分成年人有饮用葡萄酒的习惯。此膳食结构的突出特点是饱和脂肪酸摄入量低,膳食含大量复合碳水化合物,蔬菜、水果摄入量较高。此地区居民心脑血管疾病发生率很低,已引起了西方国家的注意,它们纷纷参照这种膳食模式改进自己国家的膳食结构。

第三节　中国居民膳食结构

一、中国居民传统膳食结构特点

中国居民的传统膳食以植物性食物为主，谷类、薯类和蔬菜的摄入量较高，肉类的摄入量比较低，豆制品总量不高且随地区而不同，奶类消费在大多数地区不多。此种膳食的特点是：高碳水化合物，谷类食物的供能比例占70%以上；高膳食纤维，这是我国传统膳食最大优势之一；低动物脂肪，动物脂肪的供能比例一般在10%以下。

二、中国居民的膳食结构现状

当前中国城乡居民的膳食仍然以植物性食物为主，动物性食品为辅。但随着社会经济发展，我国居民膳食结构向"富裕型"膳食结构的方向转变。2002年中国居民营养与健康状况调查资料表明，我国居民膳食质量明显提高，城乡居民能量及蛋白质摄入得到基本满足，肉、禽、蛋等动物性食物消费量明显增加，优质蛋白比例上升。城乡居民动物性食物分别由1992年的人均每日消费210g和69g上升到248g和126g。与1992年相比，农村居民膳食结构趋向合理，优质蛋白质占蛋白质总量的比例从17%增加到31%，脂肪供能比由19%增加到28%，碳水化合物供能比由70%下降到61%。

与此同时，我国居民膳食结构还存在很多不合理之处，居民营养与健康问题仍需予以高度关注。城市居民膳食结构中，畜肉类及油脂消费过多，谷类食物消费偏低。2002年城市居民每人每日油脂消费量由1992年的37g增加到44g，脂肪供能比达到35%，超过世界卫生组织推荐的30%的上限。城市居民谷类食物供能比仅为47%，明显低于55%~65%的合理范围。此外，奶类、豆类制品摄入过低仍是全国普遍存在的问题。一些营养缺乏病依然存在。儿童营养不良在农村地区仍然比较严重。铁、维生素A等微量营养素缺乏是我国城乡居民普遍存在的问题，全国城乡钙摄入量仅为每标准人日389mg，还不到适宜摄入量的半数。

三、中国居民膳食结构存在的主要问题

1. **脂肪摄入量占总能量的比例过高**　大多数城市居民膳食脂肪供能比例已经超过30%，且其中动物性食物来源的脂肪所占比例偏高。

2. **钙、铁、维生素A等微量营养素摄入不足**　2002年中国居民营养与健康状况调查结果表明，我国居民人均膳食中钙的摄入量为388.8mg/d，其中城市438.6mg/d，农村369.6mg/d，仅为推荐摄入量的一半；我国居民贫血平均患病率为20.1%，其中城市为16.7%，农村为21.9%；我国居民视黄醇当量摄入量平均为469.2μg，其中城市547.2μg，农村439.1μg；3~12岁儿童中有9.3%出现了维生素A缺乏现象，其中城市为3.0%，农村为11.2%；维生素A边缘缺乏率平均为45.1%，其中城市为29.0%，农村为49.6%。值得注意的是，3岁以下儿童腹泻、急性呼吸道感染的易感性与维生素A缺乏有密切关系。钙、铁、维生素A等微量营养素摄入不足是我国当前膳食的主要缺陷。

3. **奶类食物摄入量偏低**　我国居民奶类摄入量平均为26.6g，其中城市65.8g、农村11.4g。发达国家的居民从出生到老年，每天均饮用牛奶，而我国一般只有孩子和老人饮

用,绝大多数成年人从不喝牛奶。

4. **食盐摄入量偏高** 食盐的摄入量要降低到每人每日 6g 以下。

第四节 中国居民膳食指南

一、概念

膳食指南或称膳食指导方针或膳食目标,是根据营养学原则并针对各国各地区存在的问题而提出的一个通俗易懂、简明扼要的合理膳食基本要求,用来指导人民平衡膳食,以达到合理营养、促进健康的目的。和 DRIs 一样,膳食指南每隔几年都要根据人群营养的新问题、新趋势修订一次;不同的是 DRIs 是用营养素来表述的,而膳食指南是用食物来表述,而且一个国家只有一个 DRIs,膳食指南可有几个。我国有《中国居民膳食指南》和《特定人群膳食指南》,其目的是指导人民平衡膳食,获取合理营养和促进身体健康。

二、我国膳食指南

根据两次全国营养调查结果和卫生部有关疾病状况的统计,发现我国居民中既有因食物品种单调或短缺、挑选不当或食用方法不科学而引起的营养缺乏,如缺铁、缺维生素 A、缺钙;也有因膳食成分搭配不合理,以致营养成分不平衡而形成的营养失调性疾病,如心血管疾病、脑血管疾病和恶性肿瘤等。肥胖或超重已成为我国经济发达地区的营养问题。因此,对膳食进行科学指导已成为十分迫切的社会需求。中国营养学会紧密结合我国居民膳食消费和营养状况的实际情况,修订了 1997 年发布的《中国居民膳食指南》。2008 年 1 月颁布的《中国居民膳食指南》(2007) 由一般人群膳食指南、特定人群膳食指南和平衡膳食宝塔三部分组成。

(一) 一般人群膳食指南

一般人群膳食指南共有 10 条,主要内容如下:①食物多样,谷类为主,粗细搭配;②多吃蔬菜水果和薯类;③每天吃奶类、大豆或其制品;④常吃适量的鱼、禽、蛋和瘦肉;⑤减少烹调油用量,吃清淡少盐膳食;⑥食不过量,天天运动,保持健康体重;⑦三餐分配要合理,零食要适当;⑧每天足量饮水,合理选择饮料;⑨如饮酒应限量;⑩吃新鲜卫生的食物。

(二) 特定人群膳食指南

1. **孕前期妇女膳食指南** ①多摄入富含叶酸的食物或补充叶酸;②常吃含铁丰富的食物;③保证摄入加碘食盐,适当增加海产品的摄入;④戒烟、禁酒。

2. **孕早期妇女膳食指南** ①膳食清淡、适口;②少食多餐;③保证摄入足量富含碳水化合物的食物;④多摄入富含叶酸的食物并补充叶酸;⑤戒烟、禁酒。

3. **孕中、末期妇女膳食指南** ①适量增加鱼、禽、蛋、瘦肉、海产品的摄入量;②适当增加奶类的摄入;③常吃含铁丰富的食物;④适量身体运动,维持体重的适宜增长;⑤禁烟戒酒,少吃刺激性食物。

4. **哺乳期妇女膳食指南** ①增加鱼、禽、蛋、瘦肉及海产品的摄入;②适当增饮奶类,多喝汤水;③产褥期食物多样,不过量;④忌烟酒,避免喝浓茶和咖啡;⑤科学活动和锻炼,保持健康体重。

5. **0月~6月龄婴儿喂养指南** ①纯母乳喂养;②产后尽早开奶,初乳营养最好;③尽早抱婴儿到户外活动或适当补充维生素 D;④给新生儿和 1 月~6 月龄婴儿及时补充适量维生素 K；⑤不能用纯母乳喂养时，宜首选婴儿配方食品喂养；⑥定期监测生长发育状况。

6. 6月～12月龄婴儿喂养指南　①奶类优先，继续母乳喂养；②及时合理添加辅食；③尝试多种多样的食物，膳食少糖、无盐、不加调味品；④逐渐让婴儿自己进食，培养良好的进食行为；⑤定期监测生长发育状况；⑥注意饮食卫生。

7. 1岁～3岁幼儿喂养指南　①继续给予母乳喂养或其他乳制品，逐步过渡到食物多样；②选择营养丰富、易消化的食物；③采用适宜的烹调方式，单独加工制作膳食；④在良好环境下规律进餐，重视良好饮食习惯的培养；⑤鼓励幼儿多做户外游戏与活动，合理安排零食，避免过瘦与肥胖；⑥每天足量饮水，少喝含糖高的饮料；⑦定期监测生长发育状况；⑧确保饮食卫生，严格餐具消毒。

8. 学龄前儿童膳食指南　①食物多样，谷类为主；②多吃新鲜蔬菜和水果；③经常吃适量的鱼、禽、蛋、瘦肉；④每天饮奶，常吃大豆及其制品；⑤膳食清淡少盐，正确选择零食，少喝含糖高的饮料；⑥食量与体力活动要平衡，保证正常体重增长；⑦不挑食，不偏食，培养良好饮食习惯；⑧吃清洁卫生、未变质的食物。

9. 儿童青少年膳食指南　①三餐定时定量，保证吃好早餐，避免盲目节食；②吃富含铁和维生素C的食物；③每天进行充足的户外活动；④不抽烟、不饮酒。

10. 老年人膳食指南　①食物要粗细搭配、松软、易于消化吸收；②合理安排饮食，提高生活质量；③重视预防营养不良和贫血；④多做户外活动，维持健康体重。

（三）中国居民平衡膳食宝塔

中国居民平衡膳食宝塔是根据《中国居民膳食指南》的核心内容，结合中国居民膳食的实际状况而设计的。它把平衡膳食的原则转化成各类食物的重量，并以直观的宝塔形式表现出来，告诉居民食物分类的概念及每天各类食物的合理摄入范围，便于民众理解和在日常生活中实行（见图13-1）。

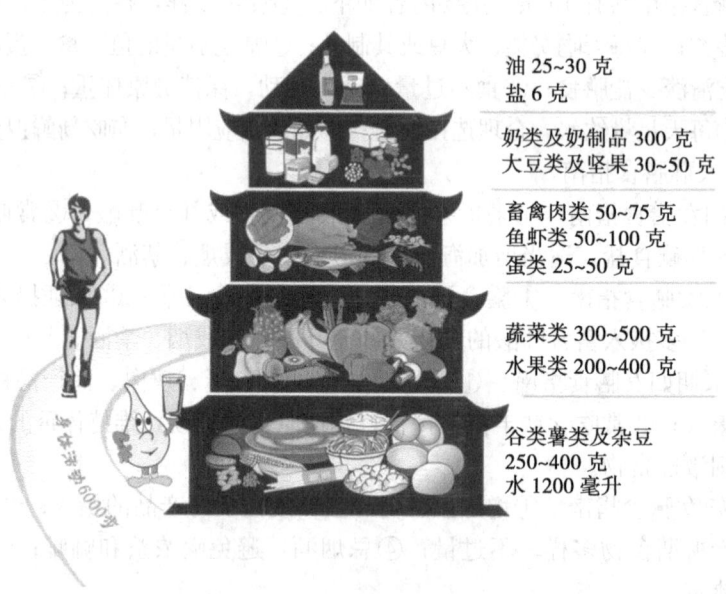

图13-1　中国居民平衡膳食宝塔

引自：中国营养学会《中国居民膳食指南》，西藏人民出版社，2008年1月

复习练习题

(一) 单选题(下列每题选项中,只有1个是正确的)
1. 能满足人体合理营养的膳食应做到
   A. 膳食中含有足够的营养素,并保持它们之间的平衡
   B. 膳食中含有保证人体生理需要量的营养素,并保持它们之间的平衡
   C. 膳食中含有保证人体生理需要量的热能和营养素,并保持它们之间的平衡
   D. 膳食中含有保证人体生理需要量的三大营养素,并保持它们之间的平衡
2. 膳食指南和膳食营养素推荐摄入量的区别为
   A. 膳食指南是用食物来表示,而且一个国家只有一个膳食指南
   B. 膳食指南是用食物来表示,而且一个国家可有几个膳食指南
   C. 膳食指南是用营养素来表示,而且一个国家只有一个膳食指南
   D. 膳食指南是用营养素来表示,而且一个国家可有几个膳食指南
3. 膳食结构是指人们摄入的
   A. 食物种类及其数量的构成   B. 粮食类食品的数量及其构成
   C. 动物类食品的数量及其构成 D. 植物类食品的数量及其构成
4. 我国居民传统膳食特点是以
   A. 植物性食物为主   B. 粮谷类食物为主
   C. 蔬菜类食物为主   D. 豆类食物为主
5. 根据我国居民的膳食特点,易缺乏的矿物质有
   A. 钙、锌、铁   B. 钙、锌、锰
   C. 钙、锌、铜   D. 钙、锌、氟

(二) 多选题(下列每题选项中,至少有2个是正确的)
1. 我国的特定人群膳食指南是在《中国居民膳食指南》的8条原则基础上,针对下述人群的特点制定的。
   A. 老年人   B. 孕妇   C. 乳母   D. 婴幼儿   E. 青少年
2. 中国居民膳食平衡宝塔的顶部和底部各有一类食物,除了
   A. 粮谷类和奶类   B. 蔬菜类和豆类
   C. 粮谷类和油脂类 D. 蔬菜类和油脂类
   E. 豆类和肉类
3. 中国居民膳食结构存在的主要问题为
   A. 脂肪摄入量占总能量的比例过高   B. 钙摄入不足
   C. 铁摄入不足   D. 维生素A摄入不足
   E. 食盐摄入过少
4. 关于膳食指南,正确的说法有
   A. 膳食指南是根据营养学原则,结合国情,教育人民采用平衡膳食,以达到合理营养促进健康目的的指导性意见
   B. 膳食指南是根据营养学原则,结合国情,教育人民采用平衡膳食,以达到合理营养促进健康目的的指令性意见

C. 膳食指南是由食物目标、膳食供给量、膳食阶段目标演变而来的
D. 膳食指南是中国特有的
E. 膳食指南不是一成不变的

5. DRIs 包括有

 A. EAR   B. RNI   C. UL   D. AI   E. RDA

答案

（一）单选题：1. C   2. B   3. A   4. A   5. A

（二）多选题：1. ABCDE   2. ABDE   3. ABCD   4. AE   5. ABCD

（郭红卫）

第十四章 营养健康教育

营养健康教育是健康教育的一个分支,是通过有计划、有组织的社会活动和教育活动,使每个社会成员、家庭、生产单位的组织者和管理者具备一定的营养知识,了解膳食和健康的关系,自觉地采用合理的膳食结构,预防疾病,促进健康和提高生活质量。

一、营养健康教育的意义

解放初期,我国面临着传染病、寄生虫病和性病流行的严重威胁,营养不良十分普遍。在党中央"预防为主"方针指导下,广大医务工作者积极工作,迅速消灭了性病并控制了四大寄生虫病,各种传染病和地方病大幅度下降,营养不良已不多见;婴儿死亡率从>200‰降低到34‰,人口死亡率从25‰降低到7‰,人均期望寿命从35岁提高到70岁。进入80年代后,我国的疾病谱已与发达国家相似,慢性退行性疾病已取代传染病及营养不良。这些疾病的危险因素主要是行为或生活方式,包括吸烟、饮食习惯、酗酒和缺少体育锻炼等。而要改变人们的生活方式和行为,仅依靠以往的生物医学模式的手段是不能解决的。健康促进强调以健康为中心,以人类发展为中心,超越了生物学和预防医学的范畴,涉及社会的诸多领域,包括政府也要实行健康促进政策。通过健康教育(健康促进的重要组成部分),改变人们的生活方式和行为,使许多疾病的发病率和死亡率明显下降。如美国从1963~1980年,吸烟率下降27%,食用动物油减少38%,植物油与鱼的消费量增加了57%和23%;冠心病和脑血管病死亡率分别下降了近40%和50%。有越来越多的资料证明,健康教育对促进人们自觉地采取健康的生活方式,降低致病危险因素、预防疾病、促进健康有重要意义。

美国每年至少有30万人的死亡与膳食和体力活动有关;不良膳食习惯是三个最主要死因,即心脏病、癌症和脑卒中,以及糖尿病、高血压和骨质疏松的危险因素。研究表明,通过改变膳食习惯,可减少大约35%肿瘤病人的死亡。我国研究表明,影响健康的行为方式、环境因素、保健服务和生物学因素等四大因素中,行为或生活方式占30%以上,在行为或生活方式中饮食又占较大比重。

健康教育可使人们正确地运用营养科学知识于饮食行为中。社区营养健康教育以整个社区人群为对象,使大多数人改变生活方式,采取合理的膳食模式,才能使多种膳食危险因素下降,达到促进社区健康的目的,以减少慢性疾病的发生。

二、社区营养健康教育的内容

1. **建立和促进个人和社会对预防疾病、保持自身健康的责任感** 健康教育工作者应努力促使居民和卫生专业人员共同积极、主动参与一些营养决策活动。通过提供信息和技能,帮助人们更好地维护自身健康,养成健康行为习惯。

2. **普及营养知识** 使营养科学知识成为人们日常生活的指导原则,让社区居民掌握选择食物和合理配制膳食的技能。

3. **加强社区职能** 动员和帮助社区居民积极参与社区活动,帮助他们分析和解决与营养有关疾病的健康问题。

4. 评价影响社区居民选择食物的因素，以及所采用方法和信息传递的适宜性　根据社区居民不同的文化、习惯和需要采用不同的营养健康教育方法。

三、社区营养健康教育的方法

制定社区营养健康项目及选择干预措施应遵循下列原则：① 明确该社区中较普遍影响健康的不良膳食习惯因素；② 所提出的干预措施能有效地降低该危险因素；③ 所选择的每一项指标都有明确的定义和范围并能测量；④ 应当有条件实施该干预措施，如当地政府支持配合，能提供所需医疗卫生服务。群众基础好便于开展工作等。

（一）社区营养健康教育的需求性

为保证社区营养健康教育的良好效果，在制定营养健康教育项目时，首先要了解该社区需要我们解决什么营养问题，这些问题能否通过干预措施得到解决，即评估社区的营养需求和愿望。通常可采用以下方法获得信息：

1. 召开座谈会　邀请有关卫生专家、社区工作者、卫生行政领导、各有关组织和群众代表，提供有关信息，汇集意见和建议。

2. 利用常规资料　学习卫生部门提供的关于与营养有关疾病的发病率、患病率等方面的资料。

3. 现场调查　常用方法有现况调查、社会调查、前瞻性调查、回顾性调查等。抽样调查时应保证数据的代表性和科学性。

（二）营养健康教育的策略

行为的改变是一个相当复杂的过程，受三类因素的影响：① 倾向因素：指产生某种行为的动机和愿望，或是诱发产生某种行为的因素。知信行理论（KABP或KAP）是目前较被接受的有关行为改变的理论。此理论中行为改变是目标，为达到行为改变，必须要有知（知识和学习）作为基础，要有信（正确的信念和积极的态度）作为动力；② 促成因素：指促使行为动机或愿望得以实现的因素，包括所必需的技术和资源，除了教育外，还应该为该人群提供卫生服务和创造行为改变所必需的条件；③ 强化因素：是存在于行为后强化（或减弱）某种行为的因素。强化因素多指与个体行为有直接影响的人，如亲属经常督促高血压患者少食盐，巩固患者依从性行为。

任何特定的健康行为都受这三类因素的共同作用，所以教育策略采用综合手段显得十分重要。

（三）营养健康教育项目的制定

1. 教育对象　根据项目的目的决定教育的对象，以达到事半功倍的效果。

2. 教育内容　教育内容应遵照教育目的有的放矢地进行。

3. 教育方法　个人的行为受到知识结构、社会背景、个人经历和遗传因素等多方面的影响，因此，为使行为发生变化必须开展多种教育活动；每一种教育方法都要适合特定的环境和人群，不仅要考虑被教育人群的特点，还要考虑到教育工作者的交流能力。一般方法有：

（1）开发领导：领导的作用不仅表现在其所发挥的榜样作用，更重要的是其具有决策作用，可决定工作方向，可给予物质、精神、组织上的支持，能号召和组织成员。因此，开发领导，转变领导的观念至关重要。

（2）动员群众参与：必须通过各种舆论手段，利用一切传媒技术，发动群体中每一成员参与。没有群体成员的参与，营养健康教育工作不能取得成功。

（3）培养骨干：群体骨干与群体中成员关系密切，可发挥其示范作用，也可起传播作用，还能协助工作人员对群体成员的行为进行监督与评价。

（4）开展各种教育的方式：如组织演讲、报告、座谈，下发报刊、传单、书籍。利用各种电子媒介进行营养健康教育。教育时间应根据社区活动特点来制定。

（四）营养健康教育项目的实施

1. 建立反馈信息系统　及时准确地建立信息反馈，以对项目执行情况不断进行观察，检查各项活动是否按预定的计划顺利进行，并随时注意发现问题，以便及时对方案及其细节作必要的修改。收集信息应做到及时、完整、准确和科学。

2. 确定健康教育项目实施的程序

（1）准备工作：由项目负责人、健康教育小组、质量控制小组等组成项目小组或办公室，加强社区的参与和反馈。准备工作包括确定实验区和对照区，设计表格，制定调查方法、各项标准和质量控制、疾病监测方法、人员培训、日程安排等。

（2）基线调查：针对项目的目标、调查人群的膳食营养情况及对营养科学的知、信、行方面的基础情况，以便今后的干预工作。

（3）制定时间表：定出时间进度和质量要求，明确规定各阶段中应完成的任务，及指定负责人，定出评价时间等。

项目实施过程中应特别重视培训干预人员、协调员及当地社区的关键人物如领导、妇女主任、卫生员等，为当地培训能长期开展健康教育工作的骨干。

（五）营养健康教育项目效果的评价

评价工作是整个营养健康教育项目的重要组成部分，贯穿于整个项目中设计、实施、评价的始终，而不是完成整个项目后再考虑评价问题。完整的评价包括以下四种类型：

1. 形成评价　评价现行项目目标是否明确、合理，指标是否恰当，执行人员是否具有完成该项目的能力，资料收集的可行性等。在项目执行前或执行早期进行，也可通过预试验、调查等得到有关资料。

2. 过程评价　评价项目设计、组成、实施过程、管理工作人员情况等。这些信息可通过直接观察各项干预活动，或参加专题讨论或抽查少量目标人群，了解他们是否得到有关信息及记录各项活动而得到。

3. 效果评价　由于时间和资源有限，项目评价主要侧重于评估干预措施能产生多大的效果，如影响健康的行为改变的程度，行为改变情况和政策法规制定情况等。由于健康教育的最终目的是知识、信念、行为的转变，且其最终效果往往要经几年、十几年甚至几十年才能表现出来。所以要使评价效果更科学、更有说服力，效果评价的设计要比过程评价缜密。在工作中常用随机对照的方法。

复习练习题

(一) 多选题 (下列每题选项中,至少有2个是正确的)

1. 社区营养健康教育项目实施工作的环节有
   A. 根据项目的目的决定进行健康教育的对象
   B. 进行座谈讲座
   C. 开发领导
   D. 培养骨干
   E. 形成评价

2. 决定运用哪一种营养健康教育方法时,应考虑到
   A. 教育方法的针对性   B. 家属及其邻居的同意
   C. 教育工作者的能力   D. 领导是否同意
   E. 受教育人群的特点

3. 行为的改变是一个相当复杂的过程,受到影响的因素有
   A. 倾向因素   B. 减化因素   C. 促成因素   D. 遗传因素   E. 强化因素

4. 营养健康教育项目的效果评价包括
   A. 形成评价   B. 效果评价   C. 设计评价   D. 过程评价   E. 领导评价

(二) 名词解释:

1. 强化因素
2. 社区营养健康教育

答案

(一) 多选题: 1. ABCD   2. ACE   3. ACE   4. ACD

(二) 名词解释

1. 是存在于行为后强化(或减弱)某种行为的因素。强化因素一般是指与个体行为有直接影响的人,如亲属,其经常督促高血压患者少食食盐,可巩固患者依从性行为。

2. 社区营养健康教育是健康教育的一个分支,它是通过有计划、有组织的社会和教育活动,使社区人群具有一定的营养知识,了解膳食和健康的关系,自觉地采用合理的膳食结构,预防疾病,促进健康和提高生活质量。

(郭红卫)

第十五章 人体营养状况评价

第一节 概 述

一、人体营养状况评价的目的和内容

人体营养状况评价是应用营养科学手段评价以个人或集体为基础的人群膳食摄入和营养水平,其目的是掌握被调查者的膳食情况和营养状况,以合理调配膳食;提供给国家有关部门组织食品生产、加工和销售;以及为营养科研部门开展营养不平衡的防治工作提供依据。

营养状况评价的内容包括膳食营养摄入情况和机体营养水平两方面。

二、人体营养状况评价方法

人体营养状况评价常用方法为营养调查,可从以下几方面进行:① 膳食营养调查;② 营养状况的体格检查;③ 机体营养水平的生化检测。通过膳食营养调查可了解在调查期间被调查者从膳食中获得的热能和各种营养素的量和质、膳食结构等情况,对照中国营养学会制定的《膳食营养素参考摄入量》(DRIs)进行比较,判断其是否充足。营养状况的体格检查是应用临床检查的手段评价被检查者的生长发育情况及体内营养素状况,以判断其发育水平和营养状况。营养水平的生化检测是测定被调查者体液或其他生物样品中有关营养素或其代谢物的含量,以判明膳食中有关营养素的吸收、利用和储存水平。上述三方面的内容是个完整的体系,分析时必须很好地结合,才能得出正确的结论。但有时限于条件,只进行一项或两项调查也可以,在分析结果时应注意其局限性。

第二节 膳 食 调 查

一、意义

膳食调查是营养调查的一个基本组成部分。通过膳食调查可以了解在调查期间被调查者通过膳食所摄取的热能和营养素的数量和质量,对照 DRIs 来评定其营养需要的满足程度。单独的膳食调查结果常可作为调查者改进营养咨询工作的依据。

二、方法

由于食物供应的季节性变化较大,要反映全年的情况,应每个季度调查一次,至少要在夏秋和冬春进行两次;而且对照 DRIs 时也应按年龄、性别、生理状况、劳动强度的不同分别进行比较,因此调查时可采用按比例分层抽样调查。膳食调查过程中还应了解食物的加工烹调方法,以便了解烹调过程中营养素的损失情况。膳食调查的方法有:① 称重法;② 查

账法；③ 回顾询问法；④ 化学分析法。实施调查时可根据调查的目的和工作条件选择单一或混合的方法。

1. 称重法　称重法可用于团体，家庭或个人，被认为是一种比较精确的膳食调查方法。其主要内容如下：

（1）将被调查对象的一日三餐每种菜肴中各种生食物的消耗量、烹调前的生重（食部）、烹调后的熟重（主食和菜肴）、进餐后的剩余量均一一加以称量记录。称重时，应准确掌握厨房中每种菜肴各种成分的原料重量，计算出食品的总重及其生熟比值。

（2）调查的时间多数为5～7天，有时也可以进行3天。统计每餐进餐的人数，如果被调查的进餐人员组成较单一，其年龄、性别和劳动强度也无较大差别，如部队食堂，只需了解基本进餐人数，根据食品总消费量即可计算出每人每日各种生食品的摄取量，按《食物成分表》计算出其营养素的平均摄入量。如被调查者之间差异很大，如年龄、性别、工种、劳动强度等不同，就不能以人数的平均值作为每人每日营养素摄入水平，必须用混合系数（又称折合系数）的折算方法才能算出相应"标准人"的每人每日营养素摄取量。混合系数的计算方法是将轻体力劳动者的成年男子作为标准人，将其所消耗的热能（2400kcal）作为1.0，再将不同年龄、性别、工种的人群的能量与标准人的能量数分别相比，得到各自的系数。不同人群的进餐人数分别乘以各自的系数，其总和再除以总人数即得混合系数。以人均每日总消费量除以这个混合系数，就可计算出每个标准人每日营养素摄取量。

2. 查账法　本法简单易行，可用于账目清楚的食堂单位。查阅某一时期内各种食品的消费总量及同时期的进餐人数。进餐人数可根据年龄、性别、劳动强度算出混合系数，然后计算每人每日各种营养素的摄取量。此方法不够精确，因为一些非可食部分及未摄入的剩余量均未除去，代表性受一定影响。但本法用人力少，时间短，作为一般了解某一单位人员营养状况有一定的意义。

本法的基础是膳食账目。为使查账法的数据达到尽可能的确实，对食堂账目应有以下的要求：① 食堂的食物消费数量应逐日分类记录，写出具体食物名称，如猪肉、鸡、青菜、米、馒头等的名称和生重；② 每餐进餐的人数应按年龄、性别、劳动强度（工种）分别登记清楚；③ 自制的食品如豆浆、豆制品等应分别记录其原料产品及食用数量；④ 如食品为市售的成品，如月饼等需按《食物成分表》中食品的营养成分含量计算。在家庭一般没有食物消耗账目可查，如用本法进行调查，可于调查开始前登记其所有储存及新近陆续购进的食物种类和数量，调查期间任其常规食用，在调查结束时再次称重全部剩余食物，计算出调查期间全家消费的食物总量。

3. 回顾询问法　当客观条件不允许用称量法或记账法时可用本法。本方法结果不够准确，但经过有经验人员之手，能较容易地发现膳食营养的明确缺陷，用以估计营养水平。如在营养门诊或咨询时，可通过询问患者的经常性的每日各类食物的摄入量或回顾24小时、3天或一周内每日所摄入的食物种类和数量后加以计算，分析出每日各种营养素的摄入量；同时还能了解患者有无挑食、偏食和不良的饮食习惯等，以便加以膳食营养指导。本方法可用于个人和集体。

4. 化学分析法　是收集所调查对象一日膳食中摄入的所有主、副食品，通过实验室的化学分析方法来测定其热能和营养素的数量和质量。此法要求高，分析过程复杂，对分析所需的仪器设备数量多，经费开支大，而且需要有专业水平的技术人员操作才能完成；但分析结果准确可靠，因此一般在某些要求很高的研究课题中采用。对大规模人群调查时，由于化学分析法的工作量非常大，在具体的操作中会有一定的困难。

在实际工作中，有时几种方法混合使用，以较全面地了解被调查者的膳食营养素摄入情况。

第三节　营养生化指标检测

一、营养生化指标检测的意义

营养生化指标检测借助于生物化学检测手段可发现临床营养不足、营养储备低下或营养过剩，以掌握营养失调的早期变化，以便及时地采取措施，予以防治。

二、营养生化指标检测的内容

常用的人体营养水平检测指标包括：

1. 蛋白质　血清总蛋白、血清白蛋白、血清球蛋白、白蛋白/球蛋白比值、空腹血氨基酸、必需氨基酸、血液比重、血浆游离氨基酸等。

2. 脂类　血总脂、甘油三酯、脂蛋白、胆固醇、游离脂肪酸、血酮体等。

3. 铁　全血血红蛋白、血清运铁蛋白饱和度、血清铁蛋白、血清红细胞压积、红细胞游离原卟啉、血清铁、平均红细胞体积。

4. 锌　发锌、血浆锌、红细胞锌、血清碱性磷酸酶。

5. 硒　血硒、发硒、血浆或血小板中谷胱甘肽过氧化物酶活力。

6. 钙、磷、维生素 D　血清钙、血清无机磷、血清钙磷乘积、血清碱性磷酸酶、血浆 $25-(OH)_2D_3$、血浆 $1\alpha,25-(OH)_2D_3$。

7. 维生素 A　血浆维生素 A、血浆视黄醇结合蛋白、血清胡萝卜素。

8. 维生素 E　血浆维生素 E、红细胞过氧化氢体外溶血试验。

9. 维生素 B_1　红细胞转羟乙醛酶活力及 TPP 效应实验、尿负荷试验、24h 尿中排出量、血维生素 B_1。

10. 维生素 B_2　红细胞中维生素 B_2、红细胞内谷胱甘肽还原酶活力、全血谷胱甘肽还原酶、尿负荷试验。

11. 维生素 B_6　血磷酸吡哆醛、尿 4-吡哆酸、红细胞转氨酶活力、尿色氨酸负荷试验。

12. 叶酸　血浆叶酸水平、红细胞叶酸水平、红细胞形态学检查。

13. 烟酸　血浆烟酸、尿烟酸代谢物水平。

14. 维生素 C　血浆维生素 C、白细胞及血小板中维生素 C、尿负荷试验、尿 24h 排出量。

检测的样品常用血、尿、粪便，也用毛发、指甲等其他样品。血、尿、粪反映当时或短期的情况，毛发、指甲可反映较长一段时间组织内的含量情况。二者结合可起互补作用，反映机体的营养状况较全面。由于生物样品的采样时间、采样方式、保存方法及运输条件、测定方法不同，均可影响检测结果的正确性。因此应规定统一的采样方法、保存和运送的条件，在操作和运送过程中要力求防止污染。

三、营养生化指标检测的评价

常用人体营养水平生化检测指标的正常参考值见表 15-1、15-2。

表 15-1 常用人体营养水平生化检测指标的正常参考值

营养素	生化检测指标	正常参考值
蛋白质	血清总蛋白 (g/L)	64.0~83.0
	血清白蛋白 (g/L)	35.0~55.0
	血清球蛋白 (g/L)	20.0~30.0
	白蛋白/球蛋白比值	1.5~2.5:1
	空腹血氨基酸总量/必需氨基酸量	>2
脂肪	血总脂 (g/L)	4~7
	甘油三酯 (mmol/L)	0.22~1.2
	胆固醇 (mmol/L)	2.9~6.0
	游离脂肪酸 (mmol/L)	0.2~0.6
钙、磷、维生素 D	血清钙 (mg/L)	85~110
	血清无机磷 (mg/L)	27~45
	血清钙磷乘积	儿童 40~60,成人 30~50
	血清碱性磷酸酶 (布氏单位)	儿童 5~15,成人 1.5~4.0
	血浆 25-(OH)D_3 (nmol/L)	20~150
铁	全血血红蛋白 (g/L)	成年男子 120~160,成年女子 110~150,儿童>120,孕妇>120
	血清铁蛋白 (μg/L)	40~160
锌	发锌 (μg/g)	125~250
	血浆锌 (μg/L)	800~1100
	红细胞锌 (μg/L)	12~14
硒	血清硒 (μg/L)	460~1430
	全血硒 (μg/L)	580~2340
维生素 A	血浆视黄醇 (μg/L)	儿童>300,成人>200
	血浆视黄醇结合蛋白 (mg/L)	≥23.1
维生素 E	血浆维生素 E (mg/L)	5~18
叶酸	血清叶酸 (ng/mL)	5~16
	红细胞叶酸 (μg/L)	≥140

续表

营养素	生化检测指标	正常参考值
维生素 B_1	红细胞转羟乙醛酶活力及 TPP 效应（%）	<15
维生素 B_2	红细胞内谷胱甘肽还原酶活力系数	≤1.2
维生素 C	白细胞中维生素 C（$\mu g/10^8$ WBC）	≥2

表 15-2　几种水溶性维生素尿检测正常参考值

营养素	24 小时尿	4 小时负荷尿	任意一次尿/g 肌酐
维生素 B_1（μg）	40～100	>200（5mg 负荷）	>66
维生素 B_2（μg）	>200	>800（5mg 负荷）	>80
烟酸（N'-MN）(mg)	>1.5	3.0～3.9（5mg 负荷）	>1.6
维生素 C（mg）	>10	5～13（500mg 负荷）	男>9，女>15

第四节　临床体征检查

一、临床体征检查的意义

临床体征检查包括身体测量与营养缺乏症体征检查两方面。目的在于评价膳食营养状况与生长发育和某些生理功能的关系，以及有无因营养素缺乏导致的营养缺乏症。

二、临床体征检查的内容

1. 身体测量　包括身高、体重、坐高、头围、上臂围、皮褶厚度以及这些指标综合计算的比值。身高和体重可以综合反映蛋白质热能和一些无机盐的摄入、利用和储备情况。皮褶厚度可以反映体能的情况，还可以据此推算出全身脂肪的含量，其与膳食能量的供给量密切相关。上述三项指标被世界卫生组织列为营养调查的必测项目。

（1）体重　测量时间最好是上午 10 时左右。测量前需先校正体重计，被测者应排去大小便，脱去外衣、帽、鞋，只穿短裤、短衫，然后轻轻站立在秤盘中央，校正砝码后再读数。

（2）身高　以脊柱、关节及软骨变化处于中等水平的上午 10 时左右为宜。测量身高时需脱鞋，脱帽，收腹挺胸，取立正姿势，头后枕骨、肩胛骨中间、臀部、脚后跟 4 个部位均紧靠测量柱上，眼睛向前方平视，手臂自然下垂放在身体两侧，然后用测量板轻压头顶，读出测量值。3 岁以下幼儿测量身高时取平卧姿势，故身高又称身长。

（3）皮褶厚度　测量皮下脂肪的厚度，所得的数据可用于计算体内的脂肪含量，也可直接表示为皮下脂肪量。通常测定以下 3 处：① 三头肌部：即左上臂肩胛骨肩峰与鹰嘴突连线的中间上约 2cm 处；② 肩胛下部：即左肩胛下角下方 2cm 处；③ 腹部：即肚脐左侧旁 1cm 处。测量时要选择准确的皮褶计，其压力要符合 $10g/cm^2$ 的标准，且保持不变。测量时用左手的拇指和食指及中指将被测量处的皮肤拎起，然后用皮褶计测量，不要加压力，测定 3 次取其平均值。测量的部位要准确，以保证测出的数据的可靠性。

（4）上臂围和上臂肌围　上臂围测量方法是被测者手臂自然下垂，用软尺测量右臂自肩峰与尺骨鹰嘴连线中间的周径。

$$上臂肌围（cm）=上臂围（cm）-0.34×三头肌皮褶厚度（cm）。$$

2. 临床营养缺乏体征　营养素摄入严重不足时可引起缺乏体征，出现临床体征。检查主要依靠眼睛观察，结合手触、听诊器听诊等方法检查全身状况，包括头发、皮肤、眼睛、嘴、舌、齿龈、颈部、指甲以及心、肺、肝、脾、神经系统等的状况。常见的营养缺乏体征见表 15-3。

三、临床体征检查的评价

1. 身体测量　由于地理环境、生活习惯、遗传、营养等因素影响，身体测量数值各不相同，如中国南方地区人体一般较矮小，北方人体一般较高大。所以，通常是对某地区正常人群进行大规模的测量，将上述数据按年龄、性别统计整理，算出该地区人群身体测量项目的均值及其范围，作为评价的参考值。

（1）体重　评价体重常与理想体重比较。身高小于 125cm 的幼儿可用下式：理想体重=3+［身高（cm）-50］/3.8。该公式只考虑身高因素。成年人理想体重=身高（cm）-105。被测体重大于理想体重 10%～20% 为过重，大于 30% 为肥胖，小于 10%～20% 为消瘦，小于 20% 为严重消瘦。

表 15-3　常见的营养缺乏体征

部位	体征	缺乏的营养素
全身	消瘦或浮肿，发育不良	热能、蛋白质、锌
	贫血	蛋白质、铁、叶酸、维生素 B_{12}、B_6、B_2、C
皮肤	干燥，毛囊角化	维生素 A
	毛囊四周出血点	维生素 C
	癞皮病皮炎	烟酸
	阴囊炎，溢脂性皮炎	维生素 B_2
头发	稀少，失去光泽	蛋白质、维生素 A
眼睛	毕脱氏斑，角膜干燥，夜盲	维生素 A
唇	口角炎，唇炎	维生素 B_2
口腔	齿龈炎，齿龈出血，齿龈松肿	维生素 C
	舌炎，舌猩红，舌肉红	维生素 B_2、烟酸
	地图舌	维生素 B_2、烟酸、锌

续表

部位	体征	缺乏的营养素
指甲	舟状甲	铁
骨骼	颅骨软化，方颅，鸡胸，串珠肋，O形腿，X形腿	维生素D
	骨膜下出血	维生素C
神经	肌肉无力，四肢末端蚁行感，下肢肌肉疼痛	维生素B_1

(2) 身高-体重 是营养综合评价内容之一。① 以身高为基准：按不同年龄、性别列出不同身高的最佳体重值，该值可敏感地反映目前的营养状况，而且地区间、民族间的差异较小。② 以体质指数（BMI）为基准[体质指数＝体重（kg）/身高^2（m^2）]由多学科专家组成的"中国肥胖问题工作组"对我国21个省、市、地区24万人的体质指数（BMI）、腰围、血压、血糖、血脂等相关数据进行汇总分析后，提出中国居民体质指数划分界值：BMI＜18.5为体重过低、18.5～23.9为体重正常、24.0～27.9为超重、≥28为肥胖。

(3) 皮褶厚度 所测数据可与同年龄的正常值比较，较正常值少40%以上为重度消瘦，少20%～40%为中度消瘦，少10%～20%以下为轻度消瘦，较正常值多20%以上则为肥胖。

(4) 上臂围与上臂肌围 1～5岁幼儿上臂围＜12.5cm者为营养不良。成年男性上臂围平均为27.5cm，女性为25.8cm。测量值＞90%为营养正常，80%～90%为轻度营养不良，60%～80%为中度营养不良，＜60%为严重营养不良。

我国男性上臂肌围平均值25.3 cm，女性为23.2 cm。测量值＞90%为营养正常，80%～90%为轻度肌蛋白消耗，60%～80%为中度肌蛋白消耗，＜60%为重度肌蛋白消耗。

2. 营养缺乏症体征 营养缺乏或不足时会出现临床症状和体征，所以可通过体格检查发现机体是否缺乏营养（见表15-3）。检查特别要重视一些亚临床表现，即在临床体征出现前的一些改变，如疲劳、免疫功能改变、暗适应能力降低等。在发现有个别阳性体征时，下结论要慎重。由于膳食与营养素之间的相互依赖性，临床上可见多种营养素混合缺乏的体征。

复习练习题

（一）单选题（下列每题选项中，只有1个是正确的）

1. 下述膳食调查方法中较精确，并可用于团体、家庭和个人的是
   A. 查账法　　　B. 称重法　　　C. 化学分析法　　　D. 回顾询问法
2. 反映机体近期或短期营养状况时，选择的检测样品可为
   A. 血、尿　　　B. 粪、毛发　　　C. 血、指甲　　　D. 尿、毛发
3. 营养生化指标检测，可以发现
   A. 临床营养不良症　　　B. 营养储备低下或过剩
   C. 临床营养过剩症　　　D. 以上都是

4. 身高测量时间最好放在
   A. 上午 8 时   B. 上午 9 时   C. 上午 10 时   D. 中午 12 时
5. 皮褶厚度测量时所用的皮褶计压力要符合
   A. $10g/cm^2$ B. $8g/cm^2$ C. $12g/cm^2$ D. $15g/cm^2$
6. BMI 的计算公式为
   A. 体重（kg）/身高²（cm²）
   B. 体重（g）/身高²（cm²）
   C. 体重（kg）/身高²（m²）
   D. 体重（g）/身高²（m²）

（二）名词解释：
1. 查账法
2. 营养调查
3. 红细胞内谷胱甘肽还原酶活力系数

答案

（一）单选题：1. B   2. A   3. D   4. C   5. A   6. C

（二）名词解释

1. 用于账目清楚的食堂单位的一种简单易行的膳食调查法。此方法不够精确，因为一些非可食部分及未摄入的剩余量均未除去，代表性受一定影响。本法的基础是膳食账目。查阅某一时期内各种食品的消费总量及同时期的进餐人数，计算每人每日各种营养素的摄取量。进餐人数可根据年龄、性别、劳动强度算出混合系数。本法花费人力少，用时短，作为一般了解某一单位人员营养状况有一定意义。

2. 营养调查为评价人体营养状况的常用方法，可从以下几方面进行：① 膳食营养调查；② 营养状况的体格检查；③ 机体营养水平的生化检测。

3. 是评价机体维生素 B_2 的指标，红细胞内谷胱甘肽还原酶活力系数≤1.2 为正常。

（郭红卫）

第五篇　疾病与营养

第十六章　蛋白质-能量营养不良

蛋白质-能量营养不良（PEM）是由于能量和（或）蛋白质缺乏而引起的，临床上主要表现为消瘦和（或）水肿的营养缺乏病。此病主要发生于儿童，尤其是在发展中国家。

第一节　蛋白质-能量营养不良的分类及病因

一、蛋白质-能量营养不良的分类

PEM 一般可根据临床特征分为消瘦型、浮肿型和混合型 3 类。① 消瘦型：系能量严重不足所致，以消瘦为其特征。如儿童明显瘦弱、皮下脂肪消失、矮小等。② 浮肿型：多见于急性严重蛋白质缺乏，以周身水肿为特征。患儿的身高、体重可偏低或正常，但肌肉松弛，全身软弱无力，水肿明显，甚至出现腹水。③ 混合型：又称中间型。单纯的能量缺乏或蛋白质缺乏很少见，多为二者同时缺乏。表现为混合型 PEM，兼有程度不等的消瘦型和浮肿型的特征。

PEM 根据其病情的严重程度又可分为轻度、中度和重度 3 种。通常轻度 PEM 主要为急性能量缺乏所致，中度 PEM 主要为慢性蛋白质缺乏所致，而重度 PEM 为亚急性的能量和蛋白质同时严重缺乏所致。

PEM 根据其发病原因还可分为原发性和继发性 2 种。

二、蛋白质-能量营养不良的发病因素

原发性 PEM 是由于膳食中摄入的能量和蛋白质不能满足人体的生理需要所致。主要原因有：① 贫困、自然灾害或战争造成的食物严重缺乏；② 由于偏食、素食或禁食造成的食物摄入不足。有时减肥不当也可发生此种情况；③ 由于妊娠和哺乳、婴幼儿生长发育等生理因素，使能量和蛋白质的需要量大大增加，而膳食却没有作出合理的调整。

继发性 PEM 则主要由于某些疾病引起的食欲下降、吸收不良和消耗增加或者分解代谢亢进，合成代谢障碍，或者大量出血等，使摄入的能量和蛋白质不能满足人体需要而发生的，如癌症、糖尿病、肾病、慢性胃肠炎、肝硬化、结核病、贫血、寄生虫病以及外科手术后。

第二节 蛋白质-能量营养不良的临床表现

一、消瘦型和浮肿型的临床症状和体征

本病常见于婴幼儿。消瘦型的临床表现最为明显的是皮下脂肪消失，肌肉萎缩、生长迟滞、外观明显消瘦。儿童可见体重和身高明显低于正常，尤以体重的降低为甚，严重者仅为正常体重的60%以下。患儿体弱乏力，对寒冷敏感。腹部凹陷呈舟状腹，亦或胀气，尚可见肠蠕动。多数患儿饥饿感明显，但亦有食欲不振者。皮肤和粘膜可伴有维生素缺乏的体征。脱水、酸中毒及电解质紊乱常是致死原因。

浮肿型患儿身高可正常，体内脂肪未见明显减少，但肌肉松弛、眼睑肿胀、脸似满月，身体低垂部水肿。常焦躁易怒，间有神情淡漠。经常有腹泻，多为水样，若合并感染则腹泻加剧。可有肝肿大和腹水。支气管炎合并肺水肿、败血症、胃肠炎及电解质紊乱等常是致死原因。

成年人的原发性PEM，轻者多表现为浮肿，严重者则主要表现为消瘦。

由于临床上PEM以混合型最为多见，故患者可同时具有上述症状和体征。

二、生化指标的改变

由于蛋白质缺乏，PEM患者的血浆白蛋白含量（正常值为35~55g/L）可降低，但低白蛋白血症是相当晚期的表现，轻度或中度PEM患者的血浆白蛋白仅轻度下降，而重度浮肿型PEM患者血浆白蛋白可低于25g/L。血清运铁蛋白（正常值为2.65~4.30g/L）在血液中含量较少，半减期为10天，比血浆白蛋白更为敏感。

肌酐是肌肉中肌酸的代谢产物，尿肌酐含量的降低可间接反映肌肉中蛋白质的缺乏。同样，尿中3-甲基组氨酸含量和羟脯氨酸的含量可反映肌纤蛋白和胶原蛋白的数量和代谢。

蛋白质缺乏时，血清中各种氨基酸的含量及其相互比例也会发生变化，如丝氨酸、酪氨酸、天门冬氨酸含量增高，而亮氨酸、异亮氨酸和缬氨酸含量降低。婴儿必需氨基酸需要量以单位体重计约为成人的8倍。因此患儿比成人更容易发现血浆必需氨基酸减少，而非必需氨基酸正常或升高。

此外，重度患者血红蛋白含量也可降低，发生贫血。

三、人体测量指标的改变

临床症状、体征和生化指标主要用于确诊重度PEM病例，而中、轻度PEM常需综合多种资料进行诊断，其中人体测量是简便而有效的方法。

PEM人体测量的指标主要有：① 身高别体重：主要反映近期的营养状况，如目前正患PEM。② 年龄别身高：主要反映远期的营养状况，如幼年时曾患PEM。③ 体质指数（BMI），即体重（kg）/身高^2（m^2）：1988年国际膳食能量顾问组提出把BMI作为成人慢性能量缺乏的分类标准，见表16-1。

表 16-1 成人慢性能量缺乏的分类标准

分类		BMI
正常		≥18.5
PEM	轻度	17.0~18.4
	中度	16.0~16.9
	重度	<16.0

第三节 蛋白质-能量营养不良的治疗和预防

一、重度病人的治疗

对于重度病人，首要的措施是处理水和电解质紊乱、抗感染和治疗心力衰竭等，以消除威胁病人生命的主要因素。补充液体有利于正常排尿，一般 24 小时内儿童至少排尿 200ml，成人 500ml。补充电解质有利于调整体内电解质的平衡，维持正常渗透压，纠正或预防酸中毒。PEM 病人特别容易发生感染，及时用广谱抗生素可有效地控制感染。浮肿型 PEM 病人有心力衰竭时，可给利尿剂、吸氧和其他必要的药物治疗。病人血红蛋白低于 60g/L 时可少量多次输血。

病情一旦得到控制就应尽可能迅速地纠正体内营养素的不足。但饮食中营养素供给必须从少量开始逐渐增加，以适合病人生理机能的逐渐恢复。可根据病人的年龄和病情采用流质、半流质饮食或软食等方式，最好先用经口或鼻胃管管饲的液体配方膳，每日分少量多次喂饲。随病情的好转，再用高能量、高蛋白而又易于消化吸收的固体食物逐步取代液体配方膳。消瘦型病人膳食中还可添加植物油以增加能量供给。营养治疗最初几天，体重可能无变化，浮肿型病人还可能由于水肿消退而体重有所减轻。但一般 5~15 天以后，多数病人会有一个快速的体重增长，浮肿型病人常比消瘦型病人更为明显。

待病人基本恢复后，还应以高于正常的能量和蛋白质摄入量维持一段时间以保证营养康复。

二、轻度和中度病人的治疗

对于轻、中度 PEM 患者，主要给予饮食治疗。其原则是：① 高能量、高蛋白摄入。一般能量摄入量应为正常人的 1.5 倍，蛋白质摄入量为 2 倍。这对处于生长发育期的儿童尤为重要。当然还可根据个人的具体病情作出适当调整，如浮肿型适当多给予蛋白质，而消瘦型适当多给予能量。食物以牛奶、鱼类、蛋类、大豆蛋白为宜。② 补充足量的矿物质。尤其是充足的钾、镁，适量的铁及低钠。可通过食物，也可服用口服复方水盐溶液等制剂。③ 补充足量的维生素。尤其是维生素 A、维生素 C 和 B 族维生素。

轻、中度 PEM 一般经 6~8 周治疗后可基本恢复，以后尚需定期随访和继续接受营养指导。

三、预防措施

合理营养和平衡膳食是预防各种类型 PEM 的关键。应广泛宣传营养科普知识，提高人们对营养的全面理解和认识，学会合理选择食物和适当的烹调方法。应宣传和鼓励母乳喂养，大力发展合乎营养要求的婴儿断奶食品。应积极研究各种病人的特殊营养需要，尤其是急性和慢性传染病、胃肠道疾病、外科手术后病人等的营养特点，及时给予适当的营养支持，防止 PEM 的发生和发展。

复习练习题

（一）单选题（下列每题选项中，只有1个是正确的）

1. 蛋白质-能量营养不良主要发生于
   A. 婴幼儿　　　B. 青少年　　　C. 成年人　　　D. 绝经期妇女
2. 浮肿型蛋白质-能量营养不良多由于（　）而引起。
   A. 能量严重不足　　　　　　　　B. 能量轻度缺乏
   C. 蛋白质严重缺乏　　　　　　　D. 蛋白质轻度缺乏
3. 轻、中度 PEM 患者的饮食治疗原则是高能量、高蛋白摄入。一般能量与蛋白质摄入量应分别为正常人的
   A. 1.5倍和1.5倍　B. 1.5倍和2倍　C. 2倍和1.5倍　D. 2倍和2倍

（二）多选题（下列每题选项中，至少有2个是正确的）

1. 消瘦型蛋白质-能量营养不良患儿可有下述临床表现
   A. 体重和身高明显低于正常　　　B. 体弱乏力
   C. 对寒冷敏感　　　　　　　　　D. 舟状腹
   E. 肌肉松弛、脸似满月
2. 浮肿型蛋白质-能量营养不良患儿可有下述临床表现
   A. 体重和身高明显低于正常　　　B. 水样腹泻
   C. 身体低垂部水肿　　　　　　　D. 舟状腹
   E. 肌肉松弛、脸似满月
3. 蛋白质-能量营养不良患者生化指标的改变有
   A. 血浆白蛋白或运铁蛋白降低　　B. 尿肌酐含量降低
   C. 尿蛋白增高　　　　　　　　　D. 血红蛋白含量降低
   E. 血浆非必需氨基酸含量减少

答案

（一）单选题：1. A　　2. C　　3. B
（二）多选题：1. ABCD　　2. BCE　　3. ABD

（沈新南）

第十七章　心脑血管疾病

第一节　原发性高血压

高血压是指以体循环动脉血压增高为主，常伴有心、脑、肾、视网膜功能性或器质性改变的全身性疾病。1978年世界卫生组织（WHO）高血压专家委员会确定的高血压诊断标准见表17-1。1998年10月，世界卫生组织-国际高血压学会（WHO-ISH）治疗指导委员会确定，原则上采用美国高血压检测、评价和治疗委员会第6次报告（JNC Ⅵ）所提出的高血压定义和分类方案。这一新的定义把高血压下限定为收缩压18.7 kPa（140 mmHg）和舒张压12.0kPa（90 mmHg），见表17-2。

高血压可分为原发性和继发性两类。病因尚未完全阐明的高血压称为原发性高血压，约占90%，其余由某些疾病引起的血压升高称为继发性高血压。

表17-1　高血压诊断标准（WHO，1978）

分类	收缩压 mmHg（kPa）	舒张压 mmHg（kPa）
正常血压	≤140（18.7）	≤90（12.0）
临界高血压	141～159（18.8～21.2）	91～94（12.1～12.6）
高血压	≥160（21.3）	≥95（12.7）

表17-2　JNC Ⅵ的高血压定义与分类

分类	收缩压（mmHg）	舒张压（mmHg）
最佳血压	<120	<80
正常血压	<130	<85
正常高值	130～139	85～89
1级高血压（轻度）	140～159	90～99
亚组　临界高血压	140～149	90～94
2级高血压（中度）	160～179	100～109
3级高血压（重度）	≥180	≥110
单纯收缩期高血压	≥140	<90
亚组　临界高血压	140～149	<90

注：当一个受试者的收缩压和舒张压处在不同类别时，取较高一个类别。

一、流行病学

原发性高血压是一种常见病、多发病。1991年我国曾对≥15岁的95万人进行调查，发现高血压患病率为11.88%，其中确诊6.62%，临界高血压5.26%。2002年中国居民营养与健康状况调查显示，我国18岁及以上居民高血压患病率为18.8%，与1991年相比患病率上升31%；农村高血压患病率上升迅速，城乡差距已不明显；人群高血压的知晓率、治疗率和控制率仅分别为30.2%、24.7%和6.1%，仍处于较低水平。

人类平均血压以及高血压患病率有随年龄增长而上升的趋势。一般从40岁开始高血压明显增多，在年幼时血压已偏高者中这一趋势更为明显。在我国，平均血压和高血压发病率还呈现北方地区高于南方地区的现象。

人体血压由心输出量和外周血管阻力两方面决定，任何影响心输出量和外周阻力的因素都可影响血压。除遗传因素和精神紧张外，一些膳食与营养因素被认为与高血压有密切关系，如高能量摄入导致的肥胖、钠盐、饮酒、某些矿物质等。

二、营养因素对原发性高血压的影响

（一）钠、钾、钙、镁和微量元素

早在20世纪40年代就有研究者用膳食调配的方法治疗人类高血压。这种膳食主要由米饭和水果组成，其特点是低钠高钾低脂肪低能量。70年代的大量流行病学研究揭示了食盐摄入量和高血压发病率之间的正相关关系。如美国阿拉斯加州的爱斯基摩人每日食盐摄入量低于4g，几乎没有高血压患者。而日本北部居民平均每日食盐摄入量26g，高血压发病率高达38%，其中1/2死于中风。

临床上限制钠盐摄入量或使用排钠利尿剂，可使高血压患者血压下降。如有研究表明，将高血压病人的钠摄入量限制在每日50mg当量（相当于2.8g食盐），持续1年后，这些病人的血压都有下降，其效果与药物治疗相似。不少轻度高血压患者只需中度限制食盐摄入，即可使其血压降至正常范围。

钠摄入过多不仅可使体内水分潴留，循环血量增加，而且可能通过下丘脑使交感神经活动增强，从而使外周血管阻力及心输出量增加，最后导致血压升高。

人们对钠的敏感性是有差异的。有些人对低钠饮食的反应比较敏感，而另一些人则不敏感。尽管1987年已发现血清结合珠蛋白HP的遗传表现型是与人类盐敏感性有关联的生物标志，但目前尚无理想的方法来测定个体对盐的敏感性。幸好人体钠的生理需要量很低，适度限钠并无已知的坏处，而对盐敏感的病人则是有益的。

与钠升高血压的作用相反，钾却有降低血压的作用。无论是动物实验还是流行病学研究都发现钾的摄入量与高血压呈负相关。即钾的摄入量较高时高血压发病率较低。低钠高钾膳食的降压作用更为明显。高钠高钾膳食也可使血压有所下降，提示钾盐可缓解高钠的不良影响，有利血压的下降。这可能与钾能激活钠泵，促进钠的排出，以及减弱交感神经活动有关。

据调查，高血压患者钙、镁的摄入量明显低于血压正常者，饮用软水地区人群的高血压发病率也高于硬水地区。所谓硬水就是钙、镁等矿物质含量较高的水。另外，不饮牛奶的人高血压发病率明显高于饮用牛奶者，这首先使人想到牛奶是钙的最好来源。关于膳食钙对血压的影响，目前还有争议，但多数研究者认为低钙是高血压的危险因素。美国全国健康和膳食调查结果显示，每日钙摄入量低于300mg者与摄入量为1200mg者相比，高血压危险性高2~3倍。一项以青年人为对象的研究表明，每日补充钙1g，可使高血压患者的血压降低。此外，临床上给予镁盐制剂可使血压下降。

微量元素锌（Zn）和镉（Cd）也与高血压有关。镉是一种有毒的微量元素，进入人体后主要在肾脏和肝脏中蓄积。新生儿体内一般不含镉，但随着年龄的增长，体内镉的含量逐渐增多。若无职业性接触，50岁时人体内镉含量约为15~30mg，其中1/3在肾脏皮质，主要损害肾近曲小管，与高血压的发生密切相关。镉可来源于食物，如植物油、动物脂肪、贝类、动物肾脏等，也可来源于饮水。软水一般酸度较高，可在普通自来水管道中溶解镉，自来水中镉含量最高可达2mg/kg。长期摄入含镉高的水或食物，可使血压升高。

微量元素锌则有拮抗镉的作用。美国人肾脏中的Zn/Cd比值为1.5，而非洲人为6。美国人的高血压发病率大大高于非洲人。精制食物如精白面粉、蔗糖、精制油等Zn/Cd比值较低。

（二）脂肪酸

研究表明，增加多不饱和脂肪酸的摄入和减少饱和脂肪酸的摄入都有利于降低血压。多不饱和脂肪酸的降压机理可能在于其衍生的类二十烷酸能调节体内的水盐代谢和血管舒缩，从而影响血压的变化。还有研究发现，增加单不饱和脂肪酸的摄入量也可使血压下降，如居住在地中海沿岸的人群，经常食用主要含油酸的橄榄油，他们的高血压发病率就较低。ω-3不饱和脂肪酸的作用近年来受到广泛关注。实验研究表明，富含ω-3不饱和脂肪酸的鱼油可抑制血浆肾素活性，而大多数临床干预实验已显示鱼油有降压作用。

（三）氨基酸

目前认为，膳食蛋白质中硫氨基酸如蛋氨酸、半胱氨酸含量较高时高血压和脑卒中的发病率较低。牛磺酸是含硫氨基酸的代谢产物，已发现它对自发性高血压大鼠（SHR）和高血压患者均有降压作用。也有少数研究提示色氨酸和酪氨酸有调节血压的作用。

（四）酒精

适量饮酒可能对减少冠心病的危险性有利，但不管饮酒多少，对于高血压却只有不利作用。据估计，美国约有10%的高血压是由于过量摄入酒精造成的，尤其是中年男子。有研究显示，平均每天饮酒量相当于纯酒精50g左右，即可引起舒张压和收缩压的升高。然而现已证实，即使少量酒精也有升高血压的作用。

三、原发性高血压的营养防治

控制体重、限制钠盐摄入量和限制饮酒已被专家作为高血压的非药物治疗措施。这三项都与营养和饮食控制有关，现已成为治疗轻度高血压的首选方法，也是各种药物治疗的基础。

原发性高血压的营养防治原则是：低钠盐、低能量、低饱和脂肪酸、增加钾、镁、钙和优质蛋白的摄入和限制饮酒。

（一）限制钠的摄入量

钠是人体必需的常量元素。代谢研究发现，健康成人钠的需要量仅为每日200mg，相当于0.5g食盐。世界卫生组织建议的食盐摄入量上限为6g/d。而我国人民食盐的摄入量较高,一般在 10~15g/d 左右。因此应广泛宣传低钠饮食的重要性,从小培养少盐、清淡的饮食习惯,减少食盐的摄入量。轻度高血压患者的食盐摄入量应低于 5g/d,中、重度高血压患者应低于 3g/d。严重的高血压或有重要脏器并发症或合并冠心病和糖尿病者,应同时给予药物治疗。

由于每日天然食物中已含钠盐约 2g,过分限盐常难以持久。此外,酱油一般含食盐 20%,5ml 酱油可折算为 1g 食盐。盐腌食物如咸菜、咸蛋、咸肉、榨菜等也应尽量少吃。味精(谷氨酸钠)、小苏打(碳酸氢钠)以及各种饮料中的食品防腐剂苯甲酸钠也含有钠盐。

(二)限制能量摄入量,控制体重

有人发现在 40~60 岁男性中,肥胖者的高血压患病率为正常体重者的 1.9 倍。而减肥可使高血压发生率减少 28%~48%。

限制能量摄入量是控制体重的主要膳食措施。尤其应限制饱和脂肪酸提供的能量。高血压患者脂肪摄入量应控制在总能量的 25% 或更低,其中饱和脂肪酸、单不饱和脂肪酸和多不饱和脂肪酸为 1∶1∶1。肥胖者应进一步限制能量摄入量以减轻体重,但不应急于求成或盲目进行,最好有医务人员的指导。

(三)增加钾、镁、钙和优质蛋白的摄入

膳食中钾主要来源于蔬菜、水果和豆类。高钾低钠的食物有黄豆、赤豆、绿豆、毛豆、蚕豆、豌豆,各种水果以及马铃薯、冬瓜、大白菜、卷心菜、山药等浅色蔬菜。深色蔬菜也含有丰富的钾,但钠含量较高,见表 17-3。各种豆类和蔬菜也是膳食中镁的良好来源,而奶类是钙的良好来源。中国居民膳食中除钠盐较多外,钾和钙的摄入量普遍低于西方国家。从尿镁排出量推测,镁的摄入量也不充足。因此,增加蔬菜、水果、豆类和奶类的摄入量可增强低钠饮食的降压效果。

表 17-3 常用食物中钾、钠含量(mg/100g)

食物	K	Na	食物	K	Na
籼米	172	1.7	马铃薯	502	2.2
富强粉	127	1.3	冬瓜	114	0.8
标准粉	195	1.8	丝瓜	142	0.8
黄豆	1800	1.0	大白菜	88	5.2
赤小豆	1230	1.9	卷心菜	766	6.0
绿豆	1298	2.1	蘑菇	328	9.0
			生菜	214	88.0
香蕉	472	0.6	菠菜	976	60.7
苹果	110	1.4	蕹菜	218	157.8
梨	115	0.7	芹菜	58	151.7
橘子	199	1.4	油菜	346	66.0
			苋菜	73	40.0

鱼类蛋白富含蛋氨酸和牛磺酸，可降低高血压和脑卒中的发病率，鱼油还富含 ω-3 不饱和脂肪酸。大豆蛋白也有预防脑卒中的作用，故高血压患者可多吃鱼类和大豆及其制品，以增加优质蛋白和不饱和脂肪酸的摄入。

（四）限制饮酒量

长期大量饮酒者的血压常高于不饮酒者或少量饮酒者，且未发现少量饮酒对高血压有任何益处。故高血压患者每日饮酒量应限制在相当于 25g 酒精以下，最好不要饮酒。而茶叶有一定的利尿和降压作用，可适当饮用。

第二节 冠 心 病

冠心病即冠状动脉粥样硬化性心脏病的简称，是由于冠状动脉粥样硬化而引起管腔狭窄或阻塞，从而导致心肌缺血缺氧状态的一种疾病。当病情较轻微或发展较缓慢时，对冠状动脉血流量影响不大，或冠状动脉管腔虽明显狭窄，但有侧支循环形成，临床上可无明显异常表现。若动脉硬化发展较快，同时又有血管痉挛或由于斑块水肿、破裂，或由于继发血栓形成，使管腔突然狭窄甚至完全阻塞，即可出现心肌缺血的临床表现，轻的表现为心绞痛，重的可致心肌梗死，甚至猝死。已有很多证据表明，膳食和营养因素对冠心病的发生发展有重要的影响。

一、流行病学及病因

国际上一般认为 40 岁以上男性的冠心病患病率随年龄增长而升高，平均每增长 10 岁患病率上升 1 倍。女性发病年龄平均较男性晚 10 岁，但绝经后的女性患病率与男性接近。据报道，在 50 岁以前，男女冠心病患病率之比为 7∶1，而 60 岁以后两性患病率大体相等。

目前我国冠心病发病率和死亡率呈现城市高于农村，北方省市高于南方省市的趋势。但总体来说尚明显低于西方发达国家。

大量的流行病学调查已发现冠心病具有多种危险因素。其中高胆固醇血症、高血压和吸烟是公认的主要危险因素，而糖尿病、家族史即遗传因素、肥胖等也是冠心病的危险因素。

高胆固醇血症的生化机制是近年来研究较多的问题之一。低密度脂蛋白（LDL）是血液中运送胆固醇的主要脂蛋白，血液中 LDL 含量与一种被称为 LDL 受体的蛋白质有关。LDL 受体存在于肝细胞和其他组织细胞的表面，其数量由细胞对胆固醇的需要程度而定。细胞上的 LDL 受体能够与血循环中的 LDL 结合而将其中的胆固醇吸收到细胞内，而这些细胞本身也能够合成胆固醇。如果由于受体数量不足导致细胞不能从外部得到足够胆固醇时，则细胞内胆固醇的合成就会增加。当血液中的胆固醇没有被细胞摄入和利用时，LDL 就会在血液中堆积，并可能沉积到血管壁上去。

研究已发现，某些家族性高脂血症患者因为遗传缺陷而不能合成具有正常功能的 LDL 受体，以致血循环中 LDL 和胆固醇含量升高，并进一步导致严重的动脉粥样硬化，常常在未到老年之前就死于冠心病。个别严重病例甚至在成年之前就已经形成了冠心病。LDL 受体缺陷除了遗传因素如家族性高脂血症外，其他因素如年龄的增长和高脂肪膳食也会导致正常人 LDL 受体功能的下降。动物实验证实，当给受试动物高脂肪膳时，这些动物的 LDL 受体活性就明显下降。

高密度脂蛋白（HDL）的作用是把外周组织中的胆固醇转运到肝脏进行代谢和排出体外，故被认为对冠心病有预防作用。大量流行病学研究发现，血液中 HDL 含量越高，冠心病的危险性就越低。运动锻炼，雌激素的使用，适量饮酒和减肥被认为有升高 HDL 的作用，而吸烟和肥胖则有降低 HDL 的作用。

二、营养因素对冠心病的影响

（一）膳食脂类

在诸多营养因素中，与冠心病关系最为密切，研究也最多的是膳食脂类。由于动物实验、流行病学调查及临床干预研究都已揭示了高胆固醇血症是冠心病形成和发展的主要危险因素，而高胆固醇血症又比冠心病的临床表现更容易测定和量化，故对膳食脂类与冠心病关系的研究主要集中在膳食脂类对血清脂质的影响方面。

以往几十年中所作的各种临床研究表明，膳食中脂肪的种类和胆固醇的数量可影响血液胆固醇的含量。

1. 饱和脂肪酸　即碳链上没有双键的脂肪酸。饱和脂肪酸很早就被认为是膳食中使血液胆固醇含量升高的主要脂肪酸。然而进一步的研究却发现，并不是所有的饱和脂肪酸都具有升高血胆固醇含量的作用。<10 个碳原子和>18 个碳原子的饱和脂肪酸几乎不升高血液胆固醇含量。而棕榈酸（C16：0）、豆蔻酸（C14：0）和月桂酸（C12：0）有升高血胆固醇的作用。棕榈酸主要存在于肉类脂肪及奶油中，豆蔻酸在奶油和椰子油中较多。这些饱和脂肪酸升高胆固醇的机理可能与抑制 LDL 受体的活性，从而干扰 LDL 从血液循环中清除有关。而硬脂酸（C18：0）被吸收后却很容易在体内 $\Delta-9$ 去饱和酶的作用下转变成油酸，这可能就是它不升高血胆固醇含量的原因。膳食脂肪酸除影响血液胆固醇含量外，还存在影响冠心病发生的其他途径。动脉血栓形成是由于动脉壁受损后血小板反应的结果。一些研究发现，膳食的脂肪酸组成可影响血小板的反应性。饱和脂肪酸尤其是长碳链的饱和脂肪酸可增强血小板凝集，从而促进血栓形成。

2. 单不饱和脂肪酸　即碳链上含有一个双键的脂肪酸。膳食中的单不饱和脂肪酸主要是油酸（C18：1，n-9），橄榄油、茶油中油酸含量高达 80% 左右，花生油、芝麻油、玉米油中油酸含量也较丰富。早期的研究认为单不饱和脂肪酸对血胆固醇水平既无升高作用也无降低作用。但目前认为单不饱和脂肪酸也有降低血胆固醇含量的作用。还有些研究发现，单不饱和脂肪酸与多不饱和脂肪酸相比，其降低胆固醇的作用有选择性，即可使 LDL 胆固醇下降较多而 HDL 胆固醇下降较少。膳食脂肪以橄榄油为主的希腊克特里岛居民，尽管膳食脂肪约占总能量 40%，但冠心病患病率却很低。此外，单不饱和脂肪酸由于不饱和双键较少，对氧化作用的敏感性较多不饱和脂肪酸低，可能对减轻 LDL 的氧化有一定意义。

3. 多不饱和脂肪酸　即碳链上含有两个或两个以上双键的脂肪酸。由于双键在碳链上的位置不同，多不饱和脂肪酸又可分为 ω-3 脂肪酸和 ω-6 脂肪酸等（亦称 n-3 脂肪酸和 n-6 脂肪酸，详见第二章），它们在人体内的生物学作用也不同。

膳食中的 ω-6 脂肪酸主要是亚油酸（C18：2，n-6）。花生四烯酸（C20：4，n-6）和 γ-亚麻酸（C18：3，n-6）也是 ω-6 脂肪酸。它们主要存在于植物油中。ω-6 脂肪酸能降低血液胆固醇含量，包括 LDL 胆固醇和 HDL 胆固醇。ω-6 脂肪酸降低血胆固醇含量的效应低于等量饱和脂肪酸升高胆固醇的效应。有人认为 P/S 比值（多不饱和脂肪酸/饱和脂肪酸）大于 2 的膳食才有助于降低血胆固醇含量。亚油酸对血胆固醇的作用机理正好与饱和脂肪酸相反，即增加 LDL 受体的活性，从而降低血中 LDL 颗粒数及颗粒中胆固醇的含量。亚油酸是前列腺素中阻碍血小板凝集成分的前体之一，故亚油酸具有抑制血小板凝集的作用。

膳食中的 ω-3 脂肪酸主要有 EPA（C20：5，n-3）、DHA（C22：6，n-3）和 α-亚麻酸（C18：3，n-3）。EPA 和 DHA 存在于鱼油中，α-亚麻酸的食物来源有大豆油（7%）、低芥酸菜籽油（10%）等。n-3 脂肪酸不仅降低血液胆固醇含量，而且降低血液甘油三酯含量，后一作用是 n-6 脂肪酸所没有的。此外，n-3 脂肪酸还具有抗血小板凝集、降低血压等作用。人们发现格陵兰岛上的爱斯基摩人大量食用鱼类和其他海产品，他们的脂肪和胆固醇的摄入量都很高，然而他们的冠心病发病率却很低，仅为发达国家的 1/10 左右。这一现象在其他以海产品为主食的人群中也可观察到。爱斯基摩人的血清甘油三酯和胆固醇含量都很低，而高密度脂蛋白的含量却很高，他们的凝血时间也较长，这一切都被认为和 n-3 脂肪酸有关。

4. 反式脂肪酸　由于双键的构象有顺式和反式两种，故含有双键的不饱和脂肪酸也有顺式和反式之分。自然界中绝大多数不饱和脂肪酸都是顺式的，但在食品加工过程中，如将植物油氢化制成人造黄油可产生反式脂肪酸。近年来的研究表明摄入反式脂肪酸可使血中 LDL 胆固醇含量增加。故反式脂肪酸也属于升高血中胆固醇的脂肪酸之列。随着食品加工业的发展，膳食中的反式脂肪酸有增加的趋势。

5. 胆固醇　膳食胆固醇主要使血中 LDL 胆固醇升高。早期的动物实验证实，摄入大量的胆固醇可成功地诱发动脉粥样硬化。但膳食胆固醇对血液胆固醇含量的影响小于膳食中的饱和脂肪酸，因为人体除从食物中获得胆固醇外，也可内源性合成。当膳食中摄入的胆固醇增加时，不仅肠道的吸收率下降，而且可反馈性地抑制肝脏 HMG-COA 还原酶的活性，减少体内胆固醇的合成，从而维持体内胆固醇含量的相对稳定。但这种反馈调节并不完善，如小肠粘膜细胞就缺乏这种抑制内源性合成的反馈机制。故胆固醇摄入太多时，仍可使血中胆固醇含量升高。值得注意的是，个体间对膳食胆固醇摄入量的反应差异较大，一些人对膳食胆固醇十分敏感，而另一些人则相当不敏感。影响这种敏感性的因素主要有膳食史、年龄、遗传因子及膳食中各种营养素之间的比例等。

（二）能量和碳水化合物

一项对 20 个国家 35～74 岁人群进行的营养成分与冠心病死亡率关系的流行病学研究发现，冠心病死亡率不仅与摄入的饱和脂肪酸、胆固醇、动物脂肪呈正相关，而且与摄入的总能量呈正相关。能量摄入过多易造成肥胖，不但增加心脏负担，而且肥胖者脂肪细胞对胰岛素的敏感性降低，可导致高胰岛素血症，促进体内甘油三酯的合成，引起血中甘油三酯含量升高和 HDL 胆固醇的下降。据报道，肥胖者的冠心病发病率高于正常体重者。

膳食中的碳水化合物包括蔗糖、果糖等单、双糖和淀粉等多糖，也包括不被人体消化吸收的膳食纤维。膳食中碳水化合物的种类和数量对血脂水平有较大的影响。蔗糖、果糖摄入过多容易引起血清甘油三酯含量升高，因为碳水化合物是内源性甘油三酯的来源，肝脏主要利用糖类和游离脂肪酸合成低密度脂蛋白。人群调查发现，冠心病死亡率与食糖摄入量呈正相关。淀粉一般不致引起血中甘油三酯的升高，且淀粉类食物常含有相对较高的膳食纤维，而膳食纤维具有降低血脂的作用。流行病学研究表明，在一定范围内，淀粉和膳食纤维摄入量与冠心病呈负相关。但淀粉类食物也不能摄入太多，否则亦可升高血中甘油三酯含量，并降低 HDL 胆固醇含量。

（三）蛋白质

在动物实验中发现，高蛋白膳食可促进动脉粥样硬化的形成，动物性蛋白质如酪蛋白的作用较强。用大豆蛋白和其他植物性蛋白代替高脂血症患者膳食中的动物性蛋白，结果发现他们的血清胆固醇含量下降了。而同样的实验对血脂正常者的血清胆固醇含量无明显影响。有人认为动物蛋白和大豆蛋白的不同之处在于它们的氨基酸组成不同。尤其是赖氨酸与精氨酸的比值，酪蛋白为 2.0 而大豆蛋白为 0.9。鉴于大豆蛋白的赖氨酸含量并不低，差别可能在精氨酸的含量。新近对血管内皮细胞持续释放少量 NO 现象的研究发现，高胆固醇血症可降低内皮 NO 活性，促进动脉粥样硬化。L-精氨酸是体内合成 NO 的原料，而天然食物中的精氨酸绝大多数是 L 型的。静脉补充 L-精氨酸，或食物中添加 L-精氨酸可迅速纠正 NO 活性的降低。

另一种合理的解释是大豆蛋白中含有大豆异黄酮成分。大豆异黄酮的化学结构与雌二醇相似，并且可以同体内雌激素受体结合，具有较弱的雌激素样活性，可降低血中胆固醇含量。研究表明，每日摄入 15～20g 黄豆蛋白可使血胆固醇含量下降 7%～10%，使冠心病危险性下降 15%～20%。亚洲人如中国人和日本人的冠心病发病率低于西方国家，可能和膳食中摄入较多大豆异黄酮有关。

（四）维生素

大规模的临床干预研究已证实，维生素 E 对预防动脉粥样硬化和冠心病有直接作用。其机理可能是：① 抗脂质过氧化作用。血液中的 LDL 若被脂质过氧化物如丙二醛等氧化修饰后，极易被巨噬细胞上的清除受体所辨认和内饮，并形成泡沫细胞，最终导致动脉粥样硬化。而一定剂量的维生素 E 能够降低血液和主动脉组织中的脂质过氧化物，防止 LDL 被氧化。② 抗血小板凝集作用。维生素 E 可促进花生四烯酸转变成前列腺素 PGE2，从而扩张血管，抑制血小板凝集，预防血栓形成。

维生素 C 也具有抗氧化作用。它还参与体内胆固醇的代谢，能促进胆固醇转变为胆汁酸而降低血中胆固醇的含量。大剂量的维生素 C 可加快冠状动脉血流量，保护血管壁的结构和功能，但心率并不增加，从而有利于防治心血管疾病。

烟酸在药用剂量下有降低血清胆固醇和甘油三酯，升高高密度脂蛋白，促进末梢血管扩张等作用。维生素 B_6 与构成动脉管壁的基质成分酸性黏多糖的合成以及脂蛋白脂酶的活性有关，缺乏时可引起脂质代谢紊乱和动脉粥样硬化。

（五）矿物质

镁对心肌的结构、功能和代谢有重要作用，还能改善脂质代谢和抗血凝。缺镁易发生血管硬化和心肌损害，软水地区居民心血管疾病发病率高于硬水地区，可能与软水中含镁较少有关。

动物实验发现，喂饲高脂饲料时，缺钙动物的血清胆固醇和甘油三酯含量显著高于对照组，而补钙后血脂可降至对照组水平或低于对照组。一些临床研究也发现，每日额外补充 800mg 钙，一年多后可降低血液胆固醇含量。高钙的这种降脂作用可能是减少了脂质在肠道中的吸收。

铬是葡萄糖耐量因子的组成成分，缺铬可引起糖代谢和脂类代谢的紊乱，增加动脉粥样硬化的危险性。而补充铬可降低血清胆固醇和低密度脂蛋白，提高高密度脂蛋白的含量，防止粥样硬化斑块的形成。

铜缺乏也可使血胆固醇含量升高，并影响弹性蛋白和胶原蛋白的交联而引起心血管损伤。过多的锌则降低血中高密度脂蛋白含量，膳食中锌/铜比值较高的地区，冠心病发病率也较高。

近年来的实验研究还发现，过量的铁可引起心肌损伤、心律失常和心衰等，应用铁螯合剂可促进心肌细胞功能和代谢的恢复。芬兰一项为期3年的临床研究表明，血清铁蛋白≥200μg/L的成年男子急性心肌梗死的危险性为血清铁蛋白<200μg/L者的2.2倍。体内铁贮存过多使冠心病危险性增高的可能机理是游离铁可催化氧自由基的形成，从而促进脂质的氧化修饰和心肌损伤。体内铁贮存较少可能是发展中国家冠心病发病率较低的原因之一。

此外，碘可减少胆固醇在动脉壁的沉着；硒对心肌有保护作用；钒有利于脂质代谢。可见，膳食中种类齐全、比例适当的常量元素和微量元素有利于减少冠心病。

三、冠心病的营养防治

高脂肪膳食和能量摄入过多以及由此引起的肥胖等是高胆固醇血症的物质基础，而高胆固醇血症又是冠心病的主要危险因素。因此可以用调整膳食结构的方法来改变血液胆固醇含量，预防冠心病的发生或控制病情的发展。

（一）限制饱和脂肪酸和胆固醇摄入

膳食中脂肪摄入量以占总能量20%～25%为宜，其中饱和脂肪酸对血胆固醇影响较大，摄入量应少于总能量的10%，胆固醇摄入量<300mg/d。高胆固醇血症患者应进一步降低饱和脂肪酸摄入量使其低于总能量的7%，胆固醇<200mg/d。含饱和脂肪酸和胆固醇较多的食物主要是动物性食品，在日常饮食中应注意：① 多用鱼类和禽类，少用肉类和蛋类。肉类尤其是猪肉中含有较多饱和脂肪酸，就是瘦猪肉也含有一定量饱和脂肪酸。鸡肉含饱和脂肪酸要少些，而不饱和脂肪酸约占20%以上。鸭肉、鹅肉和鸡肉相似，只是不饱和脂肪酸稍少些。与大多数动物性食品不同，鱼类则主要含不饱和脂肪酸，尤其还含有ω-3长链多不饱和脂肪酸，对心血管有保护作用，可适当多吃。从预防冠心病的角度看，一般肉类处于消极的一端，鱼类处于有益的一端，而禽类则处于中间。蛋类营养丰富，但蛋黄中胆固醇含量较高，应适当少吃。② 以植物油替代动物脂肪。植物油是不饱和脂肪酸的主要来源，如芝麻油、大豆油、花生油等，而动物脂肪如猪油、牛油、奶油等都含大量饱和脂肪酸。应当注意的是，植物油中的椰子油和棕榈油主要含大量饱和脂肪酸，而不饱和脂肪酸含量很少。此外，氢化植物油如人造黄油等因含反式脂肪酸也不宜多用。

（二）控制能量摄入

即食物摄入的总量不要太多，避免吃得过饱，防止能量摄入过多而造成肥胖。

（三）碳水化合物比例适当

碳水化合物和脂肪都是能量的来源。摄入较多脂肪包括不饱和脂肪酸可促进肥胖，但摄入较多的碳水化合物易升高血中甘油三酯的含量，而且与膳食中的脂肪酸组成无关。故膳食中碳水化合物的适当比例是一个值得研究的问题。目前认为，碳水化合物占总能量的55%～60%比较合理，其中单糖和双糖宜控制在10%以内，因为蔗糖、果糖等可能比淀粉更容易转化为甘油三酯。日常饮食中应少吃甜食，并摄入一定量的膳食纤维，如燕麦、玉米、豆类等。膳食纤维有助于降低血脂，也能减少冠心病的发病率。

（四）动、植物蛋白合理调配

富含动物蛋白的食物往往同时含有较多的动物脂肪，而大豆所含蛋白质优于其他植物蛋白。大豆富含不饱和脂肪酸又不含胆固醇。大豆卵磷脂有利于胆固醇的运转，大豆异黄酮有助于减少冠心病的危险性。适当多吃些大豆或豆制品，以取代部分动物蛋白无疑是有益的。

（五）多吃蔬菜水果和菌藻类食物

蔬菜水果除了含大量膳食纤维、矿物质、维生素C外，还富含具有抗氧化作用的成分，如β-胡萝卜素、番茄红素等类胡萝卜素，槲皮黄酮、异黄酮等生物类黄酮。它们能减少体内脂质过氧化物的形成，防止低密度脂蛋白被氧化，降低发生冠心病的危险性。法国人的膳食结构和其他欧美国家相似而冠心病发病率却较低，可能与法国人大量饮用红葡萄酒有关，而红葡萄和红葡萄酒中富含类黄酮。菌藻类食物如香菇、木耳等还含有降血脂、抗血凝的成分。

（六）限制钠的摄入量

高血压是冠心病的另一危险因素，而钠的摄入量与高血压密切相关。故防治冠心病的膳食调整措施也应包括限制钠盐的摄入。具体可参考本章第一节。

（七）少饮酒，多饮茶

尽管有报道认为饮酒可提高高密度脂蛋白含量，对降低冠心病的发病率和死亡率有利，但大量饮酒却有损健康，包括引起心律失常和心肌损害。因此不提倡把饮酒作为预防冠心病的方法。喜饮酒者也只能少量饮用。咖啡和糖也有一定的升高血脂作用，冠心病患者不宜多饮咖啡。而茶叶如绿茶、乌龙茶等因含茶多酚类成分而具有降低血清胆固醇和甘油三酯含量以及抗氧化作用，可以经常适量饮用。

（八）建立良好的膳食制度

定时定量进食和少食多餐，不仅有利于保持正常体重，而且可以减少由于进食引起的心脏负荷，维持血脂水平的稳定。尤其是晚餐宜清淡，避免摄入过多高脂肪食物而引起餐后高血脂。据报道，6%以上的冠心病患者可因饱餐而诱发急性心肌梗死。

对于高胆固醇血症和冠心病患者来说，应该尽早进行膳食调整。因为膳食干预可降低血液胆固醇水平，减缓冠心病的进程，减少其发作。对一般人来说，膳食措施从儿童时期就要开始实施，因为动脉粥样硬化过程从儿童时期就可能开始。

第三节 脑 卒 中

脑卒中是脑血管疾病，俗称中风，包括脑出血、蛛网膜下腔出血和脑梗塞。脑出血指脑实质内大量自发性出血，约占全部脑卒中的10%。蛛网膜下腔出血指非外伤性脑表面或脑底部血管破裂，血流入蛛网膜下腔，约占5%～10%。而脑梗塞最为常见，是由于脑供血障碍如脑血栓形成或脑栓塞引起的局部脑组织缺血性坏死或软化，约占43%～65%。此外，短暂性脑缺血发作，俗称小中风，可占10%左右。脑卒中常导致突然丧失知觉和某种程度的瘫痪，严重者可致死。

我国每年新发生的完全性脑卒中约150万人，每年死于脑卒中者100万以上，脑卒中死亡率已明显高于冠心病。70%以上患者不同程度丧失劳动力，遗留轻重不等的偏瘫，失语和痴呆等残疾，生活不能自理，给社会和家庭带来沉重负担。

一、脑卒中的危险因素

脑卒中的主要危险因素是高血压和动脉粥样硬化。两者与脑出血关系密切,而后者与脑血栓形成关系密切。吸烟、肥胖和高脂血症也是脑卒中的危险因素。

膳食中蛋白质的质和量与脑卒中发病率有关。动物实验发现,当饲料中蛋白质含量为25%时,原发性高血压大鼠的脑卒中发生率仅11%,而饲料中蛋白质含量为19.7%时,自发性高血压大鼠的脑卒中发生率高达82%。研究还发现,鱼类蛋白有降低高血压和脑卒中发病率的作用。大豆蛋白虽无明显的降压作用,却可因改善血管壁的理化性能而有利于预防脑卒中。

二、脑卒中的预防措施

防治高血压和动脉粥样硬化是预防脑卒中的重要措施。国内外的研究表明,控制收缩期和(或)舒张期高血压,能降低脑卒中的发病率和死亡率,并能减少再次发生缺血或出血的危险性。在一项对43000名病人平均随访5年半的研究中发现,治疗组病人随访期间平均舒张压比对照组病人低0.79kPa(5.7mmHg),脑卒中的发病率下降了39%。因此,预防脑卒中的膳食措施也与防治高血压、冠心病的膳食措施基本相同。其要点是:① 控制能量摄入,维持正常体重。尤其要避免过多摄入脂肪,防止肥胖和高胆固醇血症。② 限制食盐摄入量,平均每日不超过6g。③ 增加膳食中优质蛋白质,尤其是鱼类蛋白和大豆蛋白的摄入量。④限制饮酒量。一些研究发现,少量饮酒(相当于每日摄入酒精12~24g)的妇女,缺血性脑卒中发生率较低。但不论饮酒量多少,饮酒妇女蛛网膜下腔出血的危险性均可增加3~4倍。其他可参阅本章第一、二节。

复习练习题

(一)单选题(下列每题选项中,只有1个是正确的)

1. 下列膳食脂肪酸中能升高血胆固醇含量的是
   A. 顺式 C18∶1　　B. 反式 C18∶1　　C. C18∶2　　D. C18∶3
2. 下列膳食脂肪酸中能降低血甘油三酯含量的是
   A. 油酸　　B. 亚油酸　　C. 花生四烯酸　　D. DHA
3. 膳食中胆固醇与等量饱和脂肪酸相比
   A. 膳食胆固醇对血胆固醇含量的影响较大
   B. 膳食饱和脂肪酸对血胆固醇含量的影响较大
   C. 两者的效应相同
   D. 无法确定
4. 下列植物油中主要含饱和脂肪酸的是
   A. 椰子油　　B. 玉米油　　C. 大豆油　　D. 橄榄油
5. 下列关于饮酒与血压关系的陈述中正确的是
   A. 饮酒能减少高血压的危险性
   B. 适量饮酒能减少高血压的危险性

C. 饮酒与高血压无关

D. 大量饮酒能增加高血压的危险性

6. 世界卫生组织建议的食盐摄入量上限为

A. 15 g/d　　　　　B. 10 g/d　　　　　C. 6 g/d　　　　　D. 5 g/d

(二) 多选题 (下列每题选项中, 至少有 2 个是正确的)

1. 能升高血液中胆固醇含量的膳食脂肪酸是

A. C8:0　　　　B. C12:0　　　　C. C14:0　　　　D. C16:0

E. C18:0

2. 下列方法有助于预防冠心病

A. 经常饮酒　　　　　　　　　　　　B. 限制饱和脂肪酸和胆固醇摄入量

C. 多吃蔬菜水果　　　　　　　　　　D. 控制能量摄入量

E. 限制钠盐摄入量

3. 下列哪些营养因素与高血压的发生率增高有关

A. 能量摄入过多　　　　　　　　　　B. 高蛋白饮食

C. 钠盐摄入过多　　　　　　　　　　D. 钾盐摄入过多

E. 饮酒

4. 膳食中钾的主要食物来源是

A. 谷类　　　　B. 蛋类　　　　C. 肉类　　　　D. 蔬菜水果

E. 豆类

5. 含高钾低钠的食物是

A. 水果　　　　　　　　　　　　　　B. 豆类

C. 浅色蔬菜　　　　　　　　　　　　D. 深色蔬菜

E. 荞麦、燕麦

答案

(一) 单选题: 1. B　　2. D　　3. B　　4. A　　5. D　　6. C

(二) 多选题: 1. BCD　　2. BCDE　　3. ACE　　4. DE　　5. ABCE

(沈新南)

第十八章 糖 尿 病

第一节 概 述

糖尿病是一种具有遗传倾向的内分泌代谢疾病，主要因胰岛素绝对或相对分泌不足，引起碳水化合物、脂肪、蛋白质、水及电解质代谢紊乱，从而导致高血糖、糖尿，临床上出现多饮、多食、多尿、疲乏和消瘦等症状，严重时可发生酸碱平衡失调，酮症酸中毒甚至昏迷。糖尿病早期无症状，中晚期多合并有心血管、肾脏、眼部及神经系统病变，外科常合并化脓性感染、坏疽及手术后创面长期不愈合等。

一、流行病学

糖尿病是一种常见病。世界各国各民族都有发病，并且逐年增多。据 WHO 提供的资料，1995 年全世界的糖尿病患者有 1.25 亿，预计到 2025 年，患病人数将增至 2.99 亿，并将成为世界第五位死亡原因。全世界多数国家的发病率为 1‰～2‰，工业发达国家的发病率较发展中国家为高。美国发病率为 5‰～6‰，每年增长 6‰；日本发病率为 0.6‰～5.10‰。我国在 1980 年第一次普查时发现，20 岁以上者发病率为 6.74‰，1994 年第三次普查结果为 25.1‰，比 1980 年增长 3 倍以上。2004 年 10 月国务院新闻办公室新闻发布会公布的"2002 年中国居民营养与健康状况调查"结果表明，我国 18 岁以上居民糖尿病患病率为 2.6%，空腹血糖受损率为 1.9%。估计全国糖尿病现患病人数 2000 多万，另有近 2000 万人空腹血糖受损。

糖尿病在同一人群中发病率有较大差异，年龄和性别是主要影响因素。我国调查资料显示，20 岁以下的最低，40 岁以上急增，60 岁以上最高。在欧美国家，女性发病率高于男性，男女发病率之比为 1:1.4。但在东南亚国家男性发病率高于女性。我国男女发病率之比为 1.08:1，差别不显著。就职业而言，从事家务的人患病率最高，干部和知识分子次之，农民最低。超重的人无论年龄大小，发病率均明显高于非超重者。

二、糖尿病临床分型

糖尿病分为以下三型。

(一) 1 型糖尿病

由于胰岛 β 细胞损伤，机体胰岛素绝对缺乏，必须依赖外源胰岛素维持生命，曾被称为胰岛素依赖型糖尿病（IDDM），现被称为 1 型糖尿病。此病多见于幼儿及青少年，15 岁以内发病，也可见于成人。该型病情重，血糖波动大，易发生酮症酸中毒。因为患者血浆胰岛素水平低下，故需终身用胰岛素治疗。

(二) 2 型糖尿病

主要病因是胰岛素抵抗或胰岛素相对缺乏。所谓胰岛素抵抗是指体内胰岛素并不少或反而多，但因组织对胰岛素不敏感，使其不能发挥作用，因而血糖升高。曾被称为非胰岛素依赖型糖尿病（NIDDM），现称 2 型糖尿病。此病多见于 40 岁以上成人，患者大多肥胖，发病之初多无感觉，常在体检或者有明显糖尿病症状时才发现。该型病情进展缓慢，胰岛素分泌多，胰岛素受体呈不敏感性。血浆胰岛素水平基本在正常范围内，早、中期不需要胰岛素治疗。

（三）其他类型

由胰岛自身疾病或其他内分泌改变所引起，也称继发性糖尿病。如胰腺炎、胰腺切除、血色病等引起的糖尿病以及垂体性糖尿病和类固醇性糖尿病等。在原发病治愈后，糖尿病症状可随之消失。

第二节　糖尿病病人的代谢变化

由于胰岛素的不足或利用障碍，糖尿病患者体内糖、脂肪和蛋白质代谢发生严重紊乱，进而引起水、电解质等的代谢紊乱。

一、糖代谢

肝脏中糖原分解增加，合成减少，糖原异生增强。脂肪组织和肌肉中糖进入减少，利用减少。肌肉中糖酵解减弱，糖原合成减少，分解加速。其结果可引起高血糖、糖尿、高血浆渗透压、乳酸性酸中毒。

二、脂肪代谢

由于糖代谢失常，引起能量供应不足，促进脂肪大量分解，经 β-氧化而产生大量的乙酰辅酶 A，又因糖酵解失常草酰乙酸减少，使乙酰辅酶 A 不能与之充分结合氧化而转化为大量酮体。当酮体生成过多过快，氧化利用减慢时，则出现酮血症和酮尿。临床上可发生酮症、酮症酸中毒，严重时出现糖尿病性昏迷。

乙酰辅酶 A 增多可促进胆固醇合成，形成高胆固醇血症。脂肪代谢失常还可引起血中甘油三酯和游离脂肪酸增加，形成高甘油三酯伴高游离脂肪酸血症。血脂的升高是糖尿病患者动脉粥样硬化并发症的主要因素。

此外，由于肝糖原合成及储藏减少，在脑垂体及肾上腺等激素调节下，脂肪自脂库动员分解转移入肝脏，形成脂肪沉着、肝细胞变性及肝脏肿大成为脂肪肝。

三、蛋白质代谢

为了提供更多的能量弥补糖代谢失常所引起的能量不足，肌肉和肝脏中蛋白质分解亢进，合成减少，呈负氮平衡。血浆成糖氨基酸包括丙氨酸、甘氨酸、苏氨酸、丝氨酸及谷氨酸下降，提示由于胰岛素不足引起糖异生旺盛；成酮氨基酸包括亮氨酸、异亮氨酸、缬氨酸、及 α-氨基丁酸成倍上升，尤其是前二者在肝脏中脱氨生酮，使血酮升高形成酮血症，严重时可发展为酮症酸中毒。此外，血中氨基酸、非蛋白氮浓度增高，尿中尿素氮及有机酸也增高，影响水和酸碱平衡，使失水及酸中毒进一步恶化。由于蛋白质呈负平衡，肌肉等组织不断消耗，以致患者消瘦、疲乏、软弱、无力等。当蛋白质合成抑制时，可引起抗体形成受限，抵抗力减弱，患者易感染，创口不易愈合，儿童生长发育受阻等。

四、矿物质和维生素代谢

由于糖尿酮尿引起多尿症，蛋白质分解时产生大量酸性代谢产物如磷酸、硫酸、酮酸及其他有机酸，排出时损失大量水分以及细胞外渗透压增高等，可引起机体严重失水。在糖尿病酮症酸中毒时，失水更为严重。严重的糖尿病如酮症酸中毒时可发生电解质代谢紊乱。早期可出现低钠低钾血症，当肾功能减弱时，使血钾滞留而升高。由于尿路失钙较多，可出现负钙平衡，但血钙降低不明显。糖尿病患者血磷水平常降低。

糖尿病也可引起维生素代谢改变，与糖、脂肪和蛋白质代谢有关的维生素，尤其是 B 族维生素变化较为明显，常见缺乏。

第三节 营养治疗

饮食治疗是治疗糖尿病行之有效的基本措施。无论何种类型，用胰岛素还是用口服药，都必须通过饮食控制以减轻胰岛 β 细胞的负担，改善症状，防治各种并发症。对于年老、肥胖而无症状或少症状的轻型患者，空腹及餐后血浆胰岛素偏高者，饮食治疗为首要措施。严重患者，除药物治疗外，更要严格饮食治疗以防病情波动。

一、营养治疗的原则

糖尿病饮食治疗的目的在于使患者恢复和维持正常的血糖、尿糖、血脂水平，防止和减缓并发症的发生，因此在饮食治疗中要注意以下原则。

1. 适当节制饮食，限制总能量摄入量，以达到并维持理想体重。
2. 膳食中碳水化合物、蛋白质和脂肪比例应适当。同时注意补充足够的维生素和微量元素。
3. 避免高血糖指数食物的摄入。
4. 提倡高纤维饮食，减少酒和钠的摄入。
5. 糖尿病饮食治疗需长期坚持。
6. 肥胖、妊娠、并发症患者的饮食治疗应视具体情况而定。

二、饮食治疗方法

（一）确定能量及营养素供给量

1. 能量　糖尿病患者的能量供给量，应以能维持或略低于理想体重为宜，可根据患者的年龄、劳动强度、肥胖程度等按下式计算：

能量供给量（kJ）＝标准体重（kg）×能量供给标准（kJ/kg·d）

（1）标准体重：根据患者身高按下式计算：

标准体重＝身高（cm）－100（身高在 165cm 以上或年龄＞40 岁者）

或标准体重＝身高（cm）－105（身高在 165cm 以下或年龄＜40 岁者）

（2）糖尿病人能量供给标准（成人）：

休息状态：104.6～125.5 kJ（25～30kcal）/kg·d

轻体力劳动：125.5～146.4 kJ（30～35kcal）/kg·d
中体力劳动：146.4～167.4 kJ（35～40kcal）/kg·d
重体力劳动：167.4～188.3 kJ（40～45kcal）/kg·d

（3）肥胖程度：按体质指数（BMI）判断。BMI可按下式计算：

体质指数=体重（kg）÷身高^2（m^2）

（1）WHO对成人BMI的划分：18.5～24.9为正常范围，＜18.5为低体重（营养不足），≥25.0为超重，肥胖前状态是25.0～29.9，一级肥胖为30.0～34.9，二级肥胖为35.0～39.9，三级肥胖≥40.0。

（2）亚太地区BMI：世界卫生组织肥胖专家顾问组针对亚太地区人群的体质及其与肥胖有关疾病的特点，在2002年提出亚洲成年人BMI＜18.5为体重过低，18.5～22.9为正常，≥23.0为超重，23.0～24.9为肥胖前期，25.0～29.9为一级肥胖，≥30.0为二级肥胖。

（3）我国BMI：国际生命科学学会中国办事处中国肥胖问题工作组提出对中国人超重和肥胖程度判断的界限值，BMI＜18.5为体重过低，18.5～23.9为体重正常，24.0～27.9为超重，≥28为肥胖。

在计算糖尿病患者总能量时，消瘦者应取总能量的上限值，轻度肥胖者应取下限值，中度以上肥胖者在下限值的基础上再减去2092kJ（500kcal）。

2. **碳水化合物** 胰岛素问世以前，为了控制高血糖，糖尿病患者膳食中的碳水化合物被严格控制在15％以下。以后的研究发现，血糖增高主要取决于总能量的摄入，在合理控制总能量的前提下，提高碳水化合物的摄入量可改善糖耐量，不仅不增加胰岛素的需求，反而还可提高胰岛素的敏感性，因此应提高膳食中碳水化合物的供给量。目前主张碳水化合物以占总能量的55％～65％为宜。但是空腹血糖高于11.1mmol/L，尿糖较多时，需限制碳水化合物的摄入量。膳食中碳水化合物的重量，可按下式计算：

碳水化合物（g）=总能量（kcal）×55％～65％÷4（kcal）

式中4（kcal）为碳水化合物的生理卡价。

糖尿病病人膳食对碳水化合物的种类有一定的要求，其来源以米、麦类多糖为好，尽量避免使用单糖或双糖。因此要严格限制蜂蜜、糖浆、麦芽糖等纯糖制品及含糖度较高的甜点。尽管有些研究发现蔗糖对血糖的影响与淀粉无明显差异，认为限制蔗糖等简单糖不合理，但这一观点在国内尚未被接受。

由于摄入碳水化合物的同时还摄入有脂肪、蛋白质或膳食纤维，使血糖有不同的反应，因此有人提出了"血糖指数（GI）"的概念，即餐后不同食物血糖耐量曲线在基线内面积与标准糖（葡萄糖）耐量面积之比，以百分比表示。

$$血糖指数 = \frac{某食物在食后2h血糖曲线下面积}{相等含量葡萄糖在食后2h血糖曲线下面积} \times 100$$

血糖指数可作为选择多糖类食物的参考依据。在谷类主食中尽量选择血糖指数较低的品种（表18-1），如莜麦面、荞麦面、玉米面等。

表 18-1 中国常见食物血糖指数 (GI)

食物种类		GI	食物种类		GI
谷类	荞麦面条	59.3	水果	香蕉	52
	荞麦面馒头	66.7		梨	36
	大米饭	80.2		苹果	36
	白小麦面面包	105.8		柑	43
	白小麦面馒头	88.1		葡萄	43
豆类	扁豆	18.5		猕猴桃	52
	绿豆	27.2		芒果	55
	冻豆腐	22.3		菠萝	66
	豆腐干	23.7		西瓜	72
	炖鲜豆腐	31.9	糖	果糖	23
	绿豆挂面	33.4		乳糖	46
	黄豆挂面	66.6		蔗糖	65
水果	樱桃	22		蜂蜜	73
	李子	24		白糖	83.8
	柚子	25		葡萄糖	97
	鲜桃	28		麦芽糖	105

3. **脂肪** 早期糖尿病治疗提倡低糖高脂膳食,以为高脂饮食既可避免餐后高血糖,又可提供能量。以后发现,高脂饮食可引发和加重高脂血症,继而导致脂肪肝、心脑血管病变、高血压等并发症。因此糖尿病膳食应当控制脂肪的供给量。目前要求脂肪供给量应占总能量的20%~25%。

研究发现,减少食物中的饱和脂肪酸而增加不饱和脂肪酸,可降低血压,减少冠心病的发病率和死亡率。因此需严格控制饱和脂肪酸的摄入,一般要求不超过总能量的10%,或低于脂肪总摄入量的1/3,并希望多不饱和脂肪酸与饱和脂肪酸的比值(P/S比值)能达到1.5~2.5。

4. **蛋白质** 糖尿病患者体内糖原异生增强,蛋白质分解增加,蛋白质摄入量不当易出现负氮平衡,故应保证蛋白质的供给量。目前主张糖尿病患者膳食中蛋白质提供的能量应占总能量的15%,或成人1.0g/kg·d,这一数量与正常人的摄入量基本相同。儿童、孕妇、乳母、营养不良及有消耗性疾病的患者,在肝肾功能及代谢允许的情况下,可将供给量提高至1.2~2g/kg·d,或高于总能量的20%。确诊有肾衰竭时,蛋白质的供给量则应限制为0.8g/kg·d。为了发挥食物蛋白质的互补作用,要求动物性蛋白须占总蛋白供给量的1/3~1/2,并应提供一定量的豆类及豆制品,以利降低胆固醇。

5. **维生素和矿物质** 糖尿病患者代谢相对旺盛,尿量较多,致使维生素丢失和消耗增多,所以常发生维生素的缺乏,继而引起各种并发症。与糖尿病关系较密切的是B族维生素、抗坏血酸和β-胡萝卜素等。B族维生素是糖和蛋白质等代谢过程中许多酶的辅酶,缺乏时可加重糖尿病的代谢紊乱;抗坏血酸可预防因其缺乏而引起的微血管病变;β-胡萝卜素及维生素E、抗坏血酸等可清除糖尿病患者体内因葡萄糖和糖基化蛋白自动氧化产生的大量自由基,因此糖尿病患者膳食中要保证这些维生素的供应。目前主张硫胺素的供给量:成年男子为1.2mg/d,女子为0.9mg/d;核黄素:成年男子为1.8mg/d,女子为1.3mg/d;抗坏血酸:成年男女均为80mg/d。

矿物质对糖尿病的营养治疗效果也有密切关系。特别是铬、锌、钙、磷、镁、钠等。铬是人体必不可少的微量元素。三价铬是葡萄糖耐量因子的组成成分,对碳水化合物代谢有直接作用。良好的铬营养既有助于预防和延缓糖尿病的发生,又可改善糖尿病患者的糖耐量,降低血糖和血脂,增强胰岛素的敏感性。锌是体内代谢中多种酶的组成部分和活化剂,参与胰岛素的合成,稳定胰岛素的结构,协调葡萄糖在细胞膜间的转运,并与胰岛素的活性有关。糖尿病患者常因分解代谢亢进,尿锌排出增多,引起锌缺乏。研究发现,机体锌不足时,常伴有胰岛素分泌减少,组织对胰岛素作用的抵抗性增强。因此在糖尿病患者膳食中应注意锌的补充。钙和磷是骨骼和牙齿的主要成分。糖尿病患者常伴有钙、磷代谢紊乱,所继发的骨质疏松与钙、磷的大量丢失有密切关系,故钙、磷的补充不可忽视。糖尿病患者出现的糖尿和酮症酸中毒,可使镁从尿中大量丢失而引起低镁血症。缺镁可致胰岛素抵抗,降低2型糖尿病患者对胰岛素的敏感性。补充镁后可使胰岛素分泌能力改善,防止视网膜病变的发生。锰代谢障碍可引起葡萄糖耐受性损害。因此糖尿病患者的饮食中,还应注意镁、锰等的补充。此外,糖尿病患者的饮食中,应控制钠的供给量,每日应小于3g。伴有高血压者应少于2.4g。低钠有利于糖尿病的控制及预防并发症。

6. 膳食纤维 膳食纤维对糖尿病有良好的防治作用。它们不仅可改善糖代谢,还可降血脂、防便秘等。饮食中膳食纤维含量下降,可使糖尿病、冠心病、肥胖等疾病的发病率明显升高。

膳食纤维分为水溶性和非水溶性两类。水溶性纤维在肠内形成凝胶时,可减慢糖的吸收,从而降低空腹血糖和餐后血糖水平,改善糖耐量,增高组织胰岛素受体敏感性,既有利于患者的血糖控制,又能降低血清胆固醇浓度。非水溶性纤维虽然对血糖和血脂代谢无直接影响,但能促进胃肠蠕动,加快食物通过,减少吸收,所以可间接降低血糖。此外,还可增加粪便体积,通便和减肥。

正常人膳食纤维的摄入量每日为15~20g,糖尿病患者应增加到30g左右。

(二)制定食谱

制定食谱是治疗糖尿病的具体措施。食谱是否适当,直接关系到饮食治疗效果。制定食谱通常是以《食物成分表》为基础,以糖尿病患者的能量和营养素需要量为依据,以食品交换法进行制定。具体方法如下。

1. 根据能量需要确定各类食物的交换份数 能量需要量可根据患者的理想体重和能量供给量标准计算(见前)。各类食物交换份数可查表18-2获得。每份交换食物的营养素含量见表18-3。

表 18-2　不同能量治疗饮食中各类食物交换份数

能量(kcal)	主食类[1](份)	蔬菜类(份)	鱼肉类(份)	乳类(份)	水果类(份)	油脂类(份)	合计(份)
1000	6	1	2	2	—	1	12
1200	7	1	3	2	—	1.5	14.5
1400	9	1	3	2	—	1.5	16.5
1600	9	1	4	2	1	1.5	18.5
1800	11	1	4	2	1	2	21
2000	13	1	4.5	2	1	2	23.5
2200	15	1	4.5	2	1	2	25.5
2400	17	1	5	2	1	2	28

注：1) 主食类指谷类、米面等。

表 18-3　各类食物中每份交换食物的营养素含量

食品类别	交换份数（份）	能量（kcal）	碳水化合物（g）	蛋白质（g）	脂肪（g）
主食类[1]	1	90	19	2	0.5
蔬菜类	1	80	15	5	—
水果类	1	90	21	1	—
鱼肉类	1	80	—	9	5
乳类	1	80	6	4	5
油脂类	1	80	—	—	9

注：1) 主食类指谷类、米面等。

2. 根据餐次分配比例确定一日每餐各类食物交换份数　一般一日按三次固定进餐，其比例为 1/5，2/5，2/5。然后按此比例根据表 18-2 确定的各类食物的交换份数，参照患者的饮食习惯，分配到各餐中。见表 18-4 中的举例。

表 18-4　提供 1800kcal 能量饮食的各餐食物交换份数

食品类别	早餐（份）	中餐（份）	晚餐（份）	合计（份）
主食类[1]	2	5	4	11
蔬菜类	—	0.5	0.5	1
水果类	—	1	—	1
鱼肉类	—	2	2	4
乳类	2	—	—	2
油脂类	—	1	1	2
合计	4	9.5	7.5	21

注：1) 主食类指谷类、米面等。

3. 根据患者口味和其他情况，查《等值食物交换表》（表18-5）确定各餐食物的品种和数量，定出菜谱。

表18-5 等值食物交换表

食物类别	食物名称	质量（g）	食物名称	质量（g）	食物名称	质量（g）
主食[1]（每份）	大米或面粉	25	干粉条	25	山药	125
	生挂面	25	绿豆或赤豆	25	藕粉	25
	小米	25	苏打饼干	25	荸荠	150
	玉米粉	25	凉粉	400	银耳	25
	咸面包	37.5	土豆（食部）	125		
	生面条	30	慈姑（食部）	75		
水果（每份）	鸭梨（2小个）	250	葡萄（20粒）	200	苹果（2小个）	200
	桃（1大个）	175	李子（四小个）	200	鲜枣（10个）	100
	西瓜	750	鲜荔枝（6个）	100	黄岩蜜橘	250
	橙（中3个）	350	汕头蜜橘	275	香蕉（2小个）	100
鱼肉（每份）	瘦猪肉	25	鱼	75	猪舌	50
	蛤蜊肉	100	瘦牛肉	50	瘦羊肉	50
	兔肉	100	北豆腐	100	豆腐丝	50
	香肠	20	酱肉	25	虾	75
	猪肝	70	鸡蛋	55	南豆腐	125
	干黄豆	20	大排骨	25	家禽类	50
	猪血	70	肉松	20	麻豆腐	125
乳类（每份）	淡牛奶	110ml	牛乳粉	15	酸牛奶	110ml
	淡炼乳	60ml	豆浆	200ml	豆汁	500ml
油脂（每份）	豆油或菜油	9	麻油或花生油	9	南瓜子	30
	核桃仁	12.5	花生米或杏仁	15	芝麻酱	15
蔬菜（每份）含糖>4%	倭瓜	350	鲜豇豆	250	鲜豌豆	100
	柿椒	350	扁豆	250		
	丝瓜	300	四季豆	250		
含糖<3%	白菜、圆白菜、菠菜、油菜、韭菜、芹菜、莴笋、西葫芦 西红柿、冬瓜、黄瓜、苦瓜、茄子、绿豆芽、菜花、鲜蘑菇					500

注：1) 主食类指谷类、米面等。

（三）固定菜肴法

采用食品交换法制定每位患者食谱较为精确，但在医院实际应用时较不方便，因此在配餐时将每位患者的菜肴部分统一配置,然后以患者需要的总能量减去菜肴中的能量,所得能量的差额由主食补充。这样可使配餐工作简化,主要用于医院营养室。

三、特殊情况下的饮食治疗原则

(一)糖尿病合并妊娠

胰岛素问世后,孕妇和婴儿死亡率明显降低。但是新生儿畸形仍是妊娠糖尿病的重要问题。因此加强糖尿病病情的控制十分必要。

妊娠糖尿病患者的营养治疗原则是能量和营养素的供给量能同时满足母体和胎儿生长发育的需要,但要严格监测孕妇血糖和体重。体重的增长不超过9~10kg。妊娠期前4个月的能量和营养素供给量与普通患者相同,以后每日增加能量300~400kcal,蛋白质25g,并注意钙、磷、铁和多种维生素的补充。有浮肿倾向和高血压者要限制钠盐,每日食盐摄入量要小于6g;肥胖患者不宜过分采用低能量饮食降低体重,以免影响胎儿的发育。

(二)儿童糖尿病

儿童糖尿病多属1型糖尿病,病情控制不好,可使患者死亡率明显增加,因此要加强儿童糖尿病的管理。由于患儿正处于生长发育阶段,能量和营养素的供应一定要满足需要,不能过分限制能量,同时避免血糖波动,维持血脂正常。

具体的饮食方案应结合年龄,身高,体重而定。4岁以下者可按50kcal/kg·d,4~10岁按45~50kcal/kg·d,10~15岁按35~40kcal/kg·d供给食物。凡有营养不良及消耗性疾病的患儿,总热量可酌情增加。三大营养素占膳食总能量的比例为:碳水化合物50%,脂肪30%~35%,蛋白质15%~20%。

主食宜用大米、面粉,避免食用白薯、土豆、芋头等块茎食物。平时须忌食糖果、蜜饯等甜食。脂肪以植物油为主,避免肥肉和动物脂肪。蔬菜选含糖量较低的。同时还应注意补足维生素和微量元素。

(三)糖尿病合并酮症酸中毒

酮症酸中毒是一种严重急性并发症,如病情不能及时控制可发生昏迷。饮食治疗的原则是急性期如果血糖过高,应先短期禁食,血糖下降至14~16.8mmol/L后可考虑给予饮食。如果患者无昏迷,应供给易于消化的单糖、双糖类食物(如水果汁等)。每日所进的碳水化合物总量一般不少于200g,或者根据患者使用胰岛素的剂量及具体病情而定。渡过急性期后,可以加粥,面包等含碳水化合物的主食,但要求严格控制每日脂肪和蛋白质的摄入量,以防体内产生新的酮体,使病情反复。当血糖正常、尿酮完全消失后,方可逐渐增加脂肪和蛋白质的用量。若出现昏迷不能进食,应给予全流质易消化的饮食鼻饲,开始时用量宜少,以后逐渐增加。

(四)低血糖反应

当血糖小于50mg/dl或2.8mmol/L时可发生低血糖反应,多见于注射胰岛素或口服降糖药过量所致。轻症患者可出现冷汗、心悸、头晕等症状,严重者可致昏迷,甚至死亡。症状较轻、神志清醒者,可用温水冲服蔗糖20~50g(儿童10~15g),多数患者能迅速缓解。如果症状较重,除用糖水外,应进食些水果,饼干,馒头等。若病情严重、神志不清,应立即送医院抢救,予以静脉输注葡萄糖。为防止低血糖反应,糖尿病患者最好随身带些糖果,饼干等食品,并学会随体力活动的增减而适当调整饮食总量。

(五) 糖尿病肾脏病

本病是糖尿病患者,特别是幼年患者的主要死亡原因。其主要临床表现是蛋白尿、血浆蛋白下降、高血压、血浆胆固醇浓度升高、氮质血症和水肿等,最后可发展为肾衰竭、尿毒症。营养治疗的原则是保证能量供给,蛋白质摄入量根据病情决定。食物应选择有利于减轻临床症状和肾脏负担者。食谱的制定主要根据体内蛋白尿缺乏程度及氮质血症情况而定。无论蛋白质供应量多少,均应充分注意优质蛋白质(动物蛋白)的供给。如果氮质血症较轻,24小时尿蛋白丢失达15～20g,每日膳食中蛋白质应提高至100g。当肾衰竭导致尿毒症时,应限制蛋白质的摄入,每日20～30g,热能不低于2000kcal。

复习练习题

(一) 单选题(下列每题选项中,只有1个是正确的)

1. 糖尿病引起脂肪代谢变化的特点是
   A. 脂肪分解减弱　　　　　　　　B. 脂肪分解增强
   C. 胆固醇合成减少　　　　　　　D. 乙酰辅酶A形成减少

2. 糖尿病可引起
   A. 血浆成酮氨基酸下降　　　　　B. 血中氨基酸、非蛋白氮浓度降低
   C. 尿中尿素氮及有机酸降低　　　D. 血浆成糖氨基酸下降

3. 治疗糖尿病行之有效的基本措施是
   A. 饮食治疗　　B. 药物治疗　　C. 运动治疗　　D. 心理治疗

4. 葡萄糖耐量因子的组成成分是
   A. 钙　　　　　B. 铬　　　　　C. 锌　　　　　D. 硒

5. 糖尿病患者脂肪的摄入应占总能量的
   A. <15%　　　B. 15%～20%　　C. 20%～25%　　D. >25%

(二) 多选题(下列每题选项中,至少有2个是正确的)

1. 2型糖尿病的特点是
   A. 血浆胰岛素水平低下　　　　　B. 组织对胰岛素不敏感
   C. 血浆胰岛素水平正常或增高　　D. 多见于幼儿及青少年
   E. 多见于40岁以上成人

2. 糖尿病引起的营养代谢变化特点是
   A. 糖原异生增强　　　　　　　　B. 脂肪分解减弱
   C. 蛋白质合成减少　　　　　　　D. 胆固醇合成增多
   E. 肌肉中糖酵解减弱

3. 糖尿病饮食治疗中要注意的原则是
   A. 可不考虑总能量摄入量　　　　B. 避免高血糖指数食物的摄入
   C. 提倡高纤维饮食　　　　　　　D. 减少酒和钠的摄入
   E. 饮食治疗需长期坚持

4. 等值食物交换表中,1份大米与下列食物交换相当的是
   A. 25克小米　　B. 25克苏打饼干　　C. 25克凉粉　　D. 25克生面条　　E. 25克干粉条

5. 糖尿病合并酮症酸中毒饮食治疗的原则是
   A. 急性期如果血糖过高，应先短期禁食
   B. 急性期如果无昏迷，应供给易于消化的单糖、双糖类食物
   C. 渡过急性期后，可以立即加含碳水化合物多的主食
   D. 渡过急性期后，可以立即加脂肪和蛋白质多的主食
   E. 出现昏迷要禁食

答案

（一）单选题：1. B　　2. D　　3. A　　4. B　　5. C
（二）多选题：1. BCE　2. ACDE　3. BCDE　4. ABE　5. ABC

（郭俊生）

第十九章 骨质疏松症

骨质疏松症是指骨结构变得稀疏，骨重量减轻，骨脆性增加，容易骨折的一种疾患。早在2000多年前，已有古籍对骨质疏松病症有所描述，但直到1948年Albright和Reifentein对于这一疾病做了较全面的论述后，才引起人们的重视。近年来，随着老年医学和营养学研究的不断深入，进一步发现骨质疏松症是一种威胁老年人健康的常见病和多发病。

骨质疏松症常见于老年，女性多见于绝经期后，男性在55岁后。据初步统计，世界患者总数超过2亿，其中美国、西欧和日本就有7500万。我国尚未见骨质疏松症患病率的全国性报道。随着人口老龄化程度的加剧，发病率将不断增加。上海和北京的调查显示，50～60岁人口中，骨质疏松症患病率上海为25.96%，北京为21.3%；60～70岁老年患病率，上海为54.80%，北京为53.8%；70～80岁，上海为67.53，北京为73.1%。80岁以前，女性发病率约为男性的3～5倍，80岁以后，则无性别差别。白种妇女的发病率较高，黑人较低。

第一节 病　　因

一、营养因素

骨质疏松症的发生主要与机体钙缺乏有关，凡是能引起钙缺乏的因素均有可能成为本病的病因。

(一) 膳食缺钙

膳食钙不足可引起钙摄入减少，进而引起负钙平衡。为了维持血钙水平，机体通过增加甲状旁腺激素（PTH）分泌等促进骨质吸收（溶解），使骨骼中的钙释放入血，从而导致骨质减少。许多研究已经表明，膳食钙摄入量低的人群，骨质疏松症的发病率明显高于摄入高的人群。膳食缺钙主要与膳食结构有关。膳食组成中乳类和动物性食物较多时，钙的含量较多，消化吸收率较高，反之则少。我国膳食组成中，乳类食物较少。据2002年全国营养调查，我国居民膳食居民乳类摄入量仅为26.5g/d，动物性食物为108.2g/d，钙的摄入量为388.8mg，这可能是我国骨质疏松症发生率较高的重要原因。

(二) 影响钙吸收的因素

1. 膳食钙磷比例不平衡　膳食中的钙磷比例儿童以2:1或1:1，成人以1:1或1:2为宜。任何一种元素过多都可以干扰这两种元素的吸收，并可增加其中较少的一种元素的排泄。膳食中磷含量过高时，可降低钙的吸收量，并使血中钙离子浓度下降，进而刺激PTH的分泌，使骨钙释放以补充血钙。因此长期摄入高磷膳食，能使骨骼缓慢地连续性地丢失矿物质。我国营养调查显示，每日膳食中的钙含量为388.8mg，磷为978.8mg，钙、磷比例为1:2.5，磷的比例略高，这也可能是我国骨质疏松症发病率较高的原因之一。

2. 维生素D缺乏　维生素D可促进肠粘膜上皮细胞合成钙结合蛋白，此种蛋白有助于钙通过肠壁的转运而增加钙的吸收，凡能引起维生素D缺乏的原因，均可间接引起钙吸收下降。

3. 脂肪过多　膳食中的脂肪，特别是饱和脂肪酸过多时可抑制钙的吸收。因为脂肪与钙可结合形成不溶性钙皂，不溶性钙皂由粪中排出，使结合的钙丢失。

4. 年龄的影响　钙的吸收随年龄的增长而下降。据研究，婴儿钙的吸收率约75%，儿童为40%，成人仅20%左右，65岁以后进一步降低。

此外，膳食中植酸、草酸和膳食纤维等都能和钙结合形成不溶性盐影响钙的吸收，含量过高时，可使钙吸收减少。

（三）引起钙排出增多因素

体内钙主要通过粪、尿和汗三条途径排泄。每天自尿排出的钙约100～240mg，自粪排出约100mg，从汗中排出较少，约10mg。当膳食蛋白质含量增高时，尿钙排出明显增高。据研究资料，每增加1g蛋白质摄入，钙排出增加10mg左右。高蛋白摄入引起钙排出增加的原因，与蛋白质中含硫氨基（蛋氨酸和胱氨酸）分解产物硫酸根排出增多有关，硫酸根排出与钙的排出呈正相关。故长期摄入高蛋白，有可能发生骨质疏松症。但是蛋白质来自肉类时，尿钙排出未见明显增加，有人认为可能同时增加了磷的摄入所致。

此外，抗坏血酸严重缺乏时，也可发生骨质疏松症，其机理尚不清楚。

二、其他因素

1. 内分泌紊乱　卵巢功能减退，雌激素分泌下降是妇女绝经后骨质疏松症高发的主要原因。雌激素能抑制骨质吸收，缺乏时则导致骨质吸收增加。临床研究也证明，绝经后妇女用雌激素治疗可减少骨质消失，停药后则如故。骨质疏松症尚见于肾上腺皮质功能及甲状腺功能亢进。肾上腺糖类皮质激素能抑制成骨细胞活动，影响骨基质的形成，增加骨质吸收。此种骨质疏松以颅骨蝶鞍前、后床突出现较早，颅骨有斑点状透明灶。甲状腺功能亢进时，成骨细胞和破骨细胞活性增高，骨胶原组织破坏增多，骨钙转换率增加，血钙过高，尿钙排泄量增高。此外，垂体功能紊乱所引起的肢端肥大症或巨人症，甲状腺功能减退引起的克汀病，粘液性水肿等，都可因过度耗氮而致能量下降和骨基质形成减少，导致骨质疏松。

2. 体力活动减少　机械运动是刺激成骨细胞活动的重要因素，各种原因引起的活动减少如石膏固定、瘫痪、严重的关节炎等，因不活动、不负重，对骨骼的机械刺激减弱，使得成骨细胞活性降低，破骨细胞活性相对增强，结果发生负钙平衡和骨质疏松。

3. 其他　长期肝素治疗后影响胶原结构可导致骨质疏松。酒精过量和癫痫也可引起本病。

第二节　临床表现

一、主要临床症状

1. 疼痛　约半数以上病人有疼痛症状。常见的是腰背酸痛，其次是肩背、颈部或腕踝部，其中腰痛最为常见。疼痛有时放射至臀部直至腿部，活动多时加重，夜间和清晨醒来时明显。病人说不清楚引起疼痛的原因，可以是坐位、立位、卧位或翻身时疼痛，疼痛时好时坏，个体差异较大。

2. 骨骼变形　由于重力和韧带牵引的作用，疏松的骨骼可发生变形。常见的是脊椎骨和肋骨。椎体压缩变形可致驼背、身材变短；下段肋骨可压在髂骨嵴，引起胸廓畸形。

3. 骨折　骨质疏松不及时治疗易引起骨折。常见骨折部位是脊椎骨、股骨颈、股骨粗隆间、桡骨、腕骨等，其中股骨颈骨折较为常见。脊椎骨常呈压缩性骨折，女性人群中，50～54岁发生率为5%左右，80岁以上可达50%以上。股骨骨折自40岁开始，大约每隔6～7年，危险性增加约1倍。据美国统计资料，80～84岁年龄组，白种女性和男性髋部骨折发生率分别为1731人次/10万人群和735人次/10万人群。

二、实验室检查

（一）生化检查

血清钙、磷、碱性磷酸酶和尿钙、尿磷等一般均无异常，尿羟脯氨酸可能升高。骨折患者常有碱性磷酸酶升高。当出现骨吸收时，可有尿钙增高。

（二）X线检查

X线影像显示椎体普遍脱钙，周边部与中心区的对比鲜明，呈镜框状；骨小梁变细，横向骨小梁数目减少，纵向骨小梁相对增多和突出；椎间盘扩大压迫椎体，使椎体出现双凹变形；下胸椎和上腰椎椎体可有前沿楔形压缩性骨折。长骨皮质变薄，髓腔增大，皮质厚度和髓腔的比例减低（正常为1∶1）。当X线影像显示骨密度降低时，骨质消失已达30%以上，因此此种检查不能做早期诊断。

第三节　营养治疗

一、营养制剂治疗

（一）钙剂

骨质疏松的主要原因是缺钙，因此补钙是治疗此病的首选措施。一旦检查有钙负平衡，则应予以调整，给予大剂量钙剂。老年人维持钙平衡需要 10mg/kg·d，骨质疏松症患者需要 17mg/kg·d，体重 50kg 者每日需补充钙 850mg。口服钙剂主要有碳酸钙、枸橼酸钙、葡萄糖酸钙、乳酸钙等。其中有机钙的吸收利用率较高，应为首选。

（二）维生素D

某些人单纯补钙往往效果不佳，需要和维生素D联合使用，以促进钙的吸收利用。维生素D的补充量每日为 7.5～10μg（300～400IU）。维生素D制剂中以 α-D_3 较好。它由人工合成，是活性维生素 D_3 的前体，只需肝脏一步转化即成维生素 D_3。其用量每日为 0.25～1.0μg。老年人随年龄的增加，肾功能逐渐减退，维生素D的活化过程发生障碍，因此 α-D_3 对老年人尤为适宜。补充维生素D的过程中应每月监测血清钙的含量，以防发生高血钙。

（三）氟化物

氟可和羟磷灰石晶体结合在一起，有稳定骨盐晶体结构的作用，可抑制骨质的吸收和刺激新骨的形成，故骨质疏松患者常用氟化物治疗。一般每日口服氟化钠 50～60mg，疗程可达一年。为了防止新生骨钙化不足，主张与钙剂和维生素D联合应用。氟化钠有引起胃肠不良反应和关节痛等副作用,使用时应予注意。

此外,对绝经期妇女可采用雌激素补偿治疗。可每日口服乙烯雌酚1.0mg,连续4周后,停药1~2周后再用。用雌激素治疗可改善临床症状,防止病情发展,但X线影像变化不大,长期使用有增加子宫内膜癌的危险,因此患者需每年定期进行乳腺、盆腔和细胞学检查。如有阴道不规则出血,应立即检查。

降钙素对骨质疏松也有明显治疗作用。降钙素能直接作用于破骨细胞,抑制骨吸收过程。当病人不能接受雌激素时,可用此代替治疗。

二、饮食治疗

饮食治疗对骨质疏松症的恢复没有明显效果,但对病情的严重发展有一定的减缓作用。其治疗原则是合理选择食物,保证供给患者足够的钙和维生素D等营养素。

含钙较高的动物性食物有奶和奶制品、贝蟹虾类、禽蛋及其制品以及某些鱼类如沙丁鱼、鲈鱼、泥鳅等;植物性食物有菌藻类如发菜、海带、蘑菇、紫菜,咸菜类,豆类及其制品等。动物性食物中的钙消化吸收率较高;植物性食物因含有较多的植酸、草酸和膳食纤维,钙的消化吸收率较低。

含维生素D较高的食物有含脂肪高的海鱼、动物肝、蛋黄、奶油、干酪等(见表19-1)。

表19-1　一些食物中维生素D的含量

食物名称	含量(IU/100g)	食物名称	含量(IU/100g)
鳕鱼肝油	8500	炖鸡肝	67
熟猪肝	2800	鸡蛋	50
鲱鱼	900	牛乳	41
牛奶巧克力	167	烤羊肝	23
鸡蛋黄	158	煎牛肝	19
奶油	100	烤鱼子	2.3

第四节　预　防

一、合理膳食

我国居民膳食基本上属于贫钙膳食,其原因之一是膳食结构主要以植物性食物为主,钙含量低。据全国城乡调查,人均每日钙摄入量仅相当于中国营养学会推荐供给量的50%。原因之二是乳及乳制品摄入量低,据1996年调查,我国居民人均占有量仅为5.15kg,连同羊奶也不超过6kg,而全世界人均却在100kg。原因之三是钙吸收的干扰因素较多,因为居民膳食以植物性为主,粮食是主要能源,因而植酸摄入多,影响了钙的吸收。

鉴于上述情况,迫切需要调整膳食结构。针对引起缺钙的原因,依据我国膳食指南,增加乳及乳制品等钙含量丰富食品的比例，组成平衡膳食，合理营养，对预防骨质疏松症具有重要意义。

二、适时适量补钙

从理论上讲，只要膳食调配合理，无需从膳食外额外补充钙，但在实际生活中不易做到完全、合理，因此尚需寻求额外补充途径。

人一生中骨密度峰值达到的年龄和峰值的高度，与骨质疏松症发生的时间和严重程度有密切关系。一般情况下，20岁以前主要为骨的生长阶段，其后10余年继续加强，骨质仍有增加；约35~40岁时，单位体积内骨质密度达到顶峰，此后骨质逐渐丢失。尽管还没发现钙与骨密度峰值的达到时间有明显关系，但青春前期和青春期钙的营养状况对骨密度峰值的高低却有显著影响。如果这个时期能供给充足的钙，就能使骨密度峰值达到最高，保证绝经期和老年期具有较致密的骨质，使骨质疏松发生的年龄推迟，并可减少骨折的危险性。因此从青少年开始就应注意钙的补充。

钙摄入量增加可明显提高骨密度的峰值，但是钙摄入量过多，会产生毒副作用。研究表明，青少年和成人每日摄入的钙在2000mg以内是安全的。当摄入量超过2500mg时，可增加肾结石的危险性，引起便秘，并干扰铁、锌、镁、磷等元素的吸收和生物利用率。因此钙的补充应适量。根据我国居民营养素参考摄入量，1~17岁儿童每日钙的摄入量应为600~1000mg，成人为800mg，孕妇和乳母为800~1500mg。目前市售钙剂种类很多，补充时应注意制剂中钙元素的含量，计量应以钙元素计，而不是按钙制剂计。钙剂的种类及选择见前（营养制剂治疗）。

三、体育锻炼

体力活动能刺激成骨细胞活动，有利于骨质形成，故经常进行体育锻炼有助于预防骨质疏松症。如因骨痛需要暂时卧床，也应在床上尽可能进行四肢和腹背肌肉的主动或被动运动，防止发生失用性肌肉萎缩和骨质疏松进一步加重。

复习练习题

（一）单选题（下列每题选项中，只有1个是正确的）

1. 关于骨质疏松症的描述，正确的是
   A. 白种妇女的发病率低于黑种妇女　　　　B. 80岁以前，无性别差别
   C. 80岁以前，女性发病率低于男性　　　　D. 80岁以后，女性发病率高于男性
2. 明显影响钙吸收的因素是
   A. 膳食中脂肪含量　　　　　　　　　　　B. 膳食中维生素C含量
   C. 膳食中蛋白质含量　　　　　　　　　　D. 膳食中碳水化合物含量
3. 明显引起体内钙排出增多的因素是
   A. 膳食脂肪含量过多　　　　　　　　　　B. 膳食维生素C含量过多
   C. 膳食中蛋白质含量过多　　　　　　　　D. 膳食中碳水化合物含量过多
4. 引起钙吸收减少的因素是

A. 膳食饱和脂肪酸含量过多　　　　　B. 膳食中维生素 E 含量过高
　　C. 膳食中维生素 C 含量过高　　　　　D. 膳食中蛋白质含量过多
5. 常与钙联合应用的维生素是
　　A. 维生素 A　　　B. 维生素 D　　　C. 维生素 E　　　D. 维生素 C

(二) 多选题（下列每题选项中，至少有 2 个是正确的）
1. 引起钙吸收减少的因素是
　　A. 膳食中饱和脂肪酸含量过多　　　　B. 膳食中磷含量过高
　　C. 膳食中膳食纤维含量过高　　　　　D. 膳食中碳水化合物含量过多
　　E. 膳食中蛋白质含量过多
2. 骨质疏松症发生的非营养因素有
　　A. 肾上腺皮质功能亢进　　　　　　　B. 雌激素分泌下降
　　C. 甲状腺功能减退　　　　　　　　　D. 体力活动减少
　　E. 长期肝素治疗
3. 钙摄入量过多时，产生的毒副作用有
　　A. 增加肾结石的危险性　　　　　　　B. 引起腹泻
　　C. 干扰铁的吸收　　　　　　　　　　D. 干扰锌的吸收
　　E. 干扰镁的吸收
4. 关于骨质疏松症的防治，正确描述是
　　A. 饮食治疗对骨质疏松症的恢复有明显效果
　　B. 从青少年开始就应注意钙的补充
　　C. 经常进行体育锻炼有助于预防骨质疏松症
　　D. 钙的补充应适量
　　E. 含钙较高的食物有奶和奶制品
5. 骨质疏松症的临床表现有
　　A. 常有腰背酸痛　　　　　　　　　　B. 骨骼可发生变形
　　C. 常见尿钙增高　　　　　　　　　　D. 常见尿磷增高
　　E. 常见血清钙增高

答案

(一) 单选题：1. B　　2. A　　3. C　　4. A　　5. B
(二) 多选题：1. ABC　2. ABDE　3. ACDE　4. BCDE　5. AB

(郭俊生)

第二十章 慢性肝脏疾病

肝脏是机体中代谢来自门静脉的部分营养素和清除体内有毒物质的重要器官。肝脏将胆固醇合成的胆盐分泌入胆汁，在肠道内与肠内容物混合，是脂肪消化吸收中所必需的。脂肪酸被吸收后，胆盐通过肠肝循环被重吸收，再与肝中合成的胆盐一起被分泌入胆汁。肝脏通过合成、储存和分解糖原调节碳水化合物的代谢。在摄入的碳水化合物超过能量需要时糖原合成，摄入低于能量需要时糖原分解。肝细胞也是糖异生的场所。在脂肪代谢中，肝脏是脂肪酸分解和甘油三酯合成的主要场所，吸收的脂肪酸在血中与白蛋白结合，通过肉毒碱介导，由肝细胞摄入并转移入线粒体内进行氧化，产生的乙酰辅酶A进入三羧酸循环生成ATP。在机体能量充足时脂肪酸可在肝中合成甘油三酯。肝脏中含有氨基酸代谢酶类和尿素合成酶，血浆蛋白质中约一半包括白蛋白、凝血因子、转铁蛋白和血浆铜蓝蛋白在肝脏合成。体外有毒物质进入体内后，部分在肝内代谢或经胆道排泄。因此，肝脏疾病时可使体内代谢发生异常。肝脏作为参与物质代谢最活跃的器官，对营养的要求也很高，肝脏疾病时有必要在营养供给上作相应调整，以协助治疗。

第一节 乙型肝炎的营养治疗

一、乙型肝炎营养治疗的目的

乙肝是由乙肝病毒引起的一种传染病，也是一种免疫性疾病。乙肝病人和乙型肝炎表面抗原携带者是本病的传染源。乙型肝炎易转为慢性肝炎。慢性活动性肝炎症状明显，肝大而质硬，脾肿大，转氨酶反复或持续升高，有的病例反复出现黄疸，健康水平下降。慢性迁延性肝炎的肝组织仍保持完整结构，肝细胞坏死不显著，肝功能轻度受损。因此，乙肝营养治疗的目的是减轻肝脏的负担与损伤，促进肝脏组织的再生，以防止肝脏发生永久性、弥漫性病变，促进肝功能恢复。

二、乙型肝炎营养治疗的具体要求

在慢性肝炎恶化时，病人常感倦怠、厌食、纳差、脂肪吸收障碍。此时不可强迫进食，饮食摄入须量少、质稀、易消化，尽可能照顾病人口味，并考虑其吸收利用情况。如病人恶心、拒食或进食量太少，无法满足其生理需要，可由静脉输入葡萄糖、维生素和电解质，以维持基本营养和保持水和电解质平衡。慢性肝炎病人的饮食，基本是平衡膳食，其具体要求如下：

1. 能量　能量供给应适当。适当的能量有利于肝组织修复及肝功能恢复。过分强调高能量饮食不但增加肝脏负担，加重消化机能障碍且容易引起肥胖，使肝细胞内脂肪含量增多，甚至发展为脂肪肝。一般成人每天的能量摄入以 8.4～10.5MJ（2000～2500kcal）为宜。而能量不足可增加身体组织蛋白消耗，不利于肝细胞的修复与再生，因此能量的供给须与其体重、病情、活动情况相适应，尽可能保持能量收支平衡，维持理想体重。

2. 碳水化合物　碳水化合物的摄入量以占总能量的60%～70%为宜，而且应以谷类为主。适量的碳水化合物可使肝脏有足够的肝糖原储存，以维持肝功能及保护肝脏。但过分强调高糖饮食，过多地吃葡萄糖、果糖、蔗糖等，不但无益反而有害。因吃糖过多会加重胃肠胀气，影响食欲及其他营养素的摄取，同时易引起体内脂肪聚积，反而加重病情，不利肝脏康复。

3. 脂肪　每日脂肪的摄入量占总能量的20%左右。饮食中脂肪过多，会加重肝脏分泌胆汁的负担。肝炎病人厌油腻，脂肪过多延长胃排空时间，影响食欲。可选择富含必需脂肪酸的花生油、豆油等植物油，有利于肝组织的修复。膳食中含有适量的脂肪有利于脂溶性维生素的吸收，并增加膳食的风味，刺激食欲。

4. 蛋白质　可选用优质蛋白质如大豆及其制品和牛奶、瘦肉、鸡、鱼、蛋等动物性食品。每日蛋白质摄入量应当占总能量的15%左右，约80克。但如有血氨升高，则应限制蛋白质的摄取。

5. 维生素、矿物质　应多食新鲜蔬菜和水果，以供给机体丰富的各种维生素和矿物质。

6. 膳食制度　可采用少食多餐制，严禁暴饮暴食及饮酒。酒类为纯热能饮料，不含任何营养素，且主要经肝脏代谢。饮酒可加重肝脏负担，如长期饮酒且过量还可损伤肝脏。对一些辛辣或有强烈刺激性的调味品不用或慎用，以保护肝脏。

第二节　脂　肪　肝

肝脏是脂类合成、运转和利用的场所，但并不大量储存脂肪。正常人肝脏脂类总量约占肝脏湿重的3%～5%。当肝内脂肪的分解与合成失去平衡或运出发生障碍，脂肪，主要是甘油三酯和脂肪酸就会在肝细胞内过量聚积。如肝脏脂肪含量超过肝湿重的5%，或在组织学上脂肪浸润超过30%时称为脂肪肝。

较多见的脂肪肝是由肥胖、糖尿病、高脂血症和肝炎等引起的，其他类型有乙醇性脂肪肝、妊娠性脂肪肝、药物中毒性脂肪肝及营养不良性脂肪肝，但较少见。

一、促进脂肪肝形成的因素

1. 进入肝脏的脂肪酸较多　长期高脂肪膳食引起高脂血症，使大量脂肪酸进入肝脏，超出其处理能力，促使脂肪肝的形成；摄入的碳水化合物太少或其代谢障碍也可造成脂肪肝；皮质激素分泌增加和交感神经兴奋性增强，使机体内脂肪动员增多，大量进入肝脏，促进脂肪肝形成。

2. 肝内甘油三酯合成增多或氧化减少　① 长期摄入过多的糖类，在代谢过程中形成的α-磷酸甘油和乙酰辅酶A增多，促进肝内甘油三酯的合成；② 肝内脂肪酸氧化减少和酯化作用增强，使肝内甘油三酯增多。

3. 脂蛋白合成减少或释放障碍　甘油三酯主要是与载脂蛋白结合以脂蛋白的形式输送至血液。肝细胞合成载脂蛋白需要ATP和核糖体。下述原因造成载脂蛋白合成减少，甘油三酯不能有效输出，形成脂肪肝：① 由于ATP水平下降以及肝细胞粗面内质网损伤，载脂蛋白合成减少；② 机体缺乏必需脂肪酸和胆碱，使肝内磷脂的合成减少，影响载脂蛋白的合成；③ 肝细胞功能减退，使甘油三酯与载脂蛋白的结合发生障碍。

二、脂肪肝的营养治疗

1. **能量** 脂肪肝患者的能量摄入不宜过多，但能量控制不能骤然剧减，以免病人不能适应，感觉饥饿，甚至引起低血糖反应。可注意食物选择及配制，选择含蛋白质高而脂肪少的食物如鸡、鱼、虾、兔等肉类食物，其所提供的能量为等量猪肉的 1/6～1/3。

2. **蛋白质** 适当提高蛋白质摄入量并保持必需氨基酸的平衡。蛋白质中许多氨基酸有抗脂肪肝作用，如蛋氨酸、胱氨酸、色氨酸、苏氨酸和赖氨酸等。每日蛋白质供给量可达 1.5～1.8g/kg 体重。

3. **脂肪** 应控制脂肪和胆固醇的摄入量。脂肪摄入太多，能量难以控制，对减轻体重不利。可选择植物脂肪，其不含胆固醇，所含的谷固醇或豆固醇和必需脂肪酸有较好的促进脂肪代谢的作用，可阻止或消除肝细胞的脂肪变性，对治疗脂肪肝是有益的。脂肪肝病人每日脂肪总量不宜大于 40 克，并控制含胆固醇高的食物。

4. **维生素、矿物质** 供给充足的维生素和矿物质，特别是富含叶酸、烟酸、维生素 E、C、B_{12}、钾、锌、镁等的食物和制剂。对肝脏功能障碍明显，伴有腹水或浮肿者应限制钠盐的摄入。

5. **饮食配制** 饮食不应过分精细。主食应粗细粮搭配，多食新鲜蔬菜、水果和藻类，以增加维生素、矿物质的摄入；要有足够量膳食纤维摄入，有利于代谢物质的排泄，调节血脂、血糖水平。碳水化合物主要由谷类供给，少食或不食甜食。忌暴饮暴食和饮酒。

第三节 肝 硬 化

肝硬化是一种由不同病因引起的肝脏细胞结构的慢性、弥漫性病变，肝细胞广泛变性和坏死，纤维组织弥漫性增生，并有再生小节形成，肝脏逐渐变形、变硬。常见的病因为病毒性肝炎、乙醇和化学性（药物）中毒、营养不良、代谢障碍等。肝硬化晚期肝失去代偿功能，引起许多系统的功能紊乱。

一、肝硬化的代谢障碍

（一）蛋白质代谢障碍

1. **蛋白质合成障碍** 人体白蛋白、凝血因子和多种氨基酸都是由肝脏合成、贮存、运转。肝硬化病人由于肝脏合成蛋白质功能减退，血浆中许多蛋白质参数发生变化（表 20-1）。

肝硬化时损伤的肝细胞可作为抗原，刺激淋巴细胞制造大量球蛋白。因此，血清中白蛋白降低而球蛋白升高，白蛋白与球蛋白的比例降低或倒置。

表 20-1 肝硬化时血液中一些蛋白质指标变化

指标	正常人	肝硬化病人
白蛋白（g/l）	35～50	18～27
凝血因子Ⅱ（%）	75～100	18～49
凝血因子Ⅴ（%）	75～100	23～56
铜蓝蛋白（mg/L）	200～450	50～180
胆碱酯酶（IU/L）	4.5～7.9	0.5～2.5
结合珠蛋白（mg/L）	700～2200	0～400

2. 凝血障碍

（1）凝血因子合成减少：体内13种凝血因子除凝血因子Ⅲ、Ⅳ及合成部位不明的凝血因子Ⅵ、Ⅷ外，均由肝脏合成。肝硬化时，首先合成减少的是维生素K依赖因子（凝血因子Ⅱ、Ⅶ、Ⅸ、Ⅹ），引起凝血酶原合成时间延长。在肝损伤严重时，凝血因子Ⅰ、Ⅴ也明显减少。

（2）凝血因子消耗过多：肝硬化时，产生播散性血管内凝血，使凝血因子消耗增加。

（3）原发性纤维蛋白溶解：肝脏合成纤溶蛋白酶原和抗纤溶蛋白酶，并有清除纤溶酶激活物的作用，肝硬化、肝功能失代偿时，可发生纤维蛋白溶解。

（4）血小板质和量改变：肝硬化门脉高压症时，脾脏淤血肿大，脾功能亢进，使血小板大量破坏。纤溶蛋白的降解产物能干扰血小板的聚集。

3. 氨基酸代谢紊乱　除亮氨酸、异亮氨酸和缬氨酸外，必需氨基酸的主要代谢在肝脏进行。肝硬化、肝功能不全，可使血中芳香族氨基酸的浓度明显增高。过多的芳香族氨基酸进入脑部，使假性神经递质形成增多，干扰正常神经递质的合成及神经细胞的正常功能。

（二）碳水化合物代谢障碍

由于内源性胰岛素被灭活，其他激素在肝硬化时的代谢紊乱，大部分肝硬化病人的糖耐量曲线呈病理性改变。

（三）脂类代谢紊乱

肝硬化时内源性胆固醇合成减少，胆固醇在血浆中半减期缩短，酯化作用减弱，血胆固醇浓度降低，甘油三酯的转化时间延长，血中廓清率降低而使甘油三酯升高。

（四）胆汁酸代谢障碍

肝硬化时胆汁酸合成与排泄出现障碍。肝细胞内胆固醇7，α-羟化酶及12，α-羟化酶活力降低，胆汁酸合成明显减少，肝脏排泄胆汁酸功能障碍，使胆汁酸从血中的清除速率减慢，导致血中胆汁酸浓度升高。体内胆汁酸盐不足，影响脂类和脂溶性维生素的吸收和代谢。

（五）贫血

肝硬化使脾脏淤血，大量红细胞长期淤积在脾窦发生溶血；脾功能亢进及脂肪代谢紊乱产生异常类脂质引起溶血；维生素B_{12}、叶酸等的摄入不足、吸收不良和代谢障碍，以及铁利用障碍和机体红细胞生成的抑制，使肝硬化病人常有轻重不等的贫血。

（六）电解质紊乱

肝硬化病人发生低钠血症、低钾血症、低氯血症，往往导致代谢性碱中毒，血磷、血钙均有所降低，一些肝硬化病人铁的吸收正常，但肝内可有大量铁沉积。

二、肝硬变的营养治疗

（一）能量和蛋白质

保证足够的能量，并根据病情变化及时调整蛋白质的供给量。对于那些血浆蛋白质过低，伴有浮肿及腹水者，高蛋白饮食尤为重要。蛋白质的供给量以维持氮平衡，并能促进肝细胞再生，而又不致引起肝性脑病为度。如出现肝昏迷先兆，则需将蛋白质供给量降低到25~35g，以免血氨升高，加重病情。发生肝昏迷时，则应暂时不给蛋白质，采用无蛋白质流质或其他营养支持措施。

肝硬化病人每日供给65~75g蛋白质可维持其正氮平衡。过多蛋白质会增加病人代谢负担，而超出其耐受限度有诱发脑病的潜在危险。因此一般不宜大于100g/d，如用优质蛋白质其供给量还可低些。

（二）脂肪

肝硬化病人的脂肪供给量以40~50g/d为宜。如病人发生脂肪痢，则应限制脂肪摄入量，改用低脂膳食。有研究表明，中链甘油三酯能使肝硬化病人肝脂成分变化，促进肝功能恢复。

（三）碳水化合物

每日可供碳水化合物300~450g。主食摄入量少时可适量补充一些甜食或蜂蜜，也可口服或静脉注射葡萄糖。充分的碳水化合物有利于保肝解毒，并可纠正肝功能不良时可能发生的低血糖。

（四）维生素、无机盐

给予大量叶酸和锌可增强组织的修复能力，有利于肝细胞的再生。维生素C可促进糖原合成及叶酸和铁的利用，对氨基酸和脂质代谢都有特殊意义。肝硬化病人常有不同程度的贫血，膳食中注意铁和维生素B_2、B_{12}、叶酸的补充。对有出血倾向和凝血缺陷者应补充维生素K。

（五）钠和水

肝硬化伴有腹水者，应严格限制钠和水的摄入。根据限盐或限钠程度，大致可分为少盐、低盐、无盐、低钠四种（见第二十一章肾脏疾病）。

（六）膳食配制

选择新鲜食物。肝硬化病人肝脏解毒能力下降，对含食品添加剂和农药残留物的食物要加以注意。膳食中要有足够的膳食纤维，如果汁冻、西瓜糕、杏仁豆腐、果酱等，但制作过程中不应加入防腐剂、香料、着色剂等。食物质地要细、软，避免生、硬、粗糙的食物。对伴有食道静脉曲张的病人，可供应软饭、半流质和流质。

复习练习题

（一）单选题（下列每题选项中，只有1个是正确的）

1. 乙型肝炎病人营养治疗时，应考虑到
   A. 能量供应应稍高于机体消耗
   B. 碳水化合物占总热能比为60%~70%，以单糖和双糖为主

C. 碳水化合物占总热能比为60%～70%，以谷类为主

D. 病人厌油腻，故在其膳食中应限制脂肪

2. 下列食物中肝炎病人应适宜选取的是

 A. 坚果　　　B. 熏肉　　　C. 油炸鸡翅　　　D. 鲜奶蛋糕　　　E. 水果

3. 脂肪肝病人肝内脂肪不能有效输出的主要原因有

 A. 肝内形成甘油三酯少

 B. 机体缺乏必需脂肪酸和胆碱，影响脂蛋白合成

 C. 机体缺乏必需脂肪酸和磷脂，影响脂蛋白合成

 D. 机体缺乏必需脂肪酸和某些微量元素，影响脂蛋白合成

4. 脂肪肝病人在营养治疗时要注意

 A. 总能量摄入量不需控制，但要减少脂肪和胆固醇摄入

 B. 总能量摄入要比正常人少，尤其要控制脂肪和胆固醇摄入

 C. 总能量摄入量比正常人略高，但要控制脂肪和胆固醇摄入

 D. 上述都不对

5. 下述哪种脂肪有利于肝硬化病人肝脂成分变化

 A. 长链甘油三酯　　　B. 中链甘油三酯

 C. 短链甘油三酯　　　D. 磷脂

（二）多选题（下列每题选项中，至少有2个是正确的）

1. 下列因素在肝硬化病人发生贫血中起作用的有

 A. 脾脏淤血造成溶血　　　B. 脾功能亢进造成溶血

 C. 铁利用障碍　　　D. 红细胞生成抑制

 E. 肝细胞合成球蛋白增加

2. 肝硬化时，肝脏功能受损，病人可有下述代谢障碍

 A. 凝血因子合成减少　　　B. 肝细胞合成球蛋白增加

 C. 血小板合成减少　　　D. 内源性胆固醇合成减少，血胆固醇浓度下降

 E. 红细胞生成抑制

3. 肝脏是体内代谢的重要器官，它的功能包括

 A. 代谢来自门静脉的营养素

 B. 将胆固醇合成胆汁

 C. 清除体内有毒物质，经胆道排泄

 D. 清除体内有毒物质，经尿道排泄

 E. 将脂肪合成胆汁

4. 乙型肝炎患者饮食中糖分过高，可能导致

 A. 体内脂肪堆积　　　B. 使肝脏有足够的糖原储存

 C. 加重胃肠道产气而影响食欲　　　D. 维持肝脏功能，保护肝脏

 E. 促进能量转化，减轻肝脏负担

5. 乙型肝炎患者饮食应该

 A. 碳水化合物供给应以谷类为主　　　B. 脂肪应占总能量的20%～30%

 C. 多食单糖与双糖　　　D. 供给高能量膳食

E. 选用优质蛋白质,每日摄入量约为 80 克

答案

(一)单选题:1. C 2. E 3. B 4. B 5. B
(二)多选题:1. ABCD 2. ADE 3. ABC 4. AC 5. AE

(郭红卫)

第二十一章 肾脏疾病

肾脏具有三个主要生理功能：排泄、内分泌和代谢。体内的各种代谢产物、剩余的水和电解质以及有害物质大部分经肾脏排出。肾脏维持人体水、电解质平衡和酸碱平衡，同时又具有调节内分泌功能。当罹患肾脏疾病时，患者产生一系列营养代谢障碍。长期营养不良能引起患者肾小球滤过率（GFR）、排泄体内代谢废物的能力，以及浓缩尿液和酸化尿液的能力下降。因此，提倡对肾脏病患者科学的营养食谱，合理的饮食调理，在配合治疗上能有一定的疗效。本章重点阐述急性肾小球肾炎、慢性肾小球肾炎、肾病综合征、急性和慢性肾衰竭的营养与配膳方案。

第一节 急性肾小球肾炎

一、营养特点

急性肾小球肾炎（简称急性肾炎）是机体对某些致病因素（常见为溶血性链球菌）产生免疫反应后，形成抗原抗体复合物，沉积在肾小球所引起的一系列反应。它造成肾小球病变，滤过膜的质（通透性）和量（面积）都受到损害，致使肾小球滤过率急剧下降，而远端肾小管对钠及水的重吸收相对正常，引起钠、水潴留，表现为少尿、水肿、高血压及循环淤血，20%的患者可出现大量蛋白尿。肾小球炎症病变致基膜上唾液蛋白成分减少，基膜负电荷降低而致带有负电荷的白蛋白分子易于逸出形成蛋白尿。同时基膜断裂也加重蛋白尿并引起红细胞和纤维蛋白从尿中排出。长时间蛋白尿，血尿会造成患者营养不良、低蛋白血症和贫血；血浆渗透压下降可导致水肿。

二、病人的营养需要和配膳方案

（一）营养防治的目的

1. 减轻肾脏负担减缓因内源性蛋白质分解而引起的血清氮水平升高，消除水钠潴留引起的水肿，使升高的血压下降。
2. 纠正电解质紊乱
3. 维持机体的营养需要

（二）饮食原则

治疗应采用因人而异的原则，根据患者蛋白尿的程度及肾功能状况而定，同时兼顾患者的浮肿，高血压等情况，给予高热量、高维生素、足量的优质蛋白；根据水肿程度，加强利尿措施并辅以低盐食谱，使肾小球炎症得以消除，早日康复。

1. 总能量 食物中碳水化合物和脂肪为主要能量的来源。应保证足够热卡，总能量按 25~30kcal/kg·d 计算，约需 1600~2000kcal/d 热能。但脂肪含量不宜过高，菜肴不宜过分油腻，可选用富含多不饱和脂肪酸的植物油。

2. 水分　按照尿量多少决定每日入液量。补液量的简单计算方法为：前一日排出量（尿量、粪便、呕吐等）+500ml 液体。入水量应严格控制在 500～700ml/d 以内。尿闭者按急性肾衰竭处理。

3. 蛋白质　膳食蛋白质供给量为 20～40g/d 或 0.3～0.5g/kg·bw·d；尿量>1000ml 以上的病人，可逐渐增加膳食蛋白质，但不宜>0.8g/kg·bw·d。待病人情况稳定 2～3 个月后，蛋白质可恢复正常摄入量。对于尿毒症病人，应限制蛋白质饮食。

4. 钠盐　轻者钠盐稍加限制，每日供给食盐 4g；出现浮肿、高血压时采用低盐或无盐饮食。低盐饮食以每日盐量 2～3g（或酱油 10～15ml）为标准。忌食含钠量高的食物，如咸菜、咸蛋、腌肉、酱菜、皮蛋、乳腐、海味等；避免食用含钠高的食物，如咸面包、挂面、咸饼干等以及每百克含钠量在 200mg 以上的食物如豆腐、蘑菇、紫菜、虾米等；每日总钠量以不超过 500mg 为宜。无盐饮食可加用不含钠的调味品如糖、醋、番茄汁、花生酱等。

5. 矿物质　增加钙、锌、铁的摄入量，钙的摄入量提高为 1000～1500mg/d。由于奶的摄入不能太多，故可以钙制剂供给，如碳酸钙、柠檬酸钙等。但无尿或少尿时，应限制钾的摄入，避免食用含钾高的食物。

另外，饮食中强调少用或忌用过咸及辛辣刺激食物，如酒、葱、姜、虾米、海腥食物等。

（三）膳食配膳方案

配膳方案见表 21-1。

表 21-1　急性肾小球肾炎病人饮食举例

	食物			
	名称	重量（g）	蛋白质（g）	能量（kcal）
早餐	面条	50	6	171
早点心	牛奶	200	5.8	108
	糖	15	—	60
午餐	麦淀粉	100	—	346
	蜂蜜	20	—	80
	青菜	100	1.8	13
	烹调油	30	—	270
午点心	苹果	80	0.2	37.6
晚餐	大米饭	50	3.7	168.5
	鲫鱼	50	10.7	67
	卷心菜	100	1.2	21
	烹调油	30	—	270
合计			29.4	1612.1

第二节 慢性肾小球肾炎

一、营养特点

慢性肾小球肾炎（简称慢性肾炎）可由急性肾小球肾炎转变而来，或是一些其他疾病如糖尿病的并发症。大部分患者无急性肾炎病史，其病因尚不清楚。由于肾脏不能排泄尿素和肌酐，而致血液中尿素、肌酐水平升高，体液、钾、钠和磷潴留，相应的营养问题常见。

肾脏正常活化红细胞生成素和维生素 D 的能力受损。由于肾缺血引起红细胞生成素减少，加上厌食、食欲不振造成铁、叶酸和蛋白质摄入不足均可导致肾性贫血。故常发生贫血、低钙、骨质疏松和高磷血症；钠和水代谢异常，造成高血压和钾潴留，可引起心脏节律障碍；有机酸的潴留引起代谢性酸中毒。

由于长期蛋白尿引起血浆蛋白（特别是白蛋白）丢失过多，导致低蛋白血症。低蛋白血症可引起血浆胶体渗透压下降，有效循环血容量不足，液体潴留在组织间隙引起水肿；因肾缺血肾素分泌增多而引起继发性醛固酮增多，使肾小管重吸收钠、水增多而潴留体内，也会引起水肿、高血压。这些患者长期食欲不振，胃肠道消化吸收功能不良，处于营养不良，低蛋白血症状态。长期蛋白质和氨基酸的摄入不足，导致肾血流量和肾小球滤过率下降，如能及时补充蛋白质和氨基酸，肾血流量和肾小球滤过率会在短时间内升高约 20%～28%。

二、病人的营养需要和配膳方案

（一）营养防治目的
1. 消除水肿，控制高血压，改善贫血，提高血浆蛋白的水平。
2. 降低机体的分解代谢，减少体内氮质潴留，维持水、电解质平衡。
3. 改善全身营养状况，使病情得以缓解。

（二）饮食原则

补充优质蛋白，增加人体必需氨基酸的含量，采用低钠饮食，利尿消肿，适量补充铁剂和锌剂，纠正贫血。

1. 蛋白质　根据肾功能损害情况决定蛋白质摄入量，一般不超过 1g/kg·d 为宜。若出现少尿、浮肿、高血压伴氮质血症等症状时，应按肾衰竭饮食原则处理。在低蛋白饮食基础上适当补充每日尿中丢失的蛋白质，蛋白质摄入量应适当限制在每日不超过 50g，同时配合麦淀粉饮食治疗。

2. 能量　能量以 30～35kcal/kg·d 计算，每日热量摄入量为 2000～2200kcal。以碳水化合物和脂肪为能量的主要来源。

3. 水分　当出现浮肿和高血压时，入水量要严格限制，每日入水量不超过 1000ml。简单计算方法即前一天尿量加 500ml，同急性肾炎水肿时处理原则相同。排尿量正常情况下，可不限制水分，采用日常饮食即可。

4. 钠盐　慢性肾炎常伴有水肿、高血压、肾功能障碍，容易造成水钠潴留，因此低盐或忌盐显得十分重要。若病人尿量少于 500ml/d，有浮肿、少尿、高血压合并心力衰竭、肺水肿，就更应严格忌盐。低钠饮食每日氯化钠 2～3g。对于一些因低盐或无盐饮食而食欲不振患者可考虑用无钠盐或无盐酱油等作食盐代用品。

5. 钾盐　病人尿量在1000ml/d以上时，不必限制钾盐的摄入。尿量在1000ml/d以下或有高血钾，应选用低钾饮食。每百克含钾在100mg以下的常用食物有蛋类、猪血、猪肠、海参、面筋、藕粉、粉皮、南瓜、花菜等。将蔬菜切成小块，浸泡后用大量水同煮，弃水食用可降低新鲜蔬菜中钾含量。

6. 铁剂和锌剂　慢性肾炎因促红细胞生成素减少，低白蛋白血症常伴难治性贫血，应及时补充铁剂、维生素B_{12}、叶酸，同时食用油菜、木耳、红枣、桂圆、赤小豆等。慢性肾炎除了缺铁同时兼有缺锌状态，提倡食疗补肾与营养补锌。除口服锌制剂外，从传统补肾食物中摄入含锌高的食物如大豆、枸杞、牛肉、羊肉、蛋黄、动物胎盘、鱼类，使病人的缺铁、锌状况得以纠正。

7. 维生素　每日应供应足量的新鲜蔬菜和水果，如冬瓜、金针菜、鲜藕、萝卜、西红柿、蜜桃、梨、橘子、西瓜、胡萝卜等。

8. 少吃或不吃辛辣刺激性食物及海腥食物　应忌用鹅、公鸡、猪头肉、带鱼、黄鱼、酒等食物。

(三) 膳食配膳方案

膳食配膳方案见表21-2。

表21-2　慢性肾小球肾炎病人饮食举例

	食物			
	名称	重量（g）	蛋白质（g）	能量（kcal）
早餐	牛奶	200	5.8	108
	糖	15	—	60
	馒头或面包	50	6	171
早点心	香蕉	100	1.3	71
午餐	大米饭	100	6.4	337
	白菜	100	1.4	17
	草鱼	100	17.7	103
	烹调油	30	—	270
午点心	藕粉	20	—	68.8
	蜂蜜	20	—	80
晚餐	面条	100	12	342
	青菜	100	1.8	13
	瘦猪肉	70	12.4	131
	烹调油	30	—	270
合计			64.8	2042

第三节 肾病综合征

一、营养特点

肾病综合征是由各种病因引起的临床症群。临床上分为肾病综合征Ⅰ型和肾病综合征Ⅱ型。Ⅰ型主要表现为电荷屏障损伤，大量蛋白随尿排出，称为选择性蛋白尿；Ⅱ型常有严重结构改变，导致分子屏障损伤，基底膜滤过孔增大，各种大分子血浆蛋白从尿中排出。肾病综合征的临床表现具备四大特征：① 低蛋白血症。大量蛋白尿，尿蛋白超过 3.5g/d 可造成低蛋白血症而引起营养不良，血浆蛋白往往少于 30g/L；② 水肿。尿中大量蛋白使血浆胶体渗透压下降以及肾小球滤过率下降，使水潴留在组织间隙形成水肿。水肿轻重不等，轻者可局限于眼睑部或足踝部，重者波及全身，可有胸腹水，心包积液；③ 大量蛋白尿，呈泡沫状。由于肾小球滤过膜对血浆蛋白的通透性增加，致使原尿中蛋白含量增多超过近曲小管上皮细胞的重吸收能力而形成大量蛋白尿；④ 高脂血症。蛋白质合成增加的同时也刺激脂蛋白的合成，同时脂蛋白分解酶活力下降，引起机体总胆固醇、甘油三酯、低密度和极低密度脂蛋白的升高。

二、病人的营养需要和配膳方案

（一）营养防治目的

1. 增加蛋白质摄入，纠正患者的营养不良状态。
2. 限制钠摄入量，减轻水肿，纠正体内水、电解质的紊乱。
3. 防止高胆固醇血症及甘油三酯的升高。

（二）饮食原则

1. 蛋白质　若肾功能正常，应根据尿蛋白丢失量确定供给量。供给量按 1.5～2.0g/kg 体重计算。注意尽量选用优质动物蛋白质，例如瘦猪肉、牛奶、鸡、鸭及鱼类。

2. 能量　每日应供给足够能量，按 40～50kcal/kg·d 计算。能量总量为 2000～2500kcal/d。

3. 脂肪　烹调油以植物油为主。对胆固醇、甘油三酯升高的病人适当限制含胆固醇高的食物如蛋黄、动物内脏、海鲜等。胆固醇摄入量应＜300mg/d。

4. 钠和水分　低钠膳食以控制水肿和高血压，以 1～2g/d 为宜。限制水分的摄入，饮水中加入西瓜皮、冬瓜子、冬瓜皮等同煮以利尿消肿。

5. 无机盐和维生素　在长期大量尿蛋白排出情况下，易致钙缺乏而导致骨质疏松。膳食中应注意钙的供应，饮食中要增加维生素 A、维生素 D 和维生素 B_2、维生素 C 及铁剂的补充。多食用绿叶蔬菜、胡萝卜等。

（三）膳食配膳方案

膳食配膳见表 21-3。

表 21-3　肾病综合征病人饮食举例

	食物名称	重量（g）	蛋白质（g）	能量（kcal）
早餐	牛奶	200	5.8	108
	馒头或面包	50	5.8	171
	糖	15	—	60
早点心	苹果	150	0.3	75
午餐	面条	100	1.2	342
	青菜	100	1.8	13
	鸡	100	16.6	201
	烹调油	30	—	270
午点心	藕粉	30	—	104
	蜂蜜	25	—	100
	鸡蛋	70	8.3	102
晚餐	大米饭	100	6.4	337
	鲫鱼	100	21.5	134
	番茄	50	0.5	8.5
	冬瓜	100	0.2	4
	烹调油	30	—	270
合计			80.5	2284

第四节　急性肾衰竭

一、营养特点

急性肾衰竭（ARF）是由各种病因引起的肾功能急剧恶化的临床综合征。表现为肾功能急剧衰退，肾小球滤过率降低，氮质代谢产物储留，血尿素氮和肌酐上升，水、电解质和酸碱平衡失调以及由此产生的一系列症状。大多数患者少尿（每日尿量<400ml）或无尿（每日尿量<100ml），但也有部分患者尿量并不减少，称为非少尿型。急性肾衰临床上分为三期：① 少尿期：此阶段可出现水钠潴留而致急性心衰、肺水肿、脑水肿、高血压、身浮肿、代谢性酸中毒，严重的电解质紊乱如威胁生命的高血钾，还可出现低血钠、低血钙、高血镁，也可出现急性尿毒症的各系统症状；② 多尿期：病人经过少尿期后，当尿量增加到600ml/d 以上时，提示开始进入多尿期。这时尿量可逐渐成倍增加，有时可达3000～5000ml/d。此阶段水肿好转，肾功能与代谢紊乱也开始恢复和改善。但由于多尿，钠、钾从尿中排出，也可出现低钾、低钠及脱水，应及时适当补充；③ 恢复期：多尿期后，肾功

能逐渐改善，到恢复正常约需 3 个月到 1 年。此时水、电解质均已恢复正常，血尿素氮已降低，但肾小管浓缩功能恢复较慢，少数病人可转变为慢性肾功能不全。

二、病人的营养需要

（一）营养防治目的

1. 配合治疗原发病，促进肾功能恢复。
2. 维持体内酸碱平衡，水、电解质平衡和矿物质平衡。
3. 纠正或防止尿毒症，减少代谢废物如尿素、肌酐、肌酸等产生，以减轻肾脏负担。

急性肾衰竭时热量不足、营养不够，会加速机体自身组织分解，加重氮质血症；但若营养过度，蛋白过高，又会加剧肾功能的损害；少尿期水、钠摄入过多，加重心衰等并发症；多尿期水、钠摄入不足又可致脱水。因此合理的饮食治疗有重要意义。

（二）少尿期饮食治疗原则

足够的能量，适量的蛋白，严格控制水盐平衡为少尿期饮食治疗的三大要素。

1. 能量　急性肾衰竭少尿期有足够的能量可以提高蛋白质的利用率，否则加剧负氮平衡。总的能量应从性别、年龄、体重、原发病、并发症等多方面考虑，如高分解类型每日总能量希望达到 2000～3000kcal；但少尿病人，食欲差很难达到这样的能量要求。

若病情一般，分解代谢不旺盛，病人每日能量供应通常维持在 1000～1500kcal。能量供应以易消化的碳水化合物为主，可采用麦片、麦淀粉、面条、饼干、米汤、稀粥、水果，也可多食用含糖分多的食品，如冰淇淋等，适当配以脂肪与蛋白质。

2. 蛋白质　蛋白质摄入量一般应控制在 0.3～0.5g/kg·d，蛋白质宜选择含必需氨基酸丰富的牛奶、鸡蛋等。发病初期可不给蛋白质或仅给少量优质蛋白质。

3. 水与钠　少尿期应采用低钠甚至无钠饮食。应准确记录每天的出入水量，严格限制各种水分摄入。

每天补充液体量为基础需水量（即不显性失水－内生水）加上显性失水量。成人一般不显性失水约每日 0.5ml/kg 体重，每天约 700～800ml；三大物质代谢产生的内生水：1g 蛋白质生水 0.43ml，1g 脂肪生水 1.07ml，1g 碳水化合物生水 0.55ml，总计约为 400ml。每天补充液体量（ml）＝800（ml）－400（ml）＋尿量（显性失水，ml）。但若有高热、感染，基础需要量应适当增加；严重心衰、肺水肿、高血压时水分要适当减少。

4. 钾盐　急性肾衰竭少尿时，应视有无高钾血症，调节钾盐的摄入量，以免外源性钾摄入过多而致高钾血症。

有高钾血症时，除选用含钾量低的食物，如南瓜、西葫芦、冬瓜、丝瓜、芹菜等外，也可以加水浸泡、冷冻或弃去汤汁以减少食物中钾的含量。

5. 维生素与无机盐　在计算好入液量并了解血钾含量后，可适当进食各种新鲜水果或菜汁，以补充维生素 C 和无机盐。

（三）多尿期的饮食治疗原则

此阶段患者多尿，常可因补液不足而失水，补盐不足而致低钾、低钠，或因补液过多而使多尿期延长。因此饮食治疗应以纠正水、电解质平衡失调为主。

钾盐的补充应根据血钾水平调整，一般当尿量在 1500～3000ml/d 时，口服氯化钾一日三次，每次 1g。当尿量＞3000ml/d 时，钾的补充还可适当增加。但补液总量应少于尿量，一般为尿量的 1/2~2/3。

(四) 恢复期的饮食

总能量约为 3000kcal/d,当排尿量渐趋正常,临床症状有所缓解,病情稳定一段时期后可恢复正常饮食。每日蛋白质摄入量可为 1g/kg,以生物价高的优质蛋白质为主。

第五节 慢性肾衰竭

一、营养特点

慢性肾衰竭 (CRF) 是发生在各种慢性肾脏疾病后期的一种临床综合征。它以肾功能减退、代谢产物、毒物的储留、水、电解质、酸碱平衡失调,以及某些内分泌功能异常为主要表现。肾单位受损,肾小球滤过率降低,磷的滤过和排出减少,导致血磷增高。

磷从尿排出减少时,从肠道排出增加(以磷酸钙的形式排出),所以钙从肠道排出增加,血钙降低;后期肾单位的受损,肾小管产生 1-α 羟化酶减少,体内合成 $1α,25-(OH)_2D_3$ 减少,后者使骨钙释放与肠钙吸收均减少,故血钙降低。

慢性肾衰病人,由于肾脏滤过率的严重降低,以及肾脏浓缩和稀释功能的严重障碍,病人又常摄入过多的水和钠,常可造成水、钠潴留而引起水肿、高血压、心力衰竭甚至出现脑水肿、肺水肿。少数肾衰病人以肾小管浓缩功能损害为主,当肾小球尚有滤过时,又可造成多尿,夜尿增多而致脱水与低钠。

慢性肾衰竭后期肾小球滤过率极度降低,肾小管又不能排出钾离子,通常可致高血钾。此外,还可由于严重酸中毒、感染、溶血、脱水和高分解代谢,使细胞内钾溢出而促发高钾血症。少数患者在多尿期应用排钾利尿剂时发生呕吐、腹泻,钾摄入不足时还可发生低钾血症。

肾小球滤过率的下降,使硫酸盐、磷酸盐等酸性物质排出减少而在体内潴留。肾小管合成氨与排泄氢功能显著减退时,常可并发代谢性酸中毒。

慢性肾衰竭时,病人常常进食低蛋白饮食,故病人蛋白摄入减少,食物中必需氨基酸也减少,而摄入蛋白质分解代谢的主要产物尿素因肾功能的损害而潴留,故血中尿素氮明显升高。因此病人常因蛋白与能量不足而致负氮平衡及必需氨基酸(缬、色、异亮、组氨酸)的不足;又因肾小球滤过率的降低而致血尿素氮的升高。尿毒症病人由于小分子毒物对脂蛋白酶的抑制作用以及高胰岛素血症而促进肝脏对甘油三酯的合成增加,分解减少,因此易发生高脂血症。约有 70%~75%的尿毒症病人葡萄糖耐量降低,其糖耐量曲线与轻型糖尿病相似,血中胰高血糖素浓度增加,与氮质血症密切相关。

二、慢性肾衰竭病人的营养需要

(一) 营养防治目的

1. 控制症状。
2. 维持电解质平衡,减轻氮质血症及酸中毒等并发症。
3. 降低机体分解代谢,减缓病情发展,延缓生命。

（二）饮食治疗原则

1. **蛋白质** 根据症状和肾功能损伤程度，决定膳食中蛋白质的量，一般以 0.26～0.6g/kg 体重为宜。出现严重肾衰竭时，蛋白质限制在 0.5g/kg 理想体重以下。

对于维持性透析患者，因透析治疗同时丢失部分蛋白，如腹透丢失 10～40g/d，血透每 12 小时丢失 4.79g，故对这些病人要增加蛋白质的补充。血透患者每日蛋白质供应量为 1.0～1.2g/kg，腹透患者每日蛋白质供应量为 1.2～1.5g/kg。

蛋白质的质量应以优质蛋白为好，如鸡蛋、牛奶、瘦肉等。一般优质蛋白质的量应占总蛋白质量的 50%～70%。通常应忌食豆类及豆制品，因其含非必需氨基酸较多。近年来临床常用麦淀粉（含蛋白质 0.4%～0.6%）作为主食或部分代替主食以减少非必需氨基酸的摄入。

2. **能量** 能量摄入应充足，以防止组织蛋白分解代谢，提高蛋白质利用率。一般成人需能量 30～35kcal/kg·d，碳水化合物与脂肪之比应为 3：1。如能量不足可增加各种糖类如蔗糖、麦芽糖和葡萄糖的摄入。

3. **无机盐与维生素** 患者常发生电解质紊乱以及某些维生素、微量元素的不足，故应在营养治疗中加以补充。

（1）患者常有低钙、高磷，故饮食中应增加含钙食物如鸡蛋、牛奶、虾皮、海带，减少含磷高的食物如各种乳制品、动物内脏、杏仁、牛肉等。可用氢氧化铝等药物降低磷的吸收。当病人出现血钙过低而引起症状时，可口服葡萄糖酸钙、乳酸钙、碳酸钙以提高血钙水平。

（2）当患者合并高血钾症状时应限制含钾高的食物，如橘子、香蕉、柠檬、土豆、蘑菇、干果等。

（3）尿毒症患者常伴微量元素铁、锌等的不足，故饮食中要增加含铁量高的食物，如黑鲤鱼、黑木耳、海带、芝麻；含锌的食物如牡蛎、肝脏、胰脏、鱼类、牛奶等。病人维生素 D 活化过程障碍，应补充维生素 D 以利钙的吸收、利用。病人常有缺铁性贫血，因此应供给富含铁质的食物和维生素 C，但维生素 C 应适量以免加重酸中毒。

（4）钠盐的摄入应根据病情与血钠水平，病人若有高血压、心衰、肺水肿、严重全身性浮肿，摄入的钠量应限制，一般病人钠盐摄入量为 2～3g/d。

4. 病人易患胃炎、肠炎并导致腹泻，甚至大便潜血，因此宜供给易于消化的软饭菜以防胃肠道受机械性刺激而加重病情。患慢性肾衰竭的病人可出现口味改变，须采用病人喜爱的食物，以增加食欲。

复习练习题

（一）单选题（下列每题选项中，只有 1 个是正确的）

1. 急性肾小球肾炎是由下列一种致病因素引起的系列反应，它是
   A. 金黄色葡萄球菌　　B. 大肠杆菌　　C. 溶血性链球菌　　D. 沙门氏菌

2. 慢性肾小球肾炎出现水肿的主要原因是
   A. 长期的蛋白尿　　　　　　　　　B. 尿素不能排泄
   C. 体内钾、钠、磷的潴留　　　　　D. 叶酸和蛋白质摄入不足

3. 具有低蛋白血症、水肿、蛋白尿、高脂血症这四大特征的是
   A. 急性肾衰竭　　　　　B. 肾病综合征　　　　C. 慢性肾衰竭　　　　D. 慢性肾炎
4. 急性肾衰竭多尿期应该纠正的电解质平衡为
   A. 钠　　　　　　　　　B. 钾　　　　　　　　C. 钙　　　　　　　　D. 铁
5. 慢性肾衰竭病人的营养治疗为
   A. 高蛋白、低磷、麦淀粉饮食　　　　　　B. 低蛋白、高磷、麦淀粉饮食
   C. 低蛋白、低磷、麦淀粉饮食　　　　　　D. 高蛋白、高磷、麦淀粉饮食

（二）多选题（下列每题选项中，至少有2个是正确的）
1. 急性肾衰竭少尿期饮食治疗原则为
   A. 足够的能量　　　　　　　　　　　　B. 严格控制水
   C. 适量的蛋白　　　　　　　　　　　　D. 足量的钾
   E. 严格控制盐
2. 肾病综合征患者血液中会升高的脂类有
   A. 总胆固醇　　　　　　　　　　　　　B. 极低密度脂蛋白
   C. 甘油三酯　　　　　　　　　　　　　D. 低密度脂蛋白
   E. 高密度脂蛋白

答案

（一）单选题：1. C　　2. A　　3. B　　4. B　　5. C
（二）多选题：1. ABCE　　2. ABCD

（郭红卫）

第二十二章 手术与灼伤

第一节 概 述

无论是手术还是灼伤，都会不同程度地造成营养不良。据国内外报道，病人接受大手术后营养不良发生率可达40％～50％，有50％的患者发生贫血、体重下降、肌肉萎缩、血浆白蛋白和运铁蛋白低下及维生素缺乏。

引起营养不良的原因主要与手术或灼伤引起的超高代谢及医源性的半饥饿或饥饿有关。创伤引起的超高代谢可使蛋白质、脂肪和糖原大量分解，能量、矿物质和维生素消耗及丢失增加；医源性如诊断检查或治疗所需要的禁食，并发症引起的厌食、胃肠不良反应等都可使营养素得不到充分的补充更加重营养不良。

营养状况对手术和灼伤的痊愈有着十分密切的关系。如果手术或灼伤前有良好的营养状况，治疗就能顺利进行，并及早康复。但如果有营养缺乏，在创伤治疗过程中又没有得到良好的营养支持，常因抵抗力下降，不能及时防止或控制感染，使创口愈合延迟，甚至使治疗失败而导致死亡。据临床观察，营养状况良好的健康人可耐受体重减轻5％～10％，而对组织器官的功能无明显影响；当体重减轻35％～40％时，体内蛋白质、脂肪等明显减少，各脏器的功能丧失，除个别外，一般很难存活。

鉴于创伤治疗中营养支持的重要性，创伤营养得到了快速发展。现已对不同创伤类型的营养素代谢、营养素需要量、营养素在创伤治疗中的作用以及创伤营养治疗方法等方面进行了深入的研究，获得了大量的营养治疗经验和充分的理论依据。特别是静脉全营养及经肠营养的应用，使得创伤营养治疗获得极大成功。目前在手术和灼伤治疗中，营养支持已成为不可缺少的重要辅助治疗方法。

第二节 手术与灼伤病人的代谢变化

手术和灼伤病人因治疗过程和损伤程度不同，所表现出的代谢改变也不相同，但所有的代谢改变，都是在内分泌变化等因素的作用下发生的。

一、手术后代谢变化

根据手术后内分泌及代谢变化特点，可分为三期。

（一）分解代谢旺盛期

由于手术、麻醉、禁食、饥饿等应激因素的影响，内分泌发生明显改变，其主要特点是肾上腺皮质和髓质激素分泌增加，胰岛素生成减少，胰高血糖素升高，生长激素、甲状腺素、抗利尿激素及醛固酮增多，故此期也称"肾上腺能－类皮质激素"期。此期的代谢变化特点是肝糖原和肌糖原分解为葡萄糖进入血液，使血糖保持较高的浓度，以保证主要以葡萄糖为能源的脑组织、外周神经、红细胞、白细胞、某些吞噬细胞以及肾髓质等组织和细胞在机体应激时的需要。机体各组织，特别是肌组织蛋白质分解为氨基酸，以供伤口愈合所需的底物和肝脏合成应激蛋白或葡萄糖异生的前体。脂肪组织脂肪动员加强，使血中脂肪酸和甘油三酯浓度升高，前者可氧化供能，后者可作为糖原异生的原料。机体对水负荷的排泄能力受抑制，引起水和钠潴留，手术伤口可发生不同程度的水肿。由于肌蛋白的动用，可出现负氮平衡，达 5~15g/d，损伤愈重，负氮平衡愈大；脂肪的动用可表现为消瘦。此期体内某些蛋白质合成并未减弱，包括代谢所需要的各种酶类、抗体、免疫球蛋白、补体、肽类激素和其他应激蛋白等。

（二）转折期

又称皮质激素撤消期。如果没有手术并发症，约从第 4 或第 5 天开始，持续 3~4 天。内分泌的变化逐渐缓和，去甲肾上腺素和肾上腺素分泌减少，胰岛素抑制的情况减轻，胰高血糖素下降，糖皮质激素逐渐恢复正常。此时，组织蛋白分解和脂肪动用减少，负氮平衡降低，出现代谢转折。尿和钠排出增多。此期机体仍处于负氮平衡。

（三）合成代谢期

可分为早期合成代谢期和后期合成代谢期。早期合成代谢期约在手术后 8~14 天，也称康复早期。促进分解代谢的内分泌激素基本恢复到手术前水平，生长激素及胰岛素等促进合成代谢的激素占优势。如果能供给充足的能量和蛋白质，可出现正氮平衡。若每日达到正氮平衡 2~4g 时，可获得瘦体组织 60~120g/d。

后期合成代谢期也称外科康复期或脂肪累计期。此期氮代谢平衡，但仍处于合成代谢范围。机体蛋白恢复至正常水平后，脂肪开始累积，体重逐渐恢复正常。

二、灼伤后代谢变化

灼伤后代谢变化可分为两期，即低落期和高涨期。前者是灼伤后立即发生的一个早而短的反应，约为 1~2 天，相当于病人的休克反应，此期的基础代谢下降。随着有效的复苏，病人很快进入高涨期，从灼伤后 2~3 天起一直到创面大部愈合，可持续数周到数月。高涨期是体内代谢最旺盛的阶段，主要代谢变化就发生在此期。

（一）能量代谢

自灼伤后 2~3 天起，静息代谢率开始明显增加，可超过正常人的 1.5~2 倍，约在 6~7 天达到高峰，以后随创面愈合或感染消退逐渐下降到基础水平。代谢率的增加与灼伤面积有关。当灼伤面积小于 50% 时，代谢率随灼伤面积的增加而直线上升；大于 50% 时代谢率的增高就不明显了。高代谢主要表现高体温、高循环、高度换气和创面的高水分蒸发。

（二）蛋白质代谢

分解代谢增强，尿氮排出增多，呈负氮平衡，与灼伤程度呈正比。一般在灼伤后 1~2 周为高峰，以后逐渐降低，可持续数日或数周，甚至上月。灼伤面积大于 50% 体表面积时，每天丢失氮可达 30g 左右。蛋白质分解产生的氮约 80%~90% 以尿素氮的形式自尿中排出，其余部分可由创面和粪等途径丢失，体重减少。灼伤面积大于 40% 体表面积时，体重减少 20%；如果长时间感染，体重可降低 1/3，此时病人衰弱无力，恶液质，有生命危险。

氨基酸代谢也发生明显变化。改变特点为血清氨基酸总量降低，氨基酸谱改变。多数氨基酸包括亮氨酸、异亮氨酸、缬氨酸、精氨酸、脯氨酸、丝氨酸、苏氨酸和半胱氨酸浓度降低，谷氨酸、苯丙氨酸和门冬氨酸浓度升高，其他氨基酸无明显改变。

蛋白质分解代谢增强的同时，合成代谢也在不断进行。若没有充足蛋白质或氨基酸的供给，合成代谢受抑制，更加重负氮平衡，出现低蛋白血症。

（三）碳水化合物代谢

灼伤早期，体内储备的肝糖原迅速分解，血糖明显升高，可达 44.0~55.5mmol/L，并与灼伤的程度成正比。这种因创伤应激引起的高血糖倾向，称创伤性糖尿病。高血糖有利于保证靠葡萄糖供能组织的能量供应。由于糖原储备有限，仅能提供十余小时，故灼伤后血糖维持主要依靠糖异生。

灼伤病人的葡萄糖代谢约70%是在无氧或少氧情况下进行的，因此可产生大量的乳酸引起乳酸血症，这些乳酸可进入肝脏再合成葡萄糖。

灼伤病人都有不同程度糖耐量降低，可能与肝脏和细胞内出现的胰岛素抵抗有关。如果补充过高的能量和糖，有可能引起胰岛细胞受损，胰腺功能障碍。

（四）脂肪代谢

灼伤后脂肪被大量动用分解，重者一天可达600g。脂肪的大量分解可使血清游离脂肪酸和甘油三酯浓度明显升高。人体总脂肪减少50%无明显危害，但过度脂解则有害，如易发生脂肪肝，影响红细胞膜脂肪酸组成使其形态改变以及免疫功能降低等。如果灼伤病人能得到适量的能源支持，就可减少脂肪的动用量。

（五）水、矿物质代谢

灼伤早期由于毛细血管通透性增加，大量水与钠自创面丢失或潴留在组织间隙，使血容量降低、血液浓缩、血黏度增加等。细胞破坏可引起血清钾和其他细胞内液矿物质及微量元素含量升高。到高涨期，尿排出和创面丢失增加，则血清含量下降。钾、磷代谢常与氮代谢平行而出现负平衡。尿钙排出增多，但血清钙在正常范围。锌可自创面和尿中丢失引起血锌下降，如未能及时补充，可引起锌缺乏。镁的变化与锌相似。

（六）维生素代谢

由于灼伤的超高代谢，维生素特别是B族维生素消耗明显增加，且从创面也可丢失，因此可发生维生素严重缺乏。血清维生素A、E水平下降，尿负荷试验可见维生素 B_1、维生素 B_2、维生素C和烟酸排出减少，表明体内这些维生素不足。

第三节 手术与灼伤病人的营养素需要量

由于手术与灼伤损伤程度和代谢变化不同，因此营养需要上也略有差异。

一、手术病人营养素需要量

（一）手术前

为了使病人在手术前有良好的营养状况及较多的营养素储备，防止手术后分解代谢期体重的明显下降及营养素缺乏，手术前就应当注意营养素的充分供给。

如果没有手术禁忌，应在正常需要的基础上适当增加能量、蛋白质和维生素的数量。一般每日能量应达2000~2500kcal；蛋白质含量应占总能量的20%，其中50%为动物蛋白。每日维生素C应供给100mg、维生素 B_1 5mg、维生素 B_6 6mg、胡萝卜素3mg、烟酸50mg。

若有出血或凝血机能降低时,应注意维生素 K 的补充。

(二)手术后

如果手术后无高代谢及并发症,由静脉补充葡萄糖水溶液,可维持数日不至于发生明显的营养不良。但是如果病人体重已下降 10%,就需要确定营养素需要量,给予明确的营养支持。

1. 能量　手术后能量的供给应满足基础代谢、活动及应激因素等的能量消耗。其需要量可按下式计算:

能量(维持体重,kcal)=基础代谢率(BMR)×活动系数×应激系数

BMR(男)=66.6+13.7W+5H-6.8A

BMR(女)=65.1+9.56W+1.85H-4.6A

W=体重(kg),H=身高(cm),A=年龄(岁)

活动系数:卧床为 1.2,轻度劳动为 1.3。

应激系数:外科小手术为 1.0~1.1,大手术为 1.1~1.3。

上述公式计算所得能量可维持体重,如果需恢复体重,需按下式计算:

能量(获得体重,kcal)=维持体重的能量(kcal)+1000 kcal

2. 蛋白质　为了及时纠正负氮平衡,促进合成代谢,蛋白质供给量应适当提高,一般要求为 1.5~2.0g/kg·d。当蛋白质供给量提高而能量未相应提高时,可使蛋白质利用不完全,因此要求能量和蛋白质比值达到 150(kcal):1g。

3. 脂肪　脂肪一般要求占总能量 20%~30%,但需结合病情而定,如肝、胆、胰手术后应限制脂肪。

4. 维生素　如果手术前营养状况良好,术后脂溶性维生素供给无需太多。水溶性维生素在手术后消耗和丢失较多,故应提高供给量,一般以正常需要量的 2~3 倍较宜。每天应提供维生素 B_1 20~40mg,维生素 B_2 20~40mg,维生素 B_6 20~50mg,维生素 B_{12} 0.5mg。维生素 C 是合成胶原蛋白原料,为伤口愈合所必需,故应大量供给,每天为 1~2g。骨折病人应适当补充维生素 D,以促进钙、磷代谢,有利于骨折愈合。肝胆外科病人有阻塞性黄疸或肠道术前用抗生素者,由于肠道菌丛改变使得肠道细菌合成维生素 K 减少,也应适当补充。

5. 矿物质　术后随着尿氮丢失,一些矿物质排出量增加,故术后及康复期应注意适当补充,特别要注意钾、锌的补充。矿物质丢失的多少,随手术创伤严重程度而异,应结合血生化测定结果补充。

二、灼伤病人营养素需要量

(一)能量

大面积灼伤后基础代谢明显增加,能量消耗增多,常并发感染发热,故能量供给量应提高。一般成人每日供给 50~60 kcal/kg,儿童为 151kcal/kg。也可按前面提出的计算公式计算,烧伤面积 0%~20%,应激系数为 1.0~1.5;20%~40%,1.5~1.85;40%~100%,1.85~2.05。

(二) 蛋白质

由于蛋白质大量分解，故需要量明显增加，约为正常人的 2~4 倍。一般认为，严重烧伤的成人约需 2~3g/kg·d，儿童 6~8g/kg·d，但这不包括烧伤面积因素。若考虑面积和体重因素，可按下式计算：

成人：蛋白质（g/d）＝1g/kg×体重（kg）＋3g×烧伤面积（%）
儿童：蛋白质（g/d）＝3g/kg×体重（kg）＋1g×烧伤面积（%）

(三) 维生素

由于灼伤病人维生素消耗增加、吸收障碍以及创面渗出丢失等因素的影响，需要量成倍增加。根据一些研究结果，其需要量要比正常人高出近 10 倍，并随灼伤面积或程度的增加而加大（表 22-1）。

表 22-1 灼伤病人主要维生素需要量（成人）

维生素	灼伤面积（%）		
	~30	31~50	51~
维生素 A（μgRE）	3000	6000	9000
维生素 B_1（mg）	30	60	90
维生素 B_2（mg）	20	40	60
维生素 B_{12}（mg）	2	4	6
维生素 C（mg）	300	600	900

(四) 矿物质

蛋白质分解代谢的同时伴有钾、磷、钙、镁和锌等离子的大量排出，故也需要注意补充。

一般认为，大面积灼伤病人需要补充钠 2.3mmol/kg·d，钾 2~3mmol/kg·d，镁 0.3~0.4mmol/kg·d，磷 0.6~1mmol/kg·d，锌 1.5~3μmol/kg·d，铁 1.8μmol/kg·d，铜 0.4~1μmol/kg·d，钙 0.2mmol/kg·d。

(五) 水分

灼伤病人经灼伤创面蒸发丢失的水分与灼伤面积成正比。因此除正常需要量外应增加创面失水量的补充。其量可按 Samdell 公式计算：补水量（ml/h）＝（25＋烧伤面积%）×体表面积（m^2）。例 60% 烧伤面积的病人创面蒸发失水量约需 3000~3500ml/d，加上生理需要量，则这类病人每天的入水量应是 6000~7000ml。

(六) 碳水化合物和脂肪

碳水化合物可保护心、肾、肝及防止酸中毒与缓解脱水，同时也是能量最经济的来源，因此要保证供给。一般包括静脉输入的葡萄糖在内，每日可在 400~600g 之间。脂肪摄入不宜太多，否则会影响食欲，引起胃肠功能紊乱，供给量以占总能量的 30% 左右为宜。

第四节 营养治疗

一、营养治疗的原则

（一）手术病人

1. 手术前　为了保证病人手术后病程经过良好，减少并发症，尽可能地储备各种营养素，故应采用高能量、高蛋白、高维生素饮食。口服困难者，可鼻饲混合奶、匀浆膳、要素膳，必要时可输血或输氨基酸液及脂肪乳剂。

2. 手术后　结合病情和手术部位，确定营养素供给量、进食途径和餐次分配。饮食也应以高能量、高蛋白、高维生素为主；一般从流质开始，逐步过渡到普通饭，最好采用少量多餐方式。

（二）灼伤病人

根据灼伤的临床过程合理营养。

1. 休克期　补充多种维生素，不强调蛋白质和能量摄入，尽量保护食欲。

2. 感染期　以高维生素饮食为主，逐步增加蛋白质和能量的供给量。蛋白质以优质蛋白为主，至少占总蛋白的60%以上。

3. 康复期　膳食组成以高蛋白、高能量、高维生素为主，注意微量元素的补充，逐步增加脂肪摄入，促进病人迅速康复。

二、营养治疗途径

（一）营养治疗途径

无论手术或是灼伤，均可采用以下方式进行营养支持。

1. 经口营养　包括流质、半流食、普通食及特殊饮食等。

2. 管饲营养　包括经鼻胃管管饲或经胃和肠造瘘管灌注混合奶或要素膳等。

3. 肠外营养　包括外周静脉滴注葡萄糖盐水、等渗氨基酸液、水解蛋白等或中心静脉注入高渗葡萄糖液及氨基酸、脂肪乳剂等。

（二）选择的原则

选择营养治疗途径时应尽可能采取简单的方式。凡能接受肠内营养者，尽量避免肠外营养，因为肠内营养经济而安全。病人自己进食是最简单和最经济安全的方式，故经口营养是首选途径。对危重病人才考虑完全肠外营养。

三、营养治疗方法

（一）确定供给量和选择营养剂

根据手术类型、部位、并发症等情况或灼伤的程度等，并依据营养治疗的原则，确定营养素供给量。据此制定相应的食谱或确定营养制剂的类型和数量。

（二）确定营养支持的方式

根据营养途径的选择原则确定营养支持的方式。每种方式的特点和方法如下。

1. 经口营养　可依据制定的食谱提供营养支持，有经济、安全、简便等优点。可保护胃肠道的消化吸收功能,最主要的是预防肠源性感染。因此,凡是未做气管切开、肠鸣音存在者,均应鼓励口服进食。

2. 鼻饲　当口服不能满足营养需要,或是颜面部灼伤不能经口进食者,或是病人拒食而消化吸收功能正常者可采用鼻饲。一般用管径为 0.15~0.20cm 的胶管作鼻饲插管。鼻饲膳食不宜太稠,一般采用混合奶、匀浆膳食或要素膳食。温度以 37~38℃为好,过冷可刺激胃肠蠕动引起腹泻。鼻饲开始浓度要低,速度要慢,成人 40~50ml/h,7~10d 内逐渐增加至最高,可达 100~150ml/h。除用吊瓶滴注之外,也可用低速泵,速度 1.4ml/min,要求缓慢而均匀。鼻饲膳食尽可能等渗,如果渗透压过高,会引起恶心、呕吐。蛋白质过多时易引起高渗性脱水,婴儿和神志不清者更容易发生,故应在鼻饲之间适当增加水分的供给。配制混合奶时最好不超过 1kcal/ml,尽量加水稀释。要素膳食可用 20%浓度。鼻饲膳食应新鲜配制,置冰箱内保存,一般不宜超过 24h。

3. 人工造瘘供给营养　上消化道灼伤或是肠道梗阻不能进食者,可行空肠造瘘,经瘘管提供营养支持。滴注的营养液须严格消毒,开始应先滴米汤、果汁等,待适应后可增加高压奶或脱脂奶,以后再递增混合奶。配方中蛋白质、蔗糖及能量均不宜过高,还需控制脂肪的用量。滴速 40ml/h,逐渐增至 120ml/h,温度应保持 40~42℃。

4. 完全胃肠外营养　灼伤病人体重丢失>40%或热能需量要>3000kcal/d 而口服和鼻饲一般达不到要求者,或由于胃肠功能紊乱或并发症不能口服或鼻饲者以及严重电解质紊乱需要大量补充高渗溶液者,均需经静脉补充营养素及液体。因高能量高蛋白溶液为高渗性,对周围静脉刺激较大,易发生血栓性静脉炎,故需经中心静脉插管补充营养。此法每天可供热能 3000~5000kcal,蛋白质 100~200g。

5. 周围静脉营养　对损伤后体液平衡、电解质成分和血容量恢复作用较快。静脉滴注需用等渗液体。用脂肪乳剂可补充较高的能量。用等渗营养液输注时,即可补充一定量的水分,又可使蛋白质丢失减至最低限度。现认为用联合输注的方法效果最好,即用 4%氨基酸液与 4%~6%葡萄糖液同时输注。

复习练习题

(一)单选题(下列每题选项中,只有 1 个是正确的)

1. 关于手术后分解代谢旺盛期的代谢变化,<u>不正确</u>的是
   A. 蛋白质合成减弱　　　　B. 血中脂肪酸和甘油三酯浓度升高
   C. 出现负氮平衡　　　　　D. 出现水和钠潴留
2. 关于灼伤后高涨期的代谢变化,<u>不正确</u>的是
   A. 负氮平衡
   B. 可产生大量的乳酸引起乳酸血症
   C. 血清游离脂肪酸和甘油三酯浓度明显降低
   D. 血清维生素 A、维生素 E 水平下降
3. 灼伤后高涨期碳水化合物代谢变化特点是
   A. 血糖明显升高　　B. 无氧代谢减弱　　C. 糖耐量增高　　D. 有氧代谢增强

4. 灼伤后高涨期微量营养素代谢变化特点是
   A. 尿钙排出增多　　B. 血锌增加　　C. 维生素 B_1 排出减少　　D. 血清维生素 A 升高
5. 灼伤病人在休克期的营养治疗应注意
   A. 补充较多的蛋白质　　　　　　B. 补充较多的能量
   C. 补充多种矿物质　　　　　　　D. 补充多种维生素

(二) 多选题（下列每题选项中，至少有 2 个是正确的）

1. 灼伤后高涨期的血清氨基酸变化特点是
   A. 氨基酸总量降低　　　　　　　B. 氨基酸谱改变
   C. 支链氨基酸降低　　　　　　　D. 苯丙氨酸和门冬氨酸浓度升高
   E. 精氨酸、脯氨酸浓度降低
2. 手术前，为了保证病人手术后病程经过良好，减少并发症，饮食应是
   A. 高能量　　B. 高蛋白　　C. 高维生素　　D. 低碳水化合物　　E. 低脂肪
3. 灼伤病人在康复期的营养治疗膳食应注意
   A. 蛋白质含量要高　　　　　　　B. 能量含量要高
   C. 维生素含量要高　　　　　　　D. 逐步增加脂肪含量
   E. 注意微量元素的补充
4. 关于手术或灼伤营养治疗途径的选择原则，正确的是
   A. 尽量选择肠外营养　　　　　　B. 尽量选择肠内营养
   C. 尽可能采取简单的方式　　　　D. 经口营养是首选途径
   E. 危重病人首选全肠外营养
5. 关于手术或灼伤营养支持的方式，正确的是
   A. 经口营养可预防肠源性感染
   B. 消化吸收功能正常者可采用鼻饲
   C. 中心静脉插管补充营养易发生血栓性静脉炎
   D. 周围静脉营养需用等渗液体
   E. 中心静脉插管可大量补充高渗溶液

答案

(一) 单选题：1. A　　2. C　　3. A　　4. A　　5. D
(二) 多选题：1. ABCDE　　2. ABC　　3. ABCDE　　4. BCD　　5. ABDE

（郭俊生）

第二十三章 肿　　瘤

八十年代初，著名的流行病学家 Richard Doll 和 Richard Peto 提出，由癌症引起的死亡中约 35% 与膳食有关。此后的研究进一步证实了这一观点的正确性。饮食习惯不良、营养素间不平衡以及营养素摄入不足或过多都是重要的影响因素。膳食中某些成分可抑制肿瘤的发生，如一些具有抗氧化作用的营养素（维生素 E、维生素 C、硒、β-胡萝卜素），膳食纤维等。而食物中某些污染物如黄曲霉毒素、N-亚硝基化合物等也已在动物实验中证实为致癌物。

第一节　膳食与肿瘤的关系

一、营养素与肿瘤的关系

（一）碳水化合物和膳食纤维

已证明膳食中碳水化合物占总能量大于 85% 或小于 40% 都是不利于健康的。流行病学数据表明，高淀粉膳食可能降低结肠癌、直肠癌的危险性，主要机理可能为淀粉和膳食纤维在结肠内被细菌发酵，产生短链脂肪酸，进而导致粪便重量的增加，结肠内容物稀释以及通过肠道的时间缩短；另外淀粉发酵时产生大量的丁酸，有抑制 DNA 合成及刺激细胞分化的作用。但是，如果摄入的为精制的淀粉食物，此种保护作用消失。精制糖特别是蔗糖含量高的膳食可增加结肠癌、直肠癌的危险性。膳食纤维有预防结肠癌、直肠癌的作用，并有较明显的剂量反应关系。

在 22 项病因学研究和 22 项病例—对照研究结果中，大多表明膳食纤维与结肠癌发生呈负相关。Hems 分析了 41 个国家乳腺癌与膳食的关系后发现，摄入精制糖量与乳腺癌的发生率有关，而膳食纤维可能有预防乳腺癌的作用。膳食纤维抑制癌症发生的机制被认为与其功能有关，即膳食纤维的吸水性使粪便的体积增大，刺激肠道蠕动，缩短了有害物质在体内存积和再吸收的时间，其中的可溶性纤维素如果胶、树胶的能力比不可溶性纤维强。

（二）脂类

膳食中脂肪对肿瘤的影响可能是研究比较多的。世界上不同地区人群的脂肪摄入量和质有很大差异，一般说来，随着经济的发展，人们摄入的脂肪总量和脂肪酸量增加，除一些西方国家居民脂肪摄入量较高外，有些国家如中国和韩国从七十年代以后，日本从五十年代以后，居民肉的摄入量（以总脂肪量计算）显著增多，尤其在城市地区。而在发达国家中由于健康教育的实施，居民脂肪摄入量占总能量的百分比正在下降。

世界上不同地区、不同国家在不同时期的膳食脂肪量，以及同一国家当地居民和移民的不同膳食脂肪量的流行病学调查结果显示，膳食脂肪与癌症特别是乳腺癌和肠癌存在因果关系，包括总脂水平高的膳食以及动物性脂肪和（或）饱和脂肪酸水平高的膳食。23 个国家的调查发现，脂肪的摄入量与乳腺癌相关系数为 0.79。除了较多有关脂肪与乳腺癌、肠癌的资料外，流行病学调查结果还说明，肺癌、子宫内膜癌和前列腺癌也可能和摄入高脂肪膳食有关。

关于胆固醇与肿瘤的关系也有些观察。病例对照研究结果表明，子宫内膜癌的危险性随胆固醇摄入量的增加而增加。胆固醇可能与肺癌、胰腺癌有关。

肥胖与多种癌症的危险性增加有关，如子宫内膜癌、乳腺癌、肾癌和结肠癌。而能量不平衡导致儿童和成年人中肥胖者越来越多。不同人群的相关性研究表明，人群的体质指数（BMI）与其膳食中脂肪含量有关，因此高脂肪膳食是引起与肥胖有关癌症的间接危险因素。

高脂肪膳食引起大肠癌发病的机理，大都认为是高脂肪使肝脏胆汁分泌增多，胆汁中的初级胆汁酸在肠道厌氧细菌的作用下，转变为促癌物质脱氧胆酸及石胆酸。此外高脂肪膳食可改变肠道菌丛成分和活性，食用高脂肪、高动物蛋白使粪便中厌氧菌增多，需氧菌减少。脂肪、胆酸以及细菌间的相互作用在肠内产生的过量二酰甘油酯（DAG）可以激活蛋白激酶，从而引起细胞的分化，对肿瘤有促进作用。

高脂肪膳食促进乳腺癌发生的机理与大肠癌不同。激素是发生乳腺癌的重要因素，雌激素中的雌酮和雌二醇有致癌作用。高脂肪使胆汁分泌增多的同时，使机体产生的雌激素也多，通过促进乳腺细胞的增生而增加乳腺癌的危险性。

（三）蛋白质

蛋白质对癌危险性的影响很难与膳食中其他营养素和多种食物的影响相区分。在动物实验中，蛋白质摄入量低可见抑癌作用，蛋白质高则有促进不同部位癌的作用。但将动物实验数据用于人时必须慎重，因为大多数实验动物生长速度比人快（寿命期短），对低蛋白的反应比人类明显，而且人类膳食中蛋白质的量一般都大于生理需要量，故动物实验中人为设计的低蛋白剂量在人类现实中很难找到。目前流行病学资料提出，动物性蛋白摄入量高可能增加乳腺癌的危险性，但证据尚不足。

（四）维生素

目前研究较多的有类胡萝卜素、维生素 C、叶酸、维生素 B_{12}、视黄醇和维生素 E。研究结果大都表明，上述维生素具有降低一些肿瘤危险性的功能，或者是与肿瘤不相关。

1. 类胡萝卜素和视黄醇　视黄醇、β-胡萝卜素可降低肿瘤危险性的假说是 1981 年由 Peto 等提出来的。视黄醇与细胞的分化有关，动物实验证实维生素 A 缺乏动物易受化学致癌物的作用而诱发粘膜、皮肤和腺体肿瘤。类胡萝卜素可减少肺癌危险性的证据最充分，其他如食管癌、胃癌、结肠癌、直肠癌、乳腺癌和子宫颈癌的研究也表明，β-胡萝卜素可能降低其危险性。通过研究视黄酸（维生素甲酸）及其衍生物对致癌物的作用以及对人类食管癌细胞增殖的影响，发现它们有抑制肿瘤生长的作用。

对维生素 A 及其衍生物的作用机理有不少解释，有人认为维生素 A 对上皮细胞的分化起重要作用。维生素 A（或由类胡萝卜素转化）可使上皮细胞正常分化，而癌细胞的特点之一是分化不良，所以充足的维生素 A 可对上皮细胞分化起调节作用，从而避免癌发生。例如维生素 A 对气管、支气管上皮的作用是抑制 DNA 过度合成和基底细胞增生，使之保持良好的状态。有人认为维生素 A 对癌细胞的影响主要是动员溶酶体的作用，增强溶酶体的脆性，使其中的水解酶释放入细胞浆，促使肿瘤细胞退化。

关于类胡萝卜素的防癌作用机理有几种假说：① 类胡萝卜素是单线氧的有效灭活剂，能直接清除自由基；② β-胡萝卜素、叶黄素、番茄红素、α-胡萝卜素等类胡萝卜素均能在细胞内通讯间隙连接上起调节作用。此外 β-胡萝卜素可增强机体某些免疫功能。

给予受试者抗氧化物补充剂的实验表明，在营养良好的人群中补充人工合成β-胡萝卜素和维生素E对预防肺癌无益，而补充人工合成β-胡萝卜素反而有害；但一项在营养较差人群中联合补充β-胡萝卜素、维生素E和硒的干预实验显示，这些营养素与降低癌危险性相关。实验结果表明，补充β-胡萝卜素和维生素E可能有减轻口腔白斑的作用。

2. 维生素C　有相当多的研究资料显示，维生素C可降低一些癌的危险性，其中以对胃癌影响最明显。胃癌高发区居民维生素C摄入量不足或缺乏，如冰岛为胃癌高发国，当地居民多吃鱼、羊肉等，谷类靠进口，蔬菜只有少量土豆，水果生产量也很小。胃癌患者血清中维生素C的水平低于对照组。慢性萎缩性胃炎的病例—对照研究显示，胃癌的危险性降低与维生素C的摄入量较高有关。维生素C含量高的膳食可降低食管癌、肺癌、子宫颈癌、喉癌、结肠癌、直肠癌、乳腺癌和膀胱癌的危险性。我国食管癌高发区普遍缺乏新鲜水果、蔬菜。维生素C在动物体内能阻断亚硝基化合物的形成。

维生素C的抗癌机制：① 维生素C可通过抗氧化作用将致癌物解毒并阻碍其对DNA的损伤；② 维生素C在结缔组织蛋白质的合成中起重要作用，缺乏维生素C可能影响细胞间基质的完整性，从而有利于肿瘤细胞的生长；③ 维生素C可加强机体免疫系统对肿瘤的监视作用。

3. 维生素E　在肺癌和乳腺癌病人的血液中，维生素E水平低于对照组。维生素E含量高的膳食有可能降低这两种癌症的危险性。维生素E的主要功能是机体内的抗氧化作用，通过清除氧自由基和终止自由基的链式反应，从而保护细胞膜和DNA。此外维生素E能使硒和类胡萝卜素保持还原状态，从而加强这些物质的抗氧化能力。维生素E还可抑制亚硝胺的形成。

4. 其他维生素　B族维生素与前致癌物的激活或去活包括酶代谢过程有关，如维生素B_2可加强二甲基氨基偶氮苯的代谢作用，从而对其诱发大鼠肝癌有抑制作用，但也有相反的报道，认为维生素B_2可增强其他化合物的致癌作用，因为由前致癌物变为终致癌物的活化需维生素B_2的参与。

（五）矿物质

矿物质和微量元素中与肿瘤关系研究较多的有钙（及维生素D）、硒、碘和铁，其他元素研究尚不多。

1. 碘　碘缺乏与过多都会增加甲状腺肿瘤的危险性。滤泡性甲状腺癌与碘缺乏有关，而乳头状甲状腺癌与碘摄入过量有关。病例对照研究发现，碘缺乏与甲状腺癌危险性相关，而长时间大量摄入含碘高的食物（如海产品）可阻断甲状腺对碘的摄取，导致甲状腺肿，也可增加甲状腺癌的危险性。

2. 硒　在微量元素与癌症关系的研究中，对硒的研究最多，也最受重视。这些癌中涉及最多的是肺癌、胃癌、食管癌、肝癌、结肠癌和乳腺癌等。硒作为抗氧化物，与癌症的发生为负相关关系。流行病学资料表明，硒与肺癌的关系最为肯定；对胃癌、肝癌、乳腺癌的研究也表明硒有保护作用。硒抗癌的动物实验较多，无论是在饲料中还是在饮水中，加硒都能抑制多种致癌物对实验动物的致癌作用。目前认为硒的抑癌机理有以下几种：① 硒作为机体内谷胱甘肽过氧化物酶的成分，可催化有机过氧化物分解，从而预防组织细胞受损；② 硒还可以抑制肿瘤细胞生长；③ 硒可增加机体免疫功能；④ 提高肝微粒体酶的活性，使致癌物转变为毒性较低的化合物。

3. 锌 很多癌症病人（如食管癌、肝癌、胃癌、乳腺癌、骨癌等）往往出现血清锌低于正常人的情况，如在中国河南省食管癌调查中发现，该地区居民的饮水、食物以及血、尿和头发中锌含量与癌发病率呈负相关。食管癌患者血和发中锌含量分别为 $12.0\pm2.3\ \mu mol/L$ 和 $162\pm33\mu g/g$，正常人为 $15.8\pm2.8\mu mol/L$ 和 $195\pm29\mu g/g$，食管癌患者明显比正常人低。在大鼠实验中，用甲基苄基亚硝胺作为致癌物，结果发现锌缺乏的大鼠肿瘤发病率高，因此认为锌缺乏可能与食管癌发生有关。但也有动物实验报告，锌是肿瘤细胞生长必需的物质，但摄入大量的锌反而抑制免疫功能，并抵消了硒的保护作用而使肿瘤生长加快。其机制尚有待于进一步深入研究。

二、其他膳食因素与肿瘤的关系

（一）植物性食物中的其他生物活性化合物

植物性食物除含营养素以外，还含有多种具有生物活性的物质包括葱属化合物、叶绿素、二硫醇硫酮、异硫氰酸盐、类萜化合物、异黄酮类、蛋白酶抑制剂、植酸、多酚类、葡糖异硫氰酸盐、吲哚、类黄酮类、植物固醇、皂苷类、香豆素类等。

葱属化合物存在于葱属蔬菜中，包括洋葱、大蒜、大葱和韭菜；二硫醇硫酮、异硫氰酸盐及萝卜硫素主要存在于十字花科蔬菜中；D-柠檬酸是研究最多的类萜烯化合物，存在于柑橘果皮油中，常被作为调味品添加至果冻、布丁、口香糖、冰淇淋等中；类黄酮类存在于水果、蔬菜、茶、咖啡等中；其他一些酚类存在于新鲜蔬菜和水果中；蛋白酶抑制物、植酸、皂苷类等广泛分布在谷类豆类及其他植物中。

这些物质具有抗癌作用的结论大都来自于动物实验，有似乎合理的生物学机制。

1. 葱属化合物 在大蒜或洋葱产量很高的地区，人群的胃癌死亡率很低。葱属化合物可能通过诱导酶的解毒作用而具有抗癌作用，另外它有抗胃幽门杆菌的作用。葱属化合物含量高的膳食可能降低胃癌的危险性。但由于人类这方面的研究资料还很少，而且动物实验中这些物质的摄入水平远远高于人类从膳食中所获得的水平，因此尚不能确切地下结论。

2. 吲哚类化合物 可通过诱导肝脏混合功能氧化酶的活性而抑制化学物质的致癌作用，但此种增加酶效应不是直接的，因为它对多种致癌物即有活化作用也有解毒作用。吲哚类的特异作用是可以增强雌二醇在肝脏的 α-羟化过程，使其活性降低，从而可能预防与雌激素有关的癌。

3. 叶绿素 叶绿素抗诱变作用多为 Ames 实验的结果，并已取得了比较肯定和一致的结果。结果表明叶绿素既能抗移码突变，又能抗碱基置换突变；能抑制苯并芘、3-甲基胆蒽等多环芳烃、N-甲基-N'-亚硝基脲、黄曲霉毒素 B_1、某些工业毒物，如防化剂 MB、邻硝基苯胺、邻苯二胺及某些抗肿瘤药如柔毛霉素等诱变剂的诱变作用。此外，它还能抑制日常生活环境和膳食中经常接触的复杂混合物如炸牛肉和炸羊肉提取物、香烟烟雾、柴油机引擎排出尘粒等的诱变作用。叶绿素对黄曲霉毒素 B_1 的抗诱变作用比视黄酸和 β-胡萝卜素强，与维生素 A 相似。叶绿素在哺乳动物体内的作用研究报道较少，有研究表明，它可抑制环磷酰胺引起的小鼠骨髓微核的形成，可能有抗癌作用。

叶绿素的抗诱变机理不明了，可能与酶或非酶的抗氧化作用有关，它可影响某些酶的活性，如抑制肝微粒体酶系、减少肝微粒体细胞色素 P450 的含量、抑制氨基比林去甲基酶、苯胺羟化酶以及 NADPH-细胞色素 C 还原酶的活性。其中有些酶可能与活性氧的生成和脂质过氧化有关。非酶抗氧化作用可能与清除自由基有关，叶绿素分子内有较强的电子共振和移位，推测其可能有效地获取亲电基团和自由基。因此，叶绿素抗诱变防癌的机理可能涉及多个复杂方面。

4. α-萱烯　又称柠檬烯或柠檬苦素，属类萜化合物。研究表明其对各种致癌物直接和间接诱导产生的个别部位肿瘤都有明显的抑制作用，而且，其抗癌作用在癌形成的起始阶段和促进阶段都有效，因此它既是癌症的阻断剂，也是抑制剂。α-萱烯的抗癌作用机理是：① 能抑制微粒体细胞色素 P450 混合功能氧化酶活性，阻断前致癌物被激活为终致癌物；② 同时诱导体内谷胱甘肽 S-转移酶，使亲电性致癌物与内源性谷胱甘肽结合而排出体外，因而可保护蛋白质、核酸等亲核物质。

5. 黄酮类化合物　包括黄酮、异黄酮、黄烷酮、双烷酮、花青素及其甙类。目前已证实多种黄酮类化合物具有抗癌作用，如芦丁、桑黄素能抑制苯并芘对小鼠皮肤的致癌作用；芹黄素、山萘酚、槲斗素对黄曲霉毒素 B_1 与 DNA 加合物形成有抑制作用等。黄酮类化合物的抗突变、抗癌机理一方面是化学预防作用，即与最终致癌物、致突变物直接反应达到去毒作用，另一方面可抑制肿瘤细胞 DNA 合成，从而抑制肿瘤细胞生成，发挥细胞毒作用。

（二）食物中的致癌物

所谓食品中的致癌物包括某些食品中自然存在的，或是由于人们生产活动中形成的污染物如黄曲霉毒素、N-亚硝基化合物、杂环胺等。

1. 黄曲霉毒素　黄曲霉毒素 B_1 是一种动物致癌物，被认为可能是引起人类癌症的膳食致癌物。它是由产毒的黄曲霉和寄生曲霉在食品中生长而产生的，在我国南方、东南亚和非洲地区的粮油及其制品中污染较严重。黄曲霉毒素在多种动物包括灵长类动物中诱发肿瘤。流行病学调查显示，接触黄曲霉毒素的同时感染乙肝病毒是引发肝癌的危险因素，血中黄曲霉毒素-白蛋白加合物水平以及尿中黄曲霉毒素-DNA 加合物排出量与肝癌的危险性呈正相关。

2. N-亚硝基化合物　N-亚硝基化合物是一大类有致癌性的物质，其中研究较多的是亚硝胺。在动物包括灵长类动物的实验中发现，亚硝基化合物具有一定的致癌性与毒性，并有致畸作用；对人的致癌作用尚难肯定。有些学者认为，N-亚硝基化合物对人致癌的可能性非常大，理由是在人肝脏细胞和人胚肾细胞的体外实验中可看到，N-亚硝基化合物可诱发肝病。流行病学调查表明，某些地区食物中的亚硝胺含量与肿瘤发病有关。

N-亚硝基化合物与自然界其他致癌物有一个重要的区别，即只要有胺和亚硝酸盐这两个前体物质，就可以在适宜的条件下在体内或体外合成。N-亚硝基化合物的前体物质在食物中分布较广，如亚硝酸盐存在于加硝腌肉、蔬菜以及不纯的食盐中；仲胺在鱼、肉、酒、茶叶、食物调料中均含有，鲜鱼、贝类加工烹调时体内的氧化三甲胺可分解为二甲胺，肉和鱼中本身含有的脯氨酸、精氨酸、羟脯氨酸容易生成仲胺。影响 N-亚硝基化合物合成的因素大致有以下几方面：① pH 值：最适宜于 pH3～3.5 的酸性环境下进行。人和其他哺乳动物的胃液酸度为 pH1～3，故适宜于上述合成条件；② 胺的形式：伯胺、仲胺、叔胺以及季胺化合物均可与亚硝化剂（亚硝酸盐、氧化氮及能还原成亚硝酸盐的硝酸盐）在体外或体内合成 N-亚硝基化合物。最适宜于亚硝化的胺首推弱碱性的仲胺（吗啉、哌嗪、甲硝苯胺等），其次为叔胺（如氨基比林）；③ 微生物的作用：微生物既能将硝酸盐还原为亚硝酸盐，又参与胺的形成，故能促进 N-亚硝基化合物的形成。肠道菌丛能使氨基酸脱去羧基，从而在体内产生胺，又能使硝酸盐还原，因此对胺的亚硝化作用起着重要的作用。口腔、胃和膀胱的微生物也有类似作用，口腔卫生不好时，可由于食物腐败产生胺类，并造成酸性环境，口腔菌丛还可直接催化亚硝胺的合成。一些霉菌污染食物后，也能促进 N-亚硝基化合物的合成。这些霉菌有白地霉、黄曲霉和镰刀菌等；④硫氰根离子：硫氰根离子具有较强的催化亚硝化反应的能力，是人体唾液的组成成分。

N-亚硝基化合物多存在于经加工的食品中，如熏鱼、腌肉、酱油、啤酒、酸渍菜、腌菜以及发酵制品中。啤酒中也含有二甲基亚硝胺，含量一般在几个 $\mu g/L$ 范围内（个别的几十个 $\mu g/L$），但由于饮用量大，故应对其含量引起重视。

3. 高温分解产物　① 杂环胺：由于蛋白质过度加热，出现的劣变产物，目前已分离出十多种。从结构上分为氨基咪唑氮杂芳烃和氨基咔啉两大类。在哺乳类动物体内，可被代谢酶转化，生成活性较强的中间代谢产物 N-羟基衍生物。其中一些 N-羟基衍生物本身可与 DNA 分子形成复合体，干扰 DNA 自身复制，还有一些酰化物或硫酸酯化物是终末致癌物。杂环胺类的产生与烹调方式有关，烧焦、烤煳的肉、鱼等富含蛋白质的食物最容易产生杂环胺。杂环胺是强致突变物质，在实验动物中可引起多种肿瘤；② 多环芳烃（PHA）：与不适当的食物加工方法如熏烤以及包装有关。熏烤食品时熏烟木材不完全燃烧时的产物含有多环芳烃［包括苯并（a）芘］，可聚集在食物表面。烤制时滴于火上的食物脂肪焦化产生热聚合反应，形成苯并（a）芘附着在食物表面，随着放置时间的延长，由表层逐渐向内层渗透。有些食品包装纸常有油墨，油墨中的碳墨含有几种多环芳烃，可以污染食品。多环芳烃对实验动物是有致癌性的，动物和人类摄入多环芳烃可诱导细胞色素 P450 酶和 II 相酶或谷胱甘肽还原酶，这些酶可以使某些化合物和药物的代谢能力发生变化。病例对照研究表明，烧烤食物与胃癌的危险性有关，但多环芳烃对人的致癌作用仍需进一步研究；③ 丙烯酰胺：丙烯酰胺主要在高碳水化合物、低蛋白质的植物性食物加热（120℃以上）烹调过程中形成。研究表明，油炸、高温烘烤的淀粉类食品中丙烯酰胺的含量比世界卫生组织规定的饮水中丙烯酰胺含量高 500 倍以上。以后进一步证实，薯片、薯条、焙烤的饼干、面包中丙烯酰胺的含量极高。如油炸土豆片中丙烯酰胺含量最高，平均高达 $1300\mu g/kg$；油炸土豆条次之，平均含量为 $410\mu g/kg$。此外，每千克饼干、硬面包、麦片和玉米片中都分别平均含有 280、160 和 $150\mu g$ 的丙烯酰胺，甚至每千克软面包中也平均含有 $50\mu g$ 的丙烯酰胺。而在未烹调的食品和普通蒸煮的食品中却很少能检测出丙烯酰胺。丙烯酰胺在体内和体外实验均表现有致突变作用，可引起哺乳动物体细胞和生殖细胞的基因突变和染色体异常，如微核形成、姐妹染色单体交换、多倍体、非整倍体和其他有丝分裂异常等，显性致死试验阳性。证明丙烯酰胺的代谢产物环氧丙酰胺是其主要致突变活性物质。动物实验研究发现，丙烯酰胺可致大鼠多种器官肿瘤，包括乳腺、甲状腺、睾丸、肾上腺、中枢神经、口腔、子宫、脑垂体等。国际癌症研究机构（IARC）将丙烯酰胺列为人类可能致癌物，但目前还没有充足的人群流行病学证据表明通过食物摄入丙烯酰胺与人类某种肿瘤的发生有明显相关性。

4. 乙醇　饮酒是几种癌的危险因素，结肠、直肠、乳腺和肝脏发生癌的危险性因饮酒而增高。酒精可与其他致癌因素起协同作用，如在肝癌发生中乙醇与黄曲霉毒素 B_1 或乙型肝炎病毒存在协同性，在口腔癌和食管癌的发生中，乙醇和烟草的共同作用使危险性成倍增加。

5. 其他　我国云南、广西、广东部分地区居民有嚼槟榔习惯。国内调查报告指出，嚼槟榔习惯与口腔、喉、食管和胃肿瘤发生有关。食物中含过多的盐被认为与胃癌（尤其在日本）有关。食盐对胃粘膜有刺激作用，可引起胃粘膜层的破坏，导致胃上皮细胞直接接触胃内容物中的致癌物质。

第二节 常见恶性肿瘤的膳食防治措施

一、癌症病人的异常代谢

1. **食欲缺乏或低下** 肿瘤病人往往食欲缺乏或低下，可在肿瘤早期或在肿瘤生长或扩散期出现。肿瘤病人营养吸收率低，血糖低、氨基酸不平衡，下丘脑生理机能受到干扰，小分子代谢物作用于中枢神经系统的感觉反应细胞而导致无食欲。

2. **代谢改变** 一些患恶性肿瘤的病人基础代谢率增加约10%，蛋白质代谢也受到干扰，造成低蛋白血症。

3. **肿瘤治疗导致的营养失调** 在肿瘤的治疗过程中，往往由于治疗的副作用造成营养问题。

（1）**放射治疗** 可造成恶心、呕吐、无食欲、味觉丧失、咽下困难、牙齿问题、口腔干燥、腹泻、肠道损伤及吸收率降低。

（2）**手术治疗** 口腔咽喉切除术造成的咀嚼及吞咽困难，胃肠道部分切除术引起吸收不良，胃切除术引起倾倒综合征、低血糖、回肠和结肠造口术干扰水及电解质平衡，胰切除导致糖尿病、无胰消化酶引起的消化及吸收不良。

（3）**化学治疗** 激素治疗引起体液及电解质不平衡、抗代谢剂及其他制剂引起胃肠道损伤，使病人无食欲、恶心、呕吐。药物破坏肿瘤细胞的同时使代谢产物增加，可增加肾脏负担。

二、肿瘤病人的营养治疗

动物实验结果表明，营养好的动物自发性肿瘤生长变快，而蛋白质营养低下的动物则变慢。关于人类改善营养状况可刺激肿瘤生长的报告很少。虽然还无证据表明增进营养能延长肿瘤病人的生命，但是增进营养确实能增进病人体质，并增强对肿瘤及治疗副作用的耐受力。所以应全面了解病人的膳食史、体重改变情况、膳食量等，尽一切努力使病人多进食。应该努力使病人经口摄取适当的饮食，对不能经口摄食者用管饲、要素膳和静脉高营养滴注也能保证肿瘤病人的营养，由此增强病人耐受化学治疗及放射治疗副作用的能力。

三、预防肿瘤的措施

1. **食用营养丰富的植物性食物为主的多样化膳食** 主食应以粗加工的富含淀粉的谷类、薯类为主，占总能量的60%～70%；选择各种新鲜蔬菜和水果，每天摄入量应达400～500g；多食豆类食品。

2. **保持适宜的体重** 保持体质指数（BMI）在18.5～23.9之间。肥胖可增加子宫内膜癌的危险性，也会增加绝经后女性乳腺癌以及肾癌和直肠癌的危险性。肥胖儿童和青少年易于在他们成年期发展为肥胖，因此应引起注意。

3. 坚持体力活动　至少坚持每日一小时的快速和每周一小时的较剧烈的运动，可维持体力活动水平（PAL）在1.75或更高水平。

4. 选择鱼、禽肉类食物以取代红肉　红肉是指牛、羊、猪肉或其制品。红肉的摄入量应低于总能量的10%。含大量红肉的膳食很可能增加结肠癌和直肠癌的危险性，而鱼、禽肉类较红肉更有益于健康。

5. 总脂肪和油类提供的能量应占总能量的20%～25%　要限制脂肪含量高特别是动物性脂肪多的食物的摄入，选择适宜的植物油。

6. 限制饮酒量　最好不要饮酒，尤其反对过度饮酒。孕妇、儿童及青少年不应饮酒。任何含酒精饮料都可增加癌的危险性。

7. 其他　① 限制食盐及盐腌食物摄入量。每人每日食盐摄入量≤6g，儿童每日≤3g；② 易于腐败食物的储藏要减少霉菌的污染；③ 对食品添加剂、农药的安全使用加强监测；④ 不吃烧焦的食物，避免食用直接在火焰上烧烤的肉、鱼和熏制的肉；⑤ 不吸烟，不嚼烟草。

复习练习题

（一）单选题（下列每题选项中，只有1个是正确的）

1. 具有抗氧化作用的营养素有
   A. 维生素E、硒、维生素C　　　　B. β-胡萝卜素、维生素E、不饱和脂肪酸
   C. 维生素E、β-胡萝卜素、铁　　　D. β-胡萝卜素、膳食纤维、硒

2. 淀粉可能降低结肠癌、直肠癌的危险性，其主要机理为
   A. 淀粉在结肠内被细菌发酵，产生大量的丙酸，并抑制DNA合成
   B. 淀粉在结肠内被细菌发酵，产生大量的丁酸，并抑制DNA合成
   C. 淀粉在结肠内被细菌发酵，产生大量的戊酸，并抑制DNA合成
   D. 淀粉在结肠内被细菌发酵，产生大量的己酸，并抑制DNA合成

3. 胆汁中初级胆汁酸在肠道厌氧菌作用下，可转变为具有促癌作用的
   A. 氧胆酸和石胆酸　　　　　　　B. 脱氧胆酸和胆酸
   C. 脱氧胆酸和石胆酸　　　　　　D. 氧胆酸和胆酸

4. 维生素A及其衍生物的抗癌机理为
   A. 使上皮细胞正常分化　　　　　B. 抑制DNA过度合成和基底细胞增生
   C. 使癌变细胞退化　　　　　　　D. 以上都是

5. 硒的抑癌机理有多种学说，除了
   A. 为谷胱甘肽过氧化物酶的成分，催化有机过氧化物分解
   B. 抑制肿瘤细胞生长
   C. 对细胞间隙起上调作用
   D. 增强机体免疫功能

6. 食物中具有多种抗肿瘤的化合物，除了
   A. 葱属化合物、吲哚类化合物　　B. 叶绿素、黄酮类化合物
   C. 芦丁、叶绿素　　　　　　　　D. 类萜类、大蒜

（二）多选题（下列每题选项中，至少有2个是正确的）
1. 能产生黄曲霉毒素的真菌有
   A. 黄曲霉　　　B. 青霉　　　C. 褚曲霉　　　D. 寄生曲霉　　　E. 镰刀菌
2. N-亚硝基化合物合成的条件和前体物为
   A. pH为3~3.5　B. 仲胺　　　C. 亚硝酸盐　　D. 硝酸盐　　　　E. 糖分
3. 下列物质中有抗癌作用的是
   A. 硒　　　　　B. 葱属化合物　C. 丙烯酰胺　　D. 多环芳烃　　　E. 杂环胺
4. 癌症患者的异常代谢包括
   A. 食欲缺乏或低下　　　　　　B. 基础代谢率降低
   C. 营养失调　　　　　　　　　D. 肾脏负担增加
   E. 电解质不平衡
5. 预防肿瘤的正确措施为
   A. 保持适宜体重　　　　　　　B. 坚持体力活动
   C. 限制饮酒量　　　　　　　　D. 食用植物性食物
   E. 加强农药和食品添加剂使用安全的监测

答案

（一）单选题：1. A　　2. B　　3. C　　4. D　　5. C　　6. D
（二）多选题：1. AD　　2. ABC　　3. AB　　4. ABCDE　　5. ABCE

（郭红卫）

第二十四章 胃肠内及胃肠外营养

第一节 胃肠内营养

一、概述

胃肠内营养也称管饲营养，是借助于喂养管将营养物质直接送至胃肠道的方法。胃肠内营养在不能经口营养或消化能力欠佳的病人中应用越来越普遍，其原因在于此种营养方法具有3大优点：① 能维持消化道结构和功能的完整性；② 危险性小；③ 管饲的营养物质选择范围大。

胃肠内营养始于17世纪，最初用小银管经鼻插入食道作喂养，以救治破伤风病人。这种方法在18世纪末和19世纪初得到快速发展，到20世纪，胃肠内营养方法逐渐成熟。1959年，Barron报道了用果汁和粉碎的食物制成溶液经鼻饲治疗手术病人数百例，获得明显效果。随着各种胃肠营养剂，特别是要素膳的出现，胃肠内营养所发挥的作用越来越大。目前，胃肠内营养和胃肠外营养已成为临床营养治疗的两大重要支柱。

二、胃肠内营养的适应证

凡是不能经口满足营养需要，但有一定胃肠道功能，可消化和吸收管饲营养物质的病人均适用胃肠内营养。具体的指征如下：
1. 口咽部、食道梗阻或严重功能不全引起的咽下困难。
2. 昏迷或是谵妄状态。
3. 持续厌食状态。
4. 由于胃肠功能紊乱，如胃麻痹、胃肠炎、幽门阻塞等引起的持续性恶心及呕吐。
5. 胃及小肠的部分阻塞。
6. 远端小肠及回肠瘘。
7. 食物呛入呼吸道，反胃。
8. 需要用特殊溶液治疗者。

但完全肠梗阻、肠麻痹、严重腹泻及重度吸收不良者，不能进行胃肠内营养。

三、胃肠内用营养剂

根据营养剂的组成、原料来源、用途等可将胃肠内营养剂分成4类。

（一）天然食品营养剂

以天然食物如牛奶、豆浆、鸡蛋、瘦肉、鱼、水果、蔬菜等为原料，经粉碎拌匀制成的营养液。此种营养剂具备了"自然食物"的优点，成本低，较经济。但制备的食物种类有限，营养素含量难以精确计算，不能完全保证病人所需的全部营养素。天然食品营养剂多用于胃肠道消化吸收功能较好的患者。

(二) 聚合营养剂

也称"聚合配方"、"多聚性处方",指以完整性蛋白质、甘油三酯、碳水化合物、矿物质和维生素为原料制成的营养剂。此种营养剂中蛋白质一般占总能量的12%～18%,脂肪占30%～40%,碳水化合物占40%～60%。在标准配方中,非蛋白质能量与氮的比例约为150kcal:1g;高蛋白质聚合营养剂中,比例约为95kcal:1g。

聚合营养剂中的蛋白质一般主要为酪蛋白、乳清蛋白、卵白蛋白,或是上述几种蛋白质的混合物。碳水化合物通常是以淀粉及其水解产物形式存在的葡萄糖多聚体。脂肪多来自植物油,如谷物油、红花油、葵花子油等。维生素一般按DRIs推荐的量添加,矿物质按临床治疗需要加入。配制成应用溶液的渗透压较低,为300～450mOsm/kg。能量密度一般为1kcal/ml。此种营养剂适合胃肠功能正常或接近正常的病人应用。

(三) 要素营养剂

也称要素膳,是由营养素单体组成的营养剂。其氮源为各个氨基酸混合物或来自酪蛋白、乳清蛋白、大豆分离蛋白等蛋白质的水解产物。这种水解产物含有较多的二肽和三肽,不仅可降低溶液的渗透压,而且净吸收率比氨基酸还要快。碳水化合物为葡萄糖、蔗糖、葡萄糖低聚糖或糊精。脂肪通常采用含亚油酸较高的植物油如红花油、葵花子油、玉米油等或中链甘油三酯(MCT)或长链甘油三酯(LCT)。维生素和矿物质按治疗需要添加。不含乳糖和纤维。配制成应用溶液的渗透压较高,为400～700mOsm/kg。此种营养剂很少需要消化,极易被吸收,故多用于消化能力丧失的病人。

要素营养剂的种类较多,按其用途可分为用于营养支持的全营养型要素营养剂和用于治疗的特种要素营养剂。前者主要以人体营养素需要量DRIs为依据配制,如美国Vivonex STD要素及Vivonex HN要素,日本的ED-AC要素等;后者是针对不同疾病代谢特点或缺陷配制的。常见的有:

1. 肝病用要素营养剂　如美国的Heptic-Aid氨基酸要素制剂(表24-1),是以急、慢性肝损伤时产生肝原性脑病的假神经递质学说为依据,以维持适当的营养、增进肝功能的恢复及防止肝性脑病的发生或减轻其症状为目的研制的。其组成特点是支链氨基酸含量高,芳香族氨基酸含量低,其作用可纠正异常氨基酸谱,减轻肝性脑病症状,并可补充蛋白质。

表24-1　Hepatic-Aid要素营养剂氨基酸组成 (g/1000kcal)

氨基酸	含量	氨基酸	含量
异亮氨酸	2.94	色氨酸	0.21
亮氨酸	3.59	甘氨酸	2.94
缬氨酸	2.74	丙氨酸	2.50
蛋氨酸	0.24	精氨酸	1.96
苯丙氨酸	0.32	组氨酸	0.78
赖氨酸	1.99	丝氨酸	1.63
苏氨酸	1.47	脯氨酸	2.61

2. 肾病用要素营养剂　如 Amin-Aid 肾病要素营养剂，其特点为低蛋白（4.5%），高碳水化合物（84.6%）。其中蛋白质由 8 种必需氨基酸和组氨酸组成（表24-2），其目的在于重新利用体内分解的尿素，合成非必需氨基酸，达到减轻氮质血症的同时又可以合成蛋白质，改善低蛋白血症。

表 24-2　肾病用要素膳（Amin-Aid）氨基酸组成（g/1000kcal）

氨基酸	含量	氨基酸	含量
异亮氨酸	1.05	苏氨酸	0.75
亮氨酸	1.65	色氨酸	0.38
赖氨酸	1.20	缬氨酸	1.20
蛋氨酸	1.65	组氨酸	0.38
苯丙氨酸	1.65		

3. 先天性氨基酸代谢缺陷要素营养剂　如治疗糖尿病的 MSUD-Aid 要素营养剂，其特点是含有除支链氨基酸以外的必需氨基酸和非必需氨基酸；治疗苯丙酮尿症的 Lofenalac 要素营养剂和治疗组氨酸血症用的 Fomula HF 要素营养剂（表24-3），其氮源分别采用缺乏苯丙氨酸和组氨酸的混合氨基酸。应用这些要素膳不仅可以减轻患者体内潜在的氨基酸代谢紊乱，同时还可达到补充蛋白质的作用。

表 24-3　先天性氨基酸代谢缺陷用要素营养剂的组成（%）

成分	MSUD-Aid	Lofenalac	Fomula HF
糖类	0	60	40
脂肪	0	18	26
异亮氨酸	0	0.75	1.2
亮氨酸	0	1.41	2.0
赖氨酸	10.4	1.57	3.0
蛋氨酸	2.2	0.45	0.8
苯丙氨酸	4.3	0.08	1.2
苏氨酸	4.3	0.77	1.6
色氨酸	1.6	0.19	0.6
缬氨酸	0	1.20	1.6
组氨酸	3.2	0.39	0
精氨酸	6.5	0.34	2.4
其他氨基酸[1]	65.7	9.04	24.8
维生素	9 种	15 种	8 种
矿物元素	7 种	11 种	10 种

注：1）包括丙、甘、脯、门冬、谷、胱、丝及酪氨酸等非必需氨基酸。

(四) 组件营养剂

指每件营养素以单独形式存在,可以混合或以各自形式给予,也可用于增强特殊配方中或常规肠内营养剂中某一营养成分。蛋白质组件为粉末剂,用前加水混合。碳水化合物为葡聚糖形式,脂肪含长链多不饱和脂肪酸或中链脂肪酸。此种形式的营养剂使用灵活,可按需用任意调整,但使用时应考虑物质的相容性,以避免结块、产生沉淀而增加注入饲管的困难及影响吸收等。

四、胃肠内营养方法

(一) 管饲途径

经管营养支持常用以下 4 种的途径:

1. 经鼻胃管或口胃管管饲　将饲管经鼻或口放入胃中。适用于胃肠道完整病人及早产儿短期使用。严重反复呕吐、胃食道反流、食道炎及食道狭窄患者不适用。

2. 经鼻十二指肠管或鼻腔肠管及空肠造瘘管管饲　将饲管经鼻放入十二指肠或经鼻放入空肠或空肠造瘘置管管饲。适用于有吸入危险的早产儿、婴儿或老年人以及手术后引起胃运动不佳病人等。远端小肠梗阻、小肠蠕动障碍及肠炎患者不适用。

3. 经食道造瘘管管饲　适用于头颈部肿瘤及颌面部先天异常或创伤病人。胸部食道阻塞者不适用。

4. 经胃造瘘管管饲　适用于长期昏迷、长期高代谢能量不足、吞咽困难及各种原因引起的食道疾病影响食物通过的病人。严重的胃食道反流及胃郁积者不适用。

(二) 喂养管的选择

喂养管需较长时间地经口鼻或造瘘口置入消化道,连续或间断地通过各种营养剂,常可引起损伤、出血、感染等及消化道不良反应或因管腔堵塞造成输注困难等,因此正确地选择饲管十分重要。目前所用喂养管可分为 2 类:

1. 鼻胃管或鼻肠管　材料多系硅酮或多聚氨基甲酸乙酯。一般长度 80~110cm,直径为 5~16FG(外周 mm)。特点为柔软、径细、刺激性小。但导管易蜷曲或破裂及堵塞。

2. 胃肠造瘘饲管　特点为直径大,一般为 16~24FG,不易阻塞。

对于清醒的病人,以采用细孔径的喂养管为宜,不影响咳嗽与吞咽;对于神志不清者,宜采用孔径较大的饲管,因其易于放置,检查位置简便,也易吸出残留物。

(三) 管饲方法

胃肠内营养剂可通过分次推注或连续滴注及灌注供给。分次供给易实施,病人自由,在临床上应用较多。

1. 分次推注　将配好的营养剂置于注射器中,以 $30\text{ml} \cdot \text{min}^{-1}$ 的速率一次投给 250~750ml,每日 4~8 次。多数病人不能耐受首次输注,常易引起腹泻、腹痛、腹胀、恶心、呕吐或吸入呼吸道;但经过几天的适应可逐渐耐受。也可将配制的营养剂置于塑料袋或具盖吊瓶内,经过滴室及输注管与喂养管相连,缓慢滴注($30\text{ml} \cdot \text{min}^{-1}$),每次持续 30~60min,每次 250~500ml,每日 4~6 次。如病人胃肠道正常或病情不严重时,多数可以耐受。

2. 连续输注　装置与分次滴注相同,但不用计滴室而用输注泵,持续 12~24h 输注。在不用输注泵时,也可借重力连续滴注,不过速率应经常校正。适用于危重症、十二指肠和空肠近端管或空肠造瘘喂养的病人。胃内连续输注时，体积、浓度与速率必须从低值逐渐升至能为病人所耐受。可逐渐增加速率或浓度，二者不可同时增加。

五、胃肠内营养并发症

有效地防治并发症是胃肠内营养的成功因素之一，而引起并发症的原因多与营养剂的配方和输注方法、输入胃肠道的部位、正确评估病人的临床和代谢状况等有关。如果针对这些问题采取有效的预防和处理措施，就可防止或减少并发症的发生。常见与胃肠内营养有关的并发症有以下几种：

1. 误吸入呼吸道引起肺部感染　此种并发症多因喂养管移位、胃蠕动降低、反流和昏迷等所致。为避免误吸的发生，应将喂养管置于适当位置、抬高上半身30°～45°，有反指征时则停止该方法。对胃排空功能受损或无呕吐反射者，最好将营养液输入空肠。

2. 腹泻　胃肠内营养的病人中约有5％～30％发生腹泻，常见原因是溶液渗透压高、输注速度过快、营养剂污染等，较重要的因素之一是同时给药，特别是抗生素和含镁抗酸剂。

3. 恶心和呕吐　发生率约为20％，多因胃潴留、输注速度过快、浓度或体积太大、营养液太冷等所致。

4. 便秘　长期胃肠内营养病人中约15％发生便秘，主要与水分摄入不足、活动减少、纤维素缺乏有关。

5. 代谢异常　发生率和严重程度取决于病人的各脏器功能状态。如肾衰病人有发生氮质血症、高钾血症、高镁血症和高磷血症的危险性；而糖尿病病人有并发高糖血症的危险。

第二节　胃肠外营养

一、概述

胃肠外营养是指采用胃肠道以外的途径提供营养支持的方法，一般采用静脉输注，包括周围和中心静脉输注，故又称静脉营养。如果人体需要的全部营养素都经过静脉输入提供，则称为完全胃肠外营养或全静脉营养。

完全胃肠外营养的成功应用是无数科学家经过300余年的辛勤努力，克服和解决无数的困难和技术难关取得的。其中有4个关键技术的突破才使得完全胃肠外营养得以推广应用：① 掌握无菌技术，去除热原使静脉输注得到安全保证；② 静脉用乳化脂肪的研制成功，使得人体从静脉输注中得到足够的能量；③ 结晶氨基酸的应用，使人体通过静脉输注获得生命活动所需要的所有蛋白质；④ 中心静脉灌注技术的发展，解决了营养液的高渗压问题。

如今胃肠外营养已成为医疗上的重要措施之一。从简单的静脉输入葡萄糖盐水到较复杂的输注氨基酸、脂肪乳剂，已广泛用于患有各种类型疾病的病人，特别是外科和创伤病人。由于超高代谢的影响，营养素的大量消耗和丢失，急需短时间内补充营养物质，胃肠外营养方法则为此提供了重要途径。

二、胃肠外营养适应症

凡经口服和胃肠内营养不能满足营养素需要者均可采用胃肠外营养；如果营养素严重缺乏而又因此危及生命时，需进行完全胃肠外营养。常见胃肠外营养的指征如下：

1. 严重的吸收不良，水、电解质紊乱，而经口服和胃肠内营养未见明显效果者。
2. 存在超高代谢，能量消耗明显增加，如大面积灼伤、严重感染、多发创伤、大手术。
3. 不宜口服者，如胃肠瘘、节段性肠炎、溃疡性结肠炎、短肠综合征、急性胰腺炎等。
4. 低体重早产儿。
5. 特殊病例，如急性肾衰竭、肝功能衰竭、心力衰竭等。
6. 自身免疫性疾病并有肠绒毛的萎缩。

三、胃肠外用营养剂

（一）糖类

最常用的是葡萄糖。静脉输注后有促进胰岛素分泌增加和渗透性利尿作用。市售制剂有等渗的5%注射液和高渗的10%、25%及50%的葡萄糖注射液；此外还有非葡萄糖的糖类如山梨醇、木糖醇、果糖、麦芽糖等。但实验证明这些糖类利用率并不理想，葡萄糖仍然是最好的供能物质。

（二）脂肪

脂肪的热量密度大，提供等量能量时，体积比葡萄糖和蛋白质小一半，因此对能量需要高的病人尤为适宜。此外能提供必需脂肪酸，对长期应用完全胃肠外营养的病人，可预防必需脂肪酸缺乏症。

脂肪制剂的形式主要是脂肪乳。目前临床多采用大豆油与卵磷脂制备的乳剂 Intralipid。还有采用红花油与卵磷脂制备的乳剂 Liposyn 以及含有山梨醇或木糖醇和多种复合氨基酸的脂肪乳剂 Nutrifundin 等。此外，中链甘油三酯（MCT）作为脂肪乳剂的新资源已受到关注。MCT 在体内廓清和氧化快，但提供的能量和长链甘油三酯（LCT）相同。在体内不产生食物的特殊动力作用，不需要肉碱帮助就可进入线粒体代谢。动物实验发现，MCT 有利于创伤后体重增加，促进氮平衡和肝蛋白的合成，故有些国家将 MCT 及 LCT 各占一半混合的纯品脂肪乳剂用于临床。但是 MCT 对能量消耗多于 LCT，产生的酮体也比 LCT 高。

脂肪乳剂与葡萄糖联合应用有协同作用，可以经周围静脉输注。其缺点是价格比较昂贵，不能长期贮存。

（三）蛋白质与氨基酸液

虽然从静脉输入血液、血浆、白蛋白及氨基酸制剂都可以作为提供机体蛋白质的途径，但是其中只有氨基酸溶液最适合于静脉营养。大量的输血并发症很多，以输血的方式补充蛋白质既不经济又不安全，除非是特殊需要。如输注白蛋白，50%~70%进入组织间隙，其半存留期可达60d，一般只能用于低蛋白血症的患者。而氨基酸混合液如果组成正确，输注后体内氨基酸库得到的氨基酸供应和经肠道吸收的一样，这样就达到了营养的目。

氨基酸制剂有两类，一类是静脉用纯结晶氨基酸溶液，另一类是水解蛋白。后者已逐渐被淘汰，几乎很少使用，目前临床广泛采用的是结晶氨基酸溶液。

静脉用氨基酸溶液的种类很多，可分为营养型和疾病用氨基酸溶液。其中营养型又有必需氨基酸注射液如 Moriamin、Sohamin、国产复安命 11S 等和平衡氨基酸注射液如 Fre-Amine、Aminifusin L600 以及国产 AA833 等。供各种疾病用的氨基酸输液有肝病用氨基酸制剂 Hepatierman，HCP-II，BCAA（3S），肝醒灵（6S），复氨命 14S；肾病用 Nephramiue，肾氨（9S）等；创伤用 Trumafusin 和国产 15HBC-AA 结晶氨基酸注射液；对氨基酸代谢紊乱如先天性苯丙酮尿症或糖尿病等也都有了相应的氨基酸制剂。其他还有适合于婴儿和衰弱病人用的 Aminosyn 及早产儿用的 Vamin 氨基酸输液。其氨基酸组成见表 24-4。

表 24-4 几种常见结晶氨基酸输液的组成 (mg/100ml)

氨基酸	必需氨基酸型 Moriamin	需要量模式 Aminifusin	鸡蛋蛋白模式 FreAmine	肝病用 Hepatierman	肾病用 Nephramiue	婴儿用 Aminosyn	早产儿用 Vamin
异亮氨酸	550	155	590	900	560	252	390
亮氨酸	1230	220	770	1100	880	329	530
赖氨酸	2230	200	870	610	640	252	390
蛋氨酸	710	210	450	100	880	140	190
苯丙氨酸	870	220	480	100	880	154	550
苏氨酸	540	100	340	450	400	182	300
色氨酸	180	45	130	66	200	56	100
缬氨酸	610	150	560	840	640	280	430
丙氨酸		600	600	660		448	300
精氨酸	800	400	810			343	330
组氨酸	400	100	240	240		105	240
脯氨酸		700	950	800		300	810
丝氨酸			500	500		147	750
甘氨酸		1000	1190	900		448	210
半胱氨酸			20				140
酪氨酸				770		31	50
谷氨酸		900					900
门冬氨酸							410
胱氨酸				<20			

（四）维生素制剂

维生素有水溶性和脂溶性两种制剂。水溶性维生素制剂有单个的维生素针剂，目前商品比较齐全，可以将其加入到静脉营养液中使用。脂溶性维生素制剂目前国内还不多，瑞典生产的 Vitralipid 脂溶性维生素制剂中含有视黄醇 750μg，维生素 D23μg 和维生素 K1150μg。美国根据美国医学会（AMA）营养顾问组专家委员会建议的 AMA-FDA 配方（表 24-5），生产了包括水溶性和脂溶性在内的13种维生素制剂，使用时可按每周一次，每次5mg的推荐量加入到胃肠外营养液中输注。

表24-5 美国静脉用维生素推荐量

维生素	极低体重儿（每kg）	足月～11岁（每日）	成人（每日）
A (μg)	500	700	990
D (μg)	4.0	10.0	5.0
E (mg)	2.8	7.0	10.0
K (mg)	80	200	0
B_1 (mg)	0.35	1.2	3.0
B_2 (mg)	0.15	1.4	3.6
B_6 (mg)	0.18	1.0	4.0
烟酸 (mg)	6.8	17.0	40.0
泛酸 (mg)	2.0	5.0	15.0
生物素 (μg)	6.0	20.0	60.0
叶酸 (μg)	56.0	140.0	400.0
B_{12} (μg)	0.3	1.0	5.0
C (mg)	285.0	80.0	100.0

（五）矿物质制剂

目前常用的矿物质制剂有氯化钠、碳酸氢钠、氯化钾、钙盐及硫酸镁等，可视临床需要分别输注或加入静脉营养液中滴注。磷酸盐还不多见。可供静脉滴注用微量元素制剂国内还没有。美国根据美国医学会（AMA）营养顾问组专家委员会的建议（表24-6），生产了包括铜、锌、锰、铬等在内的微量元素单方和复方制剂，它们均可加入到静脉营养液中滴注。

表24-6 美国静脉用微量元素推荐量

微量元素	婴儿 (μg/kg·d)		儿童 (μg/kg·d)	成人 (μg/kg·d)	
	不足月	足月		稳定	急性高代谢
锌	400	$250^{1)}$，$100^{2)}$	50	2500～4000	2000
铜	20	20	20	300～500	
铬	0.20	0.20	0.05，$0.2^{3)}$	10000～15000	
锰	1.0	1.0	1.0	60～100	
硒	2.0	2.0	2.0	40～80	
钼	0.25	0.25	0.25	0	

注：1) <3个月。2) >3个月。3) 用于严重肾功能受损时。

（六）全静脉营养制剂

目前还没有全静脉营养液的商品。在采用完全胃肠外营养治疗时，根据预先拟定的各种营养素的需要量，结合准备采用的输注方案，由制剂室或在病区用无菌密闭的方法将葡萄糖、氨基酸、电解质、维生素等进行混合制成全静脉营养制剂，一般现用现配。而脂肪乳剂可以另外单独从周围静脉输注或将葡萄糖与氨基酸分开由"Y"型管慢慢注入。近年来，美国食品及药品管理局（FDA）批准了脂肪乳剂 Intralipid 可与葡萄糖、氨基酸溶液配伍，避免了经中心静脉又须经周围静脉输注的麻烦。现用于临床的有将 Intralipid 或美国的 Soyacal 乳剂与氨基酸、葡萄糖、维生素、电解质和微量元素配制成全营养液于塑料袋中进行输注。这虽然使用方便，但时有导管堵塞的现象。

四、胃肠外营养方法

根据营养液的输注途径，胃肠外营养可分为外周静脉营养和中心静脉营养。两者各有优缺点，在应用时需根据病人的具体情况确定。

（一）外周静脉营养

通过外周静脉输注进行营养支持的方法。临床上主要用于改善手术前后的营养状况或纠正疾病所致的营养不良。外周静脉营养的输注方法与一般的静脉输液相同，不需要特殊的技术，而且比较安全。但是外周静脉营养治疗时间一般不宜超过 15 天，不能做长期静脉营养治疗。由于外周静脉血流量少，不能耐受高渗压溶液，故对于超高代谢严重的病人，不能通过外周静脉输入大量高浓度的营养物质来满足需要。

（二）中心静脉营养

通过上腔或下腔静脉输注进行营养支持的方法。由于静脉血流量大，输入大量较高浓度的营养液而不致发生渗透压的问题，故使全静脉营养才得以实现。中心静脉营养需要较为复杂的技术和避免感染的严格要求，因此在管饲和外周静脉营养无法解决时才使用。实施时，除了正确地确定营养素需要量及合理选择营养剂外，静脉置管、液体配制及其维护等是营养支持成功与否的关键。

1. 置管　多穿刺锁骨下静脉、颈内静脉、颈外静脉，将静脉导管插入上腔静脉，或切开这些静脉的属支插入导管。静脉导管多用硅胶管，刺激性小，保留时间长。穿刺时，患者取平卧位，肩胛间垫一小枕，双肩后垂，头向后仰 15°，使静脉充盈。必要时，可用 X 线透视检查导管位置。

2. 导管的护理　为了防止感染及导管堵塞，须做好导管护理。要求导管进皮处保持干燥，每天更换辅料；静脉导管与输液器接头应牢固，并用无菌辅料包裹，以防导管脱落与污染；按无菌操作要求，每天更换输液管；防止导管扭曲；不可经深静脉营养管道输血、抽血等。

3. 液体配制输入方法　根据各种营养素需要量选择各类营养剂，拟定出输液方案后由制剂室或在病区进行混合配制。配制室内要严格消毒，混合时要按规定的顺序操作。

目前采用的营养液输注方式有 3 种：① 将全部营养剂按一定的顺序装入一个 3000ml 的输液袋内，混匀后恒速输入；② 将葡萄糖和脂肪乳混合为一路，氨基酸溶液为另一路，分别连接"Y"二通管滴注；③ 按普通输液方法，即将各类配好的营养液逐瓶输入，但要注意氨基酸须和供能物质同步输入，以利氨基酸的充分利用。

五、胃肠外营养并发症

根据并发症发生的原因和性质，可归纳为技术性和代谢性两类。

（一）技术性并发症

常见并发症有：因导管材料质量不高所致的管栓及大血管损伤，穿刺不当引起的血胸、气胸、水胸、神经损伤等，导管护理维护不善发生的空气栓塞、导管扭曲、导管折断、导管漏液、导管堵塞等。经外周静脉营养时可见静脉血栓、炎症及栓塞等。如果导管和输液护理不注意无菌操作，有可能遭受细菌污染引起严重的败血症、感染性休克而危及生命。

（二）代谢性并发症

此类并发症多与病情的动态监测不够、治疗方案不当或未及时纠正有关。通过加强监测并及时调整治疗方案，可得到预防和纠正。此类常见并发症如下：

1. 糖代谢并发症　主要是高血糖、高酮血症、停输后的低血糖症等。根据葡萄糖总量调节输入速度或加用外源胰岛素协助调节，可以防治高血糖和高酮血症。防止突然换用无糖溶液可预防低血糖症。

2. 氨基酸代谢并发症　由于某些氨基酸是盐酸盐，故可引起高氯血症和酸中毒。如果氨基酸组成不合理，可致血清氨基酸谱紊乱、高氨血症。氨基酸输入过多还可产生氮质血症等。

3. 钙、磷代谢并发症　常见的是低磷、低钙血症，如果维生素 D 过多则可出现高钙血症。

4. 肝损害　可能与过量输入葡萄糖、高剂量脂肪应用、长期大量使用氨基酸制剂等有关。表现为转氨酶和碱性磷酸酶升高、黄疸、肝肿大、脂肪变性等。

5. 其他　可有必需脂肪酸缺乏、低血钾或高血钾、低镁血症、贫血、胆汁淤积等。

复习练习题

（一）单选题（下列每题选项中，只有 1 个是正确的）

1. 不适合胃肠内营养的指征是
   A. 有持续厌食状态　　　　　　B. 胃及小肠的部分阻塞
   C. 完全肠梗阻　　　　　　　　D. 口咽部、食道梗阻

2. 肝病用要素营养剂的组成特点为
   A. 支链氨基酸含量高　　　　　B. 芳香族氨基酸含量高
   C. 蛋白含量低　　　　　　　　D. 碳水化合物含量高

3. 肾病用要素营养剂的组成特点为
   A. 支链氨基酸含量高，芳香族氨基酸含量低
   B. 不含组氨酸
   C. 蛋白含量高
   D. 碳水化合物含量高

4. 不适合经胃造瘘管管饲的指征是
   A. 长期昏迷　　　　　　　　　B. 有严重的胃食道反流及胃郁积

    C. 长期高代谢能量不足　　　　　D. 有食道疾病而影响食物通过
5. 胃肠外用营养剂常用的糖是
    A. 葡萄糖　　　B. 果糖　　　C. 麦芽糖　　　D. 木糖醇

(二) 多选题（下列每题选项中，至少有 2 个是正确的）
1. 常见胃肠内营养的并发症是
    A. 高血糖　　　　　　　　　　B. 腹泻
    C. 恶心和呕吐　　　　　　　　D. 误吸入呼吸道引起肺部感染
    E. 高氯血症和酸中毒
2. 常见胃肠外营养的并发症是
    A. 血清氨基酸谱紊乱　　　　　B. 高氨血症
    C. 低钙血症　　　　　　　　　D. 肝损害
    E. 便秘
3. 关于外周静脉营养特点，<u>不正确</u>的是
    A. 不需要特殊的技术　　　　　B. 比较安全
    C. 能耐受高渗压溶液　　　　　D. 可用于超高代谢的严重病人
    E. 不能作长期静脉营养治疗
4. 关于胃肠内营养方法，正确的是
    A. 经鼻胃管或口胃管管饲适用于胃肠道完整病人及早产儿短期使用
    B. 经食道造瘘管管饲不适用胸部食道阻塞者
    C. 经胃造瘘管管饲不适用于长期昏迷者
    D. 经胃造瘘管管饲不适用严重的胃食道反流及胃郁积者
    E. 经胃造瘘管管饲适用于长期高代谢能量不足者
5. 关于胃肠外营养方法，正确的是
    A. 中心静脉营养不致发生渗透压问题
    B. 中心静脉营养适用于超高代谢的严重病人
    C. 中心静脉营养比外周静脉营养更安全
    D. 外周静脉营养治疗时间一般不宜超过 15 天
    E. 中心静脉营养可输入大量高浓度的营养物质

答案

(一) 单选题：1. C　　2. A　　3. D　　4. B　　5. A
(二) 多选题：1. BCD　　2. ABCD　　3. CD　　4. ABDE　　5. ABDE

（郭俊生）

第二十五章 营养素和药物的相互作用

药物进入人体后，除发生一般的治疗作用和毒副作用以外，还可能对人体的营养状况发生某些作用，如妨碍或促进营养素的吸收、拮抗某些营养素的生物学功能、改变人体对营养素的需要量等。另一方面，人体的营养状况和膳食中的营养素也会对进入人体的药物发生某些作用，如影响药物的吸收和代谢，特殊情况下还可引起药物的毒性增大或使药物失效。这种营养素和药物在体内发生影响彼此作用和效应的现象，称为营养素和药物的相互作用。药物之间的相互作用及由此产生的药物禁忌早已为人们所重视，但药物与营养素的相互作用则直至20世纪70年代以后才逐渐被认识。

第一节 营养素和其他食物成分对药物的影响

一、营养素和其他食物成分对药物吸收的影响

膳食成分既可促进也可阻碍或减缓药物的吸收。如钙、镁、铁、锌等矿物质可与四环素类抗生素结合成不溶性物质，故服用土霉素、四环素、强力霉素等药物的病人若同时摄入富含钙的牛奶或富含上述元素的其他食物则可妨碍药物的吸收。膳食纤维也可与某些药物结合而阻碍其吸收。高纤维膳食还影响那些随胆汁分泌，并经肠肝循环的药物的重吸收。而膳食脂肪可促进脂溶性药物如灰黄霉素等的吸收。

阿司匹林、巴比妥、左旋多巴、四环素、青霉素、氨茶碱等药物在饭前服吸收快、药效高；而硝呋妥因、心得安、肼苯哒嗪等在饭后服时吸收完全。这是因为左旋多巴和青霉素在胃内停留的时间越长，有效成分破坏得越多；而肼苯哒嗪、心得安等药物在胃内停留的时间越长，溶解到胃液里的药物成分就越多，其生物利用率也就越高。消化液的酸度也影响药物的吸收。酸度较高时，可减少异烟肼和青霉素的吸收，但促进四环素的吸收。此外，阿司匹林、红霉素和青霉素等药物在酸性环境中易被破坏，故同时摄入柑橘、柠檬等酸性较强的食物可影响药效，甚至使之完全失效。茶叶中的鞣酸可与氯丙嗪、氨基比林、黄连素、乳酶生、硫酸亚铁、四环素、红霉素等结合成不溶性物质而影响药物的吸收。洋地黄类药物在胃肠道内有食物存在时吸收减慢。

二、营养素对药物代谢的影响

药物在肝脏和其他组织中的代谢主要经过两个阶段。第一阶段是氧化过程，第二阶段是结合过程。前一阶段可活化某些药物，也可灭活某些药物。后一阶段是将氧化后的药物与其他物质结合成水溶性复合物随便排出体外。膳食营养因素主要影响氧化反应，而对于结合反应的影响目前还所知甚少。

由微粒体混合功能氧化酶催化的药物代谢反应可被药物本身诱导加速，也可被蛋白质以及十字花科蔬菜如卷心菜、花茎甘蓝中的某些成分诱导加速。研究表明，高蛋白、低碳水化

合物膳食可使血浆中氨基比林或氨茶碱的半衰期缩短约 1/3，而进食含较多十字花科蔬菜的膳食时，能加速非那西汀等药物的清除。反之，低蛋白、高碳水化合物膳食以及某些维生素和矿物质的不足都能降低药物代谢酶的活性，从而使药物代谢减慢，体内药物浓度的维持时间延长。因此在多数情况下，营养不足可使药物的作用增强。但用左旋多巴治疗震颤麻痹症时则相反，给高蛋白膳食可延迟药物的代谢，提高疗效。维生素 B_1 缺乏可加快某些药物的代谢，如加快炔雌甲醚的脱甲基反应等。

在饥饿时，微粒体混合功能氧化酶活性受影响，对氯霉素和磺胺嘧啶的清除速率减慢。但饥饿不影响其他药物的代谢。

锂被用于治疗狂躁型抑郁症，而钠对锂的排泄有很大影响。膳食中限钠可使服用锂盐的病人产生锂的蓄积和中毒，而增加钠的摄入量则可增加尿中锂的排出。咖啡因通过对肾脏的作用也可使锂的排泄增加，服锂盐的病人如停止喝咖啡可导致锂排泄减少而毒性增大。尿液的酸度也影响药物的排泄，如阿司匹林在酸性尿中被重吸收，而苯异丙胺则在碱性尿中被重吸收。

洋地黄的强心作用与抑制钠－钾泵有关，膳食中钾摄入量低或长期腹泻失钾过多的病人容易发生洋地黄中毒。

三、饮酒对药物代谢的影响

饮酒对药物代谢的急性作用是酒精可抑制药物代谢酶的活性，如取代药物与细胞色素 P-450 结合，降低 NADPH（还原型辅酶Ⅱ）的可利用程度以及干扰提供药物氧化内环境的生物膜等。长期饮酒对药物代谢的影响是增强药物的毒性和副作用。如镇痛药、麻醉药、抗血凝药、抗惊厥药、抗组胺药、抗微生物药、镇静剂等可因饮酒而增大毒副作用。事实上，任何药物的毒副作用都有可能因饮酒而被增强。

膳食对药物吸收和代谢的影响是多方面的。应尽量从有利于药物的吸收、药效的发挥以及减少毒副作用诸方面来考虑服药者的膳食。为安全起见，至少在服药期间不要饮酒。有些药物还应注意饭前或饭后服用的时间顺序。

第二节　药物对营养的影响

药物常影响食欲，许多药物都可使食欲减退，也有一些药物可使食欲增强。药物还影响食物的消化吸收以及营养素的代谢和排泄等。

一、药物对食欲的影响

食欲的调控机制非常复杂，色、香、味的感觉，食物的需要程度都和食欲有关。体内的去甲肾上腺素、阿片样肽、胰腺多肽、生长激素释放因子、γ-氨基丁酸等能刺激食欲增加，而多巴胺、肾上腺素、5-羟色胺、神经紧张素、降钙素、促肾上腺皮质激素释放因子、缩胆囊肽、生长激素释放抑制因子、高血糖素等能抑制食欲。

对药物引起厌食的作用机理了解还较少。据研究，苯异丙胺、氟苯丙胺（食欲抑制剂）和盐酸去甲麻黄碱等药物可作用于中枢神经系统，使其释放一些使人产生饱腹感的神经递质，也有报道认为这些药物有降低体重固定平衡点的作用。利尿药乙氧苯唑胺等也有抑制食欲作用。动物实验发现这些药物能降低体重，但是用于人类减肥却有争议。一些研究认为这些药物有降低人体体重的作用，另一些研究认为不但无用，而且还有其他危害。例如长期使用盐酸去甲麻黄碱未见减肥效果，却有不少副作用，可引起头痛、恶心、高血压、中风等。目前有人研究用麻醉药拮抗剂如纳洛酮（抗吗啡中毒药）等来阻断脑组织中内啡肽的刺激食欲作用，但用于减肥的可能性尚在研究之中。

另一些药物则可增强食欲，如肾上腺皮质激素类药物、碳酸锂、利眠宁、安定地西泮等。

二、药物对营养素吸收的影响

一些药物对营养素的吸收有阻碍作用，其作用方式包括药物对肠道内营养素的直接作用，改变胃肠功能如胃肠内 pH、胆酸活性、胃肠道转运时间、肠道吸收机制及药源性肠病等。

氢氧化铝可与膳食中的磷酸根结合，形成不溶性的磷酸铝而使磷不能被吸收。过度使用含铝的抗酸药可造成体内磷酸盐耗竭综合征。碳酸氢钠等抗酸药可升高胃肠内 pH，从而影响膳食中非血红素铁的吸收。抗酸药还不利于硫胺素的稳定，长期服用时易导致硫胺素缺乏。消胆胺（考来烯胺）和降胆宁可阻止胆汁酸在肠道的重吸收，促进胆固醇向胆汁酸转化，从而降低血液胆固醇含量。这些药物同时也降低胆汁酸的活性，因而会引起脂肪、脂溶性维生素、维生素 B_{12} 及叶酸的吸收障碍。给断奶大鼠消胆胺可使其体重增重减少，而同时补充维生素 A 的大鼠增重仍正常，提示消胆胺可造成维生素 A 缺乏。故给予消胆胺和降胆宁这类药物时，需补充这些维生素制剂。导泻药缩短食物在肠道内的停留时间，可影响碳水化合物、蛋白质、钙、钾等营养素的消化吸收。用于治疗痛风的秋水仙碱对肠道吸收转运机制有影响，可使氨基酸、脂肪酸、钠、钾吸收减少。而氨基水杨酸等可阻碍维生素 B_{12} 的肠道转运。某些抗生素如新霉素等可损害肠粘膜并沉淀胆汁酸，也影响营养素的吸收。大量应用广谱抗生素会破坏肠道中产生维生素 K 的正常菌群，使可吸收的维生素 K 减少，从而引起维生素 K 的缺乏。

三、药物对营养素代谢的影响

抗癫痫药物巴比妥类或苯妥英钠（大仑丁）可激发酶系统，使维生素 D 的代谢加速而缩短其半衰期，引起儿童佝偻病和成人骨软化症。这些抗癫痫药还抑制维生素 K 的合成，干扰维生素 B_{12} 的代谢并可造成叶酸缺乏状态。孕妇服用苯妥英钠或巴比妥类药物可引起叶酸和维生素 K 的缺乏，导致新生儿先天畸形和发生凝血障碍。苯妥英钠引起的继发性骨软化症在补充维生素 D 的同时还需补充维生素 K，因为骨质中钙代谢所需要的某些蛋白质的合成有赖于维生素 K 的存在。甲氨蝶呤、氨苯蝶啶、乙氨嘧啶等药物是叶酸的拮抗剂，它们与二氢叶酸还原酶结合在一起，阻止四氢叶酸的合成，故也可造成叶酸的缺乏。抗凝药双香豆素、华法林等是维生素 K 的拮抗剂，有对抗维生素 K 的作用。异烟肼可与维生素 B_6 结合，使之失去活性，造成维生素 B_6 缺乏状态和周围神经炎。所以服用异烟肼者应同时补充维生素 B_6。肼苯哒嗪也是维生素 B_6 的拮抗剂，长期服用可造成周围神经炎。有些研究认为口服避孕药会降低血中维生素 B_6 和锌的水平，其机理和意义目前尚不清楚。长期接触麻醉剂氧化亚氮可引起巨红细胞症和脊神经病变，与典型的维生素 B_{12} 缺乏症相似，可能由于氧

化亚氮与维生素 B_{12} 中的钴结合并使其失去活性所致。一些抗高血压药可干扰脂肪和糖的代谢，引起高脂血症，并使糖耐量降低。β受体阻断剂能升高血中甘油三酯浓度，并降低高密度脂蛋白胆固醇浓度。噻嗪类利尿剂可降低葡萄糖耐量，升高血清低密度脂蛋白胆固醇浓度。螺内酯降低血清高密度脂蛋白胆固醇和血清胰岛素水平。

四、药物对某些特殊食物成分代谢的影响

（一）酪胺反应

单胺氧化酶抑制剂苯环丙胺、苯乙肼等药物可提高情绪，用来治疗忧郁症。正常情况下，肝、肠中的单胺氧化酶可与膳食中的酪胺、多巴胺等反应，使收缩血管、增高血压的物质转化成可溶性物质，经尿液排出体外。但服用单胺氧化酶抑制剂或具有阻断单胺氧化酶作用的抗肿瘤药甲基苄肼后，可使酪胺、多巴胺等未经脱氨就进入血液循环，从而诱发酪胺反应，表现为头痛、恶心、脸色苍白、严重高血压，甚至危及生命。因此，服用上述药物的病人应避免摄入富含酪胺、多巴胺的食物，如奶酪、啤酒、葡萄酒、香肠、咸鱼干、鸡肝、蚕豆、茄子、葡萄干、香蕉等。

（二）戒酒硫反应

戒酒硫可抑制乙醛脱氢酶，使酒精的代谢产物乙醛不能被氧化而引起恶心、呕吐，这就是用戒酒硫治疗嗜酒的药理基础。服用戒酒硫后严禁饮酒，否则就会在15分钟内发生严重头痛、脸红、恶心、呕吐、血压下降、视物模糊、全身无力等症状，称为戒酒硫反应；因为由乙醛引起，又称乙醛综合征。服用甲硝唑、氯磺丙脲等药物后饮酒也可发生类似反应。

此外，服用氯磺丙脲等磺酰脲类降糖药后饮酒，还可诱发胰岛素快速释放，引起低血糖反应。

五、药物对营养素排泄的影响

肾上腺皮质激素和性激素类药物可增加尿中氮和锌的排出，延缓伤口的愈合。补充锌可改善此种情况。这些激素类药物还增加尿钾排出，引起肌肉无力等症状。

抗忧郁症的药物碳酸锂可促进钙的排泄而使骨钙减少。

许多药物和营养素是与血浆蛋白结合而转运的。阿司匹林可竞争性地置换与血浆白蛋白结合的叶酸，导致叶酸排泄增加。

抗结核病药环丝氨酸每日服用0.8g时，维生素 B_6 排出量就会增加，更大的剂量还可引起瘙痒、痉挛等反应，给予维生素 B_6 可纠正。

利尿药呋塞米等可增加尿中钙、镁、锌的排出，噻嗪类利尿剂可增加尿中钾、镁、锌和维生素 B_2 的排出，长期用药后，约有20%～25%的病人血清中钾低于正常值。螺内酯和氨苯蝶啶均作用于远曲肾小管，具有留钾排钠的作用。

一般而言，药物和营养素相互作用的临床表现是不明显的，多数情况下只有实验室检查才能发现。短期的药物治疗不易引起营养方面的问题，而用药时间越长，所用的药物越多，药物和营养素之间相互作用所产生的影响也越大。尤其是老年人、孕妇和儿童，对药物的毒副作用较为敏感，更应注意药物与营养素的相互作用及其所产生的可能危害。

复习练习题

(一) 单选题（下列每题选项中，只有 1 个是正确的）
1. 可因服用抗癫痫药巴比妥类而加速代谢的维生素是
    A. 硫胺素　　　　B. 维生素 D　　　　C. 维生素 B_2　　　　D. 维生素 E
2. 可增强药物代谢酶活性的营养素是
    A. 碳水化合物　　B. 脂肪　　　　　　C. 蛋白质　　　　　　D. 十字花科蔬菜
3. 孕妇服用巴比妥类药物可能引起
    A. 贫血　　　　　　　　　　　　　　B. 维生素 C 缺乏症
    C. 恶心呕吐　　　　　　　　　　　　D. 新生儿先天畸形

(二) 多选题（下列每题选项中，至少有 2 个是正确的）
1. 下列具有拮抗维生素 B_6 作用的药物是
    A. 苯巴比妥　　B. 氢氧化铝　　C. 异烟肼　　D. 地西泮　　E. 口服避孕药
2. 服用单胺氧化酶抑制剂后应避免摄入香肠、葡萄酒、香蕉等食物，因为这些食物富含
    A. 多巴胺　　　B. 苯巴比妥　　C. 左旋多巴　　D. 酪胺　　　E. 酪蛋白
3. 孕妇服用巴比妥类药物可引起
    A. 维生素 A 缺乏　　　　　　　　　　B. 维生素 K 缺乏
    C. 叶酸缺乏　　　　　　　　　　　　D. 维生素 C 缺乏
    E. 维生素 B_2 缺乏

答案

(一) 单选题：1. B　　　2. C　　　3. D
(二) 多选题：1. CE　　 2. AD　　3. BC

（沈新南）

第二十六章 医院营养管理

医院是由许多部门组成的一个综合体,营养科室是其中的一个部门,与医院所有其他科室一样要为病人提供高质量的服务。为了达到这一目标,医院营养部门作为医院中的饮食和营养治疗的实施部门,必须不断提高管理水平和工作质量,为病人提供良好服务。

第一节 医院营养部门的任务和职责

一、营养部门的任务

医院的营养部门是现代医学中进行营养、膳食治疗的实施部门,其主要任务是负责住院病人基本膳食、治疗膳食、诊断膳食、代谢膳食及要素膳食的调配、制备和供应;承担疑难、重危及手术病人的营养会诊;制定病人的营养治疗方案并进行膳食指导;检查营养治疗的临床效果及营养管理实施情况;开展营养宣传教育、咨询、教学和科研工作。

二、营养科室各类人员职责

1. **营养科(室)主任(主管)职责** ① 在主管院长领导下,负责本科(室)的业务和行政管理工作;② 制定本科(室)工作计划,建立健全各项规章制度,并组织实施和监督执行;③ 制定合理的医疗营养方案,指导和检查医疗营养方案的执行情况及疗效;④ 监督、检查本科(室)的财务管理工作,制定物品购置计划;⑤ 组织本科(室)人员的业务学习、在职培训,负责科室人员的技术考核和医德教育,开展科研、教学、咨询和宣传教育等工作。

2. **主管营养师职责** ① 协助主任进行行政管理及科研、教学等工作,指导下级营养技术人员的业务学习和在职培训;② 制定各类膳食常规、食谱,规划数量,计算营养价值;③ 评价病人的营养状况,监测病人的饮食摄入,写好营养病历,观察病人的营养代谢状况、营养支持治疗效果;④ 向临床医师建议适合病人的营养支持、营养配方及方法;⑤ 参加特殊病人的医疗查房、会诊,与医师密切协作,制定最佳营养治疗方案。

3. **营养师(士)职责** ① 进行业务技术、宣传教育、咨询等工作;② 制定基础膳食和治疗膳食食谱、规格、数量,计算营养价值;③ 记录营养病历,了解病人营养摄入情况,了解营养治疗效果和配膳情况,听取病人意见并改进工作,发现问题及时纠正;④ 负责食品的鉴定、检查,督促、指导各类饮食的制备分发,开饭前进行尝检;⑤ 汇总第二天各种基本膳食及治疗膳食数目,做好成本核算;⑥ 组织厨工、配膳员学习医疗营养知识、卫生知识,交流烹调技术。

4. **管理员职责** ① 在主任领导下,负责本科(室)的事务管理工作;② 协助主任及营养师做好医疗营养工作,经常与营养师取得联系,保证物资及食品供应;③ 协助主任管理厨房及厨工,负责他们的考勤、考绩及医德教育工作,监督厨房秩序;④ 督促检查厨房卫生，包括食品卫生、个人卫生、环境卫生；⑤ 协助保管员管好库房。

5. 财务人员（会计）职责　① 在主任领导下，负责管理本科（室）财务工作，做到各项账目清楚；② 结算伙食费的收、支，以收入指导支出。月终协助保管员盘库，做当月收支平衡表。掌握每月收支，盈亏。

6. 保管员职责　① 在主任和管理员的领导下，负责食品仓库的保管及清洁工作；② 负责检查购进食品的卫生、数量、质量及入库物资的验收，做到账物相符；③ 经常与营养师、采购员、厨师长取得联系，做到库房食品不积压、不缺货。

7. 采购员职责　① 在主任和管理员的领导下，负责食品采购工作，做到计划采购，保证医疗营养工作的顺利进行；② 严格遵守食品卫生"五四"制，保证食品的卫生与质量；③ 将购回的食物分类存入库房。购物发票应与食物同时送到，通过验收人检查签字；④ 从财务领出支票及现金，购回食品后，要及时持发票向财务核报。

8. 厨师长职责　① 在主任和管理员的领导下，除做好本职烹调工作外，还需负责厨工的派班、调班及工作安排；② 协助管理员做好厨房各类物质的管理工作；③ 密切配合营养师做好医疗营养工作，保证每餐按时开饭；冬季做好饭菜保温。

9. 厨师职责　① 在管理员、厨师长的领导下，负责病人各种基本膳食及治疗膳食的烹调工作；② 要自检做好的膳食，并接受营养师的检查；③ 不得随意更改食谱，如必须更改时，要征得营养师的同意；④ 制做食品时，要遵守操作规程。食物生、熟要分开，严防食物中毒。不做、不卖、不发腐烂变质的食物；⑤ 搞好食品卫生、个人卫生和环境卫生。严格执行食品卫生"五四"制。

10. 配膳员职责　① 在营养科（室）领导下和病区护士长的指导下，负责分管病区的配膳工作；② 负责分管病区的点菜和饮食通知单的收发工作；③ 正确无误地分发各餐饮食，在病区护士的协助下做好开饭工作；④ 做好配餐室、饭车的清洁卫生工作，按规定收回、清洗和消毒餐具，做好配餐室财产和餐具的保管工作。

第二节　医院膳食种类

一、基本膳食

约有50%的住院病人采用此类饮食。共分4种：

1. 普通饮食　普通饮食的膳食原则同健康人的基本相同，热能供给充足，各种营养素齐全，相互间比例恰当。
2. 软食　软食的膳食原则是在烹调前先将食物切细剁碎再烹调，使食物细软易消化。
3. 半流质饮食　半流质饮食是介于软食和流质饮食之间的一种限量、多餐次的膳食，选用的食物应细软易消化。
4. 流质饮食　一种极易消化，含渣很少，呈流体状态的膳食。由于其所含热能、蛋白质和营养素不足，故不宜长期食用。

基本膳食详见表26-1。

表 26-1 基本膳食

名称	适用对象	食谱配制要求	主要营养成分
普通饮食	不受饮食限制，体温正常，消化功能无障碍及恢复期病人。	除有强烈刺激性和少数不宜病人食用的食物外均可选用。	蛋白质 70～90g，总热能 2400～2600kcal。
软食	急性肠炎、痢疾恢复期或咀嚼不便者，以及肛门、结肠和直肠手术后的病人。	无刺激性和易消化食物。食物应切碎煮软，不油炸。	蛋白质 70～80g，总热能 2000kcal 左右。
半流质	发高烧，身体虚弱或患口腔、消化道疾病和手术后的病人。	半固体，无刺激的细软食物。	蛋白质约 80g，总热能 1600kcal 左右。
流质	发高烧，身体虚弱或患口腔、消化道疾病和手术后的病人。	易消化，易吞咽的食物。	蛋白质约 40g，总热能 800～1200kcal。

二、治疗膳食

在医院营养治疗中处于主导地位。约有 30% 的住院病人食用此类膳食。分为以下几类：

（一）一般治疗膳食

1. **高热能膳食** 除一般膳食外，适当增加主食和副食。适用于体重不足、结核病、甲状腺功能亢进及恢复期的病人。

2. **低热能膳食** 蛋白质较正常人高，每日摄入量不低于 1g/kg；碳水化合物宜少于 250g，总能量 4.2～6.3MJ（1000～1500kcal）；必要时增加含糖低的蔬菜与水果；矿物质及维生素要充足。适用于单纯性肥胖以及高血压和内分泌紊乱的病人。

3. **高蛋白膳食** 全日蛋白质 100～120g，或按 1.5～2.0g/kg·d 计算，尽可能选择优质蛋白。适用于营养不良、手术前后、贫血、结核病、癌症及大面积烧伤的病人。

4. **低蛋白膳食** 按病情限制膳食中蛋白质量在 20～40g/d。肾脏疾病患者宜选麦淀粉加富含 8 种必需氨基酸的食物；肝功能衰竭者可选富含支链氨基酸的食物，如豆浆、豆腐等。适用于急性肾小球肾炎、尿毒症及肝功能衰竭的病人。

5. **低脂膳食** 又可分为几种：① 无脂肪的膳食：烹调时不加烹调油；② 严格限制脂肪的膳食：脂肪总量<20g；③ 中等限制脂肪的膳食：脂肪量<40g；④ 轻度限制脂肪的膳食：脂肪量<50g。烹调方法可采用蒸、煮、炖、烩、焖等，禁用油炸。适用于肝、胆、胰疾病，肥胖症，高脂血症的病人。

6. **低胆固醇膳食** 胆固醇全日摄入量<300mg。适用于肝、胆和心血管疾病病人。

7. **少盐膳食** 食盐摄入量<2g/d（或酱油 10ml/d）。适用于充血性心力衰竭、急性肾小球肾炎、肝硬化腹水和高血压等病人。

8. **无盐膳食** 禁用食盐、酱油和含钠丰富的食物。适用于比上述症状更为严重者。

9. **高钙膳食** 钙摄入量应>2g/d，还应补充维生素 D 和维生素 C 等。适用于断肢再植、佝偻病、骨软化症等病人。

10. **低钙膳食** 钙摄入量<150mg/d。适用于肾结石、甲状旁腺机能亢进等病人。

11. **高磷膳食** 可食小米、绿豆、瘦肉、内脏、蛋黄、鱼、蘑菇、海带、紫菜、花生、豌豆等。适用于低磷血症者。

12. 低磷膳食　可食鸡蛋清、鹅肉、粉丝、凉粉、马铃薯、萝卜、藕、白薯、芋艿及各种蔬菜、水果。适用于尿毒症合并高磷血症病人。

13. 高钾膳食　钾摄入量应＞4g/d。适用于低钾血症的病人。

14. 低钾膳食　钾摄入量应＜500mg/d。适用于高钾血症的病人。

15. 低碘膳食　禁食含碘丰富的海产品。适用于放射性核素碘治疗的病人。

16. 高铁膳食　铁摄入量＞25mg/d。适用于缺铁性贫血病人。

17. 高纤维膳食　纤维摄入量＞12g/d，可选择粗粮和含纤维多的蔬菜、水果，所选水果除含纤维素多外，还应富含果胶及有机酸，以利通便。

18. 低渣膳食　选择含残渣少的食物，禁食粗粮和含粗纤维多的食物如干黄豆、黄豆芽、茭白、竹笋、雪菜、金花菜、韭菜等。适用于腹泻、肠炎、直肠肿瘤、咽喉部和消化道手术、伤寒、痢疾、溃疡病恢复期病人。

19. 冷流质　采用吞咽方便，不过咸、不过甜、不过粘、无刺激性的冷液体食物。适用于扁桃体和某些口咽部手术病人。

20. 清流质　采用低脂肪、无渣、少胀气的流体食物，适用于急性肠炎、急性菌痢等病人。

21. 限酪胺酸、多巴胺膳食　适用于因治疗需使用单氨氧化酶抑制剂的患者。食用各种新鲜食物、非发酵食品、咖啡和茶等，忌食或少食用碱或酵母发酵的面制品、酒制品、干奶酪、用发酵法制成的酱油、酱、腐乳、臭豆腐，尽量少食盐熏制的肉类、鱼类以及香蕉、无花果、梅子等。

（二）特殊治疗膳食

此类膳食只适用于某些特定的疾病。而且往往是该病的一种重要治疗或辅助治疗手段。见表16-2。

表16-2　特殊治疗膳食

名称	适用对象	食物配制要求	特点
淀粉膳食	慢性肾功能不全	以淀粉代替大部分主食。为增加病人食欲，应常变换品种改变口味。	在肾功能允许的蛋白质限量内选择优质蛋白质，以改善病人营养状况。
糖尿病膳食	糖尿病	轻症给予一般低糖膳食。中重度患者的食物要称重计量。	称重计量，餐次根据血糖调整。
低嘌呤膳食	高尿酸血症、痛风	免食动物内脏、肥肉、浓鸡汤、肉汤、沙丁鱼。按疾病要求设计特殊菜单。	低脂肪、较低蛋白、低热能。嘌呤摄入量＜150mg。
低铜膳食	肝豆状核变性	免食蚕豆、玉米、豌豆、坚果、乌贼、牡蛎等含铜高的食物。	高蛋白、高热能。铜摄入量＜1～2mg/d。
低麦胶膳食	原发性小肠吸收不良综合征	免食各类麦制品。选用大米、小米等。少食多餐。烹调时少用烹调油。	高蛋白、低脂肪、低热能、低盐。
低苯丙氨酸膳食	苯丙酮尿症	按病情计算允许摄入的苯丙氨酸的量。免食含苯丙氨酸的食物。	按配方配制。

(三）配方膳食

适用于特殊病例或有严重营养不良或需加强营养的胃肠道功能正常的病人。

1. 要素膳食　一种营养齐全，由无渣的小分子组成的液体营养物。可分成2大类，一类脂肪含量低，如Vivonex（美），ED-AC（日）和复方要素；另一类含脂肪较多，如Flexical（美）和要素合剂。还有几种供特殊需要的要素膳食，如肝功能衰竭宜用含异亮氨酸、亮氨酸、缬氨酸、较高苯丙氨酸和较低蛋氨酸的要素膳食，以利于减轻肝性脑病的症状；对肾衰竭的病人应主要供给8种必需氨基酸，并可添加组氨酸，以使体内内源性尿素氮得到再利用，合成非必需氨基酸，减轻氮质血症。

要素膳食适用于超高代谢状态的病人，如严重烧伤、严重创伤、严重化脓性感染、多发性骨折、消化道瘘、手术前肠道准备、手术前后营养不良、肠炎及腹泻、消化和吸收不良、消耗性疾病引起的营养不良等。

要素膳食的给予方式为口服、鼻饲、胃或空肠造口置管滴注。

2. 管饲膳食　管饲膳食可分成下列几类：① 鼻饲试餐：以碳水化合物为主，可用米汤、菜水、薄藕粉、果汁等，每日4～5餐，每餐量按病情而定；② 普通鼻饲混合奶：所用食物为牛乳、米汤、蔗糖、鸡蛋、豆浆、植物油等。蛋白质供给量为1g/kg·d；③ 高热能高蛋白鼻饲混合奶：在普通鼻饲混合奶中再添加鸡粉、鱼粉、肉粉、奶粉、可可等，提高蛋白质量和热能量；④ 鼻饲腹泻流质1号：适用于发生腹泻、排便次数多时对牛奶或混合奶不能耐受的病人。可用蛋黄、米汤、葡萄糖、食盐、维生素C、B和酵母等配膳，每日5～6餐，每餐250～300ml；⑤ 鼻饲腹泻流质2号：适用于颅脑损伤病人因植物神经功能紊乱而引起的腹泻，表现为胃肠道分泌亢进或减弱。可食凝乳：100ml牛乳中加入2g氯化钙，使氯化钙中钙离子与牛乳内蛋白质结合并形成块，蛋白质变性，脂肪球变成脂肪滴而容易吸收。也可食用熟蛋黄、新鲜果汁；⑥ 鼻饲低胆固醇流质：适用于脑出血并伴有高脂血症的病人。胆固醇量限制在＜300mg以下，蛋白质1～1.5g/kg·d。

（四）试验膳食

试验膳食主要用于协助检查、明确诊断或观察疗效。在特定时间内，与临床实验检查或物理检查配合进行。试验膳食可分为以下几种：

1. 胆囊造影试验饮食　适用于慢性胆囊炎、胆石症、怀疑有胆囊及胆管功能障碍者。实验期两天。

（1）无油饮食：于检查前一天晚进食无脂肪和不含动物蛋白质的晚餐。晚上服药后禁食。

（2）脂肪餐：可任选下列一组：① 方便脂肪餐块；② 全脂牛奶半磅，加蛋黄两只（含动物脂肪20g）；③ 煎荷包蛋两只（内含脂肪22g）。脂肪餐具体进食时间由放射科或B超医师决定。

2. 大便潜血试验饮食　适用于检查疑有胃肠出血或胃肠肿瘤者。检查前3天不给被检查病人吃肉类、鱼虾类及绿色蔬菜。可食用牛奶、大豆制品、粉皮和蘑菇等。

3. 干食试验饮食　适用于做尿浓缩功能检查的病人做尿沉淀物试验。实验期1天。全天给患者含水分少的食物，不给汤类、奶类、粥类及含水分多的蔬菜水果。可食大米饭、馒头、煮蛋、炒肉、炒豆腐干等。为减轻病人干食口渴，可于下午三时左右给病人食用100g左右的苹果一只（内含水分55ml）。

4. 肌酐试验饮食 适用于检查肾功能的患者。禁食鱼、肉类，连续三天全日蛋白质摄入量不超过 40g。可食牛奶半磅、鸡蛋一只和各种蔬菜，粮食每日少于 350g。

5. 饱餐试验饮食 适用于检查心脏功能患者。在病人原有食量的基础上，增加 20%～30% 左右以高蛋白为主的食品，达到饱腹后做心电图检查。早餐前空腹作心电图检查，然后进餐，此后 0.5h、2.5h、4.5h 时复查心电图。

6. 低碘饮食 适用于准备做甲状腺同位素碘检查的患者。在普通饮食的基础上，禁食含碘食物及其他影响甲状腺功能的一切药物和食物，如海鱼等海产动物和海带等海产植物，以及粗海盐、含碘盐等。

7. 电解质负荷试验饮食 适用于检查原发性醛固酮增多症的患者。由医师提出钠、钾毫当量后，由营养师制订严格定量称重饮食。饭菜用蒸馏水烹调。

8. 钙、磷代谢试验膳食 适用于诊断甲状旁腺机能亢进的患者。由医师提出钙、磷毫当量后，营养师设计配方，严格称量。饭菜用蒸馏水烹调。

9. 钡餐造影试验饮食 适用于检查结肠疾病的患者。检查前两天，少渣低脂；检查前一天午餐膳食清淡，禁食鸡、肉、禽、奶类及含纤维素多的蔬菜。主食以面包、馒头为宜。晚餐应低脂低蛋白流质。

10. 葡萄糖耐量试验饮食 用于协助诊断糖尿病。试验前一天晚餐后禁食（8小时以上），不喝咖啡和茶。试验当日取清晨空腹血，同时留尿样品。然后口服含 100g 葡萄糖的水（300～400ml），于服后 30、60、120 和 180 分钟时各抽血一次，同时留尿样品。血样测定血糖量，尿样用于定性测定。

第三节 食谱编制

一、食谱编制原则

编制食谱的目的是保证机体对热能和各种营养素的需求，并将食物原料配制并烹调成可口的饭菜，适当地分配在一天的各个餐次中。制定食谱是有计划地调配膳食，保证膳食多样化和合理膳食制度的重要手段。

医院膳食有其特殊性，对象是患者。许多患者在营养方面有一定的特殊要求，应根据各类饮食的治疗原则、适应对象以及合理的膳食制度、卫生要求编制不同的食谱。应按季节和市售食品的变动情况和膳费水平，尽可能以分量小、品种多的方式进行食物调配。烹调方式应使主、副食的感官性状良好，尽量适应进食者的饮食习惯和特殊需求。

二、食谱编制方法

1. 根据用膳者的年龄、性别、工作性质和强度、身体状况和其他有关因素，定出每人每日所需的总能量及三大营养素的合适比例。如某一普通饮食的病人每日所需总能量为 2200kcal，假定其中蛋白质占 12%，脂肪占 20%～30%，碳水化合物占 58%～68%，则每天所需的蛋白质为 2200×12%÷4＝66g；脂肪为 2200×20%（或 30%）÷9＝49～73g；碳水化合物为 2200×58%（或 68%）÷4＝319～374g。

2. 计算主食的重量 因一般主食即粮食每 100g 约产能量 350kcal（1464MJ），故主食重量的换算方式为 319×4×100/350＝365g 或 374×4×100/350＝427g。

3. 计算每日副食数量　参考《中国居民膳食指南》及《中国居民平衡膳食宝塔》以及用膳者的情况，初步确定每人每日需要的肉、鱼、禽、蛋、豆类及其制品的数量，并计算其中蛋白质、脂肪、碳水化合物含量，然后加以调整。如果条件许可，动物性食物和豆类所提供的蛋白质应达一日蛋白总量的 1/3，其余由粮食供给。每人每日进食蔬菜量中绿叶菜类占 50%。由于各种蔬菜有不同的营养特点，因此以少量多品种的方式进行配制。

4. 主食和菜肴的配制　要求既要符合营养原则，又要有良好的感官性状和符合多样化的原则。普通饭主食要粗细搭配、粮豆混合、有米有面；副食要有菜有汤、荤素兼备。其他按流质、半流质、软饭等要求调配。全天各餐食物的分配比例，一般情况下最好午餐最多，早餐和晚餐较少。通常早餐应占全天热能的 25%～30%，午餐占 40%，晚餐占 30%～35%。有些病人有一日三餐、四餐、五餐、六餐制，应按时保质足量供应。

在一日食谱的基础上进一步制定一周或一旬的食谱时，应使每天的菜肴有变化，尽量不重复。食物数量不必按每天食谱计算，只要先确定一个食品消费的基本数量再进行调配即可。主要方法是以粮换粮，以豆抵豆，以蔬菜顶蔬菜，同时经常改变烹调方法。

第四节　医院营养部门的物资与卫生管理

一、物资管理

物资是做好营养治疗工作的物质保证，因此医院营养部门必须加强物资管理，建立一整套从物资采购到使用的管理措施。

（一）采购验收

采购人员必须固定。要有一定的食品和财务知识。根据医院规模的大小，采购人员可专职，也可兼职，但不能做兼职保管员，以加强财务监督。采购必须按购货计划进行。采购回来的食品应有专人验收，并有记录。有条件的医院还可做必要的检验。对不符合食品卫生要求的食品要酌情妥善处理，质量差和有损健康的食品不能使用。

（二）物资保管

库房管理人员对各种物资要分别管理，防止变质或霉烂。各种不同的食品要分开保管。至少应有以下几个库房：

1. 主食库房　主要是放置米、面粉、豆类等食品。要单独设立，不能与其他食品混放。应选择干燥、通风的地方，室内温度要低，无直接阳光照射，并有防鼠、防蝇设备。库房的四周要有 1.20～1.50m 的木板墙，地上要放离地面 15～30cm 的隔板。米袋和面粉袋不要紧靠墙。

2. 调味品和干货库房　库房应选在干燥通风的地方，以防货物霉变和变质。食品应分类放在货柜和桶、缸等容器内（对散装的食品均应加盖），并按进货先后次序放置，还应做好各种食物的标签。

3. 冷藏库　根据医院规模的大小，医院营养部门应配备相应的冷藏库和冰箱来存放荤素食品。冷冻室的温度应低于-15℃。冷藏室温度一般为1~3℃。冷冻室中应分隔成若干小间或若干个货架。鱼、肉、禽等各类食品分开放置以防串味。各种食品在放置时不能堆积、挤压。冷库要定期清洁，最好配有两套机组。冰箱主要放置熟食品和半成品，各种食品也应分开存放。放入冷藏库的食品要有保鲜包装。

4. 杂品库　此库房放置除食品外的物品。

(三) 财产管理

要有专人管理家具、炊事机械、仪器、设备等财产，对一些重要的设备如计算机、实验设备等应有专人进行维护。

二、卫生管理

营养部门的卫生状况直接影响病人的饮食质量，所以卫生管理也是质量管理的一个重要内容，包括四个方面：建筑卫生、环境卫生、食品配置过程卫生和个人卫生。

(一) 建筑卫生

1. 建筑位置　营养部门的主要工作对象是住院病人，因此其位置应设在与病房联系方便、运送食品时不受气候干扰及采购食品出入方便的地区，但又要防止厨房油烟污染病房；同时还要远离医院污染源以防止污染食物和交叉感染。归纳起来有三种处理方法：① 在离各病房楼不远处选一合适位置建一独立的建筑，以地上或地下走廊与各病区沟通；② 建筑设在大楼底层。其优点是紧靠病房，联系方便，并可节省用地。缺点是通风较差，油烟影响医疗环境。在北方地区由于气候比较干燥，选用地下室的较多；③ 建筑设在大楼顶部。其优点是紧靠病区、联系方便、光线充足、通风良好、干扰因素较少，且易于管理。但要解决垂直运输以及高层楼房的水、煤气、蒸汽等供应问题。

2. 内部装饰

① 墙面：用油漆或各种面砖皆可；② 地面：可用磨石子、马赛克或防滑地砖铺置。为了便于清洁，要设置有盖地沟，并略有坡度；③ 屋顶：要油漆并要装有排烟、排气装置。

3. 室内布局　要做到生熟分开，流水操作，符合食品卫生要求。

(二) 环境卫生

1. 加强厨房清洁卫生管理

①非营养室工作人员不得进入厨房；②随时关好纱门、纱窗；③一切垃圾杂物不得随地丢弃；④保持地面清洁，用具要放置整齐；⑤洗荤食品和洗蔬菜、淘米应分别使用不同的水池，洗拖布、倒污物也应有专用水池。

2. 制定严格的卫生工作制度　卫生工作分工包干。要坚持做到每天一小扫，每周一大扫。

(三) 食品配置过程卫生

做好食品配置过程的卫生是保持饮食卫生的关键，包括以下内容：

1. 食品检验　食品感官鉴定是一种检验食品卫生质量简便有效的方法。有条件的地方可以开展必要的实验室检查。将怀疑有可能化学污染的食品送实验室检测。

2. 厨房设备卫生　厨房应当具备防蝇、防尘、防鼠以及洗涤、消毒、污水排放和存放垃圾的设备。操作间的布置要适宜流水作业。生的、未经洗涤的食物由一端送进，经过操作，制备成餐后，由另一端发出。生食品与熟食品，半成品与成品，食品与杂物均应分开存放以免交叉污染。

3. 用具卫生　切配和装菜实行双盘制。切配用的盘、碗在原料下锅后撤掉，换上消毒后的盘、碗装菜。一般用具如砧板、锅、铲、橱柜等，用肥皂或洗涤剂洗刷干净即可。但是盛放食物的器皿、切熟食用的刀具、砧板等不仅要洗干净，还应消毒。已消毒的食具应放入专柜保存，防止灰尘、虫爬、蝇叮以致造成污染。

常用的消毒方法有下列几种：① 煮沸消毒法：把洗净的食具放在筐内，浸在水中煮沸。水沸后继续煮15~30分钟，取出放在清洁食具柜内保存；② 蒸汽消毒法：把食具放在密闭的蒸笼或柜箱内，通蒸汽蒸15~30分钟即可；③ 药物消毒法：用漂白粉、新洁而灭、333、食具净、碘伏等消毒餐具；④ 电子消毒法：将洗净的餐具放入电子消毒箱中，接通消毒箱的电源，消毒一小时即可利用箱中产生的臭氧杀灭细菌和病毒。但需注意餐具放置要符合要求。

（四）个人卫生

营养室工作人员必须要做到勤洗手、勤剪指甲、勤洗澡、勤理发、勤洗衣服、勤洗被褥、勤换工作服。此外，还要做到以下几点：

1. 身体健康，无传染病。新参加工作的人员要经过健康检查，证实无传染病后才能参加营养室工作。

2. 每年至少要进行一次体检和带菌检查。若患有病毒性肝炎、痢疾、伤寒、活动性肺结核、化脓性或渗出性皮肤病，以及可能影响食品卫生的其他疾病，或怀疑患有上述传染病时，应暂停工作。在经过积极治疗和带菌检查后认为无传染性时方可恢复工作。

3. 应按期接受各种必要的预防接种，并自觉地培养各种良好卫生习惯。

4. 工作人员的家属患有传染病时，对该工作人员要加强观察，并采取必要预防和隔离措施。

5. 服装须清洁整齐。上班穿工作服，下班时要脱掉。

6. 开饭时要戴口罩。人的口腔、鼻腔、咽喉、气管等处带有多种病原微生物。患有呼吸道疾病的人，携带病原微生物更多。这些病原微生物可通过呼吸、说话、打喷嚏，把口腔和呼吸道中的细菌、病毒排出体外。因此，应戴洁净的口罩，以确保食品的清洁卫生。

7. 操作前必须洗手。洗手应按以下程序：① 在水龙头下先用水（最好是温水）把双手冲湿；② 双手涂上洗涤剂；③ 双手互相搓擦20s（必要时用干净卫生的指甲刷清洁指甲）；④ 用自来水彻底冲洗双手，工作服为短袖的应洗到肘部；⑤ 用清洁纸巾，卷轴式清洁抹手布或干手机弄干双手；⑥ 关闭水龙头（手动或应用肘部或用纸巾包裹水龙头将水关闭）。有资料表明用肥皂刷双手，可洗掉95％以上的细菌。

8. 操作时不要吸烟。

9. 手指破了应及时进行治疗，痊愈前不得从事直接入口食品的生产加工。

10. 严禁对着食物咳嗽、打喷嚏。

复习练习题

(一) 单选题（下列每题选项中，只有1个是正确的）

1. 医院膳食种类包括
   A. 一般治疗膳食、特殊治疗膳食
   B. 基本膳食、治疗膳食
   C. 治疗膳食、诊断膳食
   D. 基本膳食、配方膳食

2. 不属于一般治疗膳食的有
   A. 高钙膳食   B. 低磷膳食   C. 低碘膳食   D. 要素膳食

3. 适用于尿浓缩功能试验的病人的试验膳食为
   A. 胆囊造影试验膳食
   B. 干食试验膳食
   C. 肌酐试验膳食
   D. 饱餐试验膳食

4. 医院营养治疗中处于主导地位的是
   A. 基本膳食   B. 治疗膳食   C. 配方膳食   D. 诊断膳食

5. 下列不适用于咀嚼或吞咽不便病人的膳食为
   A. 普通饭   B. 软饭   C. 半流质   D. 流质

(二) 多选题（下列每题选项中，至少有2个是正确的）

1. 医院营养科室的主要工作任务为
   A. 住院病人各类膳食的调配、制备和供应
   B. 疑难、重症病人的会诊
   C. 营养知识宣传、教育
   D. 检查病人的临床治疗效果
   E. 开展科研工作

2. 下述适用于肝功能衰竭患者的要素膳有
   A. 异亮氨酸
   B. 缬氨酸
   C. 较高苯丙氨酸
   D. 较高蛋氨酸
   E. 较低蛋氨酸

3. 配制低磷膳食时可选择下列食物
   A. 小米、绿豆
   B. 鸡蛋清、凉粉
   C. 萝卜、鸡蛋黄
   D. 花生、芋芳
   E. 萝卜、马铃薯

4. 某一普通病人每日需要总热能2200kcal，其中蛋白质占12%，脂肪占25%，碳水化合物占63%，他需要的三大营养素各为
   A. 蛋白质66g
   B. 碳水化合物347g
   C. 碳水化合物154g
   D. 碳水化合物138g
   E. 脂肪69g

5. 常用的食具消毒药物和方法有
   A. 煮沸消毒法
   B. 蒸汽消毒法
   C. 漂白粉、新洁而灭
   D. 电子消毒法
   E. 食具净、碘伏

答案

（一）单选题：1. B　　2. D　　3. B　　4. B　　5. A
（二）多选题：1. ABCE　2. ABCE　3. BE　4. ABE　5. ABCDE

（郭红卫）

后 记

经全国高等教育自学考试指导委员会同意，由全国高等教育自学考试指导委员会医药学类专业委员会负责高等教育自学考试医药学类专业教材的组编工作。

《营养学》教材由复旦大学郭红卫教授担任主编。参加编写的人员有第二军医大学郭俊生教授（第一、四、十一、十二、十八、十九、二十二、二十四章），复旦大学郭红卫教授（第三、五、十三、十四、十五、二十、二十一、二十三、二十六章），复旦大学沈新南副教授（第二、六、七、八、九、十、十六、十七、二十五章）。最后，由郭红卫教授统稿。

全国高等教育自学考试指导委员会医药学类专业委员会组织该教材的审稿会。上海交通大学史奎雄教授担任主审，复旦大学柳启沛教授、南京医科大学蔡云清教授参加审稿并提出改进意见。

全国高等教育自学考试指导委员会医药学类专业委员会最后审定通过本教材。

全国高等教育自学考试指导委员会
医药学类专业委员会
2007 年 7 月

全国高等教育自学考试

护理学专业（专科）

营养学自学考试大纲

（含考核目标）

全国高等教育自学考试指导委员会　制定

营养学课程自学考试大纲出版前言

为了满足社会主义现代化建设事业对培养人才的需要，我国在20世纪80年代初建立了高等教育自学考试制度。经过20多年的发展，高等教育自学考试已成为我国高等教育基本制度之一。高等教育自学考试是个人自学，社会助学和国家考试相结合的一种高等教育形式，是我国高等教育体系的一个重要组成部分。实行高等教育自学考试制度，是落实宪法规定的"鼓励自学成才"的重要措施，是提高中华民族思想道德和科学文化素质的需要，也是造就和选拔人才的一种途径。应考者通过规定的专业课程考试并经思想品德鉴定达到毕业要求的，可以获得毕业证书，国家承认学历，并按照规定享有与普通高等学校毕业生同等待遇。

从80年代初期开始，各省、自治区、直辖市先后成立了高等教育自学考试委员会，开展了高等教育自学考试工作，为国家输送了大批专门人才。为了科学、合理地制定高等教育自学考试标准，提高教育质量，全国高等教育自学考试指导委员会（以下简称"全国考委"）组织各方面的专家对高等教育自学考试专业设置进行了调整，统一了专业设置标准。全国考委陆续制定了200多个专业考试计划。在此基础上，各专业委员会按照专业考试计划的要求，从造就和选拔人才的需要出发，编写了相应专业课程的自学考试大纲，进一步规定了课程学习和考试的范围与内容。这样不仅有利于社会助学，使个人自学目标明确，而且使考试标准规范化、具体化。

全国考委按照国务院发布的《高等教育自学考试暂行条例》的规定，根据教育测量学的要求，对高等教育自学考试课程的自学考试大纲进行了探索、研究与建设。目前，为更好地贯彻党的十六大和全国考委五届二次会议精神，以"三个代表"重要思想为指导，全国考委办公室及其各个专业委员会在2003年开始较大幅度地对新一轮课程的自学考试大纲组织修订或重编。

全国考委医药学类专业委员会在考试大纲建设过程中，结合高等教育自学考试工作的实践，参照全日制普通高等学校相关课程的教学基本要求，并力图反映学科内容的发展变化，体现自学考试的特点。目前《营养学自学考试大纲》经教育部批准颁发施行。

《营养学自学考试大纲》是该课程编写教材和自学辅导书的依据，也是个人自学，社会助学和国家考试的依据，各地教育部门、考试机构应认真贯彻执行。

全国高等教育自学考试指导委员会
二〇〇七年十月

目 录

Ⅰ 课程性质与设置目的 ··(255)
Ⅱ 课程内容与考核目标 ··(256)
第一篇 营养素与能量 ··(256)
  第一章 蛋白质 ··(256)
  第二章 脂类 ··(258)
  第三章 碳水化合物 ···(259)
  第四章 能量 ··(260)
  第五章 维生素 ··(261)
  第六章 矿物质 ··(264)
第二篇 特殊生理条件人群的营养与膳食 ··(266)
  第七章 孕妇与乳母的营养 ···(266)
  第八章 婴幼儿营养 ···(268)
  第九章 儿童青少年营养 ···(269)
  第十章 老年营养 ··(269)
第三篇 食物的营养 ··(270)
  第十一章 植物性食物的营养价值 ···(270)
  第十二章 动物性食物的营养价值 ···(271)
第四篇 社会营养 ··(272)
  第十三章 合理营养 ···(272)
  第十四章 营养健康教育 ···(273)
  第十五章 人体营养状况评价 ···(274)
第五篇 疾病与营养 ··(275)
  第十六章 蛋白质-能量营养不良 ··(275)
  第十七章 心脑血管疾病 ···(276)
  第十八章 糖尿病 ··(277)
  第十九章 骨质疏松症 ···(277)
  第二十章 慢性肝脏疾病 ···(278)
  第二十一章 肾脏疾病 ···(279)
  第二十二章 手术与灼伤 ···(280)
  第二十三章 肿瘤 ··(281)
  第二十四章 胃肠内及胃肠外营养 ···(281)
  第二十五章 营养素和药物的相互作用 ···(282)
  第二十六章 医院营养管理 ···(283)
Ⅲ 关于大纲的说明与考核实施要求 ··(284)
附录：试题类型举例 ··(286)
后记 ··(288)

Ⅰ 课程性质与设置目的

《营养学》课程是全国高等教育自学考试护理学专业（专科）必考课程，是为了培养自学应考者的医学营养学基本理论知识和应用能力而设置的一门专业基础课程。

《营养学》是一门研究营养与人体健康关系的学科。随着生命科学的发展，营养学作为医疗和保健工作的重要手段，在防病、治病、增强人们体质及保障人类健康中的重要作用日益为人们所认识。它的主要内容包括营养素和热能、食物的营养、社会营养、特殊生理条件营养、营养与疾病诸领域。

学习本课程，必须具备生物化学和内科护理学知识。

设置本课程的具体目的要求是：掌握各类食物的营养特点和营养调查的方法；熟悉营养与常见慢性疾病的关系及掌握它们的营养治疗与营养防护原则、医院内营养管理方法等，以及营养素与药物的相互作用，认识人体营养规律；了解改善营养的措施。

《营养学》的重点是第一篇营养素与热能，第五篇疾病与营养（特别是第十七章～第二十二章以及第二十四章），第三篇食物的营养；次重点是第四篇社会营养中的第十三章和第十五章、第二十五章以及第二十六章；一般章节为第二篇特殊生理条件人群的营养、第十四章营养健康教育、第十六章蛋白质-热能营养不良以及第二十三章肿瘤。

Ⅱ 课程内容与考核目标

绪 论

一、学习目的和要求

通过本课程学习，了解营养学在医学中的重要地位；熟悉其研究内容和方法。

二、课程内容

1. 营养学的概念
2. 医学营养学的研究内容和方法：基础营养学、社会营养学、妇幼及老年人营养学、临床营养学、食物营养学、营养流行病学等诸领域的主要研究内容和方法

三、考核知识点和考核要求

1. 营养学概念
识记：营养学概念
2. 医学营养学的研究内容和方法
识记：基础营养学、社会营养学、临床营养学、营养流行病学
领会：医学营养学研究内容
应用：医学营养学研究方法

第一篇 营养素与能量

第一章 蛋白质

一、学习目的与要求

通过本章学习，了解蛋白质和氨基酸分类、蛋白质食物来源及人体蛋白质营养状况评价方法；掌握蛋白质生理功能、蛋白质供给量、食物蛋白质营养价值评价方法及蛋白质互补作用。

二、课程内容

第一节 蛋白质和氨基酸分类
（一）蛋白质的分类
（二）氨基酸分类

第二节 蛋白质的生理功能

（一）构成和修复组织

（二）构成酶和激素

（三）构成抗体

（四）调节渗透压

（五）供给能量

第三节 蛋白质的体内代谢

（一）消化和吸收

（二）利用及排泄

第四节 蛋白质的膳食参考摄入量

（一）必需氨基酸需要量

（二）膳食蛋白质参考摄入量

第五节 食物蛋白质的营养价值

（一）营养评价

（二）蛋白质互补作用

第六节 人体蛋白质营养状况评价

（一）身体测量

（二）生化检验

（三）其他

第七节 蛋白质的食物来源

三、考核知识点和考核要求

1. 蛋白质和氨基酸分类

识记：必需氨基酸概念和种类

领会：蛋白质分类的依据和内容

2. 生理功能

识记：蛋白质的主要生理功能

领会：蛋白质调节生理功能的方式

3. 体内代谢

领会：氮平衡

4. 蛋白质的膳食参考摄入量

识记：蛋白质的参考摄入量

5. 食物蛋白质营养价值

识记：蛋白质消化率、利用率、生物价，蛋白质功效比值，氨基酸分，蛋白质互补作用，限制氨基酸的概念

应用：食物蛋白质营养价值评价

6. 人体蛋白质营养状况评价

识记：营养状况的评价指标

领会：营养状况评价指标的意义

7. 蛋白质食物来源
识记：主要食物来源
应用：比较动、植物食物蛋白质的含量和质量特点

第二章 脂类

一、学习目的和要求

通过本章学习，了解脂类营养的评价方法；熟悉脂类的代谢；掌握脂类包括必需脂肪酸的生理功能和食物来源。

二、课程内容

第一节 脂类和脂肪酸的分类
（一）脂类分类
（二）脂肪酸分类
第二节 脂类的生理功能
（一）甘油三酯的生理功能
（二）必需脂肪酸的生理功能
（三）磷脂的生理功能
（四）胆固醇的生理功能
第三节 脂类的代谢
（一）脂肪、磷脂和胆固醇的吸收
（二）脂肪、磷脂和胆固醇的代谢
第四节 脂类的参考摄入量
脂肪、必需脂肪酸的参考摄入量
第五节 脂类的食物来源
脂肪、磷脂、胆固醇和必需脂肪酸的主要食物来源
第六节 脂类营养的评价
（一）膳食脂类营养价值的评价
（二）人体脂类营养状况的评价

三、考核知识点和考核要求

1. 脂类的分类
识记：中性脂肪与类脂、短链脂肪酸、中链脂肪酸、长链脂肪酸；饱和脂肪酸、单不饱和脂肪酸和多不饱和脂肪酸、n-3与n-6脂肪酸、必需脂肪酸、反式脂肪酸、碘价
2. 脂类的生理意义
领会：脂肪、磷脂、胆固醇和必需脂肪酸的主要生理功能

3. 脂类的消化吸收和代谢

识记：低密度脂蛋白、高密度脂蛋白

领会：植物固醇的作用

4. 膳食脂类的食物来源和参考摄入量

识记：甘油三酯、磷脂、胆固醇和必需脂肪酸的主要食物来源

领会：脂类的需要量和参考摄入量、适宜比例

5. 脂类营养的评价

识记：血液二十碳三烯酸与二十碳四烯酸的正常比值

领会：血液二十碳三烯酸与二十碳四烯酸比值的意义

应用：膳食脂肪营养价值的评价

第三章　碳水化合物

一、学习目的和要求

通过本章学习，了解碳水化合物在体内的代谢、各种碳水化合物的特点；熟悉其与蛋白质、脂肪代谢的关系；掌握碳水化合物的分类、在膳食中的比例、膳食纤维的种类、碳水化合物和膳食纤维的主要生理意义和食物来源。

二、课程内容

第一节　碳水化合物的分类

（一）碳水化合物的概念

（二）碳水化合物的分类

第二节　碳水化合物的代谢

（一）碳水化合物的消化吸收

（二）碳水化合物与蛋白质、脂肪代谢的关系

第三节　碳水化合物的主要生理功能

（一）碳水化合物的主要生理功能

（二）具有特殊生理意义的单糖

第四节　膳食纤维

（一）分类

（二）膳食纤维的主要特性和生理意义

（三）膳食纤维与疾病的关系

第五节　食物来源和膳食参考摄入量

三、考核知识点和考核要求

1. 碳水化合物的分类

识记：碳水化合物、常见单糖、双糖的名称和特点、淀粉种类和特点

领会：各种单糖、双糖的特点、直链淀粉与支链淀粉的特点

2. 碳水化合物的消化吸收、其与蛋白质、脂肪代谢的关系

领会：碳水化合物对蛋白质的节约作用、碳水化合物的抗生酮作用

3. 碳水化合物的主要生理意义

领会：糖类的主要生理意义

4. 膳食纤维

识记：膳食纤维的概念和主要特性、可溶性膳食纤维的种类、不溶性膳食纤维的种类

应用：膳食纤维的主要生理意义

5. 碳水化合物和膳食纤维的食物来源

识记：碳水化合物的食物来源、膳食纤维的食物来源

第四章　能量

一、学习目的与要求

通过本章学习，了解能量的参考摄入量、熟悉能量单位、掌握能量来源及产热系数的概念、能量消耗的内容。

二、课程内容

第一节　能量单位

（一）千卡的概念

（二）焦耳、千焦耳、兆焦耳的概念

（三）千卡与千焦耳的关系

第二节　能量来源及合理分配

（一）热原质或产能营养素

（二）产能系数的概念

（三）产能营养素在膳食总能量中的合理分配

第三节　能量消耗

（一）基础代谢

（二）体力活动

（三）食物热效应

第四节　能量消耗测定

（一）直接测热法

（二）间接测热法

（三）生活观察法

（四）能量平衡观察法

第五节　膳食参考摄入量与食物来源

（一）膳食参考摄入量

（二）食物来源

三、考核知识点和考核要求

1. 能量单位
识记：千卡和千焦耳的概念
应用：千卡和千焦耳之间的关系
2. 能量来源及产能系数
识记：产能营养素和产能系数的概念
应用：产能营养素在膳食总能量中的合理分配
3. 能量消耗
识记：基础代谢及食物热效应的概念
领会：食物热效应的意义、体力活动消耗能量的影响因素
4. 膳食能量参考摄入量
识记：轻体力劳动成年人群的膳食能量参考摄入量
领会：劳动强度分级依据

第五章 维生素

一、学习目的和要求

通过本章学习，了解维生素分类、特点；熟悉机体维生素的营养评价方法；掌握维生素缺乏时机体出现的缺乏症，有些脂溶性维生素过多对机体健康造成的危害，维生素的主要食物来源，维生素缺乏症的防治。

二、课程内容

第一节 维生素的命名与分类
（一）维生素的命名
（二）维生素的分类
（三）维生素缺乏的原因
第二节 维生素A
（一）理化性质
（二）生理功能
（三）吸收与代谢
（四）缺乏症
（五）营养状况评价
（六）膳食参考摄入量和食物来源
（七）过多症
第三节 维生素D
（一）理化性质
（二）生理功能

（三）吸收与代谢

（四）缺乏症

（五）营养状况评价

（六）膳食参考摄入量和食物来源

（七）过多症

第四节 维生素 E

（一）理化性质

（二）生理功能

（三）吸收与代谢

（四）缺乏症

（五）营养状况评价

（六）膳食参考摄入量和食物来源

（七）过多症

第五节 维生素 B_1

（一）理化性质

（二）生理功能

（三）吸收与代谢

（四）缺乏症

（五）营养状况评价

（六）膳食参考摄入量和食物来源

第六节 维生素 B_2

（一）理化性质

（二）生理功能

（三）吸收与代谢

（四）缺乏症

（五）营养状况评价

（六）膳食参考摄入量和食物来源

第七节 烟酸

（一）理化性质

（二）生理功能

（三）吸收与代谢

（四）缺乏症

（五）营养状况评价

（六）膳食参考摄入量和食物来源

第八节 维生素 B_6

（一）理化性质

（二）生理功能

（三）吸收与代谢

（四）营养状况评价

（五）膳食参考摄入量和食物来源

第九节 叶酸

（一）理化性质

（二）生理功能

（三）吸收与代谢

（四）缺乏症

（五）营养状况评价

（六）膳食参考摄入量和食物来源

第十节 维生素 B_{12}

（一）理化性质

（二）主要生理功能和缺乏症

（三）吸收与代谢

（四）机体营养状况评价

（五）膳食参考摄入量和食物来源

第十一节 维生素 C

（一）理化性质

（二）生理功能

（三）吸收与代谢

（四）缺乏症

（五）营养状况评价

（六）膳食参考摄入量和食物来源

三、考核知识点和考核要求

1. 维生素的命名与分类

识记：脂溶性维生素、水溶性维生素、维生素 A、维生素 D、生育酚、硫胺素、核黄素、维生素 PP

领会：脂溶性维生素和水溶性维生素的区别、抗氧化维生素的临床意义

应用：维生素缺乏的原因

2. 各类维生素的理化性质、代谢与主要生理功能

识记：维生素 B_1 的理化性质

领会：维生素 B_2、维生素 C 的理化性质、维生素 B_1、维生素 B_2、烟酸的代谢、维生素 B_1、维生素 B_2、维生素 C、烟酸和叶酸的生理功能

应用：维生素 A 的生理意义、维生素 E 的生理功能、维生素 D 的代谢与生理功能

3. 各类维生素的机体营养状况评价、缺乏症，脂溶性维生素过多

识记：夜盲症，脚气病，维生素 D、维生素 B_2 和叶酸的缺乏症，癞皮病，坏血病，尿负荷试验，维生素 A、维生素 D 过多症

领会：暗适应能力，维生素 D、维生素 E、维生素 B_6 和维生素 B_{12} 的营养状况评价

应用：维生素 B_1、维生素 B_2、维生素 C 和烟酸的营养状况评价

4. 各类维生素的膳食参考摄入量和食物来源

识记：维生素 A、维生素 D、维生素 E、维生素 B_1、维生素 B_2、维生素 C 和烟酸的膳食参考摄入量，维生素 A、维生素 D、维生素 B_1、维生素 B_2、维生素 C 和烟酸的主要食物来源

领会：视黄醇当量、烟酸当量

5. 维生素缺乏症的防治

应用：维生素 A、维生素 D、维生素 B_1、维生素 B_2、维生素 C 和烟酸缺乏症的防治

第六章 矿物质

一、学习目的和要求

通过本章学习，了解矿物质的需要量与参考摄入量；熟悉人体矿物质营养状况的评价指标及矿物质缺乏或摄入过多对人体健康的影响；掌握矿物质的主要生理作用、影响生物利用率的因素和食物来源。

二、课程内容

第一节 概述

（一）常量元素与微量元素

（二）矿物质的生理功能

第二节 钙

（一）生理功能

（二）吸收与代谢

（三）缺乏症

（四）参考摄入量

（五）食物来源

第三节 磷

（一）生理功能

（二）吸收与代谢

（三）参考摄入量和食物来源

第四节 镁

（一）生理功能

（二）吸收与代谢

（三）缺乏症

（四）参考摄入量

（五）食物来源

第五节 钠

（一）生理功能

（二）吸收与代谢

（三）参考摄入量

（四）食物来源

第六节　钾

（一）生理功能

（二）吸收与代谢

（三）参考摄入量

（四）食物来源

第七节　氯

（一）生理功能

（二）吸收与代谢

（三）食物来源

第八节　锌

（一）生理功能

（二）吸收与代谢

（三）缺乏症

（四）需要量与参考摄入量

（五）食物来源

第九节　铁

（一）生理功能

（二）吸收与代谢、影响铁吸收的因素

（三）缺乏症

（四）营养状况评价

（五）需要量与参考摄入量

（六）食物来源

第十节　硒

（一）生理功能

（二）吸收与代谢

（三）缺乏与过多

（四）参考摄入量

（五）食物来源

第十一节　碘

（一）生理功能

（二）吸收与代谢

（三）缺乏与过多

（四）参考摄入量与食物来源

第十二节　铜

（一）生理功能

（二）吸收与代谢

（三）缺乏症

（四）参考摄入量

（五）食物来源

第十三节 氟

（一）生理功能

（二）吸收与代谢

（三）缺乏与过多

（四）参考摄入量和食物来源

第十四节 铬

（一）生理功能

（二）吸收与代谢

（三）参考摄入量

（四）食物来源

三、考核知识点和考核要求

1. 常量元素和微量元素的概念和种类

识记：矿物质、常量元素和微量元素的概念，必需微量元素的种类

2. 矿物质的生理功能

领会：矿物质的生理作用，钙、锌、铁、硒、碘、铜、铬、氟的生理功能

3. 矿物质的吸收与代谢

识记：钙在人体内的分布、功能铁和贮存铁的概念、混溶钙池的概念

应用：影响膳食中铁、钙、锌吸收的因素

4. 矿物质的缺乏症和过多症

识记：钙、铁、锌、硒、碘、氟的缺乏症，硒、碘、氟的过多症

5. 矿物质营养状况的评价

应用：人体铁营养状况的评价

6. 矿物质的参考摄入量与食物来源

识记：钙、锌、铁、硒、碘的参考摄入量，钙、锌、铁、硒、碘、氟的食物来源

第二篇 特殊生理条件人群的营养与膳食

第七章 孕妇与乳母的营养

一、学习目的和要求

通过本章学习，了解孕期妇女的营养生理特点；熟悉孕妇和乳母合理膳食的原则与实施，孕妇和乳母的营养与母婴健康的关系；掌握孕妇和乳母能量及各种营养素需要的特点

二、课程内容

第一节 孕期营养生理特点

（一）激素与代谢

（二）消化系统、肾功能、血容量与血液成分的改变

（三）孕妇体重的增长

第二节　孕妇的营养需要

（一）能量

（二）蛋白质

（三）脂类

（四）钙、铁、锌、碘

（五）维生素

第三节　孕期营养不良对母体及胎儿的影响

孕妇营养缺乏症、胎儿宫内发育不良、先天畸形、低体重儿、巨大儿等

第四节　孕妇的合理膳食

（一）孕早期膳食

（二）孕中期膳食

（三）孕晚期膳食

第五节　乳母营养和合理膳食

（一）能量和营养素与母乳中营养成分及泌乳量的关系

（二）乳母的合理膳食

三、考核知识点和考核要求

1. 孕期营养生理特点

识记：孕期正常的体重增长

领会：孕期营养生理特点

2. 孕妇的营养需要

应用：孕妇的营养需要

3. 孕期营养不良对母体及胎儿的影响

识记：孕妇的常见营养缺乏症

领会：孕期营养不良对胎儿的影响

4. 孕妇的合理膳食

应用：孕妇的合理膳食

5. 乳母营养和合理膳食

识记：乳母膳食中能量、蛋白质、维生素在乳汁中的有效转换率

领会：乳母营养对泌乳量的影响，乳母营养状况对乳汁中维生素和微量元素含量的影响，乳母膳食中钙、铁、碘与婴儿营养的关系

第八章　婴幼儿营养

一、学习目的和要求

通过本章学习，了解婴幼儿生长发育的特点；熟悉营养与婴幼儿健康的关系；掌握婴幼儿能量及各种营养素需要的特点，母乳喂养及适时添加适宜的辅助食品的重要性。

二、课程内容

第一节　婴幼儿生长发育特点
第二节　婴幼儿的营养需要
（一）能量
（二）蛋白质
（三）脂肪
（四）其他营养素
第三节　母乳喂养
（一）母乳喂养的优点
（二）母乳喂养的方法
第四节　混合喂养与人工喂养
（一）人工喂养的原则与方法
（二）混合喂养的原则与方法
第五节　断乳过渡期喂养
（一）辅助食品的种类
（二）辅助食品添加的时间、顺序和方法
第六节　幼儿膳食
第七节　婴幼儿常见营养缺乏症
（一）佝偻病
（二）缺铁性贫血
（三）其他营养缺乏症

三、考核知识点和考核要求

1. 婴幼儿生长发育特点
领会：婴幼儿生长发育的主要特点
2. 婴幼儿营养需要的特点
领会：婴幼儿营养需要的特点
3. 母乳喂养的意义
应用：提倡母乳喂养的理由
4. 辅助食品
识记：辅助食品添加的时间及其理由、断奶的含义

领会：辅助食品的种类和添加顺序
应用：幼儿膳食调配原则
5. 常见营养缺乏症及防治原则
应用：婴幼儿常见营养缺乏症的防治原则

第九章　儿童、青少年营养

一、学习目的和要求

通过本章学习，了解儿童、青少年生长发育的特点；熟悉儿童、青少年的主要营养问题；掌握儿童、青少年营养需要特点及合理膳食。

二、课程内容

第一节　儿童、青少年生长发育特点
第二节　儿童的营养与膳食
（一）儿童的营养需要
（二）儿童的合理膳食
第三节　青少年的营养与膳食
（一）青少年的营养需要
（二）青少年的合理膳食

三、考核知识点和考核要求

1. 青少年生长发育特点
领会：青少年生长发育特点
2. 儿童的营养与膳食
领会：儿童的营养需要
应用：儿童的合理膳食
3. 青少年的营养与膳食
领会：青春期的营养需要
应用：青少年的合理膳食

第十章　老年营养

一、学习目的和要求

通过本章的学习，了解老年人生理代谢的变化；熟悉营养与老年人健康的关系；掌握老年人的营养需要特点及合理膳食原则。

二、课程内容

第一节　老年人生理特点

（一）基础代谢的改变

（二）器官功能的衰退

第二节　老年人的营养需要

（一）能量和体重

（二）适合老年人代谢特点的营养素需要

（三）营养因素对机体衰老的影响

第三节　老年人的合理膳食

三、考核知识点和考核要点

1. 老年人生理代谢特点

领会：老年人的生理代谢特点

2. 老年人的营养需要

识记：老年人基础代谢的变化及能量参考摄入量、老年人的理想体重与骨质疏松有关的营养因素

领会：与老年性贫血有关的营养因素、与衰老有关的营养因素

3. 老年人合理膳食

应用：老年人的合理膳食原则

第三篇　食物的营养

第十一章　植物性食物的营养价值

一、学习目的和要求

通过本章学习，了解谷类、豆类、蔬菜和水果的种类；熟悉其主要营养成分；掌握植物性食物营养素的质量特点和合理利用与选择。

二、课程内容

第一节　谷类

（一）谷类籽粒结构和营养素分布

（二）谷类的主要营养成分及组成特点

（三）谷类的合理利用

第二节　豆类及其制品

（一）豆类及其制品的主要营养成分及组成特点

（二）豆类及其制品的合理利用

第三节　蔬菜类

（一）蔬菜的主要营养成分及组成特点
（二）蔬菜的合理利用
第四节　水果类
（一）水果的主要营养成分
（二）水果的合理利用

三、考核知识点和考核要求

1. 谷类的营养价值及合理利用
识记：谷类种类、主要营养成分
领会：谷粒营养素分布规律，谷类蛋白质、脂肪和碳水化合物组成特点
2. 豆类及其制品的营养价值及合理利用
识记：豆类的种类和主要营养成分
领会：豆类蛋白质和脂肪的组成特点
应用：豆类的合理利用
3. 蔬菜种类及营养素含量特点
识记：蔬菜种类及营养素含量特点
应用：蔬菜的合理选择
4. 水果种类及营养素含量特点
识记：水果种类及营养素含量特点
应用：水果的合理选择

第十二章　动物性食物的营养价值

一、学习目的和要求

通过本章学习，了解动物性食物的种类；熟悉其主要营养成分；掌握营养素质量特点和合理利用。

二、课程内容

第一节　畜禽肉
（一）畜禽肉的主要营养成分及组成特点
（二）合理利用
第二节　蛋类及蛋制品
（一）蛋的结构
（二）蛋类的主要营养成分及组成特点
（三）合理利用
第三节　水产类
（一）鱼类主要营养成分、组成特点、合理利用
（二）软体动物类
第四节　乳类及其制品

（一）乳类及其制品的营养成分及组成特点

（二）乳类及其制品的合理利用

三、考核知识点和考核要求

1. 畜禽肉的营养价值及合理利用

识记：畜禽肉的主要营养成分

领会：畜禽肉蛋白质和脂肪组成特点

应用：畜禽肉种类及合理利用

2. 禽蛋的营养价值及合理利用

识记：禽蛋的主要营养成分

领会：禽蛋蛋白质组成特点

应用：禽蛋的合理利用

3. 水产类食物的营养价值及合理利用

识记：水产类食物的主要营养成分

领会：水产类蛋白质和脂肪组成特点

应用：水产类合理利用

4. 乳类及其制品的营养价值及合理利用

识记：乳类及其制品的主要营养成分和营养价值

领会：乳类及其制品的蛋白质和脂肪的组成特点

应用：乳类及其制品的保存

第四篇 社会营养

第十三章 合理营养

一、学习目的和要求

通过本章学习，了解当今世界的膳食结构类型，熟悉我国膳食营养参考摄入量制定依据，合理营养的概念及我国合理膳食结构要求，掌握膳食营养参考摄入量的概念和膳食指南。

二、课程内容

第一节 合理营养和膳食营养素参考摄入量

（一）合理营养

（二）膳食营养素参考摄入量

第二节 膳食结构

（一）概念

（二）当今世界的膳食结构类型

第三节 中国居民的膳食结构

（一）中国居民传统膳食结构特点
（二）中国居民的膳食结构现状
（三）中国居民膳食结构存在的主要问题

第四节　中国居民膳食指南

（一）概念
（二）我国膳食指南
（三）中国居民平衡膳食宝塔

三、考核知识点和考核要求

1. 合理营养和膳食营养素参考摄入量。
识记：膳食营养素参考摄入量的概念；合理营养的概念
领会：膳食营养素参考摄入量内容
2. 膳食结构
识记：膳食结构概念；膳食结构的意义
领会：四种膳食结构类型的优缺点
3. 中国居民膳食结构
识记：中国居民传统膳食结构的特点
领会：中国居民膳食结构存在的主要问题
4. 中国居民膳食指南
识记：膳食指南概念；我国膳食指南内容
领会：平衡膳食宝塔

第十四章　营养健康教育

一、学习目的和要求

通过本章学习，了解社区营养健康教育的常用方法；熟悉社区营养健康教育的内容。

二、课程内容

（一）社区营养健康教育的意义。
（二）社区营养健康教育的内容。
（三）社区营养健康教育的方法。

三、考核知识点和考核要求

1. 社区营养健康教育的意义
识记：社区营养健康教育的意义
2. 社区营养健康教育的内容和方法
领会：社区营养健康教育的内容
应用：社区营养健康教育的方法

第十五章 人体营养状况评价

一、学习目的和要求

通过本章学习,熟悉人体营养状况评价内容,常用营养生化指标和营养状况体格检查;掌握膳食调查方法。

二、课程内容

第一节 概述
(一)人体营养状况评价的目的和内容
(二)人体营养状况评价的方法
第二节 膳食调查
(一)膳食调查的意义
(二)膳食调查的方法
(三)膳食调查结果的评价
第三节 营养生化指标检测
(一)营养生化指标检测的意义
(二)营养生化指标检测的内容
(三)营养生化指标检测结果的评价
第四节 营养状况的体格检查
(一)营养状况体格检查的意义
(二)人体测量指标及评价

三、考核知识点和考核要求

1. 人体营养状况评价的目的和内容
识记:人体营养状况评价的内容;营养调查;膳食调查;营养水平鉴定
领会:人体营养状况评价的目的
应用:人体营养状况评价的结果评价
2. 膳食调查的意义和方法
识记:称重法;查账法;回顾询问法;化学分析法
应用:膳食调查方法的运用
3. 常用营养生化指标检测意义及结果评价
识记:营养生化指标检测的意义
应用:常用营养生化指标检测结果的评价
4. 营养状况体格检查的意义及评价
识记:营养状况体格检查的意义
领会:常用人体测量指标
应用:常用人体测量指标:体重、皮褶厚度、身高-体重

第五篇 疾病与营养

第十六章 蛋白质-能量营养不良

一、学习目的和要求

通过本章学习,了解发生蛋白质-能量营养不良常见原因;熟悉蛋白质-能量营养不良的临床表现;掌握蛋白质-能量营养不良的防治方法。

二、课程内容

第一节 蛋白质-能量营养不良的分类及病因
(一) 蛋白质-能量营养不良的分类
(二) 蛋白质-能量营养不良的发病因素

第二节 蛋白质-能量营养不良的临床表现
(一) 消瘦型和浮肿型的临床症状和体征
(二) 生化指标的改变
(三) 人体测量指标的改变

第三节 蛋白质-能量营养不良的治疗和预防
(一) 重度病人的治疗
(二) 轻度病人的治疗
(三) 预防措施

三、考核知识点和考核要求

1. 蛋白质-能量营养不良的分类及病因
识记:浮肿型蛋白质-能量营养不良的概念、消瘦型蛋白质-能量营养不良的概念
领会:蛋白质-能量营养不良的主要发病因素
2. 蛋白质-能量营养不良的临床表现
识记:成人慢性能量缺乏的分类标准
领会:蛋白质-能量营养不良的症状和体征、蛋白质-能量营养不良的生化改变
3. 蛋白质-能量营养不良的治疗和预防
领会:重度病人的治疗方法,中、轻度病人的治疗方法
应用:蛋白质-能量营养不良的预防措施

第十七章 心脑血管疾病

一、学习目的和要求

通过本章学习,了解冠心病及原发性高血压的流行病学特点;熟悉冠心病及高血压病人的饮食安排;掌握营养因素对冠心病及原发性高血压的影响、脑卒中的预防措施。

二、课程内容

第一节 原发性高血压
（一）原发性高血压的流行病学特点
（二）营养因素对原发性高血压的影响
（三）原发性高血压的营养防治

第二节 冠心病
（一）冠心病的流行病学特点
（二）营养因素对冠心病的影响
（三）冠心病的营养防治

第三节 脑卒中
（一）脑卒中发生的危险因素
（二）脑卒中的预防措施

三、考核知识点和考核要求

1. 原发性高血压
识记：成人高血压高发年龄及患病率、高血压的非药物治疗措施
领会：钠与血压的关系、钾与血压的关系、其他元素对血压的影响、饮酒对血压的影响
应用：高血压病人的合理膳食

2. 冠心病
识记：冠心病的危险因素、碳水化合物对血脂的影响、膳食纤维对血脂的影响、茶叶对血脂的影响、饮酒对冠心病的影响
领会：维生素对冠心病的影响及可能的作用机理、微量元素对冠心病的影响、防治高脂血症的营养要求
应用：膳食脂类对血脂的影响、冠心病人的合理膳食

3. 脑卒中
应用：脑卒中的预防措施

第十八章 糖尿病

一、学习目的和要求

通过本章学习，了解糖尿病的发病情况、异常代谢、临床主要表现；熟悉临床分型；掌握营养治疗的目标和方法。

二、课程内容

第一节 概述
（一）流行病学
（二）临床主要分型

第二节 糖尿病病人的代谢变化
(一) 糖代谢
(二) 脂肪代谢
(三) 蛋白质代谢
(四) 维生素和矿物质代谢
第三节 营养治疗
(一) 营养治疗的原则
(二) 营养治疗方法
(三) 特殊情况下的饮食治疗原则

三、考核知识点和考核要求

1. 概述
识记：糖尿病概念、分型
2. 糖尿病人的代谢变化
领会：糖、脂肪、蛋白质等代谢变化特点
3. 糖尿病的营养治疗
识记：营养治疗的原则
应用：营养治疗的方法

第十九章 骨质疏松症

一、学习目的和要求

通过本章学习，了解骨质疏松症的概念、发病原因和临床表现；掌握骨质疏松症的营养治疗和预防。

二、课程内容

第一节 病因
(一) 相关的营养因素
(二) 相关的其他因素
第二节 临床表现
(一) 主要临床症状
(二) 实验室检查
第三节 营养治疗
(一) 营养素制剂治疗
(二) 饮食治疗
第四节 预防
(一) 合理膳食
(二) 适时适量补钙

（三）体育锻炼

三、考核知识点和考核要求

1. 病因
识记：骨质疏松症的概念
领会：引起骨质疏松症的营养因素和其他原因
2. 营养治疗
识记：主要营养制剂
应用：饮食营养治疗方法
3. 预防
识记：预防骨质疏松症的主要措施
应用：钙剂的选择和应用、体育锻炼的目的和作用

第二十章 慢性肝脏疾病

一、学习目的和要求

通过本章学习，了解常见慢性肝脏疾病的代谢；熟悉其营养治疗的原则。

二、课程内容

第一节 乙型肝炎
（一）乙型肝炎营养治疗的目的
（二）乙型肝炎营养治疗的具体要求
第二节 脂肪肝
（一）脂肪肝形成的因素
（二）脂肪肝的营养治疗
第三节 肝硬化
（一）肝硬化的代谢障碍
（二）肝硬化的营养治疗

三、考核知识点和考核要求

1. 乙型肝炎
领会：乙型肝炎的营养治疗要求
2. 脂肪肝
领会：促进脂肪肝形成的因素
应用：脂肪肝的营养治疗
3. 肝硬化
识记：肝硬化的代谢紊乱
应用：肝硬化的营养治疗

第二十一章 肾脏疾病

一、学习目的和要求

通过本章学习，熟悉肾脏疾病的营养特点，掌握肾脏病人的营养需要。

二、课程内容

第一节 急性肾小球肾炎
（一）营养特点
（二）病人的营养需要和配膳方案
第二节 慢性肾小球肾炎
（一）营养特点
（二）病人的营养需要和配膳方案
第三节 肾病综合征
（一）营养特点
（二）病人的营养需要和配膳方案
第四节 急性肾衰竭
（一）营养特点
（二）病人的营养需要和配膳方案
第五节 慢性肾衰竭
（一）营养特点
（二）病人的营养需要和配膳方案

三、考核知识点和考核要求

1. 肾脏疾病的营养特点及肾脏疾病对机体营养素的影响
识记：肾脏疾病的营养要求
领会：肾脏疾病对机体营养素代谢的影响
2. 急性肾小球肾炎、慢性肾小球肾炎、肾病综合征、急性和慢性肾衰病人膳食原则
应用：几种肾脏疾病的合理膳食

第二十二章 手术与灼伤

一、学习目的和要求

通过本章学习，了解营养在手术与灼伤治疗中的作用和意义，手术与灼伤病人的异常代谢、营养素需要量；掌握手术与灼伤的营养治疗原则、治疗途径和治疗方法。

二、课程内容

第一节 概述

营养在手术与灼伤治疗中的作用
第二节　手术与灼伤病人的代谢变化
（一）手术后代谢变化
（二）灼伤后代谢变化
第三节　手术与灼伤病人营养素需要量
（一）手术病人营养素需要量
（二）灼伤病人营养素需要量
第四节　营养治疗
（一）营养治疗的原则
（二）营养治疗途径
（三）营养治疗方法

三、考核知识点和考核要求

1. 手术与灼伤病人营养素需要量
领会：手术与灼伤病人能量、蛋白质、矿物质及维生素需要量
2. 手术与灼伤的营养治疗
识记：手术与灼伤病人营养治疗的原则、营养治疗途径的种类及选择原则
应用：手术与灼伤营养治疗方法

第二十三章　肿瘤

一、学习目的和要求

通过本章学习，了解膳食与肿瘤的关系、熟悉常见恶性肿瘤的膳食防治措施。

二、课程内容

第一节　膳食与肿瘤的关系
（一）营养素与肿瘤的关系
（二）其他膳食因素与肿瘤的关系
第二节　常见恶性肿瘤的膳食预防措施
（一）癌症病人的异常营养代谢
（二）膳食防治措施

三、考核知识点和考核要求

1. 营养素与肿瘤的关系
领会：膳食营养因素与肿瘤的关系
识记：食物中的致癌物
2. 食物中的致癌物
领会：癌症病人的异常营养代谢

应用：膳食防治措施
3. 常见恶性肿瘤的膳食防治措施
应用：预防肿瘤的措施

第二十四章 胃肠内及胃肠外营养

一、学习目的和要求

通过本章学习，了解胃肠内和胃肠外营养的概念、作用、适应证与并发症；掌握胃肠内和胃肠外营养剂的种类和组成、胃肠内及胃肠外营养方法。

二、课程内容

第一节 胃肠内营养
（一）概念和作用
（二）适应症种类
（三）胃肠内用营养剂
（四）胃肠内营养方法
（五）胃肠内营养并发症

第二节 胃肠外营养
（一）概述
（二）胃肠外营养适应证
（三）胃肠外用营养剂
（四）胃肠外营养方法
（五）胃肠外营养并发症

三、考核知识点和考核要求

1. 胃肠内营养
识记：胃肠内营养的概念、要素膳、胃肠内营养的适应证；胃肠内营养的并发症
领会：胃肠内营养剂的种类和组成、胃肠内营养的作用
应用：胃肠内营养的方法和选择原则
2. 胃肠外营养
识记：胃肠外营养的概念、胃肠外营养的适应证
领会：胃肠外营养剂的种类和组成、胃肠外营养的作用
应用：胃肠外营养的方法和选择原则

第二十五章 营养素和药物的相互作用

一、学习目的和要求

通过本章学习，了解药物对食欲的影响；熟悉膳食中营养素和其他食物成分对药物吸收

和代谢的影响、药物对营养素吸收和利用的影响。

二、课程内容

第一节 营养素和其他食物成分对药物的影响
（一）营养素和其他食物成分对药物吸收的影响
（二）营养素对药物代谢的影响
（三）饮酒对药物代谢的影响
第二节 药物对营养的影响
（一）药物对食欲的影响
（二）药物对营养素吸收的影响
（三）药物对营养素代谢的影响
（四）药物对某些特殊食物成分代谢的影响
（五）药物对营养素排泄的影响

三、考核知识点和考核要求

1. 营养素和其他食物成分对药物的影响
识记：营养素和药物相互作用的概念
领会：饮食对药物吸收的影响、营养因素对药物代谢酶活性的影响、饮酒对药物代谢的作用
2. 药物对营养的影响
识记：酪胺反应、戒酒硫反应
领会：药物对食欲的影响及其意义、药物影响营养素吸收的方式、药物对营养素代谢的影响

第二十六章 医院营养管理

一、学习目的和要求

通过本章学习，了解医院营养部门的任务、职责和医院营养部门的管理，熟悉膳食种类及其应用。

二、课程内容

第一节 医院营养部门的任务、职责
第二节 医院膳食种类
（一）基本膳食
（二）治疗膳食
（三）配方膳食
（四）试验膳食
第三节 食谱编制

（一）制定食谱的原则

（二）制定食谱的步骤

第四节　医院营养部门的物资与卫生管理

（一）物资管理

（二）卫生管理

三、考核知识点和考核要求

1. 营养部门的任务和职责

领会：营养部门的任务、职责

2. 医院膳食种类

识记：基本膳食种类、治疗膳食的概念、配方膳食的概念、试验膳食的概念

领会：基本膳食的对象、治疗膳食种类及对象、诊断膳食种类及对象、配方膳食种类及对象

3. 食谱编制

识记：食谱配制的原则

应用：普通病人的食谱编制

4. 医院营养部门的管理

领会：医院营养部门的物资管理和卫生管理

Ⅲ 关于大纲的说明与考核实施要求

一、《营养学自学考试大纲》的目的和作用

《营养学自学考试大纲》是根据护理学专业（专科）考试计划的要求，结合自学考试的特点而确定的。其目的是对此课程的自学、社会助学及考试命题进行指导和规定。

此课程自学考试大纲明确了课程学习的内容，规定了自学考试的范围和标准。因此，它是编写此课程自学考试教材和辅导书的依据，是社会助学组织进行自学辅导的依据，是自学者学习教材、掌握课程知识范围和程度的依据，也是进行自学考试命题的依据。

二、《营养学自学考试大纲》与教材的关系

《营养学自学考试大纲》是进行学习和考核的依据。《营养学》教材是学习掌握此课程知识的基本内容与范围，教材的内容是大纲所规定的课程知识和内容的扩展与发挥。大纲与教材的基本内容是一致的，大纲里面的课程内容和考核知识点教材中都涵盖了。但教材里的内容，大纲里就不一定体现。

三、关于自学教材

指定教材是《营养学》，由全国高等教育自学考试指导委员会组编，郭红卫主编，北京大学医学出版社 2007 年出版。

四、关于自学要求和自学方法的指导

本大纲在第Ⅱ部分中给出了对每章的学习目的和基本要求，还明确了学习的基本内容、考核知识点及考核要求。各章中的考核知识点及考核要求是本课程自学考核的主要内容。

为了有效地指导个人自学和社会助学，本大纲在各章的基本要求中指明了各章内容的重点和难点。

为了便于自考者明确课程学习需要达到的程度，在考核要求中将考核知识点的内容分解为三个能力层次。这三个能力层次从低到高依次是识记、领会、应用。识记要求考生能够对大纲中的知识点，如概念、性质、定义、定理、公式等有清晰准确的认识，并能作出正确的判断和选择；领会要求考生能够对大纲中的概念、性质、定理、公式等有一定的理解，清楚它与有关知识点的联系与区别，并能作出正确的表述和解释；应用在识记和领会知识点的基础上，要求考生能够运用知识点分析、解答一些应用问题。

本课程共 3 学分。

由于营养学涉及生物化学等多个学科，内容广泛，因此自学者一定要按照自学考试大纲的要求，认真阅读高等自学考试指导委员会组织编写的《营养学》教材，掌握最基本的概念、理论和知识。在自学中一定要及时、认真地做各章的习题，以便随时检验自学的效果。

五、对社会助学的要求

为使自学者较快达到对本课程学习的要求,助学单位可组织有经验的教师进行辅导、答疑,帮助自学者掌握重点,克服难点。助学活动应该在自学者自学的基础上进行。

六、关于考试命题的若干规定

1. 本课程考试为闭卷笔试。考试时间为 150 分钟。

2. 本大纲各章所规定的基本要求、知识点及知识点下的知识细目都属于考核的内容。考试命题既要覆盖到章,又要避免面面俱到。要注意突出课程的重点、章节重点,加大重点的覆盖度。

3. 命题不应超出本大纲中考核知识点范围,考核目标不得高于大纲中所规定的相应的最高能力层次要求。命题应着重考核自学者对基本概念、基本知识和基本理论是否掌握,对基本方法是否会用。不应出与基本要求不符的偏题或怪题。

4. 本课程在试卷中对不同能力层次要求的分数比例大致为:识记占 30%,领会占 30%,应用占 40%。

5. 要合理安排试题的难易程度,试题的难度可分为:易、较易、较难和难四个等级。每份试卷中不同难度试题的分数比例一般为:2:3:3:2。

6. 本课程考试命题的题型一般为:单项选择题、多项选择题、填空题、名词解释题、简答题、计算题等。

命题时必须按照上面所规定题型命题,考试试卷使用的题型可以略少,但不能超出规定。

附录：试题类型举例

一、单项选择题（下列四个备选答案中只有一个是正确的。请选出并将其代码写在题干后面的括号内，多选、错选均不得分）

   1. 下列人体必需的一组微量元素是（　　）
      A. 铅、铁、锌、碘　　　　　　B. 钴、锌、钒、铬
      C. 硒、锗、铁、锌　　　　　　D. 镍、硅、氟、砷

   2. 维生素 B_1 和尼克酸缺乏所造成的缺乏症分别为（　　）
      A. 脚气病和癞皮病　　　　　　B. 脚气病和皮炎
      C. 脚气病和贫血　　　　　　　D. 地图舌和脚气病

二、多项选择题（下列五个备选答案中至少有两个是正确的。请将正确选项前的代码写在题干后面的括号内，多选、少选、错选均不得分）

   1. 可溶性膳食纤维包括的种类有（　　）
      A. 纤维素　　B. 半纤维素　　C. 果胶　　D. 树胶　　E. 木质素

   2. 与巨细胞性贫血有关的营养素有（　　）
      A. 核黄素　　B. 维生素 B_{12}　　C. 铁　　D. 维生素 C　　E. 叶酸

三、填空题（将正确答案填入空格内）

   1. 人体的八种必需氨基酸为异亮氨酸、亮氨酸、赖氨酸、蛋氨酸、苯丙氨酸、苏氨酸、色氨酸、_____，对婴幼儿_____也是机体的必需氨基酸。

   2. 孕期营养不良可对胎儿造成的危害有_____、胎儿宫内发育迟缓、先天畸形、_____巨大儿。

四、名词解释题

   1. 植物固醇
   2. 浮肿型蛋白质-能量营养不良

五、简答题

   1. 中国膳食指南的内容
   2. 治疗膳食的种类及其适宜对象

六、论述题
　　1. 试述肾脏疾病病人的合理膳食原则。
　　2. 试述营养与冠心病的关系。

后　记

《营养学自学考试大纲》是根据全国高等教育自学考试护理学专业（专科）考试计划的要求，由医药学类专业委员会组织编写的。2007年6月全国考委医药学类专业委员会对本大纲组织审稿。

参加《营养学自学考试大纲》编写的有：复旦大学郭红卫教授、第二军医大学郭俊生教授、复旦大学沈新南副教授。

上海交通大学史奎雄教授担任主审，复旦大学柳启沛教授、南京医科大学蔡云清教授参加审稿并提出改进意见。

大纲编审人员付出了辛勤劳动，特此表示感谢。

全国高等教育自学考试指导委员会
医药学类专业委员会
2007年7月